【제2판】

자원봉사관리론

최유미

KNOWLEDGE COMMUNITY 공동체

머리말

개정판을 발간하며

필자는 2011년 『자원봉사관리론』 초판을 내면서 주요 선진국들은 자원봉사활동 관리업무가 표준화되어 있으며, 다양한 업무매뉴얼을 통해 체계적으로 자원봉사활동 관리가 이루어지고 있는 것을 보면서, 우리나라에서도 자원봉사활동 현장에 필요한 자원봉사관리자의 역할을 중심으로 이론서를 발간해야겠다는 생각에서 출발했다.

우리나라의 자원봉사 참여 현황을 보더라도 시민들이 인식하는 자원봉사 참여 필요성이나 사회적 인식은 일반화되었으며, 참여율 또한 양적인 팽창을 이루었다고 볼 수 있다. 실질적으로 자원봉사 참여율도 1999년 7% 수준에서 2013년 22.5% 수준으로 15여 년 동안 무려 세 배 이상 증가한 것으로 나타났다. 그렇지만 2008년부터 정체현상을 보이고 있는 실정이다(행정자치부, 2014).

또한 자원봉사의 의미나 활동의 주체, 분야에 있어서도 많은 변화가 있었다. 초기 자원봉사활동의 시작은 종교적 시혜로부터 출발하여 자선적 의미를 많이 포함하고 있었으나, 1990년대 이후부터 현대적 의미의 자원봉사활동이 시작되었다. 즉, 자원봉사활동은 이제 더 이상 시혜적 활동이 아니며, 시민들은 각종 사회문제에 대한 공동대응의 필요성을 자각하기 시작하였다. 자원봉사활동은 시대적 요청 및 사회적 책임으로서의 보다 적극적이고 자발적인 활동으로 전환되었다. 그리고 활동의 추진주체 또한 과거 종교단체 혹은 민간단체를 중심으로 개인 및 소규모 단체 위주의 활동으로 그쳤으나, 2001년 "세계자원봉사자의 해(IYV : International Year of Volunteers)"를 기점으로 전 세계적으로 자원봉사물결운동이 퍼져나갔으며, 호주, 미국, 영국뿐만 아니라 우리나라 또한 자원봉사활동의 주체가 범국가적 차원의 접근으로 확대되기에 이르렀다. 2015년 IAVE에서 제출한 「세계자원봉사 보고서」에서도 "변화하는 거버넌스"를 주제로 '자원봉사활동 참여는 개인을 넘어 공동체 그리고 국가의 개발을 위해서 필요하며 더 많은 사람들이 자원봉사활동에 참여할 수 있도록 진보적인 미래 개발의제가 도출되어야 한다'고 권고하고 있다.

자원봉사활동분야에 있어서도 1990년대 초반까지만 해도 사회복지부문에서의 활동이 80~90% 이상을 차지하였으나, 2015년 현재 사회복지분야는 50~60% 수준이며, 지역사회, 환경, 문화, 스포츠 등의 분야의 자원봉사활동이 크게 증가한 것으로 나타났다.

이와 같이 자원봉사계의 큰 변화의 흐름 속에서 자원봉사활동의 관리에 대한 사회적 요구도 커지고 있으며, 2005년 자원봉사활동기본법 제정 이후 제1차 자원봉사 국가기본계획 수립을 통해 자원봉사활동 관리 표준화계획을 수립한 바 있다. 그렇지만 2015년 현재까지도 자원봉사활동 관리부분의 업무표준화 노력은 있었으나, 미완단계라고 할 수 있다. 우리나라는 1996년부터 행정자치부(당시 내부무)의 지역자원봉사센터 설치 지원을 시작으로 전국 시 · 도, 시 · 군 · 구 단위 지역 자원봉사센터를 설치하여 체계적인 관리를 위한 인프라 구축을 위해 힘써 왔다. 그렇지만 단기간에 급속히 자원봉사자의 수요가 급증하면서 자원봉사관리자의 역할과 비중이 커진 데 비해, 자원봉사관리 전문가를 양성하는 데에는 매우 소극적이었다고 할 수 있다.

또한 자원봉사 관리업무를 담당하는 전문가도 하나의 직업군으로서 자리매김하고 있음에도 불구하고 한국표준직업분류에는 포함되지 못하고 있으며, '사회복지관련 관리자'라는 직업분류에 사회복지분야에 국한된 자원봉사업무 담당자 수준으로 이해되고 있는 실정이다.

따라서 이 책은 자원봉사활동에 대한 기본적인 기초이해가 되어 있는 사회복지학 및 자원봉사 관련 학문을 전공하는 학생과 사회복지 관련기관 및 시민사회단체의 자원봉사관리자들을 위해 보다 체계적인 자원봉사관리의 이론과 실제를 학습할 수 있도록 하기 위하여 발간하게 되었다.

이 책을 통해 자원봉사활동 관리를 위한 전문성을 강화하기 위한 길라잡이 역할이 될 것을 기대한다. 물론 자원봉사활동 관리단계에 따라 필요한 개념과 이론, 그리고 현장에서 활용할 수 있는 서식 등을 최대한 수록하고자 노력하였으나 부족한 부분 혹은 수정과 보완하여야 할 부분들이 많이 있다. 이에 대해서는 많은 조언을 요청드리며, 그 조언을 통해 학문적으로 더욱 발전시켜 나갈 수 있도록 노력할 것을 약속드린다.

이 책은 크게 네 부분으로 구성되어 있다. 제1부에서는 자원봉사활동의 개념과 가치를 주제로 총 2개의 장으로 나누었으며, 제1장 자원봉사활동의 개념과 철학, 제2장 자원봉사활동의 가치로 구성되어 있다.

제2부에서는 자원봉사활동 관리의 개념과 관리자의 역할을 주제로 총 3개의 장으로 나누었으며, 제3장 자원봉사활동 관리의 개념과 필요성, 제4장 자원봉사 관리자의 역할과 자세, 제5장 우리나라 자원봉사활동 관리현황과 과제로 구성되어 있다.

제3부에서는 자원봉사관리과정을 주제로 조직, 인사, 행정 영역을 포함시켜 총 14개의 장인 제6장 관리과정의 이해, 제7장 자원봉사관리 정책수립, 제8장 프로그램 개발과 기획, 제9장 자원봉사 직무개발, 제10장 자원봉사자 모집과 홍보, 제11장 인적자원개발과 지역사회 네트워크, 제12장 선발과 면접, 배치, 제13장 자원봉사자 교육, 제14장 자원봉사자 교육과정 기획, 제15장 자원봉사자 지도감독, 제16장 자원봉사자 동기부여, 제17장 자원봉사 인정, 제18장 갈등관리, 제19장 기록관리 및 평가로 구성하였다. 특히 개정판에는 제8장 프로그램 개발과 기획과정에 필요한 지역사회 자료 분류와 제11장 인적자원개발과 지역사회 네트워크를 위한 직무내용으로 자원DB 구축을 추가하였으며, 내용은 국가직무표준(NCS) 사회복지분야의 학습모듈을 적용하였다.

마지막 제4부에서는 자원봉사자 활용조직에서 자원봉사관리를 제대로 하고 있는가에 대한 평가를 직접 실시해 보고, 진단할 수 있도록 자원봉사관리 평가지표를 제공하여, 보다 실질적인 자원봉사관리업무를 수행할 수 있는 자질을 함양할 수 있도록 하였다. 세부적인 내용으로는 제20장 자원봉사관리 평가, 제21장 자원봉사관리 평가지표로 구성되어 있다. 기타 부록으로 자원봉사활동기본법/ 시행령 전문과 전국자원봉사센터 현황 및 주소록, 자원봉사 관련 국내외 사이트, 한국형 자원봉사관리 평가지표 등을 수록하였다.

초판 발간 후 지속적인 사회환경의 변화에 따른 내용을 보완하였으며, 자원봉사활동 관리현장에 필요한 이론, 기술적인 부분을 더 담아내기 위한 노력을 하였으나, 여전히 부족한 부분이 많아 집필할 때보다 심적으로 더 부담이 큰 것은 사실이다. 그렇지만 대학의 교육현장에서 자원봉사관리자를 양성하기 위한 전문 교재의 필요성에 조금이라도 보답할 수 있기를 바라는 마음을 담았다.

이 책을 집필하는 동안 필자는 이 주제에 대하여 다년간 연구해 오신 분들에게 많은 학문적 부채를 졌다. Susan, E.(2003) 박사의 『*Volunteer Management Audit*』와 Susan, E.와 N. Campbell(2004) 박사의 『*The help! I don't have enough time Guide to Volunteer Management*』, 이만식 외(2010) 『21세기 자원봉사관리 －이론과 실제－』, 볼런티어21 및 자원봉사센터의 『자원봉사센터 운영매뉴얼』, 『자원봉사관리자 교육교재』 등은 본 서의 구성과 내용전개에 많은 영향을 주었다. 지면을 통해서라도 감사의 인사를 드린다.

마지막으로 이 책이 나오기까지 도와주신 모든 분들께 감사드리며, 본 서를 출판할 수 있도록 배려해 주신 공동체 출판사 대표님을 비롯한 편집부 여러분들에게도 감사를 표하고자 한다.

2015년 8월에

최유미

차 례

PART 03 자원봉사관리과정

P·A·R·T

자원봉사활동의 개념과 가치 01

CHAPTER 01 자원봉사활동의 개념과 철학

CHAPTER 02 자원봉사활동의 가치

CHAPTER

01 자원봉사활동의 개념과 철학

자원봉사활동(Volunteerism)이라는 용어는 '자유의지(free will)'라는 뜻을 가진 라틴어 볼런타스(Voluntas)에서 유래했다. 인간의 의지, 마음 속 깊은 곳에서 우러나오는 의사를 말한다. 따라서 억지로 의무감에 못 이겨 행하는 것이 아니고, 자발적으로 지원 · 자청해서 행하는 것을 기본으로 한다는 뜻이 담긴 용어이며, 제1차 세계대전 때 군대의 정규병에 대해서 자신의 의사로 군에 복무하기로 지원한 군인－지원병을 자원봉사자(volunteer)라고 부른 것이 그 시작이다(윤혜승, 1995 : 19-20). 우리나라에서는 과거 '자원봉사활동', '자원복지활동' 혹은 원어 그대로 '볼런티어활동'으로 사용하기도 하였으나, 2005년 자원봉사활동기본법 제정 이후 '자원봉사활동'이라는 명칭을 공통적으로 사용하고 있다.

최근 우리나라에 있어서 자원봉사활동은 그 의미나 역할이 매우 중요하다. 특히 국가차원에서도 자원봉사활성화를 위하여, 1996년부터 전국에 광역 및 기초단위 자원봉사센터를 설치하였으며, 2005년 자원봉사활동기본법 제정을 통한 국가발전 기본 계획 수립 등과 같은 노력에 앞장서고 있다. 이러한 자원봉사진흥이라는 사회 전반적 분위기 속에서 자원봉사활동은 지원(help)의 한 영역으로서 매우 중요한 역할을 하고 있다. 자원봉사활동은 주로 사회적 비용을 줄이거나, 다양한 서비스를 제공하고, 다양한 영역의 자원봉사 프로그램을 창조한다. 또한 이들의 자원봉사활동은 사회복지영역뿐만 아니라 시민사회단체 등에서 직접적인 자원봉사자 혹은 위원회의 구성원으로서, 혹은 토론자, 교육강사 등 다양한 영역으로 확산되고 있다(주성수, 2005).

따라서 자원봉사활동은 지역사회의 사회복지관련 기관의 보조적 역할을 하는 소극적 의미의 활동이 아닌 보다 폭넓은 시각으로 자발적인 시민으로서 지역사회에 참여하는 시민사회 활동으로 이해할 필요가 있다.

1. 자원봉사활동의 개념

자원봉사활동의 개념은 한마디로 정의내리기가 쉽지 않다. 이러한 개념정의가 다양한 것은 자원봉사자가 가지는 특성과 행동영역의 포괄성 때문이다. 개념 정의에 있어서 중요한 논점은 동기를 기준으로 할 것인가, 행위를 기준으로 할 것인가의 문제이다(이성록, 2009 : 39). 많은 학자나 문헌들을 보더라도 일치된 하나의 개념으로 정의 내려진 것은 없으나, 몇 가지 공통적인 부분을 찾아 볼 수 있다.

먼저 우리나라 자원봉사활동기본법(2005)에 의하면, "자원봉사활동이란 개인 또는 단체가 지역사회 · 국가 및 인류사회를 위하여 대가없이 자발적으로 시간과 노력을 제공하는 행위를 말한다"고 명시하고 있다.

하벨로크(Havelock)는 자원봉사를 '계획적 변화나 계획적 혁신을 촉진시키는 행위(사람)'(Havelock, 1970; 윤혜승, 1995 : 20 재인용)로 정의하고 있으며, 미국 사회사업대백과사전(Sieder, 1977)에서는 "자원봉사란 개인, 집단, 지역사회에서 발생하는 다양한 사회문제를 예방하고 통제하며, 개선하는 일에 종하하고 있는 공사조직의 다양한 참여활동에 보수없이 자발적으로 참여하는 행위를 의미한다"로 정의하였으나, 1995년 발간된 대백과사전(Dunn, 1995)에서는 "욕구의 필요성이 인식되었을 때, 구체적인 이득을 고려하지 않고 사회적 책임의 태도로 행동을 선택하는 것이다. 또한 자원봉사활동은 인간의 기본적인 의무를 뛰어넘어, 일반인들이 기대하는 것 마지못해서 행동하는 것 이상의 역할이다"라고 의미를 규정하고 있다(이만식 외, 2010 : 17 재인용). 즉, 자발적 행위를 뛰어넘어 사회적 책임의 태도를 강조하고 있는 것으로 나타났다.

미카엘(Michael, 2008 : 7-13)은 자원봉사활동은 활동 자체는 단순한 도움업무가 아닌 매우 복잡한 현상으로 이해하여야 하며, 무보수의 활동, 타인을 돕는 활동이라는 세 가지 차원에서 접근하여야 한다고 주장하고 있다. 그리고 자원봉사활동의 개념을 보다 명확하게 하기 위하여 다음의 네 가지 필수요건을 제시하고 있다. 첫째, 자원봉사활동은 자발적 선택이어야 하며, 둘째, 사회적 책임의 태도와 연결되어져야 하며, 셋째, 금전적 이익에 관계된 연결은 없어야 하며, 넷째, 자원봉사활동은 기본적 의무로서 요구되어져야 한다.

한편 자원봉사활동에 대한 시민사회의 시각으로 본 데커(Dekker, 2002)는 "비강제적, 무보수 활동이며, 동시에 공익적으로 사회 전체 또는 특정 조직을 위해, 조직화된 배경(organized context)에서 이뤄지는 활동"으로 정의하고 있다(주성수, 2005 재인용).

따라서 자원봉사활동의 개념은 단순하게 접근할 수 있는 개념은 아니지만 여러 학자들의 다양한 견해를 종합해 본다면, 무보수의 자발적인 행위이면서 동시에 기본적인 의무이자 사회적 책임의 태도를 지녀야 하는 '자유와 의무'의 다소 상충적인 의미를 내포하는 개념으로 이해할 수 있다. 또한 자원봉사활동은 특별한 사람에 의해 이루어지는 특별한 활동이 아니며, 누구나 언제라도 어디서나 참여할 수 있다. 지역사회와 이웃의 문제를 자신의 일로 받아들여 스스로 해결하고자 노력하는 행동은 일회적인 것이 아니라 꾸준히 실천하는 것이다. 그리고 개인 및 가족의 이해를 넘어 다른 사람의 안녕과 복지, 그리고 나아가서 사회 전반의 '삶의 질'을 향상시키는 특징을 지닌다.

이처럼 자원봉사의 개념이 다양화되어지고 있으며, 자원봉사를 통해 발생하는 문제는 외국의 경우에 있어서도 나타나는 현상으로 학자에 따라서는 '자원봉사'에서 표시되는 범위가 지나치게 광범위해서 '지역사회 사업', '지역사회서비스'를 사용하는 경우도 있다. 프랑스에서도 예부터 전해오는 'benevoles'라는 단어가 있으나 '공생사회의 활동에 자발적으로 참가하는 무상활동'을 'voluntariat'라고 의도적으로 부르도록 하고 있다. 독일에서는 자원봉사에 관한 일반용어에 적합한 것은 없고, '독지적 활동(Ehrenamtlich Arbeit)'과 '시민봉사활동(Zivilidienst)'

등의 단어가 사용된다(三浦文夫, 1989 : 188). 또한 일본에서는 "행정과의 관계가 있는 행정보조적 혹은 행정협력적 활동에 종사하는 자(가령 민생위원, 보호사, 기타 행정협력원)와의 혼동을 피하기 위하여 그대로 볼런티어라는 용어를 그대로 사용하고 있다"(三浦文夫, 1989 : 176; 中山 淳雄, 2007 : 84 재인용).

고바트(Govaart, 2001)에 의하면, 각 국가마다 '자원봉사'를 나타내는 내용은 다음의 <표 1-1>과 같이 분야, 정의의 유무, 활동형태 등 다음과 같이 차이가 존재한다고 보았다.

〈표 1-1〉 국가별 자원봉사의 차이 비교

구 분	국가별 주요 내용
활동분야의 차이	• 잠비아 : 에이즈 등 보건의료서비스 • 오스트레일리아 : 스포츠단체 • 영국, 중국 : 모금과 회계 분야 • 미국 : 사회서비스, 모금, 회계분야 • 남아프리카 : 정치단체, 이익단체 • 한국 : 복지, 문화, 환경, 스포츠 등 분야가 확대되고 있음
정의의 유무	• 스페인, 프랑스, 유럽, 미국, 호주 : 명확하게 정의하고 있음 • 체코, 브라질 : 일반적인 합의는 있으나 공식적 정의 없음 • 중국, 잠비아, 이집트 : 정의는 존재하지 않음 • 한국 : 2005년 자원봉사활동기본법 제정을 통해 정의
활동의 형태	• 미국 : 조직활동만으로 개인단위의 활동은 인정하지 않음 • 영국 : 조직활동과 개인활동을 공식 자발적 활동과 비공식활동으로 구분 • 체코 : 공식적으로는 장기간 해외에서 자원봉사활동을 의미함 • 한국 : 조직활동과 개인활동을 공식 자발적 활동과 비공식활동으로 구분

출처 : Govaart(2001) 재구성.

또한 자원봉사를 포함한 사회복지에 있어서 행정과 민간과의 관계도 국가마다 다르다. 영국은 정부와 비영리민간단체가 병존하는 형태로 존재하고 있으나, 독일에서는 행정이 보완적 역할에 머무르고 있다. 프랑스도 행정이 직접적으로는 자원봉사에 관계하지 않는다. 이러한 경향은 북구미 제국이 중심이다. 여기에 공통적인 것은 자원봉사의 역할을 사회서비스 그대로 제공하는 것이 아니라 지역사회 정신의 앙양, 연대감의 강화로서 가치를 인정하고 있다는 점이다(행정관리연구센터, 1983 : 18-22; 中山淳雄, 2007 : 86-87 재인용).

또한 국제자원봉사기술센터(National Volunteer Skill Center in Australia, 2010)에서는 '공식적 자원봉사활동의 정의와 원리'를 다음과 같이 규정하고 있다.

공식적 자원봉사활동의 정의는 보수를 받지 않는 조직이나 기획 프로그램에서의 활동으로서 ① 지역사회와 자원봉사자에게 이익이 되며, ② 자원봉사자 자신의 자유의지와 강제없는 활동, ③ 금전적인 급여가 없는, ④ 자원봉사자의 지위만 부여된 활동으로 정의하고 있다.

이에 따른 자원봉사활동의 원리로서 다음의 11가지를 제시하고 있다.

① 자원봉사활동은 지역사회와 자원봉사자에게 이익을 준다.
② 자원봉사업무는 무급이다.
③ 자원봉사활동은 항상 선택적인 일이다.
④ 자원봉사활동은 부조금을 지급하거나 정부의 수당을 지급할 의무적 책임이 없다.
⑤ 자원봉사활동은 그들이 속한 지역사회운동에 참여하는 시민활동의 정당한 방법이다.
⑥ 자원봉사활동은 인간, 환경과 사회적 욕구에 대응한 개인이나 집단을 위한 일종의 매개체이다.
⑦ 자원봉사활동은 사적 영역이 아닌 공식적 활동이다.
⑧ 자원봉사활동은 유급의 일을 대체하는 것이 아니다.
⑨ 자원봉사활동은 유급직원의 대체거나, 유급직원의 직무설계를 재구성하는 것이 아니다.
⑩ 자원봉사활동은 권리, 존엄과 문화 등을 중요시한다.
⑪ 자원봉사활동은 인권의 권리와 평등을 장려한다.

2. 자원봉사활동의 철학

자원봉사활동의 철학은 다음 두 가지 전통적인 경험에서 찾아볼 수 있다. 첫째, 종교적 전통에서 볼 때 자원봉사는 소위 자선(charity)이라는 어휘와 부합하는 것으로 자비롭게 베푸는 것을 의미하며, 둘째는 희랍이나 로마사람들의 경험에서 볼 때 지역사회문제해결책은 전반적인 사회개량이나 사회개혁을 통해 이루어지는데, 이는 시민이 자발적으로 참여해야 한다는 철학에 바탕을 두고 있다(강성도 외, 1998 : 3-4).

한편 이성록(2009 : 18)은 자원봉사활동은 근본적으로 공동체 정신을 실현하는 것으로 설명하고 있다. 그 배경에는 물질만능풍조로 인한 인간성과 자연의 파괴라는 심각한 부작용 등과 같은 공동체의 위기라는 큰 과제를 해결하기 위한 노력의 일환으로 현대적 의미의 자원봉사활동의 철학적 배경을 포함한다.

1) 볼런타리즘(voluntarism)의 철학

윤혜승(1995 : 38-39)은 자원봉사활동의 현대적 의미를 자선이나 감상주의의 발로가 아니라, 현대사회의 성격이나 문제에 대처하려는 데서 출발한다고 보았다. 자원봉사활동의 바탕은 인간존중의 정신이며 철학이라고 할 수 있다. 이것은 인간을 숫자적 개념이나 행렬의 일원으로 보지 않고, 이 세상에 단 하나밖에 없는 소중한 인간으로 보는 것이다. 그러므로 인간은 타의 강제에 의하여 행동하는 것이 아니라, 서로의 공동사회의 개선향상에 책임을 느끼고 연대감을 느끼게 되는 것이다. 이것을 사랑, 동포애라고 할 수 있으며, 이를 자선사업적 계보나 종교적 차원에서 분리시켜 실존주의적 볼런타리즘이라 하였으나, 역사적으로 볼 때 자원봉사활동의 기본 가치는 자선 혹은 종교적 차원에 바탕으로 하고 있으므로, 이의 토대 위에 사회적 책임성과 사회참여의 의미가 추가되었다고 보는 입장이 강하다.

2) 민주주의와 자원봉사활동

자원봉사활동의 철학은 인간존중과 사회적 책임이라는 2대 지주로 이루어지는 민주주의의 철학을 바탕으로 한다. 인간을 거대한 현대사회 속에 매몰시켜버리지 않고, 인간해방, 인간의 자기표현, 자기창조, 인간상호의 협동노력으로 공동사회에 대한 책임을 수행하려는 것이 자원봉사의 사회적 구실이며 자원봉사가 추구해야 할 철학적 목표라 하겠다. 바로 인간의 운명을 긍정하고 실현하는 자유와 봉사를 크게 실현하려는 정신이다(윤혜승, 1995 : 42).

3) 사회참여로서의 자원봉사활동

최근 지역사회개발계획에 있어서 「사회참여(Social Intervention)」가 문제되고 있다. 사회참여는 어떤 사태를 그냥 방치해두면 파국으로 몰고 갈 위험성이 있을 때 인간이 이에 개입하여 그 사태를 막기도 하고 그 방향을 전환시키는 것을 말한다.

수세기에 걸쳐 인간의 생활양상에 나타나는 여러 가지 사태를 숙명적으로 수용하고 인간의 힘으로는 어쩔 수 없다는 생각에 젖어왔다. 금세기에 들어와서 인간사회에 있어서 자연현상보다는 인위적인 것이 역사진전에 큰 영향을 주어왔다는 사실을 깨닫게 되었다. 즉, 인간이 이와 대결할 수 있고, 또한 그러한 능력을 가지고 있다는 자각을 하게 된 것이다. 자연과학 면에서 공해문제만 해도 불가항력적인 것처럼 생각했었으나, 선진 여러 나라에 있어서는 이에 대한 대책을 여러 가지로 강구・시험하고 있는 것이다. 스웨덴에 있어서 사회복지에 대한 일반적인 생각을 "모든 지역주민이 스스로의 성장과 자기실현을 위하여 잠재적인 능력을 발휘하도록 기초적인 조건을 갖추는 일이다"라고 말하고 있다. 이러한 사회참여를 가능케 하는 것은 인간 자신의 운명을 스스로 타개하고, 어떠한 어려운 문제도 처리할 수 있다는 자각과 자신을 회복하려는 의식강조와 밀접한 관계가 있다. 특히 사회적 변동이나 그 결과 발생하는 사태는 인간의 소산이므로 더욱 이러한 개입이 필요할 뿐만 아니라, 인간 자신의 만회와 강화가 보다 더 요청된다. 이러한 자신은 인간이 자신의 자주성과 존엄성을 어디까지나 주장 · 수호하려는 새로운 휴머니즘의 발로라 할 수 있다. 이것이 바로 볼런타리즘(Voluntarism)을 바탕으로 이루어져야 한다. 현대 및 이후의 볼런티어활동은 한낱 자혜심, 감상주의나 안일한 영웅심리에서가 아니라, 인간생활의 기계화, 조직화, 제도화에 대하여 인간성을 회복하고, 나아가서 사회의 개선향상을 위하여 책임을 수행하려는 노력을 경주하는 것이 더 의의 있는 활동이다(윤혜승, 1995; 대구시자원봉사센터, 2007).

또 다른 측면에서의 '사회참여(Social Participation)'의 개념도 살펴볼 필요가 있다. 사회참여는 어떤 단체나 일자리 같은 곳에서의 공식적 사회활동이나, 친목 등 사회적 유대를 위한 친구, 친족 간의 상호작용, 종교활동 및 자원봉사 같은 비공식적 사회활동의 의미로 다양하게 사용된다. 사회참여는 협의의 개념과 광의의 개념으로 나누어 설명할 수 있다. 협의의 개념으로서의 사회참여란 '한 사회집단이 그 필요와 요구를 나타내고 공동이익을 옹호하며 특정의 경제적 · 사회적 · 정치적 목적을 달성하기 위하여 공공기관에 직 · 간접적으로 영향력을 발휘하는 조직적 활동'이라고 정의하고 있으며, 광의의 개념으로 사회참여에 '취업활동, 지역사회조직 및 단체활동 등'을 포함시키고 있다(박정은 · 원영애, 1994). 또한 사회참여는 여가활동도 포함시킬 수 있는데 일반적인 여가의 개념은 시대적 · 사회적 배경 등 특정 사회가 지니고 있는 가치 및 태도에 따라 다양하게 해석될 수 있어 통일된 정의를 내리기 쉽지 않다. 장인협 · 최성재(1992)는 일하는 시간, 수면시간, 생리적 욕구 충족 등의 시간을 뺀 나머지의 시간에 휴식, 기분전환, 사회적 성취 및 개인의 발전을 위해 사용되는 활동을 의미하는 것으로 정의하고 있다. 조추용(2003)은 개인의 여가활동 또한 사회참여와 같은 맥락이라고 전제하고 여가활동은 자유와 재미가 포함된 문화적인 것이며, 사회참여는 생산적이며 다른 구성원들과의 조직 안에서 이루어지는 활동이라고 정의하였다(조추용, 2003). 이상의 두 가지 측면에서의 사회참여 개념을 살펴보았을 때, 사회변화 혹은 사회 개선의 책임자로서 자원봉사활동 참여의 필요성을 논해볼 수도 있을 것이며 개인의 삶 속에서 여가활용이나 자기만족 등 필요에 의한 자원봉사 참여라는 시각도 존재할 수 있다는 것이다.

4) 자원봉사의 성립기초 – 연대와 긴급성

다무라 쇼고(田村正勝, 2009 : 1-4)는 "자원봉사의 본질은 현대사회에 나타나는 많은 '자조그룹'들을 통해 슬픔, 고통을 이겨내고, 자조, 자기변혁으로부터 '사회개혁을 위한 자원봉사'로 이겨내고 있다. 즉, 문제해결을 위한 법안, 조례제정에 대한 제안, 혹은 기업의 사회적 책임을 추구하는 등 사회변화에 많은 공헌을 하고 있다. 여기에서는 운명을 필연으로 받아들이지 않고 '사회개혁의 운동'을 전개하고, 우연에 편승시켰던 운명을 희망과 운명애에 연결시키는 것으로 자원봉사의 본질을 찾을 수 있다"고 보았다.

특히 자원봉사의 정의에 관해서는 자발성, 무상성, 비영리성, 공익성을 시작으로 많은 요건이 따르나 이것의 뿌리에는 이러한 '고통', '슬픔', '빈곤'을 '연대'에 의한 변화노력이라고 할 수 있다. 그러나 자원봉사가 행해지는 기반의 하나는 '연대'이며, 또 하나는 멈출 수 없는 '세상을 변화시키는 긴급성'이다. 연대는 융의 심리학(집단무의식)이 해명하고 있는 것처럼 의식적인 연대만은 아니다. 보다 깊이 인류 전체가 무의식의 수준으로 연결되어 있기 때문에 연대가 가능하게 된다. 또한 긴급성은 자원봉사를 실천하는 사람에게 있어 멈추어도 멈출 수 없다고 하는 주관적인 경우도 있으나, 객관적으로 보아도 도저히 방치할 수 없는 상황도 적지 않다.

자원봉사에는 예를 들면, '환경 자원봉사'를 시작으로 '방범 자원봉사', '노동조건의 개선에 관한 자원봉사', '생활협동조합', '노동조합'에 의한 자원봉사 등 자조그룹 및 종교에 직접적으로 관련하지 않은 자원봉사도 많다. 그렇지만 궁극적으로는 '인류 전체의 연대'에 '세상 변화의 긴급성'의 의식이 기초하고 있다. 타인의 슬픔과 곤궁을 알고 연민의 정만이 아니라 남의 일이 아닌, 언젠가는 자신에게도 발생할 가능성이 있고, 자신의 정체성을 확립하기 위한 등의 생각으로 자원봉사활동에 참여하는 이들도 많으나, 그 뿌리는 주민과 동시에 인류 전체의 '연대의식'과 '긴급성의 의식'이다.

3. 자원봉사활동의 특성

자원봉사활동의 철학을 바탕으로 자원봉사활동의 특성에 대해서는 학자들에 따라 다소 시각적인 차이가 있다. 그러나 자원봉사활동을 시민사회 추구를 위한 하나의 행동방식으로 이해한다는 점에서는 그 공통점을 찾아 볼 수 있다.

즉, 자원봉사활동은 시민사회의 맥락에서 이루어지는 특이한 사회현상으로 등장하였으며(김경동, 2007 : 14-15), 시민사회의 지향점인 자발적 사회의 가치철학과 그 맥을 같이 한다. 즉, '자발성(voluntarism)과 이타성', '공공성' 그리고 '자율(autonomy)'과 '연대(solidarity)'의 특성을 기본으로 하며(사토 요사유키 2004; 西山志保 2007; 강대현 2006), 그 외에도 자원봉사활동의 특성으로 무보수성, 자아실현성, 개척성 등의 특성이 포함된다(주성수, 2005; 류기형 외, 2009).

1) 자발성과 이타성

'자발성'의 개념은 자신이 생각하고 판단하여 스스로 행동하는 것으로서, 자신이 결정한 것에 대하여 책임감을 가지는 것으로(박태영 외, 2007 : 23), 시장과 국가의 논리로부터 자유롭다는 특징을 지닌다(사토 요시유키, 2004 : 184). 또한 자발성은 어떤 조건이나 제약 없이 스스로의 힘에 의해 발생하는 행동기제이다. 무슨 일을 자기 스스로 하는 속성으로서 자아의 표현임과 동시에 자신의 명령에 따라 타자와의 경쟁을 촉진하는 기제이다(이성록, 2009 : 49).

따라서 시민사회에서 요구되는 자발적 사회(the Voluntary Society)는 "높은 수준의 통합을 이룩하되 힘과 돈에 대한 의존도가 가장 낮은 조직원리로 구성하는 사회"(Shultz, 1972)로서, 자발성(voluntarism)은 사회적인 우선순위를 설정하고 달성하는 데 있어서나 사회의 문제를 해결하는데 있어서 주요 수단이 된다. 즉, 모든 개인과 조직단위들이 자율적으로 사회에 공헌해야 한다는 규범으로서 봉사의 이상을 깨우치고 장려함을 조직원리로 하는 사회"이다. 봉사의 이상이 높은 사회는 자율적이고 공헌지향적이며 높은 뜻 혹은 대의(cause)를 추구한다고 보고 있으며, 개인 차원의 자발성은 자율적이면서 공헌지향적인 대의를 실현하려면 거기에 참여하는 개인의 내면에 '자유재량에 의한 봉사지향(discretionary service orientation)'을 요구한다. 즉, 남의 강제나 회유 없이 스스로 재량껏 봉사하려는 성향은 조직체 수준의 자율성 및 공헌지향성의 이념과 맥을 같이한다고 볼 수 있다(김경동, 2007 : 75-76). 이러한 자유재량에 의한 봉사지향은 워리너(Warriner)의 인간이 지닌 '이타적 충동(altruistic impulse)'이라는 개념에서 그 뿌리를 찾을 수 있다. 이에 엘리스와 노이즈(Ellis & Noyes, 1990 : 4)는 자원봉사활동(volunteerism)을 "욕구의 인식하에 선택하는 행동으로서, 사회적 책임이 바탕이 되며 경제적 이익 없이 자신의 기본 의무감으로 활동하는 것이다"고 정의하고 있으며, 피어스(Pearce, 1983 : 651)는 "자원봉사활동을 행하는 것은 조직적 참가에 있어서 정신적 접근 자체부터 차이가 있다"고 보았다. 즉, 타인을 돕기 위하여 자원봉사활동을 한다는 것이다(Cnaan & Goldberg-Glen, 1991; McSweeney & Alexander, 1996; Schram, 1985).

그렇지만 '이타성'은 누구를 대상으로 하는 활동인가의 문제로서, 단순한 자발적 여가활동과 자원봉사를 구분하기 위해서는 이 일을 통해 자원봉사자와 더불어 혜택을 누리는 사람이 있는가 하는 문제를 검토해 보아야 한다. 그러나 자원봉사활동은 단순한 자조(self-help)와는 대조적으로 타인을 돕는 것을 목적으로 하므로, 부수적인 이익에는 제한을 두지 않는 친사회적 행동으로 정의된다. 즉, 자원봉사자의 직계가족이나 친구들을 넘어서서 자원봉사자가 속해있는 지역사회 생활환경에 있는 수혜집단이나 수혜자가 있어야 한다(주성수, 2005 : 28-26).

2) 공공성

'공공성'의 개념은 자원봉사의 기초라고도 할 수 있는데, 이는 자원봉사활동은 타인과의 새로운 관계를 엮어가는 것으로 각종 사회문제의 해결을 위한 접근은 지금까지는 국가 및 행정이 주도적으로 추진해왔으나, 자원봉사 차원으로의 접근에 있어서 '공공성'을 인식해야 하는 것이 중요한 과제가 되었다. 니시야마 시호(西山志保, 2007 : 18-19)는 공공성을 두 가지 의미로 설명하고 있다. 첫 번째 의미는 시민운동의 형태로 나타나며, 시민운동의 주체는 국가수준에의 지향점을 두고 국가에 대항적인 시민섹터를 형성한다. 두 번째 의미는 국가에 대한 대항적이 아닌 지원(支援)의 관점에서 '자발지원형'의 공공성이다. 자발적 지원은 사적 행위로부터 출발하며, 이기심을 초월하여 타인과 관계를 맺어 공적 행위를 하는 것이다. 자원봉사활동은 두 번째의 의미로의 접근이 더 타당하다고 보며, 타인과 연결뿐만 아니라, 타인과의 관계성이 중요한 요소가 된다고 보았다. 또한 자원봉사가 형성하는 새로운 관계성은, 즉 타인과의 상호작용을 형성하는 과정을 통해 새로운 공공성이 형성될 가능성을 시사하고 있다.

한편 주성수(2005 : 29-32)는 '공공성은 조직의 설립에 관한 문제로서, 공식적이고 영리를 추구하지 않는 자발적인 단체인 시민사회단체 혹은 자원봉사단체, 비영리단체 등을 통해 이뤄져야 한다'는 기본 전제하에, 비공식적이고 비조직적인 활동도 자원봉사활동에 포함시키는 관대한 시각도 있음을 지적하고 있다. 또한 자원봉사활동의 '공공성'에 대한 논란을 다음 세 가지 영역으로 구분하고 있다. 첫째, 낙태, 배아복제 등 심각한 갈등을 야기하는 사회적 이슈들 등과 같은 이데올로기 논쟁이 되는 봉사활동을 하는 경우이다. 둘째, 정치자원봉사활동의 문제이다. 특정 정당의 후보를 지지하는 봉사활동은 공익활동이라 볼 수 있지만 일부의 시각에서는 정치적 활동이라는 부정적 견해가 더 강하다. 셋째, 공직자의 일자리 대체 및 공직자 업무공개 문제가 대두될 수 있는 정부의 공공업무에 참여하는 공익봉사활동에 대한 논란도 있다. 자원봉사활동의 영역은 근무자 인력을 대체해서 비용을 절감하려는 일에 참여하지 않는 것이 바람직하다.

3) 자율과 연대

'자율'은 국가나 시장에 의존했던 법적 자유나 경제적 자유와는 다른 개념으로서 시민사회의 구성원으로서 자신의 의견을 표현하고, 스스로가 그러한 권리에 따른 책임을 지는 능력이다. 이러한 '자율'은 또한 다른 사람들과의 관련을 맺을 때 비로소 힘을 발휘하게 되므로, 공동체적 연대가 필요하다. '연대'는 시민사회 구성원을 묶는 통합의 끈이라는 점이 강조된다(강대현 2006 : 162). 특히 한스 브라운(Hans Brun, 정재훈 · 김태훈 역, 2006 : 31-67)에 의하면, 부조와 지원행위가 가족, 친구를 넘어서는 '중도적 연대'[1]의 차원에서 공공을 위한 참여라는 기반 위에서 자원봉사가 나타난다고 보았다.

4) 무보수성

'무보수성'은 보상에 관한 특성으로서, 자원봉사자와 직원을 구분하는데 있어서 자원봉사활동은 금전적인 이득을 위주로 하는 활동이어서는 안 된다는 것이다. 또 어떠한 금전적인 보상도 자원봉사를 통해 이루어지는 일보다 더 중요한 가치를 지닐 수 없다(주성수, 2005 : 25). 그렇지만 자원봉사활동에는 분명히 이익이 있으며, 자원봉사행동에서 나타나는 자발성은 이익에 대한 지향성의 결과이다. 만일 자원봉사행동이 오로지 이타적 태도만 요구되고 아무런 편익이 없다고 한다면 인간생존 양식으로서 자원봉사활동의 보편화는 불가능해진다고 볼 수 있다. 여기서 중요한 것은 자원봉사로 기대되는 이익의 내용이 중요하다. 이익에는 물질적 이익뿐만 아니라, 정신적 · 심리적 이익이 있다는 인식과 정신적 · 심리적 이익이 물질적 이익과 최소한 동일한 가치가 있다고 평가될 때 자원봉사활동을 선택하게 된다(이성록, 2009 : 53). 그렇지만 최근 자원봉사활동에 필요한 최소한의 실비 및 물품에 대한 지원이 확대되고 있으며, 활동에 대한 인정보상의 필요

1 한스 브라운에 의하면, 연대의 차원은 사람들이 자신의 사회적 근방에서 지원과 돕는 행위를 하는 미시적 연대, 부조와 지원행위가 사회적 근방을 넘어서는 중도적 연대, 국가적으로 조직된 거시적 연대와 같이 세 차원으로 구별할 수 있다고 보았다. 특히 중도적 연대는 자조활동과 같은 호혜성의 이념을 지향한다고 보았다(Hans Brun, 정재훈 · 김태훈 역, 2006 : 30-33).

성이 제기되고 있다. 이러한 분위기가 확산되고 있는 것은, 일정 부분 인정보상 요인이 지속적인 자원봉사활동 및 직무만족의 매개체로 작용하기 때문이다.[2]

5) 자아실현성

자원봉사활동의 시작이 타인을 돕고자 하는 이타주의적 동기에서 출발하였더라도 활동과정에서 심리적 만족감, 성취감, 개인적 · 전문적 성장의 기회, 새로운 기술 또는 경험의 습득 등과 같은 심리적 보상을 얻게 된다. 특히 자신이 경험하지 못한 자신에 대한 가능성과 잠재능력을 발견하고 자원봉사활동을 통해 일에 대한 성취감과 더불어 새로운 사람들과의 관계형성을 통해 인격적 성장 및 사회적 존재로서의 가치를 자각하게 된다(류기형 외, 2009 : 28).

6) 개척성

자원봉사활동은 정부나 공공기관의 서비스에 비해 상대적으로 개별성, 창조성, 실험적인 노력을 취할 수 있는 자율성이 일정 부분 보장된다. 또한 대부분의 자원봉사활동은 지역 내에서 이뤄지므로 지역문제를 누구보다도 빠르게 발견할 수 있으며, 이들의 욕구는 보다 쉽고 빠르게 대응할 수 있는 장점을 가진다(류기형 외, 2009 : 30). 이와 더불어 개별적으로 대응해왔던 문제들을 사회문제로 이슈화하여 보다 적극적이고 다양한 대응방안이나 정책개발을 위한 노력이 가능하므로 개척적이고 사회개량적 기능을 감당한다.

이상의 자원봉사활동의 가치와 특성에 관한 선행연구를 포괄적으로 정리해 보면, <표 1-2>와 같다. 자원봉사활동의 가치와 특성을 크게 이타적 성격과 공공적 성격, 그리고 자원봉사관리영역에 포함되는 체계적 성격으로 구분해 볼 수 있다(오사카자원봉사협회, 1993; Ilsley, 1990; 양참삼, 1997; 김종해, 2001; 김영호 외,

2 자원봉사 지속 및 직무만족에 영향을 미치는 요인으로는 자원봉사자 개인 및 활동 특성과 교육, 인정요인 및 인정보상의 만족수준 등이며, 특히 인정보상의 내용으로 '감사 메시지', '장소 및 물품제공', '표창 및 인증' 등으로 밝혀진 바 있다(최유미, 2010a).

2002; 자원봉사활동기본법, 2005; 김경동, 2007; 류기형 외, 2008; 최유미, 2009 재인용). 이타적 성격은 자발성, 지속성의 성격과 더불어 타인을 위한 이타성, 헌신, 무보수성, 인간주의의 의미를 포함하며, 공공적 성격은 복지성, 사회성, 공동체성, 공익성, 비정파성, 비종교성 등의 의미를 포함하고 있다. 그리고 체계적 성격으로는 학습, 교육성, 심리적 보상, 조직 간 협력, 지역연대성의 내용을 포함하고 있는 것으로 나타났다(최유미, 2009 재인용).

〈표 1-2〉 자원봉사활동의 가치와 특성에 관한 선행연구

구 분	자원봉사활동의 가치 및 특성의 내용		
	이타적 성격	공공적 성격	체계적 성격
오사카자원봉사협회(1993)	자발성, 무급성, 계속성,	복지성	
Ilsley(1990)	이타주의, 헌신, 자유의지, 무급성, 희생		학습, 조직, 심리적 보상
양참삼(1997)	자아실현성, 자발성, 무보수성, 이타성, 사회성, 지속성	공동체성, 복지성, 민주성, 개척성	
Smith(1999)	무보수성, 자발성, 이타성, 지속성	공익성	
김종해(2001)	이타성, 자발성, 지속성(계획성), 무상성	지역연대성, 민간활동	
김범수(2001)	무보수성, 자발성, 이타성, 지속성, 자아실현성	공익성	학습성, 헌신성, 협동성
김영호 외 (2002)	자발성, 무보수성, 지속성	사회복지성, 공익성	
자원봉사활동기본법(2005)	이타성, 자발성, 무보수성, 자아실현성, 지속성	복지성, 민주성, 개척성, 공공성	조직성, 교육성
류기형 외(2008)	무보수성, 자발성	공익성, 비영리성, 비정파성, 비종파성, 무차별성	조직 간 협력

출처 : 최유미(2009a) 재구성.

함께 생각해 볼 과제 -

1 사회복지기관의 자원봉사담당 사회복지사라고 가정해 봅시다.
자원봉사자에게 자원봉사의 개념과 국가별 차이점을 설명해 봅시다.

2 현대사회에서 왜 자원봉사활동이 필요한가 설명해 봅시다.

3 자원봉사활동의 특성에 대해 설명해 봅시다.

CHAPTER

02 자원봉사활동의 가치

가치(value)는 인간과 대상의 관계를 통해 가치가 정착된다. 또한 경제적 가치 외에도 육체적인 쾌적과 건강도 가치있는 것이며, 나아가 인간의 정신적 활동에 만족을 주는 가치가 있다. 즉, 논리적 가치와 도덕적 가치, 미적(美的) 가치, 종교적 가치로 생각할 수 있다. 가치를 감독하는 인간의 존재가 있어야 비로소 존재하며, 가치가 생기기 위해서는 대상에 관계하는 자기의 일정한 태도, 즉 평가작용이 예상되며 그러한 평가작용의 주체인 자기성격에 따라 가치 자체에도 개인적 · 사회적 · 자연적 · 이상적이라는 구별이 생긴다.

김영호(2006 : 29-32)는 자원봉사활동의 가치를 대표적으로 수단적 가치와 목적적 가치로 구분하였다. 첫째, 수단적 가치는 자원봉사를 다른 것을 이루기 위한 수단으로써 그 가치를 지니는 것이다. 기업에 취업하기 위하여, 학생들이 입시를 위하여, 혹은 면대면 관계가 취약한 오늘날에 다양한 관계형성을 위하여, 여가를 활용하여 가족, 동료들과 함께 하는 시간을 갖기 위해서 자원봉사에 참여하기도 한다. 또한 다양한 경험, 경력을 축적하기 위해서, 지역사회로부터 인정받기 위해서 자원봉사를 하는 것이다.

둘째, 목적적 가치는 자원봉사 그 자체가 목적으로 개인적 가치와 사회적 가치, 경제적 가치로 나눌 수 있다. 사회에서 내 자신의 필요성에 대한 인식과 사회환원에 대한 다양한 형태, 자신감과 신뢰감을 형성하거나 다양한 분야의 인간관계를 형성하고자 하는 것들이 개인적 가치에 해당되고, 시민으로서 지역사회에 직접적으로 공헌하기 위해서, 사회에 대한 책임을 이행하는 것 등이 사회적 가치에 해당된다. 개인적 가치와 사회적 가치실현으로 수행한 자원봉사활동을 경제적으로 환산한 경우의 산출물이 경제적 가치라고 할 수 있다.

결국 자원봉사활동의 가치는 인간존중이라는 자원봉사의 기본 이념을 바탕으로 자원봉사가 지향하는 신념체계가 구축된 것이라 볼 수 있다. 그러나 최근 자원봉사활동이 모든 사회문제 해결의 수단으로서 인식되는 경향은 자칫 자원봉사활동의 보편적 가치를 훼손하게 될 위험요소로 작용할 수 있음을 간과해서는 안 된다(최유미, 2009a).

1. 자원봉사활동의 사회적 가치

자원봉사활동에 대한 사회적 가치는 첫째, 사회, 조직 및 개인의 변화와 발전이라는 가치와 둘째, 세대 간, 계층 간 및 사회적 약자에 대한 이해를 통한 긍정적 행동유발이라는 가치로 나누어 볼 수 있다.

류기형 외(2009 : 37-38)는 사회적 가치를 다른 사람과 사회에 대한 이해 및 대인관계기술을 증진시키고 사회적 책임을 증가시키며 조직몰입, 지역사회 참여 증가와 같은 긍정적 행동을 유발한다. 또한 자원봉사활동은 세대 간 및 계층 간 이해, 사회적 약자에 대한 이해를 돕고, 개인, 조직 및 사회에 긍정적인 행동을 유발한다고 제시하고 있다.

한편 김영호(2006 : 32)는 자원봉사활동의 사회적 가치를 사회의 변화에 대한 관점으로부터 다음 여섯 가지를 제시하고 있다. 첫째, 국가나 지방조직의 행정이 미치지 못하는 부분에 대해 보완하는 역할을 하도록 한다. 둘째, 공동사회의식과 참여의식을 높인다. 셋째, 육체적 · 정신적 잉여에너지를 건전한 방향으로 사용함으로써 사회와 개인의 발전에 기여한다. 넷째, 복지사회로의 발전을 가져온다. 다섯째, 자원봉사활동은 사회구성원들로 하여금 소속감과 안정감을 가지도록 한다. 여섯째, 사회문제 대변의 기능을 통해 사회안정을 실현할 수 있다.

2. 자원봉사활동의 경제적 가치

자원봉사활동의 경제적 가치에 대한 접근방법은 크게 거시경제학적 이론과 미시경제학적 이론이 있다. 자원봉사활동에 대한 거시경제적 이론에서 전통적인 경제학 분석은 민간기업의 역할에 초점을 두는 반면, 정부가 지속적으로 증가하는 역할을 경제적인 사건에 통합하는 과정에서 민간의 비영리부문에 대한 관심을 소홀히 다룬 점에 주안점을 두고 있다(김태홍 · 김난주 · 권태희, 2007 : 85-87).

1) 거시경제적 이론

먼저 거시경제적 이론에서 자원봉사활동과 제3섹터 조직의 급격한 출현을 설명하는 주요 이론으로 수요이론과 공급측면이론이 있다. 수요이론에 있어 바이스브로드(Weisbrod, 1977)는 자원봉사조직의 존재를 시장 혹은 정부에 의해서 충족되지 않는 공공재에 대한 지속적인 수요와 연관시켜 설명하고 있다. 공적서비스 제공에서 자원봉사조직의 확대된 역할에 대한 강조는 정부와 시장의 실패에 기인하는 것으로 가정한다. 이윤추구를 하는 영리조직의 시장실패는 취약집단에 대한 서비스공급의 경우에 나타날 수 있는데, 이들 집단은 서비스에 대한 보상을 할 수 있는 자원이 부족하거나 혹은 제공비용이 높은 지역에 있어서 시장에 의한 공급이 어렵다고 본다. 더 나아가서 경쟁력이 부족하여 정부가 서비스를 공급하는 데 비효율적이고 낮은 품질의 서비스를 제공하며 고객의 욕구에 대응할 수 없는 것으로 밝혀졌다. 즉, 자원봉사조직 및 자원봉사활동은 정부나 시장이 충분하게 공급할 수 없는 경우 이러한 간격을 메우기 위해서 나타날 수 있다. 이러한 이론에 기초해서 바이스브로드(Weisbrod)는 사회가 다양하면 할수록 공공재에 대한 수요도 다양하고 따라서 비영리섹터의 규모가 커진다고 예측하였다. 이러한 이론을 지지하는 사례로 인도의 비영리조직은 세계에서 가장 이질적인 사회의 충족되지 않는 공공재 수요를 만족시키기 위해 확산된 대표적인 사례로 볼 수 있다.

한편 공급측면이론은 충족되지 않는 공공재 수요를 공급하는 기업가의 주요 역할과 관련이 있다. 그러나 이러한 기관의 성장동기는 희망하는 것과 같이 전적으로 이타주의적일 수 없다는 문제점을 안고 있다.

2) 미시경제적 이론

자원봉사활동에 대한 미시경제적 이론은 개인이 자원봉사에 참여하게 되는 요인과 참여시간을 결정하는 요인과 관련이 있다. 자원봉사참여에 대한 동기에 관한 연구 중 뮬러(Mueller, 1975)는 개인적인 측면에서 네 가지 요인이 있는 것으로 나타났다. 두 가지 요인은 정신적인 소득, 즉 자원봉사자의 이타주의에 대한 향유와 그들의 지위와 관련된 사회적 명성의 소비와 관련이 있다. 그리고 나머지 두 가지 요인은 직접적으로 관찰될 수 있는 편익으로 개인과 가족급부에서의 자선의 소비와 배분, 노동시장의 숙련을 개발할 수 있는 기회 획득이다. 따라서 자원봉사에 대한 미시경제학적인 접근에서는 이와 같은 동기를 모형화하는 것들이 주류를 이루고 있다. 자원봉사활동에 대한 대표적인 미시경제학적 모형은 공공재 모형(public goods model)과 민간소비모형(private consumption)이다. 두 모형의 차이는 자원봉사자가 자원봉사활동을 하게끔 만드는 동기에 대한 가정에 있다. 공공재의 경우 공공재를 증가시키고자 하는 욕구가 자원봉사활동을 하게 만드는 동기이며, 민간소비모형에서 자원봉사활동은 그 자체가 자원봉사자에게 동기유발이 된다는 점이다.

이 외에도 미시경제학적 접근의 또 한 가지 방법으로 자원봉사에 대한 경제적 가치평가로서 자원봉사노동에 근로를 하지 못한 시간의 기회비용으로서 측정한다. 이러한 방법이 타당성 여부를 판단하는 데는 자원봉사시간에 대한 기회비용이 자원봉사활동에 대한 자원봉사자의 생산가치와 동일한가의 여부와 직결되어 있다. 두 가치가 서로 다른 경우는 자원봉사자가 노동시장에서 제공하는 것보다 가치가 낮은 자원봉사활동을 수행할 경우이다. 또 다른 경우는 비영리기업이 그들의 근로자에게 동일한 서비스를 제공하는 영리기업보다 낮은 금전적인 보상을 할 경우이다.

3) 자원봉사노동의 가치평가

자원봉사노동의 가치를 평가하는 방식은 일반적으로 기회비용법을 많이 활용한다. 우리나라의 자원봉사활동을 경제적 가치로 환산한 대표적인 사례 몇 가지를 살펴보았다.

먼저 행정자치부 · 한국자원봉사문화가 연구한 한국인의 자원봉사활동 실태조사 연구보고서(2014)에 의하면, 2014년 자원봉사 참여율은 22.5%, 3년 전 2011년 21.4%보다 1.1% 상승하였으나, 2005년 이후 참여율이 21~22% 수준에 정체되어 있다.

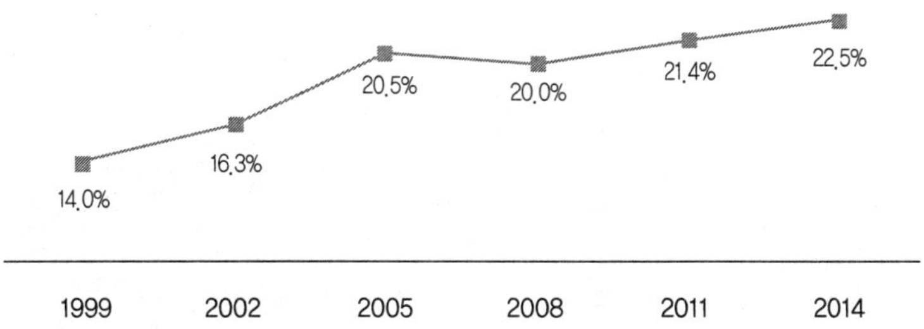

출처 : 행정자치부(2014). 「자원봉사활동 실태조사 및 활성화 방안연구」.

|그림 2-1| **자원봉사 참여율 추이 : 1999-2014**

자원봉사자의 총 자원봉사활동 시간과 전 산업시간당 평균임금을 곱한 결과, 자원봉사활동의 총 경제적 가치는 7조 9,877억 원으로 추정되었다. 이는 물가상승을 감안하면 2011년의 절반수준이다.

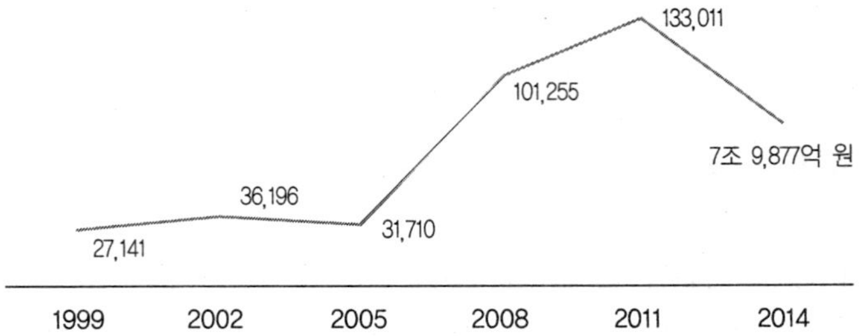

출처 : 행정자치부(2014). 「자원봉사활동 실태조사 및 활성화 방안연구」.

|그림 2-2| 자원봉사의 경제적 가치 : 1999–2014

최근 15년간 자원봉사 시간과 가치를 살펴본 결과 <표 2-1>과 같이, 주간 평균 자원봉사시간은 2011년에 비해 50% 수준에도 미치지 못하는 것으로 나타났으며, 총 자원봉사활동의 연간 경제적 가치도 2011년 대비 절반 이하로 하락한 것으로 나타났다.

〈표 2-1〉 연간 자원봉사 시간과 가치* : 1999–2014

구 분	2014	2011	2008	2005	2002	1999
1년 자원봉사자 1인당 주간 평균 활동시간	0.81시간[1]	1.92시간[1]	2.37시간[1]	1.02시간[2]	1.9시간[2]	2.1시간[2]
전체 자원봉사자의 연간 자원봉사시간	3억 9248만 5629시간[2]	8억 3455만 1405시간[2]	9억 1147만 6582시간[2]	3억 8756만 3699시간[3]	5억 3237만 6609시간[3]	4억 9892만 시간[3]
전체 자원봉사자의 봉사활동의 연간 금전적 가치	7조 9877억 원[3]	13조 3011억 원[3]	10조 1255억 원[3]	3조 1710억 원[4]	3조 6196억 원[4]	2조 7141억 원[4]
GDP (국내총생산) 대비 비율	0.56% (1,428.3조 원-2014년)	1.13% (1,172.800조 원-2010년)	1.27% (798.057조 원-2007년)	0.46% (693.995조 원-2004년)	0.6% (600.866조 원-2001년)	0.56% (487.184조 원-1998년)

출처 : 행정자치부(2014). 「자원봉사활동 실태조사 및 활성화 방안연구」.

1) 1년 자원봉사자의 연간 총활동시간=14,312시간
1년 자원봉사자 1인당 주간 평균 자원봉사활동시간=14,312시간÷337명÷52.14주=0.81시간

1년 자원봉사자 1인당 주간 평균 자원봉사시간=0.81시간
[2] 연간 자원봉사자 추정치=9,293,252명
0.81시간×9,293,252명×52.14주=392,485,629시간
[3] 전 산업 남녀 시간당 평균임금(20,351.6원)×392,485,629시간=7,987,709,717,907.68원
전 산업 남녀 시간당 평균임금=월 평균임금(3,158,568원)/155.2시간(월평균 근로시간 수)=20,351.6원
※ 월 평균임금 출처 : 고용노동통계(http://laborstat.molab.go.kr), 국가통계포털(KOSIS), 사업체노동력(구 사업임금근로시간) 조사(2014)

또한 김태홍·김난주·권태희(2007 : 100)는 2004년 임금구조 기본통계조사를 이용하여 한국 자원봉사활동의 경제적 가치를 측정하였다. 그 결과 연간 1조 8,325억 원으로 추정되었다.

두 연구의 결과가 차이가 나는 것은 자원봉사 참여자 수를 파악하는 과정과 경제적 가치 환산기준에서 평균임금의 산출근거의 차이로 볼 수 있다. 행정자치부의 경우에는 직접적인 설문조사에 의한 방법을 선택하였으며, 김태홍 외의 연구에서는 통계청 「2004년 경제활동 인구조사」 자료를 활용하였다. 그렇지만 경제적 가치에 대한 연구접근 노력이 시도되었다는 점에 의의를 둘 수 있다. 향후 자원봉사활동에 대한 경제적 가치평가를 위한 지속적인 노력이 요구된다.

〈표 2-2〉 협의의 자원봉사노동의 경제적 가치

2004	인구 수 (A)	자원 봉사자 수 (B)	자원봉사자 비율 (B/A×100)	1일 자원봉사 시간 (C)	시간당 임금 (D)	1인당 연간 자원봉사의 경제적 가치 (F : C×D×356)	전체 자원봉사의 연간 경제적 가치(F×B)
단 위	명	명	%	시간 : 분	원	천 원	억 원
전 체	34,739,028	194,403	0.6	2 : 04	25,875	9,444	18,325
남 성	16,775,652	50,327	0.3	2 : 40	34,790	12,698	6,390
여 성	17,963,376	143,707	0.8	1 : 51	18,492	6,749	9,699

출처 : 김태홍·김난주·권태희(2007 : 100).
근거자료 : (A) 장래인구추계(통계청), (B) 장래인구추계와 2004년 생활시간조사, 통계청 원시자료를 활용

함께 생각해 볼 과제

여러분이 사회복지 현장의 사회복지사가 되었다고 가정하고 여러분들의 기관에 자원봉사자를 필요로 할 때, 여러분은 어떻게 자원봉사활동을 설명하겠습니까? 아래의 질문에 대해 함께 생각해 봅시다.

1 무급의 자원봉사자와 유급의 사회복지사는 무엇이 다른지 생각해 봅시다.

2 자원봉사활동의 근간이 되는 기본 철학은 무엇인가 생각해 봅시다.

3 자원봉사활동의 사회적 가치와 경제적 가치에 대해 설명해 봅시다.

P·A·R·T 02

자원봉사활동 관리의 개념과 관리자의 역할

CHAPTER 03

자원봉사활동 관리의 개념과 필요성

1. 자원봉사활동 관리의 개념

일반적으로 자원봉사활동의 관리란 '자원봉사활동을 원하는 측'의 욕구와 '자원봉사활동의 지원을 받는 측'의 욕구를 연결시켜 효과적인 자원봉사활동이 이루어지게 하는 일련의 절차와 방법을 강구하는 것으로 정의할 수 있다.

자원봉사활동이 성립되기 위해서는 자원봉사활동을 필요로 하는 사람들(클라이언트, 수혜자 : client)에게 활동을 제공할 수 있는 사람(자원봉사자 : volunteer)을 연결하여 실질적인 서비스가 제공될 수 있어야 한다. 즉, 자원봉사자의 도움을 필요로 하는 클라이언트에게 적절한 자격을 갖춘 자원봉사자를 연결시켜주는 것이 자원봉사활동 관리의 핵심이라고 할 수 있다(이만식 · 손신 · 신효진, 2010 : 77-78).

따라서 자원봉사활동 연결을 보다 체계적으로 수행하기 위해서는 일련의 관리절차가 필요하며, 이러한 관리절차를 수행하기 위한 전문가, 즉 자원봉사관리자를 필요로 한다. 자원봉사관리절차에 대해서는 3부에서 상세하게 학습하겠지만, 기본적인 자원봉사관리과정에 포함되어야 할 사항은 자원봉사 프로그램 기획, 자원봉사자 직무설계, 홍보모집, 면접배치, 교육훈련, 기록관리 및 평가과정이다. 그렇지만 지역사회의 다양한 요구에 의한 자원봉사활동의 프로그램이 다양화되어지고, 개인적인 활동에서부터 지역사회 혹은 국가차원의 자원봉사활동까지 그 범위도 다양해짐에 따라 지역사회자원과의 네트워킹, 인정보상, 갈등관리 등의 내용도 관리과정에 포함될 필요가 있다.

2. 자원봉사활동 관리의 필요성

우리나라 국민들의 자원봉사활동에 관한 관심은 지속적으로 고조되고 있으며, 실질적인 자원봉사활동에의 참여 또한 증가하고 있는 추세이다. 그러나 자원봉사활동이 온전히 시작되고 활동이 지속적으로 추진되기 위해서는 자원봉사담당자 혹은 관리자가 자원봉사자와 수요처와의 단순한 연결(link)로만 어렵다는 사실에 주목해야 한다. 영국의 베버리지(Lord Beveridge)는 "좋은 사회를 만드는 것은 정부에 의해서 이룩되는 것이 아니라 좋은 시민들에 의하여 이룩되는 것" 이라고 하여 자원봉사활동이 바람직한 미래사회를 위한 우리의 기본적 책무임을 강조하였다. 이처럼 자원봉사활동은 우리가 더불어 살아가는 사회 속에서 생활의 일부분으로 자리 잡혀야만 하는 당위성이 있다(최유미, 2009b).

자원봉사활동의 관리는 최근 들어 그 중요성이 더욱 부각되고 있다. 그 주된 이유는 자원봉사 프로그램이 급속히 성장, 발달하면서 국민들에게 실질적으로 제공되는 중요한 사회서비스로서의 역할이 커지게 되고, 이로 인해 자원봉사활동의 관리 역시 그 중요성이 커지고 있기 때문이다. 이러한 변화에 발맞추어 자원봉사활동 영역에서도 자원봉사 프로그램을 관찰하거나 지도하는 자원봉사 행정가, 관리자, 조정자(코디네이터)라는 명칭의 직업이 생기게 되었다(이만식 · 손신 · 신효진, 2010 : 78-79).

그렇지만 자원봉사활동 현장을 들여다보자. 자원봉사자, 자원봉사 수요기관, 자원봉사 연결기관(자원봉사센터), 이 세 부분이 제대로 톱니바퀴처럼 맞물려야만 원활한 자원봉사활동이 이루어진다. 그렇지만 필자의 자원봉사 현장경험을 통해 몇 가지만 지적해 보자면, 세 부분 모두 서로 다른 입장에서 어려움을 호소하고 있다.

대표적으로 자원봉사자의 입장에서는 자원봉사관리자가 우리팀 혹은 자원봉사자(개인)의 관리를 잘 해주지 않는다고 호소하며, 자원봉사 수요기관(담당자)의 입장에서는 자원봉사자 수는 너무 많으나 정작 필요할 때에는 도움을 주는 자원봉사자가 없다고 호소한다. 자원봉사 연결기관(자원봉사관리자)의 입장에서는 자원봉사자를 연결시킬 마땅한 프로그램 혹은 정보가 없거나 수요기관과의 네트워킹이 제대로 안 된다고 호소한다. 이처럼 서로 다른 생각을 지닌 기관 혹은 사람들이 자원봉사(Volunteer)라는 이름으로 연결되어 있으나, 잘 다듬어지지 않거나 느슨한 연결로 인해 갈등의 원인이 되기도 한다.

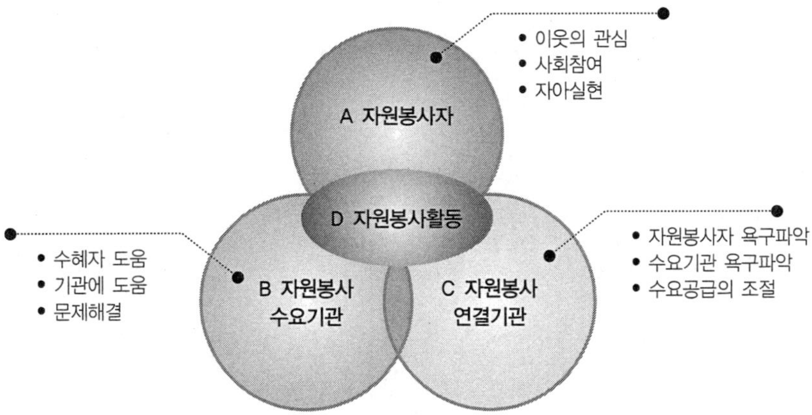

|그림 3-1| 자원봉사활동 관리 세 차원의 욕구가 만나는 과정

여기서 주목해야 할 점은 자원봉사활동의 출발에는 자원봉사자가 우선이 아니라는 점이다. 지역주민들의 욕구(need) 혹은 필요에 의한 자원봉사활동이 되어야 한다는 기본 전제하에 보다 나은 사회를 만들기 위한 노력의 일환으로 자원봉사활동이 전개될 수 있도록 자원봉사활동 관리가 이루어져야 한다는 것이다. 즉, 자원봉사활동 관리의 목적은 자원봉사자의 지속적인 활동을 위한 동기부여를 통해서 지역사회에 최대의 혜택이 돌아가도록 하고, 기관의 목표도 함께 달성되도록 하는 것이다.

CHAPTER 04

자원봉사관리자의 역할과 자세

1. 자원봉사관리자의 역할

자원봉사관리자란 자원봉사활동 현장의 자원봉사활동을 체계적으로 관리하고, 이를 통해 자원봉사활동을 사회에 확산시키고 그 지속성을 도모하기 위해 전문적인 직무를 수행하는 직업군이다. 자원봉사관리자는 자원봉사활동 및 시민사회, 그리고 휴먼서비스 및 비영리민간단체의 역할 등과 관련한 전반적인 지식과 기술 등을 필요로 한다. 외국의 경우 자원봉사관리자의 명칭은 현재 Coordinator, Administrator, Director, Officer, Manager, Specialist, Chair 등 일곱 가지 명칭으로 불려지고 있으며, 우리나라의 경우 자원봉사센터가 설립되면서 시작된 직업으로 자원봉사관리자, 자원봉사관리조정자, 자원봉사행정가, 자원봉사전문가, 자원봉사 코디네이터 등 여러 가지 명칭으로 사용되고 있지만, 아직 공식적인 직업분류에는 명기되지 않고 있으며, 한국표준직업분류 기준에서는 '사회복지 관련 관리자'로 사회복지분야에 국한된 직업군으로 분류되어 있다. 한국직업능력개발원이 2004년 발간한 직무분석 보고서(한국직업능력개발원, 2004)에서는, 자원봉사관리조정자(volunteer manager)를 '더 많은 사람들이 더 효과적으로 자원봉사활동에 촉진하며, 참여하는 사람을 지원하는 것을 직무로 하는 직업'이라고 정의하기도 하였다(McCurley & Vineyard, 1986; 김성경, 2002, 권현수, 2009 재인용).

피셔와 콜(Fisher & Cole)은 "기존의 연구문헌과 자원봉사 분야에서 실제로 활동하고 있는 전문직업인에 의해서 거론되고 있는 자원봉사관리자들의 업무 역할은 다음과 같이 몇 가지로 설명되고 있다"고 주장하고 "자원봉사관리자들의 직무지침서에는 다음의 다섯 가지를 전부 또는 일부를 포함하지만, 지도자(leader)와 관리자(manager)로서의 역할이 가장 중요하다"고 지적하고 있다(류기형 외, 2009 재인용).

- 자원봉사자들의 지도자와 봉사활동지침의 결정자
- 자원봉사 프로그램의 관리자와 인사관리자
- 조직에서 활동하는 자원봉사자들의 옹호자
- 조직과 조직에서 활동하는 자원봉사자들 사이에서의 주요 의사전달자
- 자원봉사 프로그램의 지지를 위한 기금 조성자

그리고 자원봉사관리자의 역할을 활동업무와 관련하여 간략히 제시하면 다음과 같다(볼런티어21, 2004).

① 자원봉사센터, 사회복지기관・시설, 기타 지역사회의 다양한 기관과 단체들에 대해 자원봉사활동에 대한 관심을 유발시키고 봉사자들을 친절하게 받아들이며 협조 분위기를 조성하는 역할
② 자원봉사자를 육성하기 위한 총체적 계획을 입안하고 소그룹리더를 지도・지원하는 역할
③ 자원봉사활동 신청자를 위한 접수 및 오리엔테이션을 지원하는 워커의 역할
④ 자원봉사자 또는 소그룹리더를 위한 교육훈련자(계속교육 포함)의 역할
⑤ 자원봉사활동의 활성화를 위하여 소그룹모임 또는 협의체와 지역사회 내의 타자원체계와의 연결・협동을 위한 관계형성의 매개자의 역할
⑥ 자원봉사활동 프로그램의 연구개발자 및 평가지도자의 역할

특히 효과적인 자원봉사관리자로서 가장 중요한 역할은 자문가의 역할이다. 자문가의 역할은 구체적으로 기관과 지역사회에 어떠한 욕구들이 있는지, 자원봉

사자들의 역할이 무엇인가, 이들을 어떻게 동기부여시킬 것인가에 대한 분석을 동료직원들과 함께 공유하고 나누는 역할이다. 이러한 역할을 수행하기 위해서는 다음의 세 가지 능력이 요구된다. 첫째, 다른 사람들과 좋은 인간관계를 형성할 수 있고, 자원봉사자들이 원하고 바라는 것이 무엇인가를 잘 파악할 수 있는 능력이 요구되며, 둘째, 변화하는 개인, 집단, 사회적 욕구와 관심에 대해 유연한 대처와 적응할 수 있는 능력이 갖추어져야 한다. 셋째, 잠재적인 기회를 찾아내고 그 기회를 현실화시킬 수 있는 구조와 체계를 만들어 낼 수 있는 능력이 필요하다(McCurley & Lynch, 1998).

이처럼 자원봉사관리자의 역할은 다양한 상황과 사람들에게 적절하게 반응하기 위해 다양한 형태를 취해야 하겠지만 대체로 자원봉사관리 업무, 즉 기능에 따른 적절한 역할을 수행해야 한다. 즉, 다양한 사회의 욕구와 자원봉사 참가자를 연결하기, 활동과 사회자원을 연결해서 자원봉사활동이 효과적으로 추진될 수 있도록 자원봉사활동에 있어서 개인, 단체, 기관을 대등하게 연결하는 등과 같은 전문직으로서의 역할이다. 자원봉사관리자는 자원봉사활동의 의의와 비전을 가지고, 사회의 움직임과 욕구(need), 사회자원 등의 풍부한 정보를 수집, 그것을 시민에게 전달, 자원봉사활동에의 참가기회를 창출하고, 활동을 추진하기 위한 다양한 능력이 요구되고 있다.

2. 자원봉사관리자의 업무

자원봉사활동은 특별한 경험, 자원개발, 기관마케팅, 자생력이 강한 지역사회 혹은 '사회자본 형성'을 위한 접근수단으로 간주되어야 하며, 이러한 자원봉사활동이 가진 고유의 목적을 달성하기 위해서는 무엇보다 자원봉사관리자의 능력이나 특성이 매우 중요하다 할 것이다(Hall, Heyworth, MacKenzie, & Bacon, 2001 : 2; 권현수, 2007 재인용). 또한 경제적 보상에 의해 동기화되지 않은 자원봉사자들을 모집, 유지 등 관리를 위한 특별한 기술이 필요하다. 즉, 단일한 역할이 아닌, 상이하고 다양한 역할의 복합체라는 점에서 다양한 상황과 사람들에게 적절하게 반응하는 융통성도 중요한 점이라 볼 수 있다(류기형 외, 2008 : 160-162).

따라서 자원봉사관리자의 역할은 자신이 속해 있는 기관(자원봉사센터 혹은 관련단체)의 규모와 활동범위, 직원의 수 등에 따라 다르며, 학자마다 조금씩 차이가 있으나 대체로 공통되는 관리자의 역할 여덟 가지는 다음과 같다(박태영 외, 2008 : 126-130).

① 받아들임(욕구, 활동 희망자의 접수 등) : 자원봉사자의 서비스를 요구하는 의뢰와 자원봉사를 희망하는 신청, 활동내용에 관한 상담, 클라이언트의 상담, 활동평가 등 여러 가지 의견들을 민감하고 확실하게 받아들여야 한다.

② 모집(자원봉사자, 클라이언트 파악) : 자원봉사자들이 찾아오기만을 기다리는 것이 아니라 적극적으로 잠재 자원봉사자층에 활동을 호소하거나 클라이언트의 욕구를 파악해야 한다.

③ 연결(조정, 소개) : 관리자의 핵심적인 역할로서 자원봉사활동을 요청하는 사람과 자원봉사를 희망하는 사람을 연결하고 조정하는 업무이다. 실질적으로 가장 어려움이 발견되는 역할이기도 하다.

④ 교육(훈련) : 활동시작 전, 활동시작 후에 필요한 훈련이나 교육의 기회를 만들어 활동을 원활하게 수행할 수 있도록 돕는 역할이며, 관리자의 중요한 역할 중의 하나에 포함된다.

⑤ 네트워크(사회행동) : 지역사회의 다양하고 새로운 욕구에 대한 대응을 위하여 새로운 자원봉사팀을 결성하거나, 활동 프로그램 개발, 개인이나 단체 간의 새로운 관계망을 형성하기, 새로운 제도나 정책을 제안하기 위한 사회행동 등이 포함된다. 관리자의 창의성이 요구되어진다.

⑥ 기록(정리, 통계) : 전화, 면접, 활동수급조정의 통계, 연간 사업보고서 작성 등 행정적인 역할이다. 기록을 통해 자원봉사관리의 전체적인 경향을 객관적으로 파악할 수 있으며, 행정기관 및 주민에게 자원봉사에 대한 객관적

자료로 활용할 수도 있다.

⑦ **홍보(알림)** : 지역사회에 대한 홍보와 클라이언트에 대한 홍보로 구분된다. 지역사회 홍보는 자원봉사의 의의와 필요성, 클라이언트의 욕구와 기존 정책 및 제도의 미비, 자원봉사 기대효과 등이며, 클라이언트에 대한 것은 자원봉사자에 대한 올바른 이해와 활용방법, 자원봉사에 참여방법 등이다.

⑧ **정보수집(모으기)** : 자원봉사관리자는 자원봉사 관련상담에 응하는 것과 활동처의 연결, 자원봉사 수요요청에 대응하기 위해서 구체적인 정보를 파악하고 있어야 한다. 공적 사회복지제도의 내용과 사회복지시설과 기관, 자원봉사단체와 그 활동상황, 각종 재원의 내용과 활용방법, 자원봉사 관련 프로그램 등이다.

따라서 이러한 역할을 수행하기 위한 자원봉사관리자는 자원봉사의 가치, 이론 등에 대한 기본 이해뿐만 아니라, 대인관계능력, 문제를 구별하고 해결방법을 찾기 위한 창의성과 적극성, 관리조정능력이 요구되어진다.

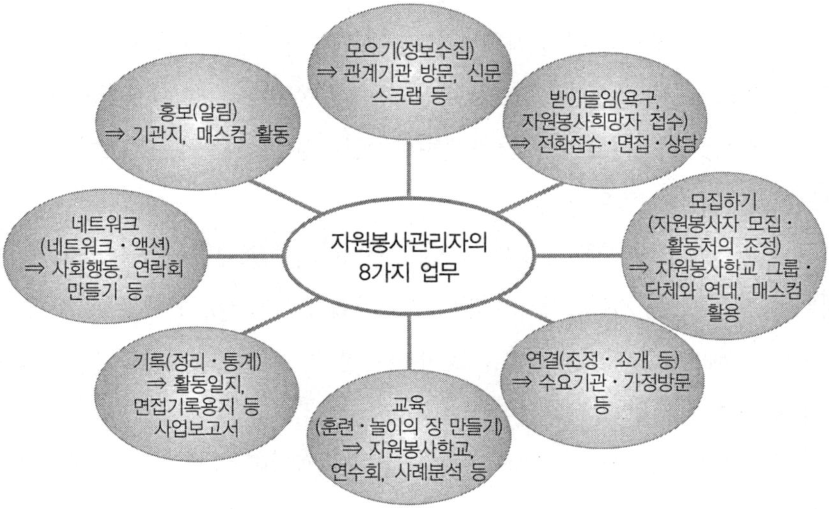

출처 : 東京ボランテイアセン-タ(2005).

|그림 4-1| 자원봉사관리자의 8가지 업무

3. 자원봉사관리자의 유형

자원봉사관리자의 유형은 소속단체, 대상영역, 자원봉사활동 내용에 따라 나누어 볼 수 있다.

첫째, 소속단체에 따른 유형은 자원봉사 공급단체, 자원봉사 활용단체(수요처), 자원봉사 연결(조정)단체로 나누어진다. 자원봉사 공급단체는 기업, 학교, 주민자치조직, 어르신봉사단, 각종 봉사단체 등 구성원들이 자원봉사활동에 참여하고 있는 단체로서, 우리나라에서는 보통 단체의 대표자가 자원봉사관리자로서의 역할을 하며 활동하는 경우도 있으나, 일반적으로 우리나라에서는 '단체지도자' 혹은 '자원봉사 리더'로서 구성원 중심의 한정적이며, 활동내용은 각자의 관심에 따라 자유롭게 선택하는 경우가 많다. 한편 자원봉사 활용단체(수요처)는 사회복지시설이나 NGO, 시민단체 등 공익증진에 기여하는 비영리단체로서 자원봉사자를 받아들여 활용하거나 육성, 지원하는 단체로서 자원봉사관리자는 조직 내 소속된 봉사자를 중심으로 관리하며 활동내용은 그 단체의 활동이나 사업내용 가운데서 결정되므로 비교적 한정적이라 볼 수 있다. 그리고 자원봉사 연결(조정) 단체는 자원봉사센터와 같이 자원봉사활동에 참가하고 싶은 사람과 사회적 욕구를 연결시키고 자원봉사자를 지원하는 단체이다. 이러한 경우 자원봉사관리자는 다양한 정보를 확보하고 욕구를 파악하여 수급조정을 해야 하므로 보다 더 폭넓은 관심을 기울일 필요가 있다.

둘째, 대상영역에 따른 유형은 지역형, 광역형 단체로 나누어진다. 지역형 단체는 지역주민들이 자원봉사자가 되어 지역사회의 복지욕구에 대응할 수 있도록 지원하는 것이며, 광역형의 경우는 광범위한 영역에서 자원봉사자들이 사회적 욕구에 대응하는 것을 지원하는 것이다.

셋째, 자원봉사활동내용에 따른 유형으로는 활동대상에 따라 노인, 장애인, 아동, 외국인, 노숙인, 여성 등과 같이 사람을 대상으로 하는 활동과 환경, 예술, 문화재 보존 등의 사람 이외의 것을 대상으로 하는 경우로 나누어진다(박태영 외, 2008).

4. 자원봉사관리자의 자세

자원봉사관리자로서 먼저 스스로가 어떠한 자세로 임해야 할 것인가도 중요한 과정이다. 자원봉사현장에서 일어나는 갈등 중에서 큰 부분을 차지하는 것이 자원봉사관리자와 자원봉사자와의 갈등이다. 예를 들자면, 자원봉사관리자의 태도에 있어서 지시적이거나 독단적으로 의사결정을 함으로써 자원봉사자들로 하여금 거부반응을 일으키게 하거나, 여러 자원봉사팀 관리에 있어서 형평에 맞지 않게 대우함으로써 팀별 경쟁이나 갈등을 일으키는 등의 상황이 발생하기도 한다.

스티브 맥컬리와 릭 린치(Steve McCurley & Rick Lynch, 1996)는 자원봉사관리자는 명확한 사명과 정책수립, 비전의 일치, 자원봉사자의 지지, 직원의 사명감이라는 다섯 가지 과제에 대해 명확한 해답을 가지고 있어야 한다고 주장한다.

결국 효과적인 자원봉사관리를 위해 다음과 같은 질문을 스스로에게 던져보고 스스로 방향을 찾아야만 한다.

① 자원봉사자가 가장 효과적으로 일하도록 돕기 위해 기관이 명확한 사명(mission)을 갖고 있는가? 사명에 따른 구체적인 목표를 갖고 있는가?
→ 사명이나 목표가 없을 때, 자원봉사자는 '내가 왜 여기서 이 일을 하고 있지?'라고 생각하고, 실망감을 갖게 된다.

② 자원봉사자 스스로 비전을 갖고 있는가?
비전이란 기관과 자원봉사자가 만들어 나가려고 하는 기관, 자원봉사자 자신, 지역사회 그리고 모두가 속한 사회의 구체적인 미래상이다.
→ 자원봉사자가 자원봉사활동처에서 활동을 통해 긍정적 미래상을 가질 수 있도록 만들지 않으면, '자원봉사할 필요가 없다'고 인식한다.

③ 자원봉사자와 기관의 비전이 일치하는가?
→ 비전이 일치하지 않으면 자원봉사자와 기관은 대립하게 될 수 있다.

④ 기관의 정책과 목표가 자원봉사 참여를 적극 지지하고 있는가? 이사회 및 상급관리자들이 자원봉사 참여에 얼마나 책임감을 느끼고 있는가?

→ 자원봉사관리자만 자원봉사자를 만난다고 생각하면 오산이다. 기관의 모든 구성원들은 우리 기관을 찾아오는 자원봉사자에 대한 관심과 참여에 지지를 해야 한다. 그렇지 않으면 '더 이상 이곳에는 내가 없어도 될 것 같아'라고 인식하고 활동을 중단하게 될 가능성이 높다.

⑤ 프로그램을 진행할 직원(실무자)의 자원봉사 프로그램에 대한 태도는 어떠한가?
직원들이 자원봉사자와 함께 일할 수 있도록 동기화되어 있는가?
직원들에게 필요한 훈련을 제공하고 지도감독의 의무를 감당할 사명감이 있는가?

→ 이러한 태도가 제대로 갖춰지지 않으면 자원봉사자들은 '자원봉사 담당자는 뭘 몰라', '시키는 일만 해야 한다고 주장한다', '자원봉사활동에 불편한 점을 몇 번 건의했는데도 받아들어지지 않는다'는 이야기를 하게 될 것이다(최유미, 2009b).

한편 이성록(2001)은 성공적인 관리자가 지녀야 할 적성과 자질을 제시하고 있다. 먼저 자원봉사관리자의 적성은 다음의 아홉 가지가 중요하다고 지적하고 있다.

① **효율성 지향** : 과업목표의 비용효율적 달성에 대한 관심으로서 높은 내적 업무기준, 높은 성취동기이다. 실현 가능성이 있는 목표 및 시한의 설정, 구체적인 행동계획의 수립, 장애 극복방안의 마련, 업무의 효율적 조직화, 타인과 대화할 때 성과에 대한 강조 등의 형태로 나타난다.

② **영향력에 대한 관심** : 권력욕과 권력상징에 대한 높은 관심으로서, 행동 상으로는 강한 주장에 근거한 행동, 타인에 대한 영향력 발휘시도, 높은 지위를 수반한 직책의 추구, 자신이 속한 조직의 산출물과 서비스에 대한 평판에 관심을 표명하는 것 등으로 나타난다.

③ **적극성** : 자기효능감과 내부통제에 대한 강한 신념으로서 행동상으로 발생

한 일에 대한 수동적 대처보다는 예비적 차원의 주도적 대응, 장애 발생 시 극복방안의 단계적 조치, 다양한 경로로부터의 적극적, 객관적 정보제공, 성공과 실패에 대한 책임의 수용 등으로 나타난다.

④ **자기확신감** : 자기 자신의 아이디어와 능력에 대한 확고한 신념으로서 행동상으로는 자신있는 자세, 태도, 몸짓과 함께 주저 없이 단호하게 행동하며, 우왕좌왕하지 않고 확실하게 의견을 제시하는 형태 등으로 나타난다.

⑤ **구두발표기술** : 정확하고 설득력 있는 발표에 필요한 상징적, 언어적 및 비언어적 행동과 시각적 보조자료를 활용하는 능력을 말한다.

⑥ **개념화 능력** : 수집된 정보에서 일정한 패턴이나 관계성을 찾아내고 이를 바탕으로 새로운 모델을 만들거나, 적절한 비유를 사용하여 그 의미를 전달할 수 있는 능력, 그리고 문제에 대한 창조적 해결책이나 새로운 통찰력을 키울 수 있는 능력을 말한다.

⑦ **개념의 진단적 사용** : 개념이나 모델을 사용하여 사건을 해석하고 상황을 분석하며, 관련있는 정보와 그렇지 못한 정보를 분별하며, 본래 계획으로부터의 이탈 여부를 탐지할 수 있는 연역적 추론능력이다.

⑧ **사회화된 권력의 사용** : 조직망과 동맹을 형성하고 타인으로부터 협조를 얻어내며, 건설적인 방법으로 갈등을 해결하고, 타인에게 영향을 주기 위하여 역할모델을 사용하는 능력이다.

⑨ **집단과정의 관리** : 구성원들의 집단동일시를 가능케 하고, 단체정신을 공유할 수 있도록 하는 능력을 말한다. 행동상으로는 집단정체감을 나타내는 상징제작, 공동이익과 협동의 필요성 강조, 성공적 팀워크 조성, 개별 구성원의 집단공헌에 대한 공개적 칭찬과 인정의 형태로 나타난다.

또한 성공적인 자원봉사관리자의 자질에 대해서는 다섯 가지를 제시하고 있다.

① **포용력과 리더십** : 자원봉사관리자는 원만한 성품과 리더십이 있어야 한다. 우선 자신에게는 엄격하면서도 타인에게는 너그러운 포용력이 필요하다.

업무 자체가 대인관계에 기초하고 있으므로 철저한 자기절제와 관리능력이 있어야 하며, 또한 친화력을 가지고 수용하고 이끌어가는 원만한 성품이 요구된다.

② **인간에 대한 이해와 지식** : 인간에 대한 이해와 지식을 갖고 있어야 한다. 인간을 탐구하는 기회는 많이 가지고, 편견과 차별이 클라이언트나 자원봉사자와 동등한 위치에서 인간관계를 유지해 나갈 수 있어야 한다. 즉, 인간행동의 유형을 이해하고, 특히 조직(환경) 속에서의 인간행위에 대한 지식과 조정능력이 있어야 한다.

③ **행복에 관한 직관력** : 인간의 행복이 무엇인지를 깊이 이해할 수 있는 직관력을 갖추어야 한다. 개개인의 행복에 대해서 생각을 깊이 가지는 것은 효과적인 자원봉사서비스를 수행하기 위한 당연한 덕목이다. 따라서 서비스를 필요로 하는 사람의 자주성과 존엄성이 제고되는 자원봉사서비스가 될 수 있도록 보다 본질적이고 존재론적인 욕구를 파악할 수 있는 능력이 있어야 한다.

④ **업무추진력** : 사회복지적 문제인식능력과 더불어 업무를 실천할 수 있는 추진력이 있어야 한다. 지역적 특성에 따른 지역복지의 욕구를 바탕으로 자원봉사자의 특성에 맞는 적합한 서비스를 추진해나가는 유연성과 자원봉사활동의 입장만을 고집하지 않고 지역복지활동을 함께 추진할 수 있는 추진력이 있어야 한다. 즉, 거시적 차원에서 자원봉사활동이 지역복지의 원동력이 되도록 조정할 수 있어야 한다.

⑤ **통찰력** : 통찰력은 관리자가 갖추어야 할 기본적인 자질의 하나로서 자원봉사자의 역할을 수행하는 과정에서 발생하는 여러 가지 상황에서 적절히 대처해나갈 수 있는 유연성과 통찰력을 필요로 하기 때문이다.

5. 자원봉사관리자 윤리강령

지금까지 논의한 자원봉사관리자의 역할과 자세, 그리고 자원봉사관리자가 지녀야 할 윤리와 태도 등은 국가별로 내용은 다소 차이가 있으나, 자원봉사관리자 윤리강령 등의 명칭으로 규정을 제정하여 자원봉사활동현장의 지침으로 활용하고 있다.

미국의 민간기관인 자원봉사관리협회(Association of Volunteer Administration : AVA 현 CCVC)가 2005년 제정한 '자원봉사관리전문인 윤리강령'과 2009년 자원봉사관리인증협의회가 제정한 '자원봉사활동현장에서 관리자로서 가져야 할 윤리적 책임감'을 살펴보면, 전문직으로서의 자원봉사관리자가 지녀야 할 가치와 태도를 중심으로 신뢰성, 배려, 사회공헌과 책임성, 공정과 공평, 사생활보장, 존중, 책무, 책임의 요소를 포함하고 있다(전문 참조).

일본의 경우에는 특정비영리법인[1] 자원봉사코디네이터협회가 제정한 "자원봉사관리자 기본 지침"을 통해 자원봉사현장에서 활용할 수 있도록 하고 있다. 주요 내용은 사회의 지향점, 자원봉사 본질 이해, 자원봉사자에 대한 태도, 관리의 범위와 내용에 대해 항목별로 체계적으로 기술되어 있다(전문 참조).

그러나 우리나라의 경우에는 자원봉사관리자로서의 전문자격이나 역할이 명확하지 않으며, 명문화된 자원봉사관리자 윤리강령은 없다. 자원봉사현장에서 자원봉사관리업무를 담당하는 이들은 대부분 대학에서 사회복지학을 전공한 이들이 사회복지 및 자원봉사현장에 근무하거나 다년간의 경험이 많은 자원봉사현장의 리더가 자원봉사관리자의 역할을 하고 있는 것이 현실이다.

1 저자주_ 우리나라의 비영리민간단체와 유사

미국 AVA(자원봉사관리협회) 자원봉사관리전문인 윤리강령

신뢰성(Trustworthiness)
- 기관, 지역사회, 전문직을 포함해서 다른 사람에게 정직성, 성실성, 신뢰성 그리고 충실성을 보여주어야 한다.

배려(Caring)
- 다른 사람의 입장을 이해하고 동정과 공감을 실제로 나타내야 한다.
- 타인의 기여를 인정하여야 한다.

사회공헌과 책임성(Philanthropy and Social Responsibility)
- 사회공헌에 대한 개인적 철학을 개발하여야 한다.
- 자원봉사운동을 향상시켜야 한다.
- 자원봉사정신의 가치를 실제로 보여주어야 한다.

공정과 공평(Fairness and Equity)
- 고의로 불공정하게 하지 말아야 한다.
- 다른 사람을 공평하게 그리고 편견없이 대해야 한다.
- 공평을 지지하는 정책과 기준을 향상시켜야 한다.

사생활보장(Privacy)
- 비밀정보에 관해 이해를 하고 비밀을 보장하여야 한다.

존중(Respect)
- 모든 사람을 존중하고 존엄하게 대하여야 한다.
- 다른 기관의 업무를 존중하며, 동료 그리고 전문직을 존중하여야 한다.

책무(Accountability)
- 전문직 기준을 신뢰해야 한다.
- 정확하고 진실해야 한다.
- 자원을 현명하게 활용해야 한다.

책임(Responsibility)
- 전문가로서 행동을 해야 한다.
- 근면함과 자제심을 보여주어야 한다.
- 전문가로서 자기성장을 해야 한다.

출처 : 이대근(2004). "자원봉사관리 실제". 한국자원봉사연합회.

CCVC(자원봉사인증협의회)의 자원봉사관리자로서 가져야 할 윤리적 책임감

1. 자원봉사 프로그램을 개발할 때, 자원봉사에 관한 확고한 개인적 철학을 가지고 있어야 한다.
2. 인간의 기본적 욕구를 충족시키며 인간의 가치를 증진시킬 수 있는 사회적 분위기 조성에 앞장서야 한다.
3. 자원봉사활동은 수요처와 활동가 상호 모두에게 도움을 줄 수 있는 것이어야 하며 그러한 이해가 우선되어져야 한다.
4. 인간의 존엄성을 향상시키고 존중할 수 있는 프로그램 개발에 앞장서야 한다.
5. 개인의 사생활을 보호해야 하며 어떠한 형태의 개인적인 자료도 존중받고 보호받아야 함을 인식해야 한다.
6. 다양한 배경을 가진 봉사자 개개인들을 인정하고 존중해야 한다.
7. 유급직원들의 업무를 확대하고 질적 향상을 도모하기 위한 프로그램을 개발해야 한다.
8. 전문가로서 신뢰감을 줄 수 있어야 한다.
9. 활동을 위한 자원이 부족하더라도 끝까지 최선을 다해야 하며, 장애물이 있는 경우 그것을 극복하며 완성도 있는 결과를 이끌어내도록 최선을 다해야 한다.
10. 매사 공정한 판단과 결정을 위해 자신을 위한 지식, 기술, 능력 개발을 위해 항상 노력해야 한다.
11. 장기적으로 더 나은 성과를 이룰 수 있도록 반성적 사고를 사려깊게 추구한다.
12. 업무수행과정에서 일어날 수 있는 피해를 최소화하기 위해 언제나 친절하고, 관대하고, 온유한 성품을 유지하도록 한다.
13. 의사결정을 위한 자료의 수집과 분석에 있어 열린 사고를 가지고 공정한 추진과정을 거치도록 한다.
14. 차별적이며 편견이 개입된 행동을 방지하기 위해 객관적이고 공정한 표준을 갖고 업무에 임하도록 한다.
15. 기관, 직원, 자원봉사자를 대표하는 활동에 있어 분명한 입장을 표명한다.
16. 이해갈등이 야기될지 모르는 환경, 절차, 정책을 다루는데 있어 확고한 정체성을 가지고 있어야 한다.
17. 자원봉사자나 유급직원들과의 관계에 있어 수용적 자세를 가지고 진실에 바탕을 둔 관계를 유지해야 한다.
18. 일시적 편의에 따라 타협하지 않으며, 전문가로서의 기본적인 윤리적 가치를 확고히 가지고 일하는 것을 원칙으로 한다.

출처 : 자원봉사관리인증협의회 홈페이지. http://www.cvacert.org

일본 자원봉사관리자 기본 지침
-추구하는 가치와 부과되는 역할-

일본 자원봉사코디네이터협회에서는 자원봉사관리자 기본 지침을 명문화하고 있다.
주요 구성은 아래 네 가지 기본 관점과 각 10가지 요소를 게시하고 있다.
자원봉사관리는 일정한 전문성에 기초한 업무이며, 이 '기본 지침'에 따라서 자신의 일을 할 때 밑바탕이 됨으로 이해하고, 자원봉사관리자들의 역할을 많은 사람들이 이해하기를 바라며 일본 자원봉사코디네이터협회에서 지침을 제공하고 있다.

1. 어떠한 사회를 지향하는가?
   1) 한 사람 한 사람의 자유로운 의사, 자유로운 생활방식이 존중되는 사회
   2) 한 사람 한 사람이 자신의 힘으로 살아갈 수 있는 사회
   3) 한 사람 한 사람의 "약함"을 나누는 사회
   4) 한 사람 한 사람이 역할을 가진 대등한 기관에서 움직일 수 있는 사회
   5) 다양한 문화를 인정하는 글로벌사회
   6) 사람들이 협동해서 사회적 과제해결을 할 수 있는 사회
   7) 사람들이 자유롭게 사회 만들기에 기획하여 참여할 수 있는 사회
   8) 결과보단 과정을 중시하는 사회
   9) 효율을 우선하지 않고, 풍부한 인간관계를 창조하는 사회
   10) 자연환경을 지키고, 삶을 계승하고 지속 가능성이 있는 사회

2. 어떠한 자원봉사자를 붙잡을 것인가?
   자원봉사관리자에게 있어 무엇보다 중요한 것은 자원봉사자, 자원봉사활동의 본질을 이해하는 것이다.
   1) 자원봉사는 시민사회를 구성하는 중요한 핵심이다.
   2) 자원봉사는 자신의 의지로 시작된다.
   3) 자원봉사 자신의 관심있는 활동을 자유롭게 선택한다.
   4) 자원봉사활동에 대해서 책임을 가지고 그 역할을 부과한다.
   5) 자원봉사는 공감을 활동의 에너지로 한다.
   6) 자원봉사는 보람과 성과를 추구한다.
   7) 자원봉사활동을 통해서 자신의 새로운 가능성을 발견해낸다.
   8) 자원봉사활동을 통해서 다른 사회문화를 이해한다.
   9) 자원봉사활동에 새로운 관점과 제안을 본보기로 행동한다.
   10) 자원봉사는 값싼 노동력이 아니라 무한한 창조력이다.

3. 어떠한 자원봉사자와 마주 대할 것인가?
   자원봉사관리자는 자원봉사와 활동을 희망하는 사람들을 지원하고 협동하는 것이 필요하다.
   1) 자원봉사자의 의지를 확인하고, 희망을 존중한다.
   2) 자원봉사자 한 사람 한 사람의 경험에 관심을 가지고 활동동기를 존중한다.
   3) 자원봉사자 한 사람 한 사람의 내면에 있는 힘과 가능성을 믿는다.
   4) 자원봉사자는 공감하는 느낌을 중요시 한다.
   5) 자원봉사자의 다양한 의견과 사고방식을 수용하고 활용하는 자세를 가진다.
   6) 자원봉사자와 관리자는 대등하다는 자각을 가져야 한다.

7) 자원봉사자와 관리자의 역할의 다름을 인식하라.
8) 풍부한 정보, 사회자원의 네트워크를 만든다.
9) 자원봉사가 새로운 과제와 활동에 도전하는 것을 응원한다.
10) 자원봉사자와 과제를 공유하고, 생각하는 자세를 가져라.

4. 어떠한 자원봉사관리를 행할 것인가?
1) 자원봉사자가 활동을 통해서 '시민'으로서 성숙의 과정을 중요시하고 그것을 지킨다.
2) 자원봉사자의 동기, 욕구, 뛰어난 분야 등을 정중하게 듣고, 활동선택에 도움이 될 만한 정보와 자료를 제공한다.
3) 자원봉사관리자 자신이 비전과 사회관을 가지고, 자원봉사와 관계자에 대해 알기 쉽게 설명한다.
4) 사람과 사람, 사람과 조직을 대등하게 연결, 일방적인 인간관계 및 상하관계가 생기지 않도록 정비를 한다.
5) 자원봉사의 힘이 활성화되도록 환경을 만들고, 활동에의 욕구가 높아질 수 있도록 궁리한다.
6) 개개의 활동, 다양한 단체의 발전에 쉬지 않고, 다른 사람과 협동하는 의의를 발견하고 네트워크 만들기를 추진한다.
7) 자원봉사 동료가 문제의식을 공유하는 장을 만들고 쌍방향의 의논에 따라 상호가 학습한다.
8) 자원봉사를 사회 만들기와 조직활동·운영에 중요한 구성원으로서 인식하고, 활동의 기획과 실시, 평가에 참여가능 하도록 만든다.
9) 자원봉사 문제제기와 제안을 폭넓게 받아들이고 해결을 위한 활동(프로그램)을 개발한다.
10) 곤란한 과제를 사회에 개방하고, 다양한 사람이 나타나고 대화의 장을 만드는 것에 따라 보다 좋은 사회창조로 향한다.

출처 : 일본 자원봉사코디네이터협회 홈페이지. http://www.jvca2001.org/

함께 생각해 볼 과제

1 자원봉사관리자의 역할을 설명해 봅시다.

2 자원봉사관리자가 지녀야 할 자세를 갖추기 위해서는 어떠한 노력을 해야 할까 생각해 봅시다.

3 사회복지 조직 내에서 자원봉사업무를 담당하는 자원봉사관리자가 왜 필요한가 설명해 봅시다.

CHAPTER

05 우리나라 자원봉사활동 관리현황과 과제

1. 자원봉사활동 지원을 위한 관련 법체계

우리나라는 자원봉사활동을 진흥하고 인프라 구축을 위하여 2005년 8월 자원봉사활동기본법을 제정하였으며, 2006년 2월 5일부터 시행되었다. 본 법은 시민사회의 성숙에 따라 자원봉사활동이 사회 각 분야에 널리 확대되고 있으나, 이에 대한 국가적 차원에서의 체계적인 지원이 미흡한 실정에서 자원봉사에 관한 기본적인 사항을 정하여 국민의 자원봉사활동에 대한 참여를 높이고 행복한 공동체를 건설하는 데 기여하기 위하여 제정하였으며, 법 제정 후 2015년 8월 현재까지 두 차례의 개정이 있었으나 정책의 변경이 아니라 법 문장 등의 용어를 쉬운 우리말로 풀어 쓰기 위한 개정이었다. 자원봉사활동기본법은 총 20조로 구성되어 있으며, 주요 내용은 ① 자원봉사활동의 진흥을 위한 국가 등의 책무(법 제4조), ② 자원봉사진흥위원회의 설치(법 제8조), ③ 자원봉사자의 보호(법 제14조), ④ 한국자원봉사협의회의 설립(법 제17조), ⑤ 자원봉사센터의 설치 · 운영(법 제19조)에 관한 사항이다.

그렇지만 자원봉사활동기본법은 기본법적인 지위가 확보되지 못하고 있는 실정이며, 자원봉사활동 진흥을 위한 국가차원에서의 단일화된 체계가 아닌 여러 부처에서 중복적인 지원을 하고 있는 실정이다.

자원봉사활동기본법을 포함한 자원봉사활동 관련법령을 살펴보면, 여성가족관련법령으로서 건강가정기본법이 있으며, 사회복지관련법령은 사회복지사업법, 노인복지법, 사회보장기본법, 대한노인회 지원에 관한 법률 등이다. 또한 청소년활동관련법령으로 청소년활동진흥법, 재해구호관련법령으로 재난 및 안전관리기본법, 재해구호법, 대한적십자사 조직법, 모금관련법령으로 기부금품의 모집 및 사용에 관한 법률, 해외봉사 관련법령으로 한국국제협력단법 등이 있다.

이들 관련법령 중 자원봉사활동 관리지원과 관련된 주요 내용을 비교해 보면 <표 5-1>과 같으며, 각 법령이 제정되어 운영되면서 발생하는 주요 문제점을 지적해 보면 다음과 같다.

첫째, 자원봉사활동기본법과 타 법령과의 관계가 불명확하며, 기본법으로서의 법적 지위를 가지지 못한다.

둘째, 법령마다 자원봉사 관련용어가 다르다. 자원봉사활동을 행하는 자를 통칭하여 '자원봉사자'로 공통적으로 지칭하고 있으나, '노인복지법'은 지역봉사지도원, '건강가정기본법'은 가정봉사원과 같은 유사명칭을 사용함으로써 혼돈을 주고 있다.

셋째, 부처별로 자원봉사센터가 중복적으로 설치되고, 지원기준도 상이하다. 아래 표에서도 나타나듯이 자원봉사활동기본법을 근거로 자원봉사자의 활동지원관리를 위하여 전국 시·군·구 지역에 자원봉사센터를 설치·운영하고 있다. 그렇지만 사회복지 자원봉사활동을 하는 자원봉사자를 위한 관리는 한국사회복지협의회에서 지원(사회복지사업법), 청소년 자원봉사활동 관리는 시도단위 청소년활동진흥센터(청소년활동진흥법), 대한노인회 소속 자원봉사활동 관리는 시도단위 노인자원봉사센터(대한노인회 지원에 관한 법률)를 설치·운영하고 있다.

따라서 자원봉사활동기본법이 명목상의 법령이 아닌 자원봉사관련법령의 기본법으로서 지위확보를 위한 노력이 수반되어야 할 것이다.

〈표 5-1〉 자원봉사활동 관리지원과 관련된 법과 주요 골자

구 분 (주무부처)	법 명칭	주요 골자	용어 비고
기본법 (행정자치부)	자원봉사활동 기본법	-자원봉사활동 진흥정책 방향수립 -자원봉사진흥위원회(국무총리소속) 설치 -자원봉사활동 진흥에 관한 국가기본계획수립의무(매 5년) -자원봉사포상 -자원봉사자의 날(12월 5일), 주간 선정 -자원봉사활동관리(교육훈련 위탁근거) -자원봉사자 보호를 위한 보험가입 -한국자원봉사협의회 기구운영 -자원봉사센터의 설치운영	자원봉사활동 자원봉사자 자원봉사단체 자원봉사센터
여성가족 (여성가족부)	건강가정기본법	-가족단위의 시민적 역할(자원봉사참여) 노력 -건강가정 관련 자원봉사활동사업 육성 장려 -가정방문 가정봉사원 지원	가족단위자원봉사활동 가정봉사원 지원
사회복지 (보건복지부)	사회복지사업법	-사회복지 자원봉사활동의 지원·육성 -자원봉사활동의 진흥업무는 한국사회복지협의회 위탁	사회복지 자원봉사활동
	노인복지법	-지역봉사지도원 위촉 및 활동지원 (자원봉사활동)	지역봉사지도원
	사회보장기본법	-사회보장 행정에 필요한 자원봉사 인력활용, 민간 자원봉사활성화 사업지원	
	대한노인회 지원에 관한 법률	-사회봉사 촉진을 도모, 노인자원봉사활동의 증진	노인자원봉사
청소년활동 (여성가족부)	청소년활동진흥법	-한국청소년활동진흥원 설치(청소년 자원봉사활동 활성화사업) -지방청소년활동진흥센터 설치(지역 청소년 자원봉사활동 활성화) -청소년문화활동 진흥(봉사활동단체 진흥) -청소년자원봉사활성화 기반조성	청소년자원봉사 청소년 활동진흥원
재해구호 (행정자치부)	재난 및 안전관리기본법	-재난참여 자원봉사자 관리 -자원봉사자의 치료 및 보상 -재난참여 자원봉사자 임무부여	자원봉사자
	재해구호법	-재해구호 참여 자원봉사자 교육 및 급식 (재해구호 기금사용) -전국재해구호협회(자원봉사자 및 자원봉사단체 관리운영지원)	재해구호 자원봉사자

구 분 (주무부처)	법 명칭	주요 골자	용어 비고
재해구호 (행정자치부)	대한적십자 조직법	－대한적십사자 사업내용(자원봉사사업)	적십자봉사단
모금 (행정자치부)	기부금품의 모집 및 사용에 관한 법률	－기부금품의 모집등록(자원봉사사업)	
해외봉사 (외교통상부)	한국국제협력단법	－해외봉사단의 파견	해외봉사단

출처 : 각 해당 법조문[법제처 국가법령정보센터(2015. 7). http://www.low.go.kr].

2. 자원봉사활동 관리체계

우리나라의 자원봉사활동 관리체계는 <표 5-2>에서 보는 바와 같이, 정부의 5개 부처, 즉 행정자치부, 보건복지부, 여성가족부, 교육부에서 서로 다른 법령을 근거로 자원봉사센터 등을 설치 · 운영하고 있다. 이처럼 여러 부처에서 산발적인 지원을 함으로써 여러 가지 문제점이 발생하고 있다. 문제의 핵심은 궁극적으로 부처 간 업무협조 및 연계시스템 구축의 미비로 볼 수 있다. 이를 통해 부처 간 자원봉사자에 대한 지원기준이 상이한 결과를 낳고 있으며, 부처별 유사한 사업을 중복적으로 시행함으로써 예산낭비 등의 문제를 초래하고 있다. 또한 통합전산관리시스템이 없어 자원봉사자의 중복적 등록, 관리업무가 비효율적이고 비생산적이면서, 관리업무 자체도 표준화되어 있지 않다. 이에 대한 대안으로 2014년부터 자원봉사통합전산망인 '나눔포털(1365자원봉사포털)시스템'을 구축하여 부처별 자원봉사자 및 자원봉사활동 실적만 연계하여 운영하고 있는 실정이다.

〈표 5-2〉 자원봉사관련 부처 및 자원봉사센터 현황

구 분	행정자치부	보건복지부	여성가족부	교육부
관련법령	-자원봉사활동 기본법 -지방자치단체조례	-사회복지사업법 제9조	-청소년활동진흥법	-지침
지원기관	-자원봉사센터 (시도, 시군구) -한국중앙자원봉사센터 -한국자원봉사 협의회	-사회복지봉사활동 인증센터 -한국사회복지 협의회	-지방청소년활동 진흥센터 -한국청소년활동 진흥원	-청소년 자원봉사 활동정보서비스 -한국대학사회 봉사협의회
주요 업무	-자원봉사정책 개발 -자원봉사센터 지원 -자원봉사관리자 교육 -자원봉사자의 날 행사 -자원봉사상해보험 가입지원 -자원봉사자 및 수요처 관리 -나눔포털(1365자원봉사시스템) 운영	-인증센터 지정육성 -관리자 육성 및 훈련 -상해보험가입 -사회복지자원봉사 대회	-청소년자원봉사활동 지원 및 터전관리 -해외청소년봉사단 파견 -청소년봉사단육성 -프로그램공모사업	-학생봉사정보안내 센터지원 -프로그램 개발 및 보급 -자원봉사담당교사 연수 -학생자원봉사교육 및 지도
설치 수	246개	17개	17개	181개
등록봉사자 수	953만 명[1)]	2014년부터 나눔포털과 연계		나이스(NEIS) (2014년부터 나눔포털과 일부 연계)
운영형태	-직영, 혼합, 위탁, 법인	-사회복지협의회 부설	-직영	-학교부설
재 원	-행정안전부, 지방자치단체	-보건복지부, 지방자치단체	-청소년육성기금	

출처 : 행정자치부(2007) 재구성.
주 : [1)] 행정자치부(2014). 2013년 자원봉사센터현황

우리나라의 자원봉사활동 관리실태는 전산관리시스템, 모집배치, 교육훈련, 전문인력 영역으로 나누어 살펴보고자 한다. 관리실태는 자원봉사 전산관리시스템의 실태를 제외하고 나머지 영역의 경우는 자원봉사 주무부처인 행정자치부에서

전국 특별, 광역시 · 도, 시 · 군 · 구 단위로 설치한 246개 자원봉사센터의 현황을 기준으로 살펴보고자 한다.

〈표 5-3〉 자원봉사 전산관리시스템 현황

부처 및 기관	시스템명	사이트	주요 내용
행정자치부	나눔포털 (1365자원봉사포털)	www.nanumkorea.go.kr	-전국통합망 구축(시 · 군 · 구센터 자체 관리) -자원봉사 수급조정(홍보, 모집, 등록, 배치) -자원봉사 통계 -활동등록, 실적조회, 확인서 발급 -자원봉사상해보험 가입지원
보건복지부	사회복지자원봉사 관리시스템(VMS)	www.vms.or.kr (2014년부터 나눔포털과 연계)	-전국통합관리(인증센터, 인증요원제 운영) -자원봉사자 등록 및 배치 -자원봉사자 교육 -봉사활동 등록, 실적조회 -자원봉사활동 실적인증서 발급 -자원봉사상해보험 가입지원
청소년활동 진흥센터	청소년자원봉사 (청소년 자원봉사관리 시스템)	www.dovol.youth.go.kr (2014년부터 나눔포털과 연계)	-전국통합관리 -자원봉사 수급조정(홍보, 모집, 등록, 배치) -봉사확인서 발급

첫째, 자원봉사활동 관리를 위한 전산관리시스템은 <표 5-3>과 같이 부처별, 지방자치단체별로 서로 다른 전산관리시스템을 사용하고 있으나, 2014년부터 시스템을 연계 통합시켜 자원봉사활동 실적등록은 개별 입력하지만, 등록된 정보는 상호 연계되고 있다. 행정자치부는 '나눔포털(1365자원봉사포털)', 보건복지부는 '사회복지자원봉사관리(VMS)' 시스템, 청소년활동진흥센터는 '청소년자원봉사(dovol넷)'를 운영하여 자원봉사활동의 정보제공 및 기록 등을 시행하고 있다. 따라서 자원봉사자의 중복등록 및 중복관리의 문제를 해결하기 위하여 시스템은 개별 운영하고 데이터는 연계 가능하도록 운영하고 있으나, 여전히 업무중복과 비효율성의 문제는 남아 있다.

둘째, 자원봉사자 모집배치 현황을 살펴보면, <표 5-4>, <표 5-5>, <표 5-6>과 같다. 먼저 자원봉사등록자 수는 953만 명(2013년 12월 말 현재)으로 '12년 말 대비 132만 명(13.9%) 증가하였다. 성별은 여성(56.9%)이 남성(43.1%)보다 많으며, 연령은 20대 미만(30.1%), 20대(20.7%), 40대(16.8%), 50대(12.7%), 30대(10.0%) 순으로 나타났으며, 직업별로는 기타(79.0%)를 제외하고 초중고생(12.1%)이 가장 많고, 대학생(2.8%), 주부(2.3%), 공무원, 사무직 각 0.8% 순으로 많은 것으로 나타났다. 그렇지만 등록자원봉사자의 자원봉사 활동률을 살펴본 결과 농수산 60.0%, 주부 59.6%, 대학생 57.9%, 초중고 54.9% 순으로 나타났으며, 군인, 기타 직업군이 활동률이 상대적으로 매우 낮은 것으로 나타났다.

그리고 자원봉사활동 분야별 실인원을 살펴보면, 생활편의분야가 84만 6천 명, 문화행사 67만 9천 명, 환경보호분야가 49만 4천 명, 교육분야 41만 8천 명 순으로 나타다. 등록자원봉사자에 비해 자원봉사활동 참여자의 수는 매우 낮은 것으로 나타나(행정자치부, 2014 : 51-53) 이는 자원봉사참여 경험자의 자원봉사활동 유인을 위한 관리대책이 절실히 필요함을 시사한다.

〈표 5-4〉 연도별 자원봉사자 등록현황

(단위 : 천 명)

구 분	'07. 12.	'08. 12.	'09. 12.	'10. 12.	'11. 12.	'12. 12.	'13 12.
등록인원 수	3,280	4,397	5,363	6,315	7,085	8,216	9,533
전년도 대비 증감	-	1,117 (34.1%)	966 (21.9%)	952 (17.8%)	770 (12.2%)	1,131 (16.0%)	1,311 (13.9%)

〈표 5-5〉 자원봉사자 성별·연령별 현황

(단위 : 천 명, %)

연도별	총 계	성 별		연령별					
		남	여	20대 미만	20대	30대	40대	50대	60대 이상
'09.12	5,363	2,290 (42.7)	3,073 (57.3)	1,393 (26.0)	885 (16.5)	717 (13.4)	1,075 (20.0)	763 (14.2)	530 (9.9)
'10.12	6,315	2,705 (42.8)	3,610 (57.2)	1,680 (26.6)	1,099 (17.4)	775 (12.3)	1,213 (19.2)	913 (14.5)	635 (10.0)
'11.12	7,085	3,034 (42.8)	4,051 (57.2)	2,008 (27.3)	1,246 (17.6)	833 (11.8)	1,320 (18.6)	985 (13.9)	695 (9.8)
'12.12	8,216	3,530 (43.0)	4,686 (57.0)	2,393 (29.2)	1,574 (19.2)	888 (10.8)	1,449 (17.6)	1,098 (13.4)	815 (9.9)
'13.12	9,533	4,112 (43.1)	5,421 (56.9)	2,866 (30.1)	1,976 (20.7)	951 (10.0)	1,601 (16.8)	1,208 (12.7)	930 (9.8)

〈표 5-6〉 자원봉사자 직업별 활동 현황

(단위 : 천 명, %)

구 분	(2013) 총 계	초중고	대학생	사무직	자영업	전문직	공무원	농수산	주 부	군 인	서비스	무 직	기 타
등록 인원	9,533	1,155	271	77	46	68	72	10	218	56	36	21	7,533
등록률 (%)	100	12.1	2.8	0.8	0.5	0.7	0.8	0.1	2.3	0.3	0.4	0.2	79.0
활동 인원	2,643	635	157	37	24	33	34	6	130	14	17	11	1,545
활동률 (%)	27.7	54.9	57.9	48.1	52.2	48.5	47.2	60.0	59.6	25.0	47.2	52.3	20.5

〈표 5-7〉 자원봉사활동 분야별 활동현황

(단위 : 천 명, %)

구 분	생활편의	주거환경	상 담	교 육	보건의료	농어촌	문화행사	환경보호	행정보조	안전방범	인권공익	재해재난	국제협력	멘토링	기 타
실인원	846	145	28	418	43	61	679	494	194	264	13	26	11	23	386
연인원	6,019	674	278	1,521	314	140	2,280	1,724	1,420	4,398	37	79	60	169	2,283
평균빈도	7.1	4.6	9.9	3.6	7.3	2.3	3.4	3.5	7.3	16.7	2.8	3.0	5.7	7.4	5.9

셋째, 자원봉사자 교육훈련은 2013년 기준으로 자원봉사 기초교육 7,123회, 보수교육 2,033회, 전문교육 4,233회로 총 13,389회를 실시하였고, 교육참여인원은 총 830,458명이 참여한 것으로 나타났다(행정자치부, 2014 : 57).

〈표 5-8〉 자원봉사자 교육실적 (단위 : 횟수/ 명)

연도별	교육과정별				참여인원		
	계	기초교육	보수교육	전문교육	계	신규자	기존봉사자
'09. 12	12,193	8,488	1,772	1,933	564,785	412,992	151,793
'10. 12	24,062	18,341	3,089	2,632	570,991	377,789	193,202
'11. 12	10,866	4,855	2,463	3,548	675,965	449,793	226,172
'12. 12	11,800	6,090	2,355	3,355	696,156	427,552	268,604
'13. 12	13,389	7,123	2,033	4,233	830,458	605,478	224,980

넷째, 자원봉사자 관리 전문인력 현황은 파견 공무원을 제외한 민간인력이 1,269명(남 418명, 여 851명)으로, 학력은 고졸 이하 102명(8.0%), 전문대졸 276명(21.7%), 대졸 722명(56.9%), 대학원졸 169명(13.3%)으로 나타났으며, 연령별로는 20대 261명(20.6%), 30대 454명(35.8%), 40대 378명(29.8%), 50대 139명(10.9%), 60대 이상 37명(2.9%)으로 나타났다.

또한 이들의 급여수준현황은 무급 6명(0.5%), 2천만 원 미만 581명(45.8%), 2천만 원 이상 411명(32.3%), 3천만 원 이상 1,707명(13.4%), 4천만 원 이상 101

명(8.0%), 근무기간별로 1년 미만 286명(22.5%), 1년 이상 247명(19.5%), 2년 이상 181명(14.3%), 3년 이상 171명(13.5%), 5년 이상 291명(22.9%), 10년 이상 93명(7.3%)로 나타났다(행정자치부, 2014 : 33).

그렇지만 자원봉사관리자의 자격에 대한 기준은 코디네이터를 제외하고는 일반 관리자의 자격요건은 자원봉사센터에 따라 다르며, 자원봉사관리자 양성 및 훈련을 위한 교육도 별도의 인증된 교육기관 없이 자원봉사센터는 '자원봉사관리자교육' 혹은 '자원봉사관리자양성 교육'으로 한국사회복지협의회의 '사회복지자원봉사 인증요원교육' 등의 명칭으로 관리자양성교육을 실시하고 있다. 또한 민간자격과정으로 2014년 ㈔한국자원봉사협의회가 발급하는 자원봉사관리자 자격증을 발급하는 등 민간부분에서도 추진하고 있는 현실이다. 따라서 자원봉사관리자에 대한 명확한 자격기준 마련과 더불어 관리자 양성을 위한 전문 교육기관을 설치・운영할 필요가 있다.

〈표 5-9〉 자원봉사센터 민간근무자 학력 및 연령 현황 (단위 : 명)

연도별	학력별					연령별				
	계	고졸	전문대졸	대졸	대학원졸	20대	30대	40대	50대	60대 이상
'09.12	1,076	–	–	–	–	296 (27.5)	424 (39.4)	244 (22.7)	98 (9.1)	14 (2.6)
'10.12	1,120	–	–	–	–	291 (26.0)	421 (37.6)	280 (25.0)	99 (8.8)	29 (2.6)
'11.12	1,171	96 (8.2)	939 (80.2)		136 (11.6)	297 (25.1)	416 (35.5)	322 (27.5)	113 (9.6)	26 (2.2)
'12.12	1,351	110 (8.1)	1,087 (80.5)		154 (11.4)	269 (19.9)	485 (35.9)	392 (29.0)	169 (12.5)	36 (2.7)
'13.12	1,269	102 (8.0)	276 (8.0)	722 (56.9)	169 (13.3)	261 (20.6)	454 (35.8)	378 (29.8)	139 (11.0)	37 (2.9)

3. 자원봉사 국가발전 기본 계획

2005년 자원봉사활동기본법(제9조, 제10조 근거) 제정 이후, 산발적인 자원봉사 관리 및 전달체계의 문제점을 보완하고, 통합적인 자원봉사 정책수립의 필요성이 제기되고 자원봉사활동 진흥을 위하여 2008년 제1차 국가기본계획(2008~2012년)을 수립하였으며, 1차 계획추진 결과를 반영하여, 2012년 제2차 국가기본계획(2013~2017년)을 수립하였다(행정자치부, 2008; 행정안전부, 2010; 행정자치부, 2012).

자원봉사 국가발전 기본 계획은 우리나라 자원봉사의 현황과 문제점에 대한 파악을 통해 문제해결을 위한 접근을 시도하였다. 제1차 자원봉사 국가발전 기본 계획의 비전은 '자원봉사국가 — 행복한 사회'로서 자원봉사를 통한 참여와 나눔의 사회문화형성을 목표로 성인 자원봉사 참여율 30%, 주당 3시간 봉사활동 참여를 목표로 하고 있다. 이러한 목표 실천을 위하여 5대 정책영역, 13개 정책과제, 35개 세부과제 수립을 통해 2008년부터 매년 정책성과에 대한 분석을 시행하였으며, 정책성과를 반영하여 제2차 자원봉사 국가기본계획의 비전은 '참여와 나눔, 지속 가능한 미래'로서 성숙한 자원봉사문화의 확산, 생애주기별 시민참여 확대, 시민사회 역량강화를 목표로 5개 정책영역, 14개 정책과제, 35개 세부과제를 수립하였다.

1) 자원봉사진흥 기본 계획의 필요성

자원봉사활동기본법 제9조 "행정자치부장관이 관계 중앙행정기관의 장과 협의하여 자원봉사활동 진흥을 위한 국가기본 계획을 5년마다 수립"을 근거로 자원봉사활동의 진흥에 관한 기본 방향 및 추진일정, 관계 중앙행정기관의 자원봉사활동에 관한 추진시책, 자원봉사활동의 진흥을 위하여 필요한 재원의 조달방법, 그 밖에 자원봉사활동의 진흥을 위하여 특히 필요하다고 인정되는 사항 등을 포함한 자원봉사진흥 국가 기본 계획을 수립하였다.

2) 계획수립주체

시행계획의 작성은 10개 중앙행정기관의 장(교육부, 외교부, 법무부, 행정자치부, 문화관광부, 보건복지부, 여성가족부, 경찰청, 소방방재청, 문화재청)과 16개 특별시, 광역시 · 도, 특별자치도 단체장의 의견을 종합수렴하고, 행정자치부장관이 자원봉사진흥 시행계획 지침을 시달, 종합계획을 수립한다. 최종 시행계획은 국무총리산하 자원봉사진흥위원회에서 심의 · 확정한다(자원봉사활동기본법 제10조, 시행령 제6조).

3) 비전과 목표

제1차 국가기본계획과 제2차 국가기본계획의 비전과 목표를 비교해 보면, 제1차 정책목표는 계량화된 지표로 자원봉사의 인프라 확충 등 양적 성장에 목표를 두고 한국중앙자원봉사센터 설치, 지역별 센터 인프라 강화, 자원봉사 참여율 증대 등의 성과중심으로 접근하였다. 그러나 제2차 국가기본계획의 경우 사회환경 변화에 대응하지 못하는 문제와 자원봉사자들의 가치증진과 참여촉진, 관리 및 전문 핵심인력 양성 등 중장기적 과제수행이 미흡했던 점을 보완하여 질적 성장에 초점을 둔 목표수립으로 방향이 전환되었다(행정자치부, 2012).

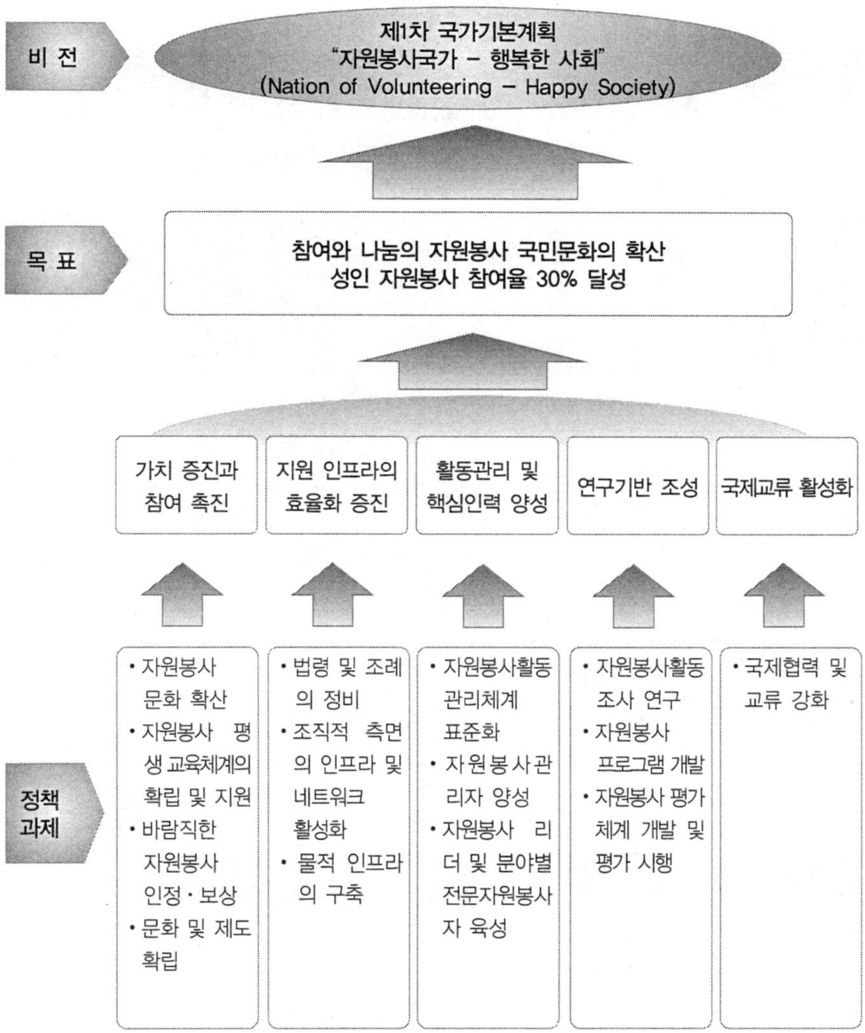
비 전
제1차 국가기본계획
"자원봉사국가 – 행복한 사회"
(Nation of Volunteering – Happy Society)
목 표
참여와 나눔의 자원봉사 국민문화의 확산
성인 자원봉사 참여율 30% 달성
가치 증진과 참여 촉진
지원 인프라의 효율화 증진
활동관리 및 핵심인력 양성
연구기반 조성
국제교류 활성화
정책 과제
• 자원봉사 문화 확산
• 자원봉사 평생 교육체계의 확립 및 지원
• 바람직한 자원봉사 인정 · 보상
• 문화 및 제도 확립
• 법령 및 조례의 정비
• 조직적 측면의 인프라 및 네트워크 활성화
• 물적 인프라의 구축
• 자원봉사활동 관리체계 표준화
• 자원봉사관리자 양성
• 자원봉사 리더 및 분야별 전문자원봉사자 육성
• 자원봉사활동 조사 연구
• 자원봉사 프로그램 개발
• 자원봉사 평가체계 개발 및 평가 시행
• 국제협력 및 교류 강화

제2차 국가기본계획

비 전

"참여와 나눔, 지속 가능한 미래"

목 표

1. 성숙한 자원봉사문화의 확산
2. 생애주기별 시민참여 확대
3. 시민사회의 역량 강화

정책영역

정책영역	세부내용
자원봉사 문화와 참여	- 자원봉사문화의 정립과 확산 - 정부-기업-시민사회 파트너십 - 생애주기별 자원봉사 참여확대
자원봉사 지원 인프라	- 제도 및 정책 정비 - 물적 인프라 구축 - 민간 인프라 확립
자원봉사 관리와 개발	- 자원봉사활동 관리 체계화 및 관리자 양성 - 자원봉사 시민 리더십 육성 및 자원봉사 프로그램 개발
자원봉사 연구와 평가	- 자원봉사활동 실태조사 - 자원봉사 연구활동 지원 - 자원봉사 평가체계 개선 및 평가 시행
자원봉사 글로벌 협력	- 자원봉사 국제개발협력 활성화 - 자원봉사 국제교류 활성화 - 자원봉사 국제사업 관리체계 구축

4) 제1차 자원봉사 국가발전 기본 계획 정책과제

(1) 정책영역 1 : 자원봉사활동 가치 증진과 참여촉진

우리 사회는 급속한 산업화에 이은 정보화의 진전, 도시화로 인한 개인주의와 물질만능주의 만연, 인간소외, 환경오염, 소득 불균형 심화 등 다양한 문제들이 발생하여 심각한 공동체적 위기에 직면하였다. 이에 당면한 문제를 해결하는 데에는 정부차원의 노력만으로는 한계가 있으므로 민간의 자발적 참여에 의한 문제해결 노력이 필요하며, 자원봉사는 순수 민간 시민운동으로서 지역 및 국가, 인류 사회가 안고 있는 문제들을 해결하는 데 기여할 수 있다.

따라서 자원봉사활동 가치증진과 참여촉진 과제의 추진방향으로 ① 국가적으로 바람직한 자원봉사 문화 확산 및 참여기회 확대, ② 초 · 중 · 고 · 대학생, 청소년, 성인에 대한 자원봉사 평생 교육체계 확립, ③ 바람직한 표준 자원봉사 관리제도의 확립과 보급으로 효과적인 자원봉사활동 전개를 목표로 하며, 목표를 실천하기 위하여 아래와 같이 3개의 정책과제와 7개의 세부과제를 수립하였다.

① 자원봉사문화 확산 : 자원봉사 범국민 홍보의 활성화, 자원봉사 행사 지원 확대

구체적인 실천사업으로는 온라인 자원봉사관리시스템 운영, 우수자원봉사단 활동사례 홍보, 자원봉사 홍보자료 제작(저널, 브로슈어, 리플릿, 홍보영상물제작 등), 자원봉사정보실 운영 등이 있다.

② 자원봉사 평생교육체계의 확립 및 지원 : 학교교육체계의 자원봉사교육 확립 및 지원, 청소년 자원봉사활동 및 참여 활성화, 성인 자원봉사교육 및 참여 활성화

구체적인 실천사업으로는 청소년 및 성인 자원봉사교육, 자원봉사 교육프로그램 개발 등이 있다.

③ 바람직한 자원봉사 인정문화 및 제도 확립 : 자원봉사 인정 프로그램 실태조사 및 모형개발, 바람직한 인정 · 보상 문화의 확산

구체적인 실천사업으로는 자원봉사자 상해보험 가입지원, 우수자원봉사자 포상, 자원봉사 인증패 수여, 우수봉사자 산업시찰 기회제공 등이 있다(행정안전부, 2010).

(2) 정책영역 2 : 자원봉사활동 지원 인프라의 효율화 증진

자원봉사활동의 질적인 성장을 위해서는 국민의 자원봉사활동 참여율을 증진시키는 것과 동시에, 기본 바탕이 되는 자원봉사환경의 사회적 인프라를 정비할 필요가 있다. 인프라 정비의 우선 단계는 자원봉사활동 기본법 및 관련법령, 조례에 대한 정비를 통하여 자원봉사활동의 제도적 기반 구축이며, 범국민 자원봉사활동의 확산 및 자원봉사활동의 효율성 제고를 위해 자원봉사단체 육성 및 자원봉사 관련기관 · 단체 · 자원봉사센터 등 조직 간 네트워크 활성화 도모가 필요하다.

따라서 자원봉사활동 지원 인프라의 효율화 증진과제의 추진방향으로 ① 법령 및 조례의 정비, ② 조직적 측면의 인프라 및 네트워크 활성화, ③ 물적 인프라의 구축, ④ 자원봉사 리더 및 분야별 전문 자원봉사자 육성을 목표로 하며, 목표를 실천하기 위하여 아래와 같이 3개의 정책과제와 10개의 세부과제를 수립하였다.

① 법령 및 조례의 정비 : 자원봉사활동기본법 개정, 자원봉사활동 관계법령 및 조례의 정비

구체적인 실천사업으로는 자원봉사활동 기본법의 개정 및 지방조례 정비, 지방자치단체별 자원봉사발전위원회 설치 · 운영 등이 있다.

② 조직적 측면의 인프라 및 네트워크 활성화 : 자원봉사단체 육성지원, 지역 자원봉사센터의 육성, 중앙자원봉사센터의 설립추진, 자원봉사 전문조직의 육성, 풀뿌리 자원봉사단체 및 네트워크 사업지원

구체적인 실천사업으로는 한국자원봉사협의회, 한국사회복지협의회 육성 지원, 지역 자원봉사센터 육성지원, 사회복지 자원봉사관리센터 육성지원, 지역자원봉사센터 인력파견 지원, 자원봉사센터의 허브기능을 수행하기 위한 중앙자원봉사센터 설립(2010년), 한국BBB운동(언어문화 통역자원봉사단), 문화관광해설사 육성, 전문자원봉사단 육성(국립중앙박물관 문화자원봉사단, 집수리봉사단, 재난재해봉사단 등) 등이 있다.

③ 물적 인프라의 구축 : 자원봉사 전산관리시스템의 구축, 자원봉사 진흥재원의 조성, 자원봉사회관 건립 추진

구체적인 실천사업으로는 온라인 자원봉사 전산관리시스템 운영(자원봉사자 등록 및 활동관리, DB관리), 자원봉사회관 건립을 통한 부처별 산발적으로 운영되는 자원봉사센터 통합(2011년) 등이 있다.

(3) 정책영역 3 : 자원봉사활동 관리 및 핵심인력 양성

자원봉사센터 및 단체의 자원봉사관리업무를 체계화하고, 전문성 강화를 위해서 자원봉사관리 인력을 적극적으로 육성할 필요가 있다. 따라서 자원봉사활동의 진흥을 거시적이고 안정적인 추진을 위하여 자원봉사 핵심인력의 양성과 자원봉사활동의 질적 성장의 원동력이 될 기반조성이 매우 필요하다.

따라서 자원봉사활동 관리 및 핵심인력 양성과제의 추진방향으로 ① 자원봉사활동 관리체계 표준화, ② 자원봉사관리자 양성, ③ 물적 인프라의 구축을 목표로 하며, 목표를 실천하기 위하여 아래와 같이 3개의 정책과제와 10개의 세부과제를 수립하였다.

① 자원봉사활동 관리체계 표준화 : 자원봉사활동 관리체계 현황조사, 자원봉사활동 관리표준 매뉴얼 제작·배포

구체적인 실천사업으로는 자원봉사활동 관리표준 매뉴얼 제작·배포 등이 있다.

② 자원봉사관리자 양성 : 전문 자원봉사관리자 자격과정 표준모형개발, 전문 자원봉사관리자 교육기관 인증제 도입, 자원봉사관리자 교육 및 훈련 프로그램 지원

구체적인 실천사업으로는 자원봉사관리자 교육과정 개발(기본 교육, 직무교육, 관리자 양성 프로그램, 조직운영 능력 및 리더십 향상교육) 등이 있다.

③ 자원봉사 리더 및 분야별 전문 자원봉사자 육성 : 자원봉사 리더 및 분야별 전문교육 매뉴얼 개발, 자원봉사 리더교육 및 훈련 프로그램 지원

구체적인 실천사업으로는 자원봉사리더의 리더십 교육훈련, 공무원 자원봉사 교육과정 개설 등이 있다.

(4) 정책영역 4 : 자원봉사활동 연구기반 조성

영국, 미국, 일본 등은 자원봉사와 관련하여 국가적 조사와 각종 자료들을 장기적인 안목으로 축적시키고 있으며, 공식적 국가통계로서 대외적으로 공표되고, 국가 프로그램 개발 및 자원봉사 지원 정책 수립 자료로 활용하고 있다. 또한 비영리섹터의 중요한 구성요소로서 자원봉사에 대한 연구 및 학문적 발전의 토대 구축이 필요하다.

그러나 우리나라의 경우 자원봉사에 관한 국가적 자료는 통계청의 사회지표에 포함되어 있는 자원봉사자의 성별, 연령대 등 기본 현황이 있고, 민간단체에서 실시한 간헐적, 부분적 조사자료만 존재하고 있으나, 조사표본 수가 적어 국가통계로서의 신뢰성 및 대표성의 문제가 발생하며, 조사결과 원자료에 대한 정보공유가 원활하지 않아 이를 활용한 자료분석 및 연구를 통한 학문적 발전을 저해시키고 있는 것으로 파악되었다. 따라서 각종 조사연구를 통해 자원봉사자에 대한 지원방안, 정부 또는 민간영역에서의 자원봉사 프로그램 개발, 자원봉사조직의 평가 및 효율적 운영모델 제시 등 많은 정책과제의 기반 및 토대를 제공할 필요가 있다.

따라서 자원봉사활동 연구기반 조성과제의 추진방향으로 ① 자원봉사활동 조사 연구, ② 자원봉사 프로그램 개발, ③ 자원봉사 평가체계 개발 및 평가 시행을 목표로 하며, 목표를 실천하기 위하여 아래와 같이 3개의 정책과제와 8개의 세부과제를 수립하였다.

① 자원봉사활동 조사 연구 : 전국적인 자원봉사활동 실태조사, 자원봉사센터 및 단체 운영 실태조사, 자원봉사 연구활동 지원

구체적인 실천사업으로는 자원봉사센터 및 단체 운영실태조사, 자원봉사 컨퍼런스 및 포럼 개최 등이 있다.

② 자원봉사 프로그램 개발 : 부처별 자원봉사 특성화 프로그램 개발 및 지원, 주체별 · 분야별 자원봉사활동 표준 매뉴얼 개발, 한국형 국가자원봉사단 설립모형 연구

구체적인 실천사업으로는 자원봉사 프로그램 공모사업, 다문화가정 멘토링 사업, 저소득 주거개선사업, 경로당 문화활동 등이 있다.

③ 자원봉사 평가체계 개발 및 평가 시행 : 자원봉사센터 평가, 정부 자원봉사 정책 추진 평가

구체적인 실천사업으로는 시 · 도 자원봉사관리본부 평가, 평가지표 개발, 자원봉사센터 및 프로그램 평가 등이 있다.

(5) 정책영역 5 : 자원봉사활동 국제교류 활성화

최근 우리나라는 반기문 UN총장 취임 등 세계무대로의 진출 확대로 지구촌에 대한 국민적 관심과 해외봉사활동 참여가 급증하였다. 또한 우리나라가 국가경제위상이 높아짐에 따라 국제 구호구급활동 참여 등 국제사회에서 그에 따른 국제적 책임증대의 요구가 높아지고 있는 실정이다.

따라서 자원봉사활동 국제교류 활성화 과제의 추진방향으로 국제협력 및 교류강화를 목표로 하며, 목표를 실천하기 위하여 아래와 같이 1개의 정책과제와 3개의 세부과제를 수립하였다.

① 국제협력 및 교류강화 : 국제행사 개최 및 참가 지원, 해외봉사 사업 지원, 해외 자원봉사 교류 협력

구체적인 실천사업으로는 IAVE(세계자원봉사협회) 행사개최(2011년), 한중일자원봉사센터 국제회의, KOICA 해외봉사단 파견, 대학생 해외문화홍보원 한국알림이 사업지원 등이 있다.

5) 제1차 자원봉사 국가발전 기본계획 평가

제1차 계획에 대한 평가는 첫 시행되는 기본계획이라는 점에서, 인프라 확충 등 양적 성장에 중점을 두고 수립되어 한국중앙자원봉사센터 설치, 지역별 센터 인프라 강화, 자원봉사 참여율 증대 등의 성과를 달성하였으나, 중장기 과제로 추진되는 과정에서 새로이 부각된 자원봉사 환경 변화를 반영하지 못하고, 자원봉사자들의 가치증진과 참여촉진, 관리 및 전문 핵심인력 양성 등 중장기적 과제 실행이 미흡하였다.

정책과제 수에 의한 수행실적을 평가해 보면, <표 5-11>과 같이 제1차 계획의 5개 영역 중 '가치증진 및 참여촉진'과 '지원 인프라 효율화 증진'이 가장 많은 사업이 수행되었으나, '관리 및 핵심인력 양성'은 추진이 미흡하였다. 이는 관리자 표준모형 개발, 관리체계 현황조사 등 모두 장기적 관점에서 중요한 정책임에도 불구하고, 관심부족 등으로 미시행되었다(행정자치부, 2012 : 8).

〈표 5-11〉 제1차 국가기본계획 정책영역별 미수행 세부과제

정책영역	미수행 세부과제
가치증진 및 참여촉진(1영역)	학교 교육체계의 자원봉사교육 확립 및 지원
지원 인프라 효율화 증진(2영역)	자원봉사활동 관계법령 및 조례의 정비 자원봉사 진흥재원의 조성 자원봉사회관 건립추진
관리 및 핵심인력(3영역)	자원봉사활동 관리체계 현황조사 전문 자원봉사관리자 자격과정 표준모형 개발 전문 자원봉사관리자 교육기관 인증제 도입 자원봉사 리더 및 분야별 전문교육 매뉴얼 개발 자원봉사 리더교육 및 훈련 프로그램 지원
연구기반 조성(4영역)	자원봉사센터, 단체 운영실태조사 자원봉사 연구활동 지원 정부 자원봉사 정책 추진평가
국제 교류(5영역)	해외 자원봉사 교류협력

6) 제2차 자원봉사 국가발전 기본계획 정책과제

(1) 정책영역 1 : 자원봉사 문화와 참여

자원봉사활동 영역은 사회복지에 집중되어 왔지만, 다양한 계층의 참여활성화를 위하여 활동영역의 다양화가 필요하며, 시민교육 차원에서 다양한 매체를 통해 홍보하고 시민교육의 기회를 확대할 필요성이 제기된다.

따라서 자원봉사문화와 참여과제의 추진방향으로 ① 자원봉사문화의 정립과 확산, ② 정부－기업－시민사회 파트너십, ③ 생애주기별 자원봉사 참여확대를 목표로 하며, 목표를 실천하기 위하여 아래와 같이 3개의 정책과제와 9개의 세

부과제를 수립하였다.

① 자원봉사문화의 정립과 확산 : 자원봉사의 개념정의 통일, 자원봉사의 자발성과 무급성 가치증진, 자원봉사의 개방성과 소외층 참여증진, 자원봉사 홍보와 캠페인

구체적인 실천사업으로는 사회봉사명령 용어변경, 유급봉사 용어사용 자제, 자원봉사단체, 행정자치부의 실태파악 및 정책추진, 자원봉사홍보방안 개발, 자원봉사홍보를 위한 캠페인 등이 있다.

② 정부-기업-시민사회 파트너십 : 시도 평생교육 자원봉사대학 운영, 자원봉사 행사와 축제 지원

구체적인 실천사업으로는 자원봉사대학 시범사업 시도 선정, 정부와 민간의 파트너십 추진, 행정자치부, 보건복지, 교육과학기술부 자원봉사 축제, 교육기부 박람회 행사 지원 등이 있다.

③ 생애주기별 자원봉사 참여확대 : 직장인 자원봉사와 재능나눔 활성화, 은퇴자 및 노인 자원봉사 활성화

구체적인 실천사업으로는 가족사제 동행봉사단 활성화(교육부), 청소년 자기주도형 봉사활동 활성화(여성가족부, 문화재청), 청소년 또래 멘토링 봉사활동운영, 직장인 재능나눔 활성화 추진, 노인자원봉사 활성화 지원(보건복지부), 퇴직공무원 재능나눔 사업지원(행정자치부), 세대별 문화지킴이 사업지원(문화재청), 은퇴인력 활용 교육기부 활성화(교육부) 등이 있다.

(2) 정책영역 2 : 자원봉사지원 인프라

자원봉사 운동을 민간이 주도하기 위해서는 민간 인프라 기구가 자기 정체성을 찾고 제 기능을 수행할 수 있도록 자원봉사활동기본법의 개정이 필요하며, 지속 가능한 시민사회의 성장과 자원봉사 활성화를 위하여 전문단체 육성과 함께 지역을 중심으로 한 풀뿌리 자원봉사단체의 자율적이고 자생적인 활동을 육성하기 위한 지원의 필요성이 제기된다.

따라서 자원봉사지원 인프라 과제의 추진방향으로 ① 제도 및 정책 정비, ② 물적 인프라 구축, ③ 민간 인프라 구축을 목표로 하며, 목표를 실천하기 위하여 아래와 같이 3개의 정책과제와 7개의 세부과제를 수립하였다.

① 제도 및 정책 정비 : 기본법령 개정 및 관련법 재정비, 자원봉사 진흥위원회 활성화

구체적인 실천사업으로는 자원봉사활동기본법 개정, 부처별 관계법령 개정, 자원봉사진흥위원회 활성화를 위한 법령개정 등이 있다.

② 물적 인프라 구축 : 자원봉사 진흥기금 조성, 자원봉사 전산시스템 개선

구체적인 실천사업으로는 자원봉사 진흥기금 조성계획 수립 및 조성, 민간모금 관련법규 정비, 자원봉사 정보제공 및 매칭중심으로 전산시스템 기능 전환, 전산시스템 효율성 강화를 위한 협의기구 운영 등이 있다.

③ 민간 인프라 구축 : 민간자원봉사 대표기관 역할 강화, 자원봉사센터 역할 재정립, 자원봉사단체 육성 및 지원 확대

구체적인 실천사업으로는 한국자원봉사협의회의 사업 및 운영체계 기능 강화, 지역 자원봉사센터 민영화 추진, 문화재지킴이 지원센터 설립지원(문화재청), 자원봉사단체 지원계획 수립 및 운영, 전문 자원봉사단체 지원사업 예산 확대, 풀뿌리 자원봉사단체 지원사업 예산 확대 등이 있다.

(3) 정책영역 3 : 자원봉사관리와 개발

자원봉사센터, 단체 및 수요처들이 자원봉사 프로그램 개발, 업무기획, 자원봉사자 모집, 교육, 슈퍼비전, 인정, 평가, 기록 등의 관리과정의 체계화 필요성과 등록 자원봉사자 수 대비 활동참여자의 낮은 비율, 인정 보상의 본질적 개념에 대한 재인식 및 확산의 필요성이 제기된다.

따라서 자원봉사 관리와 개발과제의 추진방향으로 ① 자원봉사활동 관리체계화 및 관리자 양성, ② 자원봉사 시민 리더십 육성 및 자원봉사 프로그램 개발을 목표로 하며, 목표를 실천하기 위하여 아래와 같이 2개의 정책과제와 5개의 세부과제를 수립하였다.

① 자원봉사활동 관리체계화 및 관리자 양성 : 자원봉사활동 관리체계 표준모형 개발 및 보급, 자원봉사활동 관리자 교육 및 자격과정 표준화, 자원봉사관리자 교육 및 훈련 프로그램 지원

구체적인 실천사업으로는 자원봉사활동 관리체계 표준모형개발위원회 구성 및 운영, 자원봉사활동 관리체계 현황조사, 자원봉사활동 관리 컨설팅 사업 수행, 자원봉사관리자 교육 및 자격과정 표준화 위원회 구성 및 운영, 자원봉사관리자 교육 및 자격과정 표준화 연구 및 표준모형 개발, 자원봉사관리자 교육, 교육강사 인력은행 운영 등이 있다.

② 자원봉사 시민 리더십 육성 및 자원봉사 프로그램 개발 : 지역사회 자원봉사 리더육성, 부처별/ 지역별 자원봉사 특성화 프로그램 개발

구체적인 실천사업으로는 자원봉사 리더육성 모델 및 교육매뉴얼 개발, 리더교육 강사인력은행 운영, 부처별 자원봉사 특성화 프로그램 개발 및 지원, 특성화 프로그램 품질관리를 위한 표준 매뉴얼 제작 등이 있다.

(4) 정책영역 4 : 자원봉사 연구와 평가

자원봉사활동에 대한 실태조사는 통계청 사회조사를 통해 시행하고 있으나 실태수준 외에 폭넓은 조사가 필요하며, 자원봉사센터에 대한 운영 및 실태조사에서도 다양한 요인들에 대한 심층적 조사가 미흡한 실정이다. 또한 자원봉사 연구활동에 대한 지원도 미흡한 실정이므로 보다 체계적인 자원봉사 연구지원 및 평가의 필요성이 제기된다.

따라서 자원봉사연구와 평가과제의 추진방향으로 ① 자원봉사활동 실태조사, ② 자원봉사 연구활동 지원, ③ 자원봉사 평가체계 개선 및 평가시행을 목표로 하며, 목표를 실천하기 위하여 아래와 같이 3개의 정책과제와 9개의 세부과제를 수립하였다.

① 자원봉사활동 실태조사 : 전국 자원봉사활동 실태조사, 전국 분야별 자원봉사자 실태조사, 자원봉사센터 운영 실태조사, 자원봉사단체 운영 실태조사

구체적인 실천사업으로는 자원봉사활동, 분야별 자원봉사자 실태조사, 자원봉사 센터 및 자원봉사단체 운영 실태조사 등이 있다.

② 자원봉사 연구활동 지원 : 한국자원봉사백서 국 · 영문 발간, 자원봉사 전문학술지 발간 지원, 정책과제 연구활동 지원

구체적인 실천사업으로는 한국자원봉사백서 발간, 전문학술지, 정책과제 연구활동 등이 있다.

③ 자원봉사 평가체계 개선 및 평가 : 자원봉사센터 평가체계 개선 및 시행, 정부 자원봉사정책 성과 평가

구체적인 실천사업으로는 제1차 국가기본계획에 대한 정부의 정책추진 성과평가, 중앙부처 및 지방자치제 자원봉사정책 추진실적 평가(매년) 실시, 제2차 국가기본계획 정책추진 성과평가 등이 있다.

(5) 정책영역 5 : 자원봉사 글로벌 협력

국제적 차원에서 자원봉사 문화 및 참여 확산에 기여할 수 있는 과제 개발과 다양한 형태의 국제 프로그램 및 사업유형 발굴과 국제교류사업의 실효성 점검 노력이 제기된다.

따라서 자원봉사 글로벌 협력과제의 추진방향으로 ① 자원봉사 국제개발협력 활성화, ② 자원봉사 국제교류 활성화, ③ 자원봉사 국제사업 관리체계 구축을 목표로 하며, 목표를 실천하기 위하여 아래와 같이 3개의 정책과제와 5개의 세부과제를 수립하였다.

① 자원봉사 국제개발협력 활성화 : 자원봉사 국제개발협력 프로그램 개발, 해외 자원봉사 프로그램 정비 및 개발

구체적인 실천사업으로는 국내 및 국별 협력전략 수립, 시범사업 협력국과의 사업설계, 실행, 평가, 해외 자원봉사활동 프로그램 실효성 점검 및 프로그램 개발, 해외 자원봉사 파견사업 지속 및 확대, 해외 자원봉사의 사회적 환원 인프라 정비 등이 있다.

② 자원봉사 국제교류 활성화 : 자원봉사 국제교류 프로그램 정비 및 개발, 국제교류 해외 네트워크 확대 및 강화

구체적인 실천사업으로는 신규 자원봉사 국제교류 프로그램 도입, 기존 프로그램 정비 및 강화, 다자성(multilateral) 교류 실행 및 지원, 양자성(bilateral) 교류 실행 및 지원 등이 있다.

③ 자원봉사 국제사업 관리체계 구축 : 자원봉사 국제사업 관리체계 구축

구체적인 실천사업으로는 자원봉사 국제사업 관리체계 구축, 자원봉사 국제사업 국내 파트너십 정비, 자원봉사 관련 국제 정보 공유 · 축적 인프라 구축 등이 있다.

함께 생각해 볼 과제 -

1 우리나라 자원봉사활동 지원을 위한 법체계에 대해 설명해 봅시다.

2 우리나라 자원봉사활동 지원을 위한 전달체계도를 그려 봅시다.

3 제1차 국가기본계획의 성과는 무엇이며, 미흡한 부분은 무엇인지 설명해 봅시다.

P·A·R·T 03

자원봉사관리과정

CHAPTER

06 관리과정의 이해

1. 자원봉사활동 관리의 범주

자원봉사관리과정에 대한 설명에 앞서, 자원봉사관리의 범주를 어디까지로 볼 것인가에 대한 것은 학자마다 차이가 있다. 학자들의 견해를 정리해 보면 다음과 같다.

먼저 캠벨과 엘리스(Campbell & Ellis, 2004 : 23-33)는 자원봉사관리의 과업에 대한 분석을 통해 자원봉사관리자가 수행해야 하는 아홉 가지 기능과 각 기능에 따라 수행해야 할 과업을 <표 6-1>과 같이 제시하고 있다.

〈표 6-1〉 캠벨과 엘리스의 자원봉사관리과업 분석

관리기능	수행과업
1. 프로그램 기획과 행정	a. 지원을 위한 기관과 클라이언트 욕구의 사정 및 분석 b. 조직과 연결된 자원봉사자를 위한 분명한 비전 c. 프로그램의 목적과 목표개발 d. 자원봉사 직무설계 e. 위험관리의 순서와 전략개발 f. 스케줄 조정 g. 정책과 과정설정 h. 예산관리 i. 직접적인 효과 j. 자원봉사자의 옹호(지지) k. 새로운 과제개발 l. 전문적 기술개발

관리기능	수행과업
2. 모집과 공적 연계	a. 모집과정 기획 b. 모집과 구체적인 미디어와의 연계방법 개발 c. 공적홍보와 사적 접촉 다루기 d. 모집진행의 관리
3. 면접과 선발	a. 신청자를 위한 준비 b. 면접하기 c. 선발하기 d. 자원봉사자 배치하기 e. 팀 자원봉사활동을 촉진하기
4. 오리엔테이션과 교육훈련	a. 배치와 관계없이 모든 자원봉사자를 위한 오리엔테이션 프로그램 개발하기 b. 담당직원 개발하기 c. 최초의 훈련계획 디자인하기 d. 서비스훈련 개발하기 e. 매뉴얼과 핸드북 준비하기
5. 지도 · 감독	a. 직접적인 지도 · 감독 다루기 b. 간접적 지도 · 감독 다루기 c. 연락(접촉)하기 d. 개인 자원봉사자 활동평가관리
6. 동기부여와 인정	a. 자원봉사자의 동기와 이해를 확보 b. 인정활동의 지도 c. 자원봉사자를 위한 "명예의 전당" 개발하기
7. 프로그램 평가	a. 일반적인 프로그램 평가지도 b. 프로그램의 모든 구성요소를 포함한 과정의 사정
8. 기록보관과 보고서	a. 포괄적인 자원봉사 기록관리시스템 개발 b. 시스템 유지 c. 보고서 개발
9. 기타 의무	a. 기관모금이벤트 참가하기, 자원봉사 도움 조정하기 b. 현물기부로 기관의 지원을 청탁하기 c. 공동체의 기능으로서의 조직을 설명하기, 공동체의 구성원으로서 조직을 방문하도록 설명하기 d. 다른 기관의 자원봉사자들에게 회의개발, 조력자와 함께 일하기와 같은 기술지원 제공하기 등

윌슨(Wilson)은 가장 보편적으로 받아들여지고 있는 관리자의 기능은 계획수립, 조직, 직원배치, 감독, 통제라는 쿤쯔와 오도넬(Koontz & O'Donnell)의 견해를 바탕으로 자원봉사관리와 연결시켜 ① 계획 : 목적, 목표, 계획, ② 조직 : 직

무설계, ③ 직원배치 : 모집, 면접, 배치, 훈련, ④ 감독 : 지도감독, ⑤ 통제 : 평가와 같이 다섯 가지 관리의 범주를 제시하고 있다(Wilson, 1976; 류기형 외, 2009 : 176 재인용).

스완슨(Swanson, 1970)은 자원봉사관리과정을 ① 자원봉사의 조직, ② 모집과 홍보, ③ 면접과 배치, ④ 자원봉사자에 대한 오리엔테이션, ⑤ 자원봉사자의 유지 및 보존, ⑥ 업무기록, ⑦ 예산조정 및 후원, ⑧ 자원봉사 프로그램의 평가 등을 관리의 범주를 제시하고 있다(김동배, 2005 : 345-356 재인용).

볼런티어21(2001)은 자원봉사관리과정으로서 다음과 같이 9단계를 제시하였다. 1단계 기관(조직)의 비전(사명) 수립, 2단계 기관(조직)의 자원봉사관리체계 수립, 3단계 자원봉사 프로그램 기획, 4단계 자원봉사 업무개발, 5단계 자원봉사자 모집, 6단계 면접, 배치, 7단계 오리엔테이션 및 교육훈련, 8단계 감독 및 동기부여, 인정, 9단계 평가이다.

한편 이만식 외(2010)는 자원봉사관리과정을 8단계로 나누어 설명하고 있다. 1단계 프로그램 기획(직원참여), 2단계 활동개발과 설계(관리지지), 3단계 모집, 4단계 검토와 면접, 5단계 오리엔테이션과 훈련, 6단계 지도감독과 동기화, 7단계 인정, 8단계 평가이다.

이상의 학자들의 의견을 종합해 보면, 자원봉사관리업무를 크게 조직, 인사, 행정영역으로 구분해 볼 수 있다.

〈표 6-2〉 자원봉사관리업무의 구분

구 분	조 직	인 사	행 정
캠벨과 엘리스 (Campbell & Ellis, 2004)	① 프로그램 기획과 행정	② 모집과 공적 연계 ③ 면접과 선발 ④ 오리엔테이션과 교육훈련 ⑤ 지도감독 ⑥ 동기부여와 인정	⑦ 프로그램 평가 ⑧ 기록보관과 보고서 ⑨ 기타 의무
윌슨 (Wilson, 1976)	① 계획 : 목적, 목표, 계획 ② 조직 : 직무설계	③ 직원배치 : 모집, 면접, 배치, 훈련 ④ 감독 : 지도감독	⑤ 통제 : 평가

구 분	조 직	인 사	행 정
스완슨 (Swanson, 1970)	① 자원봉사의 조직	② 모집과 홍보 ③ 면접과 배치 ④ 자원봉사자에 대한 오리엔테이션 ⑤ 자원봉사자의 유지 및 보존	⑥ 업무기록 ⑦ 예산조정 및 후원 ⑧ 자원봉사 프로그램의 평가
볼런티어21 (2001)	① 기관(조직)의 비전(사명)수립 ② 기관(조직)의 자원봉사관리체계 수립	⑤ 자원봉사자 모집 ⑥ 면접, 배치 ⑦ 오리엔테이션 및 교육훈련 ⑧ 감독 및 동기부여, 인정	③ 자원봉사 프로그램 기획 ④ 자원봉사 업무개발 ⑨ 평가
이만식 외 (2010)		③ 모집 ④ 검토와 면접 ⑤ 오리엔테이션과 훈련 ⑥ 지도감독과 동기화 ⑦ 인정	① 프로그램 기획 (직원참여) ② 활동개발과 설계 (관리지지) ⑧ 평가

2. 국내외 자원봉사활동관리 표준현황

1) 외국의 자원봉사활동관리 표준현황

자원봉사참여가 활발한 영미권 국가에서는 자원봉사활동의 목표달성과 성과를 거두기 위해서 자원봉사활동 관리가 매우 중요하다는 인식을 가지고 있다. 이와 같은 인식은 자원봉사활동관리를 실질적으로 행하게 되는 자원봉사관리자들의 업무와 역할의 중요성에 대한 인식으로 이어진다. 또한 영국, 미국, 호주 등의 국가에서는 자원봉사관리자들의 역량을 강화하기 위한 국가차원의 관리표준화를 통해 효율적인 관리방안을 모색하고 있다. 국가별 주요 내용을 살펴보면 다음과 같다(행정안전부, 2008 : 25-31).

(1) 호주

1996년 빅토리아주 자원봉사센터가 최초로 음식배달 관련 자원봉사자들의 관리를 위해 실천표준들을 개발하였으며, 호주 전국자원봉사센터의 위임으로 전국에 적용할 수 있는 자원봉사관리체계의 표준을 개발하여 제1판 국가표준이 승인되었다. 이후 국가표준을 지속적으로 개선하기 위해 '표준재검토단(standards review panel)'이 구성되고 수많은 회합과 피드백 끝에 2001년 「비영리 조직에서 자원봉사자들을 참여시키기 위한 국가표준(National Standards for Involving Volunteers in Not-for-Profit Organizations)」 제2판이 출간되었다.

자원봉사자들이 참여하는 비영리조직의 자원봉사관리체계의 여덟 가지 요소로는 ① 정책과 절차, ② 관리책임, ③ 모집, ④ 자원봉사 업무 및 업무환경, ⑤ 훈련과 개발, ⑥ 서비스 전달, ⑦ 문서화와 기록, ⑧ 지속적인 개선을 포함하고 있다.

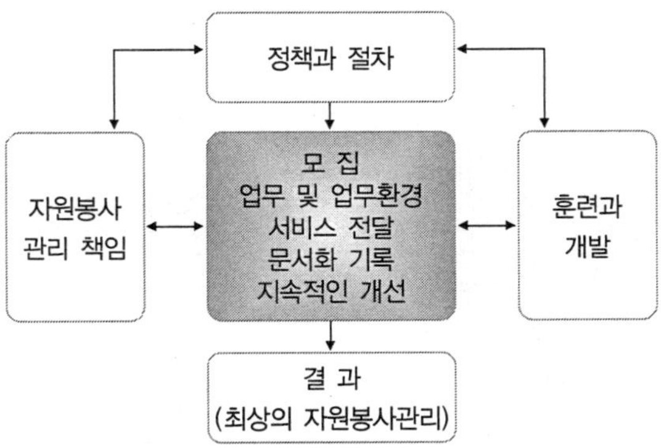

|그림 6-1| **호주의 자원봉사활동 관리 시스템 모델**

(2) 미국

미국의 자원봉사 네트워크인 핸즈온 네트워크(Hands On Network)는 2007년 8월 미국의 전국자원봉사센터인 촛불재단(Points of Lights Foundation)과 통합하고,

미국 전역의 330여 개의 액션센터를 운영하고 있다. 핸즈온 네트워크는 각 지역 액션센터의 자원봉사활동 관리역량을 강화하기 위한 표준화 작업을 실시하였다. 2007년 「성공적인 자원봉사활동 관리표준(Standards of Success, 이하 SOS)」을 발표하였다.

SOS는 자원봉사활동관리 역량을 강화하기 위한 6개의 관리표준영역과 3개의 표준수준으로 나누어 제시하고 있다. 표준영역에는 ① 핵심가치 및 사명과 비전, ② 거버넌스, ③ 프로그램 기획, ④ 지역사회 및 네트워크 연계, ⑤ 운영(재정, 위험관리, 인사, 기술), ⑥ 개발이 포함되어 있으며 표준의 수준은 회원수준, 핵심수준, 모범수준으로 나누고 있다(<표 6-3>).

〈표 6-3〉 미국 Standard of Success의 표준 영역

표준영역	Code	회원 수준	핵심 수준	모범 수준	총합
A. 핵심가치 및 사명과 비전 (4)	A1, A2, A3, A4		4		4
B. 거버넌스	B1, B2	2			2
	B3, B6		2		2
	B4, B5, B7, B8, B9			5	5
C. 프로그램 기획 (9)	C1, C3	2			2
	C2, C5, C8, C9		4		4
	C4, C6, C7			3	3
D. 지역사회 및 네트워크 연계(4)	D3	1			1
	D1		1		1
	D2, D4			2	2
E. 운영(13)					
재정 (4)	E1	1			1
	E4		1		1
	E2, E3			2	2
위험 관리 (3)	E6	1			1

표준영역	Code	회원 수준	핵심 수준	모범 수준	총합
	E5, E7			2	2
인사 (3)	E8. E9		2		2
	E10			1	1
기술 (3)	E13		1		1
	E11, E12			2	2
F. 개발 (9)	F3, F7	2			2
	F2		1		1
	F1, F4, D5, D6, F8, F9			6	6
		9	16	23	48

(3) 영국

영국에서는 자원봉사관리자가 직업군으로 포함되어 있으며, 직무규정의 형태로 자원봉사활동 관리업무의 표준화가 이루어져 있다. 국가직업표준(National Occupational Standards)은 효과적인 업무성과를 내는데 필요한 능력들을 정의하는 것으로 특정한 직업들에 있어서 종사자가 알아야 할 지식과 해야 할 구체적인 업무의 수준을 제시한다. 2003년 영국의 Voluntary Sector National Training Organization이 자원봉사관리자를 위한 국가 직무표준(NOS for Managing Volunteer)을 개발하였다. 표준의 내용에는 자원봉사관리자들이 해야 하는 업무들과 이러한 업무들의 수행을 통해 기대되는 성과의 표준, 이를 받쳐줄 지식과 이해, 기술, 그리고 성공적인 자원봉사관리자들을 위한 인성과 자질에 대해 총 6개의 영역에 39개의 단위가 하나의 세트로 이루어져 있다(<표 6-4>).

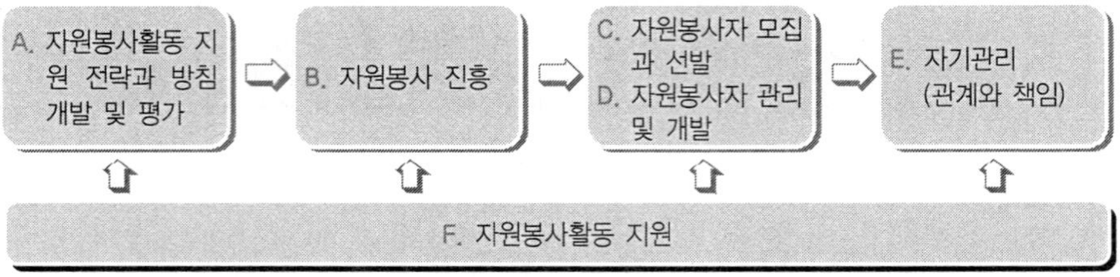

|그림 6-2| 영국의 자원봉사활동 관리직무표준의 구성

〈표 6-4〉 영국의 자원봉사관리자 직무표준 핵심영역

핵심영역	역 량			
A. 자원봉사활동 지원전략과 방침의 개발 및 평가	A1. 기관의 전략 수립에 기여	A2. 기관의 자원봉사 정책 개발	A3. 자원봉사활동 지원을 위한 조직체계 수립	A4. 기관의 목적 달성을 위한 계획 수립
	A5. 기관의 목적 달성에 대한 자원봉사자들의 기여 평가			
B. 자원봉사 진흥	B1. 기관 내 우수 자원봉사활동	B2. 자원봉사자들의 참여 및 동기부여, 유지	B3. 자원봉사활동 전략을 위한 기관 및 개인의 관계 설정	
C. 자원봉사자 모집과 선발	C1. 홍보	C2. 자원봉사자 모집과 배치에 대한 기여	C3. 자원봉사자 모집과 배치	C4. 자원봉사자 선발
	C5. 자원봉사자 선발 관리			
D. 자원봉사자 관리 및 개발	D1. 자원봉사자들의 활동계획 및 주관, 관찰	D2. 자원봉사자 동기부여 및 지도	D3. 자원봉사자 지식 및 기술, 역량 개발 지원	D4. 실습과 교육을 통한 학습
	D5. 소그룹 학습	D6. 기록 관리	D7. 자원봉사활동 경비 관리	D8. 문제 및 갈등 해결
E. 자기 관리 (관계와 책임)	E1. 자신의 자원봉사 관리능력을 지속적으로 유지와 개발	E2. 자신과 타인의 자원봉사 관리 능력을 지속적으로 유지 개발	E3. 자원봉사자 및 동료, 상급자와 생산적 업무관계 형성	E4. 생산적 업무관계 형성

핵심영역	역 량			
E. 자기 관리 (관계와 책임)	E5. 건강과 안전, 생산적 업무환경 유지 노력	E6. 위험 및 건강과 안전관리절차에 대한 감시	E7. 직장 내 건강과 안전 문화 조성	
F. 자원봉사 활동지원	F1. 이해관계자들에게 기관 및 사업 홍보	F2. 자원봉사활동 관리	F3. 기관의 자원봉사활동 정책과 계획을 실현해 줄 기금 마련	F4. 재정적 자원의 활용 관리
	F5. 공급자를 위한 합의와 협상	F6. 물리적 자원의 활용 관리	F7. 행사 주관	F8. 서비스 품질 개선
	F9. 회의 주재	F10. 정보 및 지식 관리	F11. 외부 기관에 보고	

(4) 각 국가별 비교

호주는 자원봉사관리업무에 대한 표준화 작업을 가장 먼저 시행한 국가이나, 표준화의 내용은 하나의 자원봉사 프로그램을 기획하고 실행, 평가하는 데 필요한 표준하는 데 그치고 있다. 즉, 서비스 중심의 표준화가 특징이다. 미국의 SOS의 경우는 자원봉사센터의 운영 전반에 관한 내용으로 하나의 기관으로서 요구되는 관리업무의 표준을 다루고 있다. 즉, 센터운영 중심의 표준화가 특징이다. 한편 영국의 경우 자원봉사관리자들의 표준에 대한 요구를 통해 국가에서 개발한 표준으로 자원봉사관리자라는 직업군의 직무표준에 해당된다. 즉, 자원봉사관리 직무중심이 특징이다.

이상의 내용을 정리해 보면 <표 6-5>와 같다.

〈표 6-5〉 호주, 미국, 영국의 자원봉사관리 표준의 비교

호 주	미 국	영 국
서비스 중심	운영중심	직무중심
1. 정책과 절차 2. 관리책임 3. 모집 4. 업무와 업무환경 5. 훈련과 개발 6. 서비스 전달 7. 문서화와 기록 8. 지속적인 개선	1. 핵심가치 및 사명과 비전 2. 거버넌스 3. 프로그램 기획 4. 지역사회 및 네트워크 연계 5. 운영 6. 개발	1. 자원봉사활동 지원전략과 방침의 개발 및 평가 2. 자원봉사 진흥 3. 자원봉사자 모집과 선발 4. 자원봉사자 관리 및 개발 5. 자기관리(관계와 책임 6. 자원봉사활동 지원

2) 우리나라 자원봉사관리 표준현황

우리나라의 경우, 자원봉사활동 관리업무에 대한 표준화는 이루어지지 않은 실정이다. 1995년부터 전국 시・도별 자원봉사센터를 설치하기 시작하면서, 지역별 자원봉사센터를 중심으로 운영매뉴얼을 개발하거나 자원봉사관리과정에서 중요한 요소인 프로그램 개발, 자원봉사자 모집, 교육 및 훈련, 평가, 인정과 보상 등의 운영지침을 마련하여 적용하는 정도에 그치는 정도였다. 그렇지만 2005년 자원봉사활동기본법 제정과 더불어 자원봉사활동 관리의 중요성이 부각되면서 관리업무의 표준화 필요성이 꾸준히 제기되고 있으며, 자원봉사 총괄부서인 행정안전부를 통해 지속적인 연구가 진행되고 있다. 최근 행정안전부(2008)는 효율적인 자원봉사활동 관리를 위한 「자원봉사관리업무의 표준매뉴얼 개발을 위한 연구보고서」를 통해 총 14개의 관리표준영역을 선정하고 표준영역에 따른 업무의 내용과 관리자의 역할을 <표 6-6>과 같이 제시하였다.

우리나라 자원봉사관리업무의 영역을 외국의 업무와 비교해 볼 때, 상대적으로 외국에 비해 비영리 혹은 자원봉사단체의 수가 적고, 사회복지영역에 수요처의 비중이 높으며, 재난재해시 자원봉사자의 참여가 활발한 우리나라 자원봉사현장의 특성에 따라 업무의 내용에도 자원봉사단체 및 수요처의 개발, 재난재해관

리 내용이 추가되었다. 그렇지만 이상의 내용은 자원봉사현장에서 지침으로 활용할 수 있는 표준 매뉴얼로는 개발, 보급되지 못한 실정이다.

〈표 6-6〉 자원봉사관리 업무의 표준영역

구 분	업무내용(관리자의 역할)
표준 1 : 운영전략 및 관리방침의 수립	센터의 비전과 사명수립 자원봉사활동관리 세부실행 방침
표준 2 : 프로그램 개발 및 운영	지역사회 욕구조사 프로그램 기획, 실행, 평가
표준 3 : 자원봉사자 업무기획	자원봉사자 필요업무 조사 업무설명서 작성
표준 4 : 자원봉사자 모집	모집대상결정 모집 메시지 및 홍보수단 결정 모집활동 실행 및 평가
표준 5 : 자원봉사자 면접과 배치	자원봉사신청서 작성 수요처 연계
표준 6 : 자원봉사교육	교육계획 수립 교육 대상자 모집 교육실행, 평가
표준 7 : 자원봉사활동 관리감독	관리감독 체계수립 및 시행 모니터링, 상담 및 조정 문제 및 갈등해결
표준 8 : 자원봉사단체 및 수요처 개발과 관리	단체 조직화 단체등록 및 관리 정보교류 등
표준 9 : 자원봉사 위험관리	위험관리 체계 수립 상해보험 가입 관리 활동계층별 위험관리와 평가
표준 10 : 자원봉사 인정과 보상	기대욕구 파악 인정보상 기준마련 인정보상 실행
표준 11 : 자원봉사 홍보와 진흥	언론홍보, 모금운동 등
표준 12 : 재난재해관리	재난발생 시 역할분담 봉사단 구성 및 교육
표준 13 : 행정관리	인사, 재정, 위원회 관리

출처 : 행정안전부(2008). 자원봉사활동 관리 표준매뉴얼 개발. 행정안전부 연구보고서.

우리나라는 앞서 서술한 바와 같이 자원봉사활동 관리업무는 표준화되어 있지 않으며, 자원봉사센터는 2005년 자원봉사활동기본법 제정 이후부터 행정자치부의 「자원봉사센터 운영지침」에 의거하여 자원봉사활동 관리업무를 수행하고 있다. 자원봉사센터 운영지침에 포함되어 있는 자원봉사활동 관리업무는 <표 6-7>과 같다. 그러나 자원봉사 관리업무의 흐름별로 표준화된 과업이나 과업수행 절차를 제시하지 못하고 자원봉사 관리시스템 운영업무에 치중되어 있다고 볼 수 있다.

〈표 6-7〉 자원봉사센터 운영지침에 포함된 자원봉사활동 관리업무

구 분	업무내용(관리자의 역할)
자원봉사활동 프로그램 기획	지역 자원봉사활동 관련 사전조사 프로그램 계획 수립 우수 자원봉사 사례 발굴
자원봉사 홍보	홍보계획 수립 홍보활동 수행
자원봉사자 모집	상담 및 안내 개인 및 단체 자원봉사자 등록
수요처 발굴, 관리	수요처 관리자 등록, 권한부여
자원봉사자 배치 및 활동 관리	수요처 일감 등록 자원봉사센터 일감 등록 자원봉사 실적 등록
자원봉사자 교육 및 훈련	교육 프로그램 기획 프로그램 운영 및 평가 기본교육, 전문교육, 보수교육
자원봉사 정보 연계	나눔포털 시스템 운영 교육부(NEIS) 실적 제공
자원봉사자 안전	자원봉사보험 가입지원 보상업무 지원

출처 : 행정안전부(2014). 「자원봉사센터 운영지침」.

이상의 내용을 종합하여 본 서에서는 자원봉사관리과정을 조직, 인사, 행정 영역을 포괄하여 다음과 같이 13단계로 구분하여 제시하고자 한다.

자원봉사활동 관리 13단계

1단계	자원봉사관리 정책수립
2단계	프로그램 개발과 기획
3단계	자원봉사 직무개발
4단계	자원봉사자 모집과 홍보
5단계	인적자원개발과 지역사회 네트워크
6단계	면접과 선발, 배치
7단계	자원봉사자 교육
8단계	자원봉사자 교육과정 기획
9단계	자원봉사자 지도감독
10단계	자원봉사자 동기부여
11단계	자원봉사자 인정
12단계	갈등관리
13단계	기록관리 및 평가

|그림 6-3| **자원봉사활동 관리 13단계**

CHAPTER 07

자원봉사관리 정책수립

1. 자원봉사관리 수준의 결정기준

자원봉사관리의 수준을 결정하는 데 있어서 가장 중요한 것은 '왜 자원봉사자를 모집하는가'에 대한 질문에서부터 출발한다. 그리고 모집한 자원봉사자를 어떻게 교육·훈련시키고 현장에 배치할 것인가에 대한 목표를 설정하는 데에 따라 관리수준은 결정되어진다. 캠벨과 엘리스는 자원봉사관리 수준의 결정기준을 다음과 같이 제시하고 있다(Campbell & Ellis, 2003).

1) 자원봉사관리자의 역할 인정

현장의 자원봉사관리자는 자원봉사관리업무 외 다른 업무와 병행하면서도 요구되어지는 자원봉사관리업무를 보다 효과적으로 처리하는 방법에 대해 고민한다. 그것은 쉽게 말하자면 "팀 접근"이라고 할 수 있다. 필요한 역할을 나누고 협력하는 것이다. 물론 팀 접근 또한 요구되는 프로그램의 기대와 자원봉사활동과의 중재역할에 많은 시간을 할애해야 한다. 그렇지만 자원봉사관리자의 상황이나 기관의 방침 혹은 전략에 관계없이 다음의 세 가지 중요한 가치에 기초를 둔다면 성공할 수 있을 것이다.

첫째, 자원봉사관리자로서의 업무를 이해해야 한다. 자원봉사는 기관의 요구나 특별한 상황 등 필요에 의해서 이루어지는 것이며, 일회적인 것보다는 지속적인 것으로서 '새로운 자원봉사 모집'과 같이 감추어진 업무가 더 많다는 것을 명심해야 한다.

둘째, 자원봉사관리자는 자원봉사의 가치를 믿어야 한다. 자원봉사 가치에 대한 태도를 개발하기 위한 노력으로서는 '가치와 자원봉사활동의 힘에 대한 확신', '형식적 증명서보다 잠재적 역량을 인정', '잠재성이 충만한 프로그램의 개발노력', '자원봉사자의 나이, 배경, 아이디어 등의 다양성에 대한 개방적 인정노력', '자원봉사자의 권리를 위해 나설 수 있는 자발성', '자원봉사자와 함께 일하는 것에 대한 즐거움'을 가지기 위해 노력해야 한다.

셋째, 팀워크를 통해 활동할 수 있도록 위임하여야 한다. 그것은 자원봉사관리자 자신보다도 기관의 이익이 되기 때문이다.

2) 경계설정

자원봉사 프로그램을 개발하고 자원봉사자를 참여시키는데 있어서 어디서부터 어떻게 시작해야 할지 막막할 것이다. 물론 실패의 경험도 있을 것이다. 따라서 보다 구체적인 전략을 가지고 있어야 한다는 것이다. 물론 대부분의 조직은 조직의 이익을 포함시키는 방법으로 자원봉사관리를 원할 것이다. 그렇다면 다음의 질문들이 포함된 계획서를 준비하여야 한다.

- 왜 우리는 자원봉사를 필요로 하는가?
- 자원봉사 프로그램을 위한 우리의 비전은 무엇인가?
- 자원봉사자에 대한 우리의 기대는 무엇인가?
- '파트타임'은 어떤 의미인가?
- 나의 주제(제목)는 무엇인가? 자원봉사 프로그램에 있어서 당신의 역할을 명확하게 알기 위해서는 반드시 주제(title)를 가져야만 한다.
- 요구의 연결고리는 무엇인가? 분명 자원봉사관리자로서 보다 나은 슈퍼바이

저가 되기를 희망하고, 자원봉사자는 조직과 더 가깝게 연결되기를 희망하고 스스로 리드하는 자발적 팀으로서 활동하기를 원한다.

- 자신의 우선권은 무엇이며 자신의 한계를 알고 있는가?
- 자원봉사 프로그램의 예산과 자원은 어떠한가?
- 얼마나 자주 프로그램의 일정을 재검토할 것인가?
- 어떻게 방대한 조직 간 연계를 납득시킬 것인가? 그것은 적극적인 정보와 자료를 제공해 주고 기회를 주어서 긍정적 태도로 변화시켜가야 한다는 것이다.

이상의 질문들을 무시하고 자원봉사 프로그램을 진행한다면 보다 빠르고 쉽게 접근할 수도 있고 눈앞의 일은 신속하게 일을 처리해낼 수 있을 것이다. 그렇지만 장기적으로 본다면 이러한 절차와 노력은 반드시 필요한 일이다. 그렇지 않으면 조직은 언제나 새로운 자원봉사자를 찾아 나설 수밖에 없을 것이다.

3) 조직의 수준 파악하기

자원봉사관리는 여러 단계의 절차로 구성되어진다. 각 단계 중에서 현재 조직의 수준을 파악하고 필요한 관리범주를 선택하여 자원봉사관리를 하는 것이 가장 효율적이라고 할 수 있다. 자원봉사관리의 범주를 선택하기 전에 자원봉사관리자로서 어떠한 태도를 가지고 업무를 수행해야 할 것인가를 아래의 질문들을 통해 파악하고 개선해나가야 할 것이다.

- 여러분의 조직에서 누군가에 의해 이러한 관리가 시도되었는가? 잘되고 있는가 혹은 문제가 있는가?
- 관리과정이 내 마음에 드는가? 나에게는 힘든 일이므로 누군가에게 넘겨주거나 가능한 누군가가 하기를 원하는가?
- 나는 잘할 수 있는가? 필요한 기술을 가지고 있는가 혹은 나보다는 더 나은

전문기술을 가진 다른 누군가가 하는 것인가?

- 나의 다른 업무와 병행해서 관리업무의 수행이 적당한가? 하루일과 중 특별히 시간을 따로 배정해 두는가? 다른 업무에서의 책무와 관리업무에서 요구가 적당한가?
- 얼마나 자주 이 일을 수행하는가? 지속적으로, 주간, 월간, 연간으로 수행하는가?
- 이 업무수행에 무엇이 요구되는가? 주어진 기관의 정책, 규칙, 혹은 법?
- 이 업무를 수행하는데 개인적으로 하는가? 혹은 몇몇 사람들, 그룹으로?

2. 자원봉사 참여정책

자원봉사 참여정책(volunteering policy)은 기관의 자원봉사자의 활동을 촉진하고 활성화하기 위한 사명과 목표, 접근방법을 기술한 자원봉사관리에 대한 규정 및 방침을 뜻한다. 자원봉사센터의 비전과 사명, 여건에 적합한 기준과 운영체계를 마련하고, 이를 문서화함으로써 자원봉사자와 직원 등 관련 집단이 서로의 역할과 책임을 이해하고 자원봉사 프로그램의 효과성을 최대화하는 데 도움이 된다(행정안전부, 2009 : 65-68).

자원봉사 프로그램을 만들기 시작하면 다음의 질문들이 생길 수 있다.

- 우리 조직이 자원봉사자를 모집하려는 분명한 이유는 무엇인가?
- 자원봉사자 프로그램을 운영하는 것은 시간낭비가 아니고 어떤 유익을 얻을 수 있을까?
- 우리 조직의 규모에 맞는 자원봉사자는 어느 정도이고 얼마나 그들을 지원할 수 있는가?

자원봉사 정책수립의 단계는 |그림 7-1|과 같이 6단계로 나누어 볼 수 있다.

단계별 세부 추진내용은 다음과 같다. 1단계 정책수립 개발팀 구성으로써 정책수립 초안을 개발하기 위한 단계이다. 2단계 정보수집 및 초안작성 단계는 기관의 사명, 행정절차, 관리체계 등 관련된 정보를 수집하고 수집된 정보를 바탕으로 간결하고 분명한 표현을 사용하여 정책의 초안을 작성한다. 3단계 의견수렴 단계에서는 기관의 자원봉사와 관련된 사람들(자원봉사관리자, 자원봉사자, 행정책임자 등)로부터 정책초안에 대한 의견을 수렴하고 반영한다. 4단계 공식적 인정 단계는 수정된 정책에 대해 관련 전문가 등의 재검토를 받아 수정하고 동의를 확보하여 기관의 최종 승인을 받아 자원봉사관리 정책이 공식적으로 인정되고 효력이 발생한다. 5단계 정책의 공유단계는 완성된 자원봉사정책을 배포하고 공유하여 관련된 사람들이 충분히 숙지할 수 있도록 지원한다. 6단계 평가 및 수정 단계는 향후 자원봉사관리 정책에 대한 영향을 사정, 평가하여 개선계획을 수립하고 필요에 따라 평가 및 수정을 통하여 지속적인 개선을 시도한다.

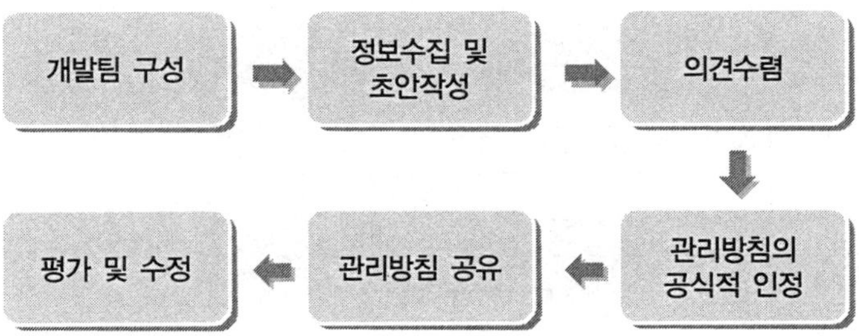

|그림 7-1| **자원봉사정책 수립과정**

이러한 질문들에 대한 대답을 함으로써 자원봉사자를 운영하는 정책을 세워나가야 한다. 자원봉사 정책지침서에 필요한 요소들은 다음과 같다(볼런티어21, 2001).

〈표 7-1〉 자원봉사 정책지침서의 내용

- 자원봉사자는 누구인가?
- 자원봉사자와 우리 조직, 수혜자, 지역사회에 돌아가는 혜택은?
- 왜 자원봉사자들을 활용하고자 했는가?
- 담당직원의 역할은?
- 조직의 책임 : 교육의 제공, 직무설계의 의무 등
- 자원봉사자의 책임 : 조직정책을 따르기
- 동등한 기회의 원칙 : 계층, 성별, 연령 등에 의한 차별 금지
- 오리엔테이션과 적절한 훈련기회 제공에 대해
- 비용은 어떻게 감당할 것인가?
- 자원봉사자 보험을 포함한 위기의 관리방안
- 자원봉사자 관리과정 : 출석 요구, 장기 결석 처리, 결석 시 통보절차, 사임절차, 종결절차 등
- 자원봉사자에 대한 혜택
- 기록, 보관해야 할 내용 : 총 자원봉사자 수, 월별 자원봉사활동 현황
- 연간 총 자원봉사자 시간, 자원봉사자 활동 동기, 자원봉사활동을 그만두는 이유
- 떠나는 자원봉사자 수, 자원봉사자들에 의해 서비스를 받는 수혜자의 수
- 자원봉사자의 물품기부 기록 등
- 담당직원과의 역할조정
- 자원봉사자들이 일하거나 하지 않을 분야
- 검토방법의 제공

〈표 7-2〉 조직의 자기진단 양식

- 기관명 : ______________________
- 미션(사명) : ____
- 총 자원봉사자 수 : ____________
  - 일반 자원봉사자 수 : ____________
  - 기술 자원봉사자 수 : ____________
  - 전문가 조언 등 자원봉사자 수 : ____________
- 자원봉사자의 역할/ 지위 :

  ____
- 모집방법 :

  ____
- 모집자원 :

  ____
- 조직이 자원봉사자를 유인하는 특성, 기술 :

  ____
- 자원봉사자를 만족시킬 수 있는 서비스의 차이 :

  ____
- 장애물(예, 직원에 대한 반감 등) :

  ____
- 직원이 자원봉사자에게 지도감독 가능한 것 :

  ____

〈표 7-3〉 호주 자원봉사 참여정책 모델

자원봉사자 참여를 위한 정책 모델
자원봉사자의 경험을 함양하고 법령과 보호의무를 따르기 위해 ________(기관의 이름)은 다음의 의무를 이행할 것이다. • 자원봉사자를 차별 금지 및 공평한 기회보장법령에 따라 면접하고 배치한다. • 자원봉사자에게 오리엔테이션과 훈련을 제공한다. • 자원봉사 업무를 규정하고 명확한 업무설명서를 개발한다. • 자원봉사자에게 건강하고 안전한 활동장소를 제공한다. • 자원봉사자를 위한 적절하고 적합한 보험가입을 제공한다. • 유급과 무급 역할을 구분한다. • 자원봉사자에게 종전에 유급 직원이 했거나, 유급직으로 분류되었던 역할에 배치하지 않는다. • 자원봉사자는 유급직원의 업무를 보충하되 훼손되지 않도록 보장한다. • 자원봉사자가 근로분쟁 혹은 유급직원의 공석기간 동안 부가적인 업무수행을 요구받지 않도록 보장한다. • 자원봉사자를 위해 적절한 수준의 지원과 관리를 행한다. • 자원봉사자에 관련된 정책자료를 자원봉사자에게 제공한다. • 자원봉사자에게 이의제기 및 징계 정책과 절차에 대한 정보를 제공한다. • 자원봉사자에게 직업개발의 기회를 제공한다. • 자원봉사자가 기관을 위해 지불한 비용을 보상한다. • 자원봉사자의 권리를 인정한다. • 자원봉사자를 소중한 팀 일원으로 대우하고 기관 의사결정에 참여하도록 조언한다. • 자원봉사자의 기여도에 대해 인정한다.

출처 : 행정안전부(2009). “자원봉사활동 관리 표준매뉴얼 개발연구”.

함께 생각해 볼 과제

1 조직 내에서 자원봉사자를 필요로 하는 이유를 설명해 봅시다.

2 자원봉사정책 지침서를 작성해 봅시다.

3 자원봉사 업무의 질과 가치에 대한 안내자료에 포함되어야 할 내용을 설명해 봅시다.

CHAPTER 08

프로그램 개발과 기획

1. 프로그램의 개념

일반적으로 프로그램이란 "의도된 계획에 따라 어떤 목적을 달성하기 위해 인적, 물적 자원을 활용하는 일련의 집합적인 행동들"이라고 정의할 수 있다(Papp & Poertner, 1992 : 29). 또한 황성철(2007 : 18)은 "특정한 목적달성을 위해 자원과 기술이 투입되어 일정한 절차에 따라 이루어지는 조직의 계획적인 활동체계"로 정의하면서, 프로그램의 구성요소로 목적, 자원과 기술, 계획적 활동 등을 제시하고 있다. 즉, 자원봉사 프로그램은 의도된 계획에 따라 구체적인 목표를 달성함으로써 사람과 지역사회를 변화시키고자 하는 것이다. 아울러 서로 다른 역할과 책임을 가진 구성원들의 행동을 기술한 것이고 변화를 창출해내는 자원봉사자 및 클라이언트 등 관련된 구성원 간의 관계에 대한 방법과 규범을 제공하는 것이라고 할 수 있다(볼런티어21, 2001).

따라서 자원봉사 프로그램 개발이라는 것은 자원봉사활동을 위한 구체적인 활동계획으로서, 그 활동을 실행하는데 필요한 자원봉사 프로그램 기획과 관련된 내용은 물론, 자원봉사자의 참여 없이는 프로그램이 실천될 수 없는 특수성을 가지고 있기 때문에, 자원봉사자의 모집, 교육훈련의 내용도 포함되어져야 한다(배기효 외, 2009 : 123).

2. 프로그램 개발의 전제조건(5P)

자원봉사 프로그램 개발에 앞서 고려되어야 할 점으로 합목적성(Purpose), 능력수준과 흥미에의 적합성(Person), 프로그램의 통합성(Problem), 프로그램 지속성과 네트워크화(Process), 지역성(Place)이 고려되어야 한다(황성철, 2007).

1) 합목적성(Purpose)

프로그램 내용은 목적이 제시하는 바로 그 내용에 적합하여야 한다. 참여자로 하여금 협동심을 고취시킨다는 목적이나 목표를 세워놓고 그 내용에는 경쟁상태의 활동내용만을 포함시켰다면 목적이나 목표에 일치시키지 못한 것이 된다.

2) 능력수준과 흥미의 적합성(Person)

대상자에 대한 충분한 고려, 즉 대상자의 능력수준이나 흥미에 적합한가에 대한 검증이 필요하다. 만약 대상자의 능력수준에 맞지 않는 프로그램이 제시된 경우 대부분의 경우 자원봉사 중도탈락, 프로그램의 효과성 저하 등의 문제가 발생하기도 한다.

3) 프로그램의 통합성(Problem)

대상자의 문제해결이나 목표달성을 위하여 단편적인 프로그램 제공이 아니라 인간의 경제, 사회, 심리, 문화적 제반문제들을 통합적으로 고려하는 프로그램을 제공하는 것이다.

4) 프로그램 지속성과 네트워크화(Process)

프로그램이 얼마나 지속적인가 그리고 안정성을 띠어야 하며, 다양한 서비스 기관들이 참여하여 문제를 해결할 수 있어야 한다.

5) 지역성(Place)

자원봉사 프로그램 개발에 있어서 지역의 특성이나 문화적 상황을 반영한 프로그램이 개발되어야 한다. 예를 들어, 결혼이주여성을 대상으로 한 한국문화 적응 프로그램을 개발한다고 가정한다면, 도심지역의 경우 다양한 사회문화교육 프로그램의 욕구가 높으며, 농촌지역의 경우 자녀양육 및 교육에 대한 욕구가 높다는 점을 고려하여 지역의 문화적 특성이 반영된 프로그램이 개발되어야 한다.

프로그램 개발에 고려되어야 할 것들

- ☐ 동일한 프로그램을 계획하고 진행을 해도 성공하는 팀이 있고 실패하는 팀이 있다.
- ☐ 누구를 위한 프로그램인가?
- ☐ 왜 이 프로그램이 필요한가?
- ☐ 프로그램의 출발은 어디에 있었는가?
- ☐ 프로그램 담당자는 얼마나 노력했는가?
- ☐ 프로그램은 담당자만 책임져야 한다?
- ☐ 자원봉사활동의 영역과 범위는 어디까지인가?

3. 프로그램 개발의 단계

기획은 자원봉사 프로그램의 개발과 운영에 있어서 가장 기본이 되는 기능이다. 즉, '자원봉사활동을 위한 일감 찾기 및 만들기'라고 할 수 있다. 자원봉사 프로그램을 새로 창조하거나 또는 재구상할 필요성을 결정하는 것이 기획과정의 첫 단계이다. 그러나 지역사회에는 많은 자원봉사 프로그램들이 실행되었으나 모두가 성공한 것은 아니다. 합리적이고 명백한 계획이 없어 자원봉사자들은 환멸감을 갖거나 낙담하게 되고 클라이언트들은 기대를 갖다가 이전보다 더 큰 절망감을 느끼게 된다. 그러므로 자원봉사관리자의 중요한 역할은 프로그램 시작 전에 빈틈없는 계획을 수립하는 것이다. 계획수립에 있어 고려되어야 할 사항은 다음과 같다.

- ☐ 지역사회가 가진 욕구와 문제가 면밀하게 검토되었는가?
- ☐ 이 프로그램이 자원봉사팀의 사명 및 비전과 일치하는가?
- ☐ 서비스 대상집단이 명확하게 파악되어 있는가?
- ☐ 지역사회가 가진 긴급한 욕구에 대응하는 프로그램인가?
- ☐ 프로그램의 비용효과성이 높은가?
- ☐ 프로그램에 대한 접근이 참신한가?
- ☐ 지역사회에 존재하는 기존 자원을 충분히 활용할 수 있는가?
- ☐ 지역사회 내 다른 기관 및 단체들과 상호협력할 수 있는가?
- ☐ 이 프로그램의 수행이 다른 기관에 긍정적인 영향을 미치는가?
- ☐ 같은 지역사회 내에 유사한 프로그램을 실행하고 있는 기관은 없는가?
- ☐ 프로그램을 수행할 인력은 충분한가?
- ☐ 이 프로그램에 동원될 수 있는 인적, 물적 자원들에 대한 조사는 충분했는가?

자원봉사 프로그램을 개발하기 위한 과정은 |그림 8-1|과 같다.

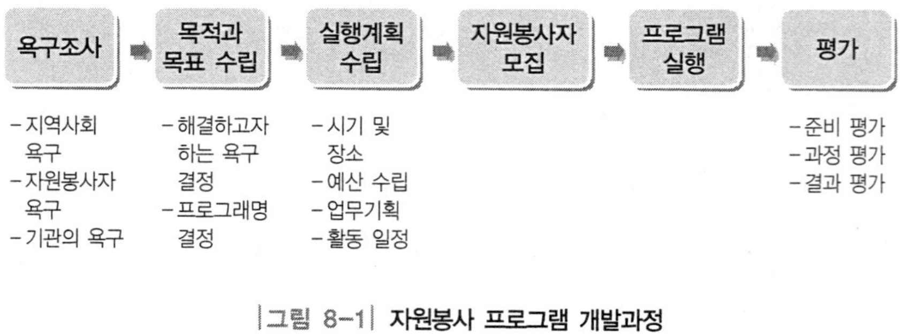

|그림 8-1| **자원봉사 프로그램 개발과정**

계획수립에 있어서 가장 중요한 것은 자원봉사 프로그램을 통해서 무엇을 성

취하려 하는가의 목적 또는 사명을 명확히 하고 이에 따른 구체적 목표를 설정하는 것이다. 그리고 사전조사와 프로그램 기획의 2단계에 따라 진행한다.

1단계는 사전조사 단계로서 지역사회의 욕구조사 및 자원봉사 지도력, 직원의 기술과 능력을 평가한다. 주요 내용으로는 ① 지역사회문제 및 사회변화와 동향 파악 : 사회 주요 이슈, 지역 내 현안, 생활스타일과 트랜드를 파악하여 적용한다. ② 가용한 물적 자원 파악 : 지역사회 내 혹은 조직 내 활용 가능한 물적 자원을 파악하여 적용한다. ③ 수혜대상자의 욕구 : 자원봉사활동의 혜택을 직접 받는 주민들이 무엇을 필요로 하는지 파악하여 적용할 수 있다. ④ 수요처의 욕구파악 : 자원봉사자를 필요로 하는 부서나 기관의 직원들이 무엇을 필요로 하는지 파악하여 적용한다. ⑤ 자원봉사자 욕구 파악 : 자원봉사자의 선호활동, 활동 가능한 시간과 장소를 파악하여 적용한다.

〈표 8-1〉 프로그램 개발을 위한 욕구조사의 내용

구분	내용
지역사회 욕구 조사	지역적 특성에 대한 이해와 파악 예) 기업밀집지역, 공단 등 산업시설 밀집지역, 상업밀집지역, 주거밀집지역 또는 학교비율 사회복지시설 등 각 자치단체 홈페이지 참고 예) 홈페이지의 통계자료실, 민원게시판, 보도자료 등 지역신문, 일간지 등을 통한 사회문제 파악
관련 기관 및 수요처 욕구 조사	지역사회에 위치한 사회복지관, 시민단체, 병원, 공공시설(공원, 도서관, 보건소), 학교 등의 사회복지 관련단체를 리스트화 리스트화할 경우 수요처의 대표 및 담당자 이름, 연락처를 기재하고 활동내용 등에 대해서도 파악 각각의 관련기관에 대하여 정보를 수집하고 개발거리가 있는 경우 담당자와 직접 통화하고 메모하는 것이 중요 각 사회복지기관의 홈페이지 검색 및 공지사항, 자원봉사·후원 등의 아이콘 위주로 정보수집
자원봉사자의 욕구 조사	지역 자원봉사자들의 연령별 주요 관심사와 이슈, 행사주기 등의 특성에 대하여 조사하고 리스트화 예) 청소년 자원봉사자들의 확인서 제출시기, 시험기간 및 방학기간 사전파악, 방학활동 시 봉사활동욕구 증대 등 내방하는 자원봉사자들과의 상담을 통해 정보 알아내기, 학교 자원봉사 담당교사를 통한 정보 제공받기

출처 : 행정안전부(2009). "자원봉사활동 관리 표준매뉴얼 개발연구".

2단계는 프로그램 기획(planning)단계로서 사업(프로그램)의 목적, 목표, 내용, 예산, 일정, 평가방법 등에 대한 계획을 수립한다. 기획은 단순히 계획서를 작성하는 수준 이상을 의미한다. 통찰력과 체계적인 사고 그리고 조사연구를 통해 문제해결을 시도하는 것이며, 이 과정에서 어떤 행동을 취할 것인가에 대한 가치선호 행위로 보기도 한다(황성철 외, 2006 : 251). 주요 내용으로는 자원봉사 프로그램의 타당성 평가로서 위원회, 자원봉사자, 직원의 의견을 수렴하여 욕구와 자원에 비해 적절한 프로그램인지, 조직의 목표에 적합한지 판단한다. 프로그램 기획과정에서 자원봉사자들이 스스로 아이디어를 내어 프로그램을 직접 기획, 진행하도록 도움으로써 자원봉사자의 자발성 및 주인의식을 이끌어낼 수도 있다. 이로써 자원봉사자 지도력도 개발될 수 있다. 그리고 자원봉사 프로그램이 성공하기 위해서는 프로그램 추진 시 필요한 각종 자원동원 이외에도 연계, 협력하여야 할 조직들과의 네트워크 만들기를 위하여 힘써야 한다.

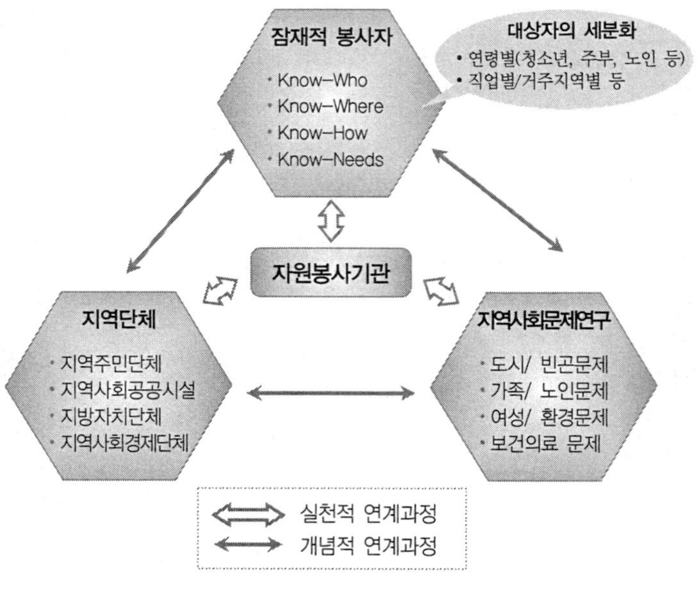

|그림 8-2| **자원봉사 프로그램 개발을 위한 모형도**

4. 프로그램 개발단계별 준비과정

새로운 프로그램을 개발하는 경우 그 과정은 사회문제의 확인으로부터 시작하여, 프로그램의 목적을 설정하고 구체적인 프로그램의 목표를 조작화한다. 그 다음으로 프로그램의 목적과 목표를 성취하기 위하여 서비스와 활동을 실행하며, 프로그램 종료 후 평가과정을 거친다(볼런티어21, 2001 : 51).

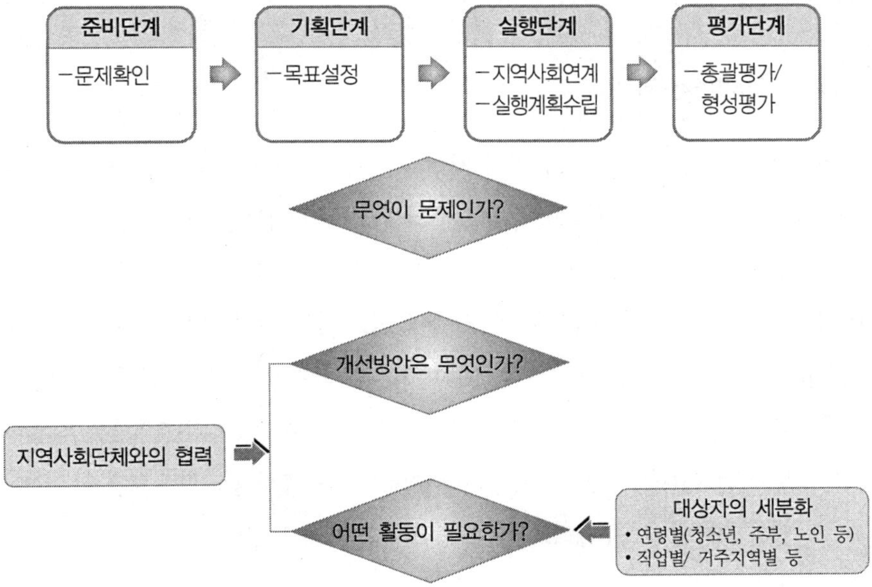

|그림 8-3| 자원봉사 프로그램 개발의 단계별 준비과정

1) 준비단계

(1) 문제확인

자원봉사 프로그램 개발과정에 있어서 가장 선행되어야 하는 것은 문제를 진단하는 것이다. 프로그램의 근본 목적은 사람과 사회를 변화시키는 궁극적인 문제해결에 있다. 따라서 진단된 문제는 프로그램이 궁극적으로 해결하고자 하는 목적을 제공함으로써 프로그램의 존재의의를 뒷받침하는 것이다. 즉, 발견된 문제는 무엇보다 문제가 얼마나 크고 심각하지, 그리고 그 문제에 직면해 어려움을 겪고 있는 사람과 조직은 누구이며, 왜 그리고 어떤 과정으로 문제가 진행되고 있는지 파악한다. 이렇게 파악된 내용은 구체적인 통계 및 자료들을 통해 객관적으로 제시되는 것이 중요하다. 또한 발견된 문제의 해결을 위해 자원봉사자가 할 수 있는 일인가, 어떠한 역할을 해야 하는가를 판단할 수 있어야 한다(승금희, 2005; 배기효 외, 2009 : 127-128 재인용).

(2) 지역사회문제들

지역사회가 안고 있는 여러 가지 사회문제들을 찾아내는 일은 그다지 어려운 작업은 아니다. 비록 지역적인 특수성에 의해 문제의 심각성의 정도는 차이가 있을 수 있지만, 한국사회가 직면한 일반적인 사회문제들을 그 지역사회에 적용해 볼 수 있다. 일반적으로 한국 사회에서 논의되고 있는 사회문제의 범주는 도시문제, 빈곤문제, 가족문제, 노인문제, 여성문제, 환경문제, 보건의료문제, 부정부패문제, 청소년문제 등 다양하다. 그리고 이러한 사회문제의 하위영역에는 수없이 많은 세부적인 이슈들이 있다. 사회문제 중에서 자원봉사활동 프로그램과 관련이 될 수 있는 이슈들을 중심으로 아래와 같이 정리해 보았다.

- 도시문제
  - 주요 문제들 : 도시빈민의 생존권 문제, 도시 슬럼화 문제(슬럼가의 아이들의 교육문제와 일탈 등), 공동주택환경(아파트 단지)과 빠른 이사주기 등에 따른 이웃 간의 불신과 단절, 재개발 문제, 쓰레기 처리, 절도, 강도 등 범죄문제, 교통문제 – 교통혼잡, 주차공간의 부족, 거리의 환경미화(간판관리), 신호체계, 교통질서, 주거지역의 상권화(아파트 단지 인근의 러브호텔 등)
  - 자원봉사활동 사례들 : 지역 범죄해결을 위한 지킴이, 지역 유해환경 감시단 활동, 녹색어머니회 활동

• 빈곤문제

– 주요 문제들 : 부의 불평등으로 인한 지역 간 갈등문제, 빈부의 격차(소년소녀가장, 쪽방 거주민의 실태), 빈곤으로 인한 교육수준의 차이, 상대적 빈곤감을 느끼며 자라나는 아이들, 노숙자 문제

– 자원봉사활동 사례들 : 노숙자를 위한 무료급식 자원봉사활동, 쪽방 거주민을 위한 도시락 배달, 소년소녀가장을 위한 생활서비스, 학습지도 활동

• 여성문제

– 주요 문제들 : 육아문제, 고부 갈등 문제, 상대적으로 정보의 빈곤문제, 육아문제(탁아시설 부족), 미혼모, 가정폭력

– 자원봉사활동 사례들 : 여성의 전화 등 전화상담활동, 가정봉사활동(가사도우미, 육아지원) 등

• 가족문제

– 주요 문제들 : 사회 및 직장 중심의 생활구조에서 오는 가족 간의 갈등, 가족 간의 전통적 중심 이슈 약화에서 오는 가치관 부재의 문제, 여성 사회진출에 따른 육아문제, 이혼가정의 자녀양육 문제, 청소년의 방황, 이혼, 별거, 가출, 가치갈등, 세대차 문제, 장애아 가정, 가정폭력, 아동학대, 등교거부, 일탈행동 등

– 자원봉사활동 사례들 : 청소년/ 아동/ 피해여성 상담활동, 저소득 가정 자녀 돌보기

• 노인문제

– 주요 문제들 : 경제적 문제(저소득층 노인의 생활고 문제), 이혼자녀의 자손을 키우며 살아가는 노인문제, 노인의 성 문제, 노인의 경제적 자립을 위한 구조적인 지원문제, 치매노인 수용시설의 문제, 독거노인 문제, 노인의 결혼문제, 고부 갈등 문제, 외로움, 소외감, 무기력감, 질병, 노인 인구 증가, 노인들의 사회적 지위의 격하, 노인부양, 노인학대, 일자리 문제(취업, 재취업, 자

원봉사), 건강과 여가시간 문제, 사회적 상실감, 결손가정, 정년제도의 개선, 노인자살

– 자원봉사활동 사례들 : 노인상담, 무료급식, 노인의 자원봉사활동 참여유도, 여가 프로그램 운영

- 환경문제

– 주요 문제들 : 쓰레기 분리수거의 문제(관리, 재활용품에 대한 홍보 및 의식 고취), 그린벨트 무분별한 훼손문제, 도시 공해 문제, 생태계 파괴에서 오는 인간 생존 위협문제, 생태계 파괴(갯벌, 동강, 시화호 문제), 사람의 건강의 문제(환경오염, 유전자변형, 구제역, 무분별한 국토개발, 환경파괴 등), 대기오염(자동차의 증가, 공해물질 정화시설 부족), 수질오염(폐수 무단방류), 시민의식 고양(내 집안만 깨끗하면, 내거 아니면 함부로 해도 된다는 일부 잘못된 시민의식), 쓰레기 등의 폐기물 처리문제(음식 쓰레기), 환경오염에 대한 대책, 쓰레기 반입, 자원의 고갈

– 자원봉사활동 사례들 : 환경정화활동, 환경오염 감시(폐수 무단방류 등), 쓰레기 분리수거 캠페인, 교통안전 캠페인, 에너지절약 캠페인, 녹색에너지 운동 동참캠페인 등

- 보건의료 문제

– 주요 문제들 : 보건의료 정보나 서비스 간의 특정 계층 편중성 문제, 의료분쟁(의·약 간의 이익집단 갈등의 문제), 정책의 부재와 일관성 없는 정책 수립의 문제, 의료 전문주의와 병원의 사유화 문제, 국민건강보험의 정책실패(의약분업, 재정파탄, 국민부담 증가), 의료보험료의 인상을 둘러싸고 정부와 시민연대의 갈등과 대립, 특수질환에 대한 서비스제공체계의 부실, 노인보건대책 미흡, 사회적 약자의 진료거부

– 자원봉사활동 사례들 : 병원봉사(행정안내, 간호서비스 등), 호스피스 활동(클라이언트의 문제에 직접적으로 개입하거나, 보건의료 문제 자체의 개선을 위한 자원봉사활동은 미미한 수준임)

2) 기획단계

기획의 첫 단계는 구체적 목표(objective)를 설정하는 것이다. 프로그램의 목적(purpose)을 달성하기 위하여 한 가지 이상의 일반적 목표(goal)가 설정된다. 구체적 목표설정은 반드시 목적으로부터의 논리적 추론, 즉 목적→일반적 목표→구체적 목표의식으로 설정되는 것이 아니고 경우에 따라서는 사회문제 또는 지역사회문제의 해결을 위하여 어떤 프로그램이 설정되고 이에 따라 구체적인 목표가 설정되는 경우도 있다(최성재 · 남기민, 2006 : 172). 따라서 목적은 명백하게 문서화 되어 있어야 하며, 그 프로그램의 추상적 가치를 포함한다. 실행목표는 간단명료하고, 실행가능하며, 그 결과를 현실적으로 측정가능해야 한다. 프로그램의 구체적 목표는 "주어진 기간 내에 계량화 될 수 있는 의도된 결과"로서 ① 프로그램에 적합한 것이어야 하고, ② 바라는 결과가 명시되어야 하고, ③ 바라는 결과가 계량화 될 수 있어야 하며, ④ 결과를 얻기까지의 시간이 명시되도록 서술되는 것이 바람직하다(Weiner, 1982; 최성재 · 남기민, 2006 : 173 재인용).

목적과 목표가 설계된 후, 프로그램 설계단계에서는 구체적 실행방법 및 자원을 연결하여 하나의 일관성 있는 틀을 만드는 작업이다. 따라서 정밀성과 구체성이 요구된다고 할 수 있다. 프로그램 설계는 체계이론의 조직과정의 틀인 투입, 전환, 산출, 평가의 개념을 적용하여 접근할 수 있다(황성철 외, 2006 : 255).

3) 프로그램 실행단계

(1) 문제해결을 위한 개선방안은 무엇인가?

지역사회가 가지고 있는 문제를 찾아낸 후에는 이를 해결 혹은 개선하기 위한 방안을 모색해야 할 것이다. 이때에는 지역사회 내의 관련단체와 연계하는 것이 효율적이다. 예를 들어, 지역사회의 교통이나 범죄문제에 대한 개선방안을 찾기 위해서는 그 지역의 경찰서나 시청 혹은 구청과 연계하여, 교통문제의 원인이 무엇이며, 왜 개선되지 않고 있는지에 대해 조사하여, 현실적으로 실행할 수 있는 개선방안들을 찾아낼 수 있을 것이다. 일반적으로 지역사회 단체와 협력은 기관이 이미 봉사활동 프로그램을 확정하고 이에 대한 인적자원을 확보하는 과정(모집과정)에서 이루어지고 있는 실정이다. 물론 모집과정에서 지역사회 단체 및 기관들과의 협력, 연계과정은 효율적이고 필요한 것이지만, 프로그램을 개발하는 과정에서도 이들과 연계과정이 필수적으로 있어야 한다는 것을 강조한다.

(2) 프로그램 개발을 위한 지역사회단체와의 연계모형

자원봉사활동 영역의 개발을 위한 지역사회단체들과의 연계를 모형화해 보았다. 이는 지역사회단체들이 실행하고 있는 기존의 봉사활동과의 단순한 연계를 뛰어넘어서 이들과의 보다 체계적인 연계를 통해 새로운 봉사활동을 만들어내는 것을 의미한다. 여기서 중점적으로 다루어져야 할 사안은 첫째, 자원봉사기관과 관리자의 특성이다. 즉, 기관의 연혁 및 규모, 기관의 특성(공공기관/ 민간기관, 도심지역/ 주거지역 등), 기관의 전체 예산 및 자원봉사활동에 지원된 예산, 기관장의 자원봉사에 대한 인식, 투입된 관리자의 수, 관리자의 경험 등이 연계과정에 영향을 미칠 것으로 예상하고 있다. 둘째로, 연계를 하는 과정에서 현실적으로 효과적인 방법이 무엇인지를 밝혀야 할 것이다. 이를 위해서는 대상단체들의 리스트를 작성하는 것, 이들 단체들을 접촉하는 방법(직접방문, 편지, e-mail 등), 지속적으로 연계하기 위한 방법 등이 연구되어야 할 것이다. 셋째로, 지역사회 단체들과의 연계를 통해서 봉사 프로그램을 어떻게 창출할 수 있을 것인지에 대한 전략이 필요할 것이다. 이를 위해서는 지역사회단체들이 실행하고 있는 자원봉사활동과의 단순한 연계뿐 아니라 이들 단체들을 통해서 창출할 수 있는 봉사활동의 다양한 아이템을 개발하는 것이다.

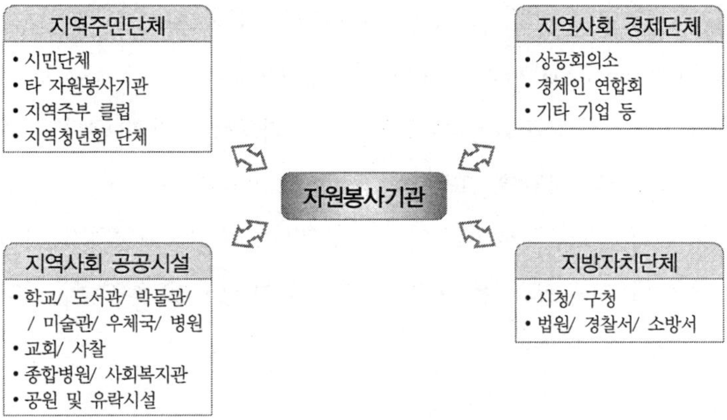

|그림 8-4| 지역사회단체와의 연계모형

(3) 구체적 실행계획 수립

목표달성을 위해 선택된 프로그램을 실시하기 위하여 시간과 활동이 연관된 구체적인 계획을 수립해야 한다. 실행계획에 사용할 수 있도록 개발된 기법들을 활용하여 기획하면 도움이 될 것이다.

실행하기로 정해진 프로그램을 보다 효율적이고 효과적으로 준비하여 실시하기 위하여 많이 사용되는 방법으로 간트차트(Gantt Chart), 프로그램 평가검토기법(PERT : Program Evaluation and Review Technique), 월별활동계획카드(Shed-U-Traph) 등이 있다(Lauffer, 1978 : 163-184).

4) 평가단계

(1) 프로그램 평가

프로그램 평가는 프로그램 개발의 각 단계에 해당하는 프로그램의 기획 및 실행이 올바로 이루어졌고 소기의 성과가 달성되었는지를 확인하는 절차와 과정에 해당한다(황성철, 2007). 평가란 프로그램을 계획하고 수행한 후 마지막 단계에서 실시하지만, 프로그램 계획 전 과정에 해당되는 개념으로서 평가는 사용목적에 따라 총괄평가(summative evaluation)와 형성평가(formative evaluation)로 구분된다. 총괄평가는 프로그램이 종결된 후 실시되는 평가로서 평가의 결과를 성질이 비슷한 다른 프로그램, 상황에 일반화시키려는 것이다. 형성평가는 프로그램 운영 도중에 이루어지는 조사로서 계속되는 프로그램을 수정・보완하기 위하여 이루어지는 조사이다. 총괄평과 형성평가를 비교해 보면 <표 8-2>와 같다.

〈표 8-2〉 총괄평가와 형성평가의 비교

구 분	총괄평가	형성평가
목 적	프로그램 성과와 영향성 결정	프로그램 수정, 보완 및 개발
이해관계당사자	기관책임자, 정부, 재원공급자, 클라이언트 집단	기관책임자, 프로그램 관리자, 사회복지사
평가자의 위치	주로 외부평가자 활용, 내부평가자의 원조와 지원	주로 내부평가자 활용, 외부평가자의 자문
자료수집의 목적	주로 의사결정을 위해서	진단을 위해
자료수집의 방법	공식적, 타당성과 신뢰성 중시	공식적 때로는 비공식적
표본의 수	대체로 많음	비교적 적음
조사결과의 용도	프로그램의 계속, 중단, 확대에 관한 종합적 판단	프로그램 개발을 위한 피드백 제공

출처 : 황성철(2007 : 295).

프로그램의 평가주체에 따라 내부평가와 외부평가로 구분된다. 내부평가는 프로그램의 결정・집행을 담당하고 있는 사람들이나 또는 같은 조직체 내의 다른 구성원이 행하는 평가이다. 외부평가는 프로그램을 수행하는 조직체가 아닌 대학 전문교수, 조사연구기관 등의 제3자가 행하는 평가이다(최성재・남기민, 2006 : 359-360). 두 가지 방법이 모두 장・단점이 있으므로 신뢰성, 객관성, 프로그램에 대한 이해, 이용목적, 자율성 등을 감안하여 적절한 것을 선택하여야 한다(Weiss, 1972; 최성재・남기민, 2006 : 360 재인용).

(2) 프로그램의 평가기준

프로그램 평가의 기준은 평가의 대상이 되는 프로그램의 옳고 그름과 성공과 실패를 판단하는 잣대이다. 프로그램 평가의 기준에 대해서는 여러 학자들이 다양한 기준을 제시하고 있다. 서치먼(Suchman, 1967)은 프로그램 평가의 기준으로 노력성, 성과, 적절성, 효과성, 효율성, 과정 등 여섯 가지를 제시하였으며, 트리포디(Tripodi, 1983)는 노력성, 효과성, 효율성, 예상치 못한 결과 등 네 가지 기준을 강조했다. 베넷과 웨이징어(Bennett & Weisinger, 1977)는 단순히 일차원적 평가기준을 제시하는데 그치지 않고 노력성, 효과성, 효율성, 서비스의 질 등 네 가지 평가척도들이 전체 프로그램, 프로그램 관리, 서비스 전달이라는 세 가지 차원에서 측정되어야 정확하고 총체적인 프로그램 평가가 될 수 있다고 주장하기도 하였다(황성철, 2007 : 298-302 재인용). 여기서는 공통적으로 제시된 노력성, 효과성, 효율성, 서비스의 질, 영향에 대해 살펴보았다.

- 노력성(effort) : 프로그램 운영에 투입된 자원의 정도와 활동의 양을 의미하며, 프로그램에 투입된 인력과 예산 그리고 수행을 위해 전개된 활동의 양이 얼마나 되는지에 대한 판단한다.

  예 프로그램 수행을 위해서 몇 명의 자원봉사관리자와 자원봉사자가 얼마의 예산으로 어떤 장비 및 시설을 투입하여 몇 명의 클라이언트(수혜대상자)에게 서비스가 제공되었는지에 관한 기록과 자료로써 노력성이 평가된다.

  - 참여한 클라이언트의 수 : 상담건수, 의뢰건수, 프로그램 참여자의 수 등
  - 인적자원 투입정도 : 자원봉사관리자의 수, 자원봉사자의 수, 참여전문가의 수 등
  - 물적 자원 투입정도 : 예산 지출액수, 기자재 및 장비투입횟수, 시설공간의 이용률 등
  - 업무수행활동 : 면접횟수, 프로그램 적용횟수－자원봉사자 파견횟수, 총활동시간 등

- 효과성(effectiveness) : 가장 중요한 기준으로서 특정 프로그램이 당초 의도한 목표가 어느 정도 달성되었으며 클라이언트는 예측한 변화가 일어났는

지(문제해결정도)를 측정하는 기준이다.

• 클라이언트의 인지 • 정서 • 행동변화 : 객관화된 척도와 만족도 등의 평가활용한 측정 • 해당 프로그램이 목표로 하는 문제의 해결정도

– 효율성(efficiency) : 효율성은 일반적으로 투입에 대비한 산출 또는 성과의 정도로 정의하며, 특정 프로그램의 산출 또는 성과가 그 프로그램에 투입된 비용에 비해 얼마나 큰가에 관심이 있다.

• 프로그램에 투입된 자원의 총비용 : 인건비, 사업비, 재료비, 장비비 등의 합계 • 프로그램의 단위 산출물당 비용 : 1인당 서비스 비용 • 프로그램의 효과성을 화폐가치로 환원

– 서비스의 질(quality) : 제공된 서비스의 내용보다는 서비스 제공자의 자격요건이나 서비스 제공방법이 전문적 기준에 적합한지를 검토함으로써 이루어진다.

• 해당 프로그램에 필요한 자격증 소지자의 비율 • 전문교육을 받은 횟수 • 외부전문가의 자문정도 등

– 영향(impact) : 프로그램이 해당 지역사회의 사회문제 해결에 어떤 영향을 주었는지에 관심을 두고, 원래 의도했던 프로그램 목표가 지역사회의 문제해결에 어느 정도 공헌했는지를 따져보는 평가기준이다.

• 지역사회 주민조사를 통한 문제개선의 정도파악 예) 지역사회 취업률 상승 여부, 등록장애인의 비율증가 등

이상에서 논의된 프로그램 평가기준이 자원봉사 프로그램을 평가할 때 평가자가 수집해야 할 각 기준별 평가적용 예를 살펴보면 <표 8-3>과 같다.

〈표 8-3〉 평가기준에 따른 자원봉사 프로그램 평가적용 예

평가기준	평가적용 예
노력성	-자원봉사 참여자 수, 총 자원봉사활동 횟수 및 시간 -수혜대상(클라이언트)의 수 -자원봉사관리자의 수 -투입된 프로그램의 예산액수와 실제 집행예산 액수
효과성	-자원봉사자의 노력의 결과로 프로그램 대상자들에게 어떤 변화나 성과가 일어났는가를 측정 -평가설문지, 평가토론회, 특정한 평가척도 이용한 프로그램 전후 검사 실시, 서비스 만족도 향상
효율성	-프로그램에 투입된 비용과 프로그램의 효과성을 비교하는 효율성 측정 : 프로그램 실행에 투입된 노력과 산출의 비율로서, 투입을 비용으로 보고 산출을 효과로 보면 효율성 = 산출/투입 = 효과/비용이 된다. 이를 동일한 서비스를 자원봉사자가 아닌 유급직원이 수행했을 경우에 투입되어야 하는 비용과 비교하는 것도 가능
서비스의 질	-자원봉사관리자의 수 -전문 교육 프로그램 참여횟수 -외부 전문가 자문횟수
영 향	-지역사회 자원봉사 참여율 증가 -지역사회의 자원봉사활동을 통한 문제해결에 대한 인식정도

〈표 8-4〉 분야별 자원봉사 프로그램 메뉴판

영 역	목 표	구 분	체 계	서비스	프로그램
보건 의료 영역	건강증진	전문자원봉사	교육활동	건강교육	-바른자세교육 -주민건강교실 -청소년 약물 오・남용교육
		일반자원봉사	캠페인	약물 오・남용	-금연운동 -금주운동 -유해화학 오・남용운동
				시민운동	-헌혈운동 -건강사회실천운동
	질병치료	전문자원봉사	병의원진료	한의과	-한의사 무료진료봉사
				병의원	-의료 진료봉사

영 역	목 표	구 분	체 계	서비스	프로그램
보건 의료 영역	의료지원	일반자원봉사	업무지원	안내활동	-병원안내 -의료기관환자 동행보조
			업무보조	의료용품보조	-의료기관업무보조 -의료용품 준비 및 세탁보조
		단순전문자원봉사	간호/ 간병	환가간병	-간병서비스 -호스피스 간호지원
			조사활동	보건의료조사	-지역·보건·의료 기초조사 -질병조사
				의료기관조사	-의료기관 모니터링
환경 영역	환경보존	일반자원봉사	현장활동	지역사회	-깨끗한 거리 만들기 캠페인 -환경 푸르게 가꾸기
				동·식물보호	-나무에 이름표 달아주기
				토양보존	-쓰레기 매립장 감시
				수질보존	-지하수 보존운동 -해수욕장 정화
				식품건강	-무공해 농산물 애용하기 -유기농 운동
			계몽과 지원	지원	-민간환경단체 지원 -폐비닐·폐농약병 수거
			쓰레기수거와 재활용	분리수거	-쓰레기 수거 -재활용품 분리보관 -폐건전지 분리수거
				재활용	-중고제품 재활용운동
				폐품이용	-폐품으로 재활용 만들기
	환경감시	단순/ 전문 자원봉사	감시활동	수질감사	-산업폐기물 처리감시 -상수원 보호구역 감시
				대기감시	-무단소각 감시 -자동차 배기가스 감시
				식품건강	-불량식품 감시 -수입식품 유통감시
				쓰레기 감시	-건설공사장 환경감시 -병원처리물 처리 감시
		전문자원봉사	조사활동	수질조사	-수질오염시료채취
				동·식물조사	-야생 동·식물조사

영 역	목 표	구 분	체 계	서비스	프로그램
지역 사회 영역	주민편익	편익증진	전문자원봉사	정보공동체 구축	－소비자문제상담실 －생활문제수집 및 가공
			단순자원봉사	시설관리 및 구축	－공원 및 놀이터 관리 －학교폭력예방센터 －시민안전고발센터
	사회안전	안전지도	일반자원봉사	현장활동 (지도)	－놀이터 안전지도 －물놀이장 안전지도 －안전한 통학로 만들기
				캠페인활동	－시민감시단 운영 －시민안전캠페인
		방범활동	일반자원봉사	순 찰	－자율방범대활동 －가정순찰대 －학교주변순찰
			전문자원봉사	주민신고망	－주민신고조직 구성 및 운영
			일반자원봉사	교정활동	－우범자 선도 －보호관찰 －비행청소년 선도
	공공지원	공공기관 지원	일반자원봉사	현장활동	－재활용 알뜰시장지원 －골목길 놀이터 만들기
			단순자원봉사	시민참여	－시민참여조직 －의정감시단 －일일자원봉사공무원 －지방행정감시
		민간단체 지원	일반자원봉사	감시활동	－청소년유해환경 추방운동 －학교주변불량출판물 추방운동
			전문자원봉사	조사연구	－의정활동평가

영 역	목 표	구 분	체 계	서비스	프로그램
교통 영역	고통편익 증진	일반자원봉사	교통안전지도	현장활동	-교통표지판 및 도로시설물 감시 -교통안전 캠페인 -초등학교 주변 교통안전지도 -횡단보도 주변교통정리
		전문자원봉사	교통교육	교육지원	-노인층 교통안전 지도
		일반자원봉사	교통편의제공	소통지원	-대중교통이용 캠페인 -지하철 안전 및 질서유지 -혼잡한 거리질서 바로잡기
	교통환경 개선	단순전문 자원봉사	감시모니터	교통행정	-교통문화 시민감시 -민원업무보조
				교통환경	-매연차량 감시 -주차위반감시 -무단방치차량 감시
		전문자원봉사	조사활동	교통시스템	-도로안전표지판 조사 -학교주변 교통안전 실태 조사
문화 예술 영역	문화재 보존	무형문화재 계승	전문자원봉사	보급활동	-무형문화재공연 및 계승 -후계자 양성
		문화재발굴	전문자원봉사	자료조사	-박물관 자료정리 -향토문화 조사·연구
		유형문화재 문화시설보호	일반자원봉사	관리활동	-내고장 문화재 가꾸기 -문화재 보호캠페인 -문화재이용 및 관람안내 -문화재지역 환경정화 -위락시설 보수 및 환경정리 -성락위적지 주변환경정화 -유형문화재보호·감시·계도 -유형문화재안전점검
	문화생활 향상	생활불편 및 유해환경개선	전문자원봉사	조사활동	-문화시설 이용에 관한 여론 조사 -청소년 유해시설 감시 -청소년 유해환경 실태조사
	문화복지 서비스	문화시설 이용서비스	단순전문자원 봉사	업무보조	-문화시설 탁아보호 -지역문화시설 안내
		대인서비스	전문자원봉사	교육지원	-관리소지도, 서예지도, 예절교육

영 역	목 표	구 분	체 계	서비스	프로그램
사회복지영역	아동·청소년 프로그램	자립기능향상 (직접대인서비스)	전문자원봉사	상 담	-비행청소년 상담 -시설아동생활상담
			일반자원봉사	심리적 자립	-결손가정 아동지도 -시설아동 조부모 손자녀 맺기
			전문자원봉사	교육지원	-시설아동 및 결손가정 아동 학습지도 -시설아동 및 결손가정 아동 놀이지도 -어린이 한자교실지도 -외국어교육(영어, 일어), 한문교육 -기능교육 및 훈련
			일반자원봉사	여가선용	-보육시설아동 민속놀이지도 -풍물놀이지도
			일반자원봉사	보호활동	-영·유아보호시설아동 돌보기 -탁아시설 아동 돌보기
		사회적지지 (간접서비스)	전문자원봉사	조사활동	-청소년유해환경조사·감시
			일반자원봉사	캠페인	-미아아동찾기운동 전개 -청소년을 위한 금연캠페인
	노인 프로그램	자립기능향상 (직접대인서비스)	일반자원봉사	정서적 위문	-안부 전화걸기 -무의탁노인 가정방문 -고충상담
				사회활동지원	-독거노인 모임 -허약노인 모임
			전문자원봉사	생활지원	-이·미용서비스
사회복지영역	장애인 프로그램	자립기능향상 (직접대인서비스)	전문자원봉사	정서적 자립	-재활전화상담
			일반자원봉사	심리적 자립	-말벗
				보호활동	-장애아동돌보기
				생활지원	-가사활동지원 -반찬지원
			전문자원봉사	간접생활지원	-이·미용서비스
		사회적 지지 (간접서비스)	단순전문 자원봉사	업무보조	-관련시설·단체업무보조
				기술지원	-설비장비보수 및 환경관리

출처 : 이금룡(2004). "노인자원봉사 프로그램의 개발방향" 재구성.

5. 지역사회 자료 분류[1]

1) 욕구조사 보고서

우리 사회는 다양한 사회문제로 인해 각 분야에서 새로운 패러다임으로의 전환이 불가피한 실정이다. 특히 사회복지분야 역시 공급자 중심에서 이용자 중심으로 변화하고 있다. 빠르게 변화하는 사회환경 속에서 이용자의 욕구는 꾸준히 증가, 변화하고 있어 사회복지시설들은 이를 끊임없이 확인하고 욕구를 충족시킬 수 있는 방안을 마련해야 한다. 지역사회에 위치한 사회복지시설은 지역사회의 특성과 서비스 대상자의 욕구를 확인할 수 있는 다양한 질문을 구성하여 이에 대한 결과물로서 욕구조사 보고서를 작성하게 된다.

(1) 욕구조사 보고서의 목적

욕구조사(needs assessment) 보고서는 지역사회의 주민이나 집단들을 위해 새로운 정책 대안 또는 프로그램을 개발하거나 기존의 정책과 프로그램을 보완하기 위해서 욕구의 종류와 수준을 파악하는 것이다. 욕구조사의 목적은 조사를 필요로 하는 이유에 따라 매우 다양하게 설계할 수 있으나, 조사 결과를 활용하는 수준에 따라 그 목적은 크게 다음과 같이 구성될 수 있다(서인해 · 공계순, 2004 재정리).

- 욕구자료 수집
- 홍보 및 교육
- 자원 배분
- 프로그램 개발
- 프로그램 결과 평가

1 사회복지-사회복지개발-지역사회분석(지역사회 자료 분류) NCS 학습모듈, pp. 43-51.

(2) 욕구조사 보고서 내 확인사항

- **지역사회 사정 확인**

지역사회의 현안 문제를 파악하고 정확하게 대응해 나가기 위해서 지역사회에 대한 정확한 진단이 무엇보다 중요하다. 지역사회 정확한 사정을 통하여 지역 주민 자신이 지역사회 문제를 어떻게 인식하고 경험하고 있는지, 또 그 문제를 어떻게 해결하는지에 대한 의욕, 기술과 자원이 어느 정도 있는지 파악한다.

- **주민 욕구 사정 확인**

주민 욕구 사정 시 지역사회 문제나 욕구를 사전에 인지한 경우에는 문제해결을 위해 규모와 확산 범위를 파악하여 문제 분석을 통해 계획을 세워나가면 된다. 반면 어느 지역사회나 집단이 어떤 욕구들을 가지고 있는지 모르는 경우에는 여러 하위 집단별로 어떠한 욕구를 얼마나 가지고 있는지를 파악하는 것이 중요하다. 또한 욕구의 통계적 · 비통계적 분석방법을 통해 욕구의 상대적 중요성, 즉 욕구의 우선순위를 정하는 것이 중요하다.

(3) 욕구조사가 필요한 이유

사회복지는 인간의 채워지지 않는 기본적 욕구와 사회적 욕구를 동시에 충족시켜 삶의 질 향상을 도와주는 사회적 노력이다. 사회복지시설에서는 주민의 충족되지 않은 욕구를 정확히 파악하고, 이를 충족시킬 수 있는 프로그램이나 정책 대안을 마련하여 집행해야 한다.

2) 사회지표 조사

(1) 사회지표 조사 정의

사회지표 조사는 주로 지역사회와 관련한 사회인구학적 특성을 반영하는 지표를 조사하는 것으로 지역사회 분석에서 중요하게 다루어지는 방법이다. 사회지표를 통해 지역사회의 성비, 인구 변화, 가족구성의 특징, 혼인 및 이혼율, 소득 수준별 분포, 주택 보급률, 범죄율, 질병률, 서비스 기관의 분포 등을 파악할 수 있다.

(2) 사회지표 내 확인사항

사회지표 조사를 통해 지역사회 전체 인구에 대비해 현재 시설 이용자의 인구통계학적 특성을 알아볼 수 있다. 예를 들어, 지역사회의 60세 이상 연령층과 해당 시설을 이용하고 있는 60세 이상의 연령층 비교하여 해당 시설에 대한 노인들의 욕구수준을 파악할 수 있다. 이는 연령대뿐만 아니라 거주형태별, 소득수준별, 특이사항별(다문화가정, 장애인 등) 등 특징별로 파악이 가능하다. 그러나 사회지표는 그 자체로는 욕구를 나타내지 않기 때문에 직접적으로 욕구가 측정되지 않는다는 한계점을 가지고 있다. 예를 들어, 노인인구가 증가하고 있다는 조사내용이 문제나 욕구가 되지 않는 것처럼, 노인인구의 증가에 따라 발생될 것으로 예상되는 문제를 추정하게 하는 간접적인 지표일 따름이다. 노인인구 증가에 따른 노인부양 문제, 경제적 손실 등의 문제가 보다 실제적인 욕구인 것이다. 따라서 사회지표의 한계를 이해하고 적절한 용도로 활용하는 것이 필요하다.

3) 기타 지역사회 자료

지역사회의 각종 자료를 수집하는 근거자료로 활용할 수 있는 내역은 보건복지 백서, 특별·광역단위 시정계획, 지역사회 복지계획을 조사할 수 있다.

4) 분류된 자료를 바탕으로 지역사회 특성과 연계

(1) 주관적인 내용을 눈여겨본다

객관적인 데이터는 주어진 수치에 대해 모든 사람이 공감할 수 있는 반면, 주관적 내용은 동일한 사회적 조건에 대해서도 개인이 갖고 있는 경제적 · 사회적 · 문화적 배경, 규범적 요인에 의해 판단이나 만족도가 달라지기 때문에 주관적인 자료는 중요한 의미를 지니게 된다.

(2) 특정 집단(여성, 노인, 청소년, 장애인)을 둘러싼 자료를 별도로 확인한다

국민의 관심이 큰 청소년, 여성, 장애인, 노인과 같은 대상 특성별 집단에 대한 삶의 질과 관련된 자료를 쉽게 찾아볼 수 있도록 청소년, 여성, 장애인, 노인 관련 자료를 별도로 정리한다.

(3) 지역사회 인구부문의 특성을 확인한다

첫째, 지금까지의 사회변화와 특히 인구분포의 변화를 정확히 반영하여 향후 변화를 예측해 봄으로써 국민 생활에는 물론 사회정책에 바로 이용할 수 있도록 인구부문으로 분류한다.

둘째, 저출산 · 고령화 현상을 명확하게 파악할 수 있는 지역사회 특성을 추가한다.

(4) 주거와 교통 부문의 특성을 확인한다

첫째, 지역 주민의 수준을 측정한다. 둘째, 주거 및 교통 과밀문제와 혼잡문제 등에 대한 복지수준 변동을 나타낼 수 있는지 확인한다.

(5) 복지 부문의 특성을 확인한다

첫째, 지역사회 자료 분류를 통해 사회정책에 활용될 수 있는 내용을 확인한다.

둘째, 지역사회 복지수준에 대한 판단기준과 사회복지의 현 상황에 대해 객관적으로 이해한다.

셋째, 국가적 복지정책의 현황을 통해 복지의 보편성, 국가 책임의 내용 등 국가적 복지정책의 현황을 확인한다.

넷째, 정부와 사회 참여 부문의 특성을 확인하고, 아울러 산업사회가 아닌 정보사회에 부합하는 새로운 형태의 지역사회 분류를 확인한다.

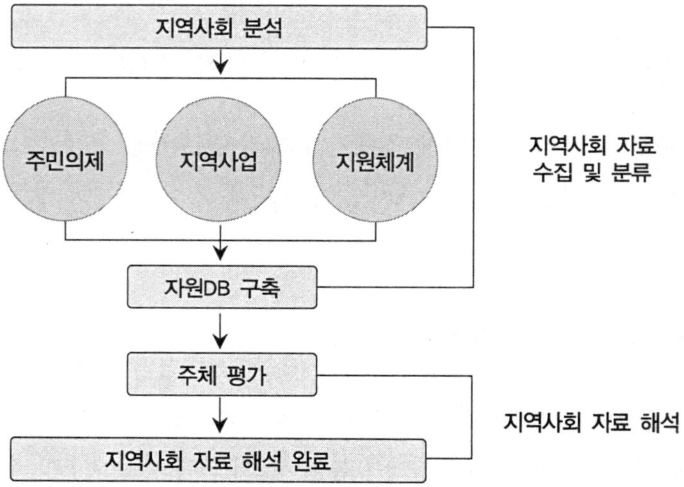

|그림 8-5| 지역사회 자료 분류 및 해석 개념도

5) 지역사회 문제 해결 주체 설정

지역사회에 관심을 가지고 지역사회의 문제를 인지하고 있어야 한다. 지역사회의 문제는 지역의 신문이나 방송을 통해서도 알 수 있고, 지역의 어른들에게 문의하거나 관련기관을 방문하여 알아볼 수도 있다. 지역사회 문제 해결을 위해 주민들과의 협조와 여러 기관과 단체의 노력, 실천이 필요하다.

(1) 문제 해결을 위한 주민 참여 방식

- 자문위원회 : 지역사회 현안을 지역 발전을 위하여 지방자치단체장에게 건의하는 등 지역의 발전을 위한 계몽과 권장을 하는 역할을 한다.
- 공청회 : 주민들이 직접 지역사회 문제를 조사하거나 답변하는 것으로 지방자치단체가 주관하여 개최하는 경우와 지역 주민들이 자발적으로 개최하는 경우가 있다. 공청회(public hearings)는 지역사회 주민들의 다양한 의견과 태도 등을 자연스럽게 살펴볼 수 있는 공개적인 모임이다.
- 반상회 : 이웃 간의 협동, 행정에 대한 보조를 돕기 위하여 주민들이 일정한 장소에 모이는 주민 총회이다.
- 지방자치단체장과의 간담회 : 지역사회 주민과 지방자치단체장이 자주 만나 대화를 통해 지역사회의 현안과 문제점, 발전방안을 협의한다.
- 주민운동 : 지역사회의 주인은 주민이므로 지역 주민은 주인의식을 가지고 여러 가지 주민운동에 참여하는 마음자세를 가져야 한다.

(2) 지역사회에서 주민 참여의 형태

- 서비스 이용자로서의 참여 : 흔히 지역사회 복지기관의 주도로 이루어진다는 점에서 능동적이라기보다는 수동적인 참여의 형태이다.
- 서비스 제공자로서의 참여 : 일반적으로 지역 주민들은 지역사회에 상주하는 실천가로서 전문적 실천가들의 활동을 보조하거나 단순 자원봉사자로서 활동을 할 수도 있다.
- 후원자로서의 참여 : 서비스 제공에는 직접 참여하지 않으나 재정적인 지원을 통해서 참여한다.

〈표 8-5〉 지역사회 분류표와 활용 예시

분 류	항 목
인구학적 특성	지역사회의 인구학적 특성
행정 지원 조직	관 조직, 부서, 담당자, 역할범위
자연 자원	환경 자원, 수자원, 자연경관
문화 자원	생활문화 자원, 문화시설 자원 등
경제 자원	지역 내 산업 등 경제활동 부산물 등
공동체 자원	공동복지시설 자원, 인적 자원, 지역행사
공 약	구 의원, 시의원 시장 등의 공약
협력 가능한 지역 산업	현재 지역 내에서 추진 중인 소셜 비즈니스 등

〈표 8-6〉 문제해결 방식 결정과정 및 예시

해결방식	주요 내용
자문위원회	적절하지 않음
공청회	적절하지 않음
반상회	자치단체장 간담회 이전에 지역 내 충분한 현안 공유
자치단체장 간담회	지역사회 주차문제 관련사항으로 자치단체장과의 간담회를 통해 실질적인 해결방식 검토 가능
주민운동	적절하지 않음

〈표 8-7〉 자원봉사 프로그램 사전조사 양식

자원봉사 프로그램 사전조사 보고서		
욕구 조사	지역사회의 욕구	
	봉사자들의 욕구	
	센터의 욕구	
대상설정 및 접근방법 아이디어		
전략 수립	목 적	
	목 표	
	사업 개요	
	세부 추진 사업 내용	
	소요예산	
자원 봉사자 모집	실행에 필요한 준비용품 파악	
프로 그램 실행	자원봉사자 교육	
	배치방법	
	실행과정 시 유의사항	
평 가	준비 평가	
	과정 평가	
	결과 평가	

출처 : 행정안전부(2014). 「자원봉사센터 운영지침」.

〈표 8-8〉 자원봉사센터의 지역사회 욕구조사 사례

귀 기관의 자원봉사자 인력에 관한 질문입니다. 2007년 7월 1일 현재 기준으로 아래 해당하는 칸에 ✓표를 하시거나 적당한 내용을 기입해 주세요. 귀하의 협조가 현재 ○○구 내 자원봉사자 공급실태 파악에 매우 중요한 자료가 될 것입니다. 가능한 정확한 현황을 기입해 주시면 감사하겠습니다.

1. 귀 기관에 현재 등록되어 있는 자원봉사자는 총 몇 명입니까? ______명
2. 귀 기관에서 현재 실제로 활동하고 있는 자원봉사자는 몇 명입니까? ____명
3. 아래 빈 칸에 귀 기관의 주요 자원봉사자 활동내용 및 활동인원을 기입해 주십시오.

* 활동내용	* 활동인원
예. ____노인가사도우미___	______9명______
활동1.________________________	________________________
활동2.________________________	________________________
활동3________________________	________________________
활동4.________________________	________________________
활동5.________________________	________________________

4. 현재 활동 중인 자원봉사자 중 3개월 이상 봉사를 지속하는 자원봉사자는 몇 명입니까? _____명

5. 중고생의 방학 중 봉사 혹은 일회적인 행사 지원 등 지난 1년 동안 일시적 자원봉사에 참여한 자원봉사자는 몇 명입니까? _____명
(혹시 정확한 인원수를 파악하기 어려울 경우, 전체 자원봉사자 대비 비율을 기입해 주십시오 _____%)

6. 현재 귀 기관의 자원봉사자 인력이 기관에 충분하다고 생각하십니까?
① 매우 충분하다. ② 충분하다. ③ 보통이다.
④ 충분하지 않다. ⑤ 매우 충분하지 않다.

7. 귀 기관에서 자원봉사자를 통해 좀 더 활성화하고자 하는 봉사활동은 어떠한 것이 있습니까? 가장 중요한 두 가지 봉사활동 내용을 기입해 주세요.
________________________ ________________________

8. 귀 기관에서 운영하는 모든 프로그램과 서비스 제공을 가장 이상적으로 제공하기 위해 필요한 자원봉사자 인원은 총 몇 명입니까? ______명

9. 특히 앞으로 더욱 확대하고 싶은 자원봉사활동 영역과 필요 인원은 어떠하십니까?
활동________________________ 인원________________________

10. 현재 귀 기관의 각종 서비스 및 프로그램 운영에 있어서 자원봉사자의 역할이 어느 정도 중요한 부분을 차지한다고 생각하십니까?
① 매우 중요하다. ② 중요하다. ③ 보통이다.
④ 중요하지 않다. ⑤ 별로 중요하지 않다.

11. 귀 기관에서 자원봉사자를 활용하는 주요 목적은 무엇입니까?
① 다양한 활동보조 및 행사보조를 확대하기 위해서
② 전문적이고 다양한 서비스를 제공하기 위해서
③ 시민자원봉사자 의식 고취
④ 기관의 부족한 인력을 보충하기 위해서
⑤ 기타 목적________________________________

12. 기관에서 자원봉사자를 가장 필요로 하는 주된 서비스 영역은 무엇입니까?
① 가사도우미(예 청소, 목욕지원, 반찬지원 등) ② 이·미용 봉사
③ 학습지원 봉사 ④ 사무보조 ⑤ 행사지원
⑥ 기타( )

13. 귀 기관은 자원봉사 관련업무를 어떻게 관리하고 있습니까?
① 전담부서가 관리한다. (13번으로)
② 전담부서는 없으나 기관 내 전담직원이 관리한다. (13번으로)
③ 전담부서/ 직원이 없이 자원봉사자 활용부서/ 담당자가 관리하고 있다. (13번으로)
④ 자원봉사를 따로 관리하는 부서가 없다. (12번으로)

14. 귀 기관에서 따로 자원봉사 업무를 따로 관리하는 체계가 없다면, 그 주된 이유는 무엇입니까?
① 자원봉사자를 담당할 인력 부족
② 자원봉사자 관리에 필요한 예산 부족
③ 따로 관리하지 않아도 운영상의 어려움이 없어서
④ 자원봉사자 관리에 대한 기관인식 부족
⑤ 기타( )

15. 귀 기관에서 자원봉사자 활동을 운영한 총 기간은 얼마나 됩니까? ____년____개월

16. 현재 귀 기관에서의 자원봉사자들의 활동에 대해 만족하십니까?
① 매우 만족한다. ② 만족한다. ③ 보통이다.
④ 만족하지 않는다. ⑤ 매우 만족하지 않는다.

17. 만족한다면, 가장 큰 이유는 무엇입니까?
① 예산이 절감된다. ② 인력보완의 효과가 있다.
③ 기관에서 제공하지 못하는 서비스를 제공할 수 있다.
④ 자원봉사자를 통해 기관이 홍보된다.
⑤ 기타( )

18. 만족하지 못한다면, 그 주된 이유는 무엇입니까?
① 자원봉사자의 수행업무 처리능력 부족으로
② 자원봉사자가 불성실하고 책임감이 없어서
③ 자원봉사자 관리를 위한 시스템의 부족으로
④ 자원봉사자를 기관 여건에 맞게 활용할 수 있는 결정권이 없어서
⑤ 기타 (   )

19. 귀 기관에서 가장 선호하는 자원봉사자 유형은?

31-1. 원하는 직업분야________________

31-2. 원하는 전공분야________________

출처 : 행정안전부(2009). "자원봉사활동 관리 표준매뉴얼 개발연구".

〈표 8-9〉 자원봉사 프로그램 기획서 작성양식

<table>
<tr><th colspan="5">자원봉사 프로그램 기획서</th></tr>
<tr><td>프로그램명</td><td colspan="4"></td></tr>
<tr><td>목 적</td><td colspan="4"></td></tr>
<tr><td>활동기간</td><td colspan="2">년 월 일~년 월 일 (월 회)회당 시간</td><td>활동장소</td><td></td></tr>
<tr><td>활동대상</td><td colspan="2"></td><td>활동인원</td><td>명</td></tr>
<tr><td>서비스대상</td><td colspan="2"></td><td>서비스인원</td><td>명</td></tr>
<tr><td rowspan="5">활동내용</td><td>세부
프로그램명</td><td colspan="3">주요 내용</td></tr>
<tr><td></td><td colspan="3"></td></tr>
<tr><td></td><td colspan="3"></td></tr>
<tr><td></td><td colspan="3"></td></tr>
<tr><td></td><td colspan="3"></td></tr>
<tr><td>활동준비물</td><td colspan="4">–</td></tr>
<tr><td>예 산</td><td colspan="4">일금 : 원정(₩)</td></tr>
<tr><td>기대효과</td><td colspan="4"></td></tr>
</table>

사 업 계 획 서

1. 사업명 :

2. 사업목적 및 목표

1) 사업목적 :

2) 목표

목표 1.

목표 2.

목표 3.

3. 활동개요

1) 기간 : 년 월 ~ 월(월 회, 회당 시간)

2) 장소 :

3) 대상 : ① 자원봉사자 - 명

② 서비스대상 - 명

4) 대상 선정기준

5) 활동 참가자세

4. 활동내용

구 분	프로그램명	수행방법	활동 준비물

5. 예산계획 (단위 : 원)

세 출			
프로그램명	산출근거		계
합 계			

6. 기대효과

1)
2)
3)

함께 생각해 볼 과제

아래 세 가지 사례 중 한 가지를 선택하여 프로그램 계획서를 작성해 봅시다.

1 사례 1 : A지역에는 방치된 놀이터가 두 군데가 있다. 놀이터라고 하지만 놀이기구들은 녹이 슬어있고 관리가 되지 않아 이용하기조차 어려운 실정이다. 이곳에서는 아이들은 놀지 않고 저녁만 되면 술을 먹고 싸우는 사람들도 있고, 비행청소년들이 모여서 담배를 피우기도 하는 등 동네 사람들은 놀이터 근처를 지나다니는 것도 무섭다고들 한다. 이런 경우 어떤 자원봉사 프로그램으로 접근하면 좋을까?

2 사례 2 : B노인복지시설에 어르신 50명이 생활하고 계신다. 시설생활 어르신들은 중풍, 치매를 앓고 계셔서 사회복지사와 생활지도교사 6명으로는 항상 손이 모자라는 실정이다. 식사시간마다 혼자 식사를 하지 못하는 어르신들은 20~30분 이상 기다리는 경우도 있다. 이들을 위해 자원봉사자들이 할 수 있는 일은 무엇일까?

3 사례 3 : C초등학교에는 한 학급에 45명 그 중 다문화가정의 자녀가 15명이 있다. 이들은 학교생활이나 수업에서도 항상 따돌림을 받는다. 우리나라 말을 잘 하지 못하는 아이들도 있고 수업진도도 제대로 따라가지 못하는 아이들도 있다. 그렇다고 담임선생님이 일일이 학생들을 개별지도를 할 수 없는 형편이다. 아이들을 위해 자원봉사자들이 할 수 있는 일은 무엇일까?

4 내가 살고 있는 지역사회의 자료는 어떤 것들이 있는지 찾아봅시다.

CHAPTER

09 자원봉사 직무개발

"업무를 설계하기 전에 모집을 시작하는 것은 마치 음악이 시작되기 전에 춤을 추려는 것과 같다."(M. Wilson, 1976)

1. 자원봉사 직무설계의 개념

자원봉사 직무설계는 자원봉사자에게 의미와 만족을 부여하고 클라이언트에게 질높은 서비스를 제공하는 것을 목적으로 자원봉사자가 하게 될 업무를 세부적으로 계획하고 설명하는 과정이다. 따라서 자원봉사 직무설명서에는 자원봉사 업무의 명칭과 내용, 자원봉사자의 자격조건, 책임, 활동기간과 시간, 교육 등의 내용이 포함된다(볼런티어21, 2001).

2. 직무설계의 필요성

자원봉사 프로그램의 성공 여부는 자원봉사자들이 어떤 활동을 얼마나 원활하게 수행하고, 그것을 통해 만족을 느끼는가에 달려 있다. 그리고 자원봉사자들은 자신에게 적합한 일을 맡고 수행했을 때 지속적으로 참여할 가능성이 크다. 여기서 '적합한 일'이 바로 자원봉사자들의 참여동기에 부합되고 생산적이며 의미있는 활동이 되도록 사려깊게 계획된 자원봉사직무를 가리킨다. 자원봉사 직무설명서(자원봉사 현장에서는 자원봉사 업무설명서로 사용한다)는 성공적인 자원봉사 프로그램 기획의 도구이며, 전체 관리과정의 성패를 좌우하는 기초가 된다.

수잔과 캠벨(Susan & Campbell, 2004)은 직무설계의 필요성을 다음의 여섯 가지로 제시하고 있다.

첫째, 자원봉사자의 역할을 명확히 해준다. 자원봉사자와 직원의 직무가 분명히 구별된다면 그들 사이의 관계와 역할도 명확히 할 수 있다. 왜냐하면 자원봉사자가 자신의 역할한계 때문에 혼란스러워하거나 반대로 자신의 영역을 침범하는 자원봉사자로 인해 곤란해 하는 직원이 있기 때문이다. 따라서 성문화된 직무설명서는 직원과 자원봉사자의 역할을 명확히 함으로써 서로의 역할 이해를 돕는다.

둘째, 모집과 배치의 주요한 도구가 된다. 명확하게 작성된 직무설명서에는 자원봉사자가 하게 될 업무의 내용뿐만 아니라 필요한 기술과 자격, 책임, 활동시간 등이 명시된다. 이러한 내용들은 자원봉사자를 모집하고, 인터뷰를 통해 배치하는 과정에서 그 직무에 자원봉사 지원자가 적합한지를 판단할 수 있도록 돕는 기준이 된다. 또한 모집된 자원봉사자 중 가능성이 있는 사람과 함께 그 직무설명서를 검토하는 인터뷰를 함으로써, 적재적소의 배치의 가능성을 높여주고 적절성을 검증해 볼 수도 있다.

셋째, 모집에 있어 마케팅적 접근을 용이하게 한다. 자원봉사관리자는 개인의 자원봉사 동기를 확인하고 자원봉사자의 참여동기를 만족시키는 동시에 기관의 목적도 달성시켜야 한다. 바로 자원봉사자 참여동기를 만족시키는 요소들과 기관의 목적달성에 필요한 자원봉사자의 시간과 재능을 상호연결하고 적절히 교환하도록 하는 것은 명확하게 작성된 직무설명서를 통한 모집과 배치라고 할 수 있다. 그리고 그 과정에서 자원봉사자가 기대 이상의 만족을 얻는다면 보다 질 높은 활동에 대한 동기부여도 기대할 수 있다.

다섯째, 적절한 자원봉사자 훈련설계에 도움이 된다. 구체적으로 작성한 직무설명서는 그 직무가 어떤 자원봉사자를 필요로 하며, 무슨 기술과 자격을 갖추어야 하는지를 알려준다. 이것은 설계된 직무를 수행하기 위해 모집된 자원봉사자에게 이미 있는 자원들과 아직 갖추어지지 않은 부분을 파악하게 하고, 그 결과 부족한 부분을 발견하게 한다. 바로 그 부족한 부분을 채우는 것이 자원봉사자 훈련의 목표로 결정되는 것이다.

여섯째, 자원봉사자 지도감독 활동의 기초가 된다. 명확한 직무설명서가 있으면 누가, 무엇을, 누구에게, 언제까지, 얼마 동안 해야 하는지를 쉽게 파악할 수 있다. 또한 이 직무설명서에 동의하고 배치된 자원봉사자에 대해서는 그 성과를 측정하고 평가하기도 용이하다. 따라서 자원봉사관리자는 해당 직무가 자원봉사자에게 적합한지, 자원봉사자에게 어떤 지도와 지원, 추가적인 훈련이 필요한지를 판단할 수 있다.

3. 직무설계의 전제조건

자원봉사 직무설계의 과정은 자원봉사자가 적절히 수행할 수 있는 일에 대한 아이디어를 개발하는데 직원을 참여시키는데서 시작된다. 이 과정은 자원봉사관리에서 가장 중요한 기능들 중 하나이다. "좋은" 직무 개발 없이, 기관이 자원봉사자들에게 가치를 제공할 수 없을 것이다.

이강현(1998a)은 자원봉사직무 개발의 효과적인 방법으로 직원과 상의하기가 매우 중요하다고 강조하고 있다. 이 과정에서 자원봉사관리자는 자원봉사자를 가장 잘 활용하는 방법을 결정하기 위해 직원과 인터뷰를 하는데, 이 인터뷰는 단지 그들이 자원봉사자에게 줄 수 있는 직무가 무엇인지를 묻는 것이 아니다. 대신 다음의 질문들을 통해 직원들에게 효과적으로 접근할 수 있을 것이다.

- 당신의 업무 중 정말 좋아하는 부분은 무엇입니까?
- 당신의 업무 중 정말 싫어하는 부분은 무엇입니까?
- 언제나 하기를 원하지만 시간이 없어서 도저히 할 수 없었던 활동이나 프로젝트는 무엇입니까?
- 수행되기를 원하지만 당신에게는 그것을 할 기술이 없는 일들은 무엇입니까?(혹은 수행하는 데 예산을 지출할 수 없는 일들)

이 질문들에 대한 대답들을 모아 직원과 자원봉사자들 모두에게 생산적인 직무에 대한 아이디어를 수집한다. 이것은 직원의 업무부담을 줄임으로써 직원에게 환영받는 통합적인 자원봉사 직무들을 개발하는 기초자료가 될 것이다. 그 과정에서 직원들은 자원봉사자를 유지하는데 관심을 가지게 되고, 직원들은 그들이 정말로 하고 싶었던 일을 하는 데 더 많은 시간을 사용할 수 있게 될 것이다. 또 인터뷰 과정은 자원봉사자의 가치에 대한 직원의 이해를 높이고, 그들이 작성하는 자원봉사자 요청서 작성방법을 교육하는 데도 유익하다.

그러나 직원의 참여과정은 일회성으로 그쳐서는 안 되며, 지속적으로 참여할 수 있도록 유도하여야 한다. 자원봉사관리자는 간헐적인 피드백 인터뷰나 서면 의사소통 등을 통해 직원과 지속적인 의사소통을 해야 한다. 그렇게 함으로써 지속적으로 새로운 직무를 개발할 수 있다. 그 한 가지 방법으로 기관의 소식지나 게시판에 '공고란'을 만들 수 있다. 여기에는 새로운 기술을 가진 참신한 자원봉사자들이 소개되기도 하고, 직원이 찾는 자원봉사자의 유형(특별한 기술, 태도, 시간투자 등)이 소개될 수 있다.

4. 직무설명서의 구성요소

자원봉사 직무설명서는 자원봉사활동을 통해 성취하기를 원하는 결과들에 좀 더 초점을 맞추어 작성하는 것이 좋다. 이렇게 작성된 설명서는 지도감독에 사용될 도구와 자원봉사자 평가와 같이 직무요약과 자원봉사자와 역할에 의해 수행되는 활동들 모두를 포함한다. 좋은 직무설명서는 다음과 같은 13가지 항목들을 기본적으로 포함하고 있다(이강현, 1998c).

① 직책명 : 자원봉사자의 직무를 나타내는 이름으로 자원봉사자의 지위를 표현하기도 한다. 이것은 단순히 '자원봉사자'가 아니라 가능한 재미있는 표현을 사용하는 것이 좋다. 또한 자원봉사 경험을 자신의 경력에 포함시키기를 원하는 이들을 위해 정중한 표현을 사용한다.

② 목적 : 직무수행을 통해 성취하고자 하는 것으로 이것은 직무설명에 있어 가장 중요한 부분이다. 이것은 자신의 직무가 기관과 클라이언트에게 왜 중요하고 필요한가를 인식시킬 수 있어야 하며, 자신의 활동을 통해 무엇이 변화될 수 있는지를 강조하는 것이 좋다. 그리고 자원봉사자가 이해하기 쉬운 표현을 사용한다.

③ 활동내용 : 목적을 달성하기 위해 자원봉사자가 수행해야 할 과업을 구체적으로 서술한다. 무슨 활동을 하는가 그리고, 어떤 기술을 가지고 누구와 함께 하게 되는가를 설명한다.

④ 기관의 정책 : 자원봉사자 혹은 자원봉사활동의 존재이유 등을 포함시켜 서술한다.

⑤ 자격 : 자원봉사 지원자가 그 직무를 성공적으로 수행하는데 필요한 기술, 태도, 지식 등을 서술한다.

⑥ 관리체계 : 누가 자원봉사관리자인지를 알린다. 활동을 중단하거나 쉬게 될 경우, 누구에게 알려야 하는지, 발생한 문제를 조정해 주고 모니터하는 것은 물론 필요한 정보를 문의할 수 있는 이가 누구인지 알도록 한다. 그리

고 자원봉사관리자가 전체 조직체계 속에서 어떤 위치에서 어떤 역할을 하는지 알게 한다.

⑦ 훈련제공 : 자원봉사자가 주어진 직무를 감당하는데 필요한 준비를 어떻게 갖추게 되는가의 문제이다. 이 내용을 통해 자원봉사 지원자는 자신이 훈련을 통해 새로운 기술을 배우고, 새로운 활동을 경험할 수 있는지 여부를 관리자와 함께 판단해야 한다.

⑧ 혜택 : 자원봉사자가 활동을 통해 무엇을 얻게 되는가를 제시한다. 이것이 바로 자원봉사관리자가 개개인의 참여동기에 맞는 직무를 찾아 배치해 주는 이유이기도 하다. 활동의 혜택은 새로운 사람을 만나는 것일 수도 있고, 매우 조용한 곳에서 일할 기회를 가지는 것일 수도 있다. 이 부분을 작성하는 동안 자원봉사관리자의 창의력이 돋보이고, 스스로는 효과적인 모집대상을 떠올릴 수도 있다.

⑨ 소요시간 : 그 직무를 수행하는데 필요한 시간－주 또는 월 몇 회, 1회당 몇 시간 활동－을 구체적으로 밝힌다. 그리고 활동기간 중 활동시간이 조정가능한 지도 밝혀 둔다.

⑩ 활동기간 : 자원봉사자가 얼마의 기간 동안 활동해 주기를 원하는지 명시한다(최소 6개월 혹은 1년). 기간을 밝히는 것은 직무의 중요성을 강조하는 역할을 하면서, '우리가 당신을 훈련하는데 투자한 만큼 당신도 헌신하기를 바란다'는 뜻을 전달할 수 있다. 또한 기간이 끝나갈 때 자원봉사자가 부담을 느끼지 않고 활동을 종료하거나, 관리자가 활동의 종결이나 변경을 무리없이 조정할 수 있는 장치가 될 수 있다.

⑪ 활동유의사항, 해고조건 : 자원봉사자가 반드시 지켜야 할 기관의 정책이나 규정, 활동 시 유의사항을 명시할 수 있다. 특히 기관의 기밀을 다루거나 클라이언트의 사생활을 알게 되는 등의 직무의 경우에는 비밀보장의 내용을 명시할 수 있다. 또한 이 항목을 통해 자원봉사자가 맡는 직무의 중요성을 분명히 인식시킬 수 있으며, 규정을 지키지 않거나 조직과의 관계가 원활하지 않을 경우 활동을 종결할 수 있는 근거를 제시해 주기도 한다.

⑫ 평가 : 자원봉사자들이 성취하고 있는 결과들을 관리하고 표시하게 될 방법이나 직무수행의 성공기준이 있다면 서술해 준다.

⑬ 담당자 및 연락처 : 자원봉사관리자와 함께 일하게 될 직원의 이름, 전화번호, 전자우편 주소 등을 소개한다. 그 외 추가적인 항목으로 자원봉사자들이 지지하도록 기대되는 기관의 철학과 가치나 활동장소 등이 포함될 수 있다. 이것들이 전달되는 형태는 중요하지 않다. 중요한 것은 이 모든 요소들이 정확히 명시되는 것과 특히 자원봉사자들을 위해 사려깊게 완성된 목적을 정하는 것이다.

5. 직무설계의 과정

자원봉사 직무설계는 자원봉사자들을 필요로 하는 업무들을 세분화하여 계획하고, 이에 따른 업무설명서를 마련해야 한다. 직무설계의 과정은 |그림 9-1|과 같다(행정안전부, 2009 : 91-95).

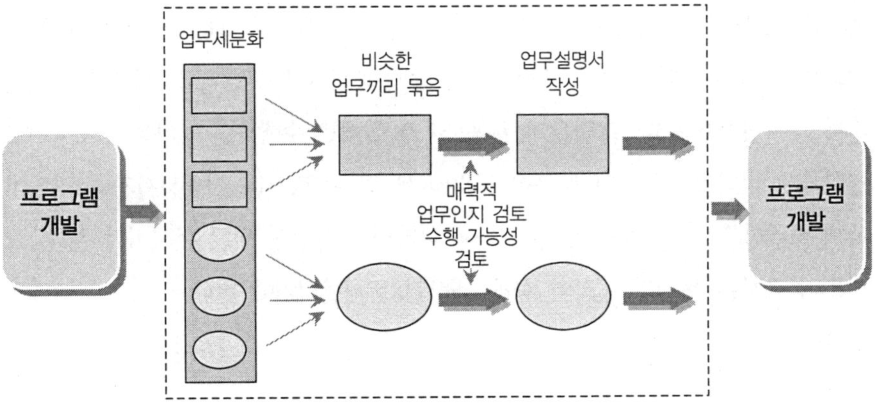

|그림 9-1| 자원봉사 직무설계 과정

첫째, 자원봉사 직무설계의 과정에서 가장 먼저 수행해야 할 사항은 자원봉사 프로그램의 실행에 필요한 모든 일들을 세분화하여 나열하는 것이다. 업무의 내용이나 성격, 소요시간, 필요한 자격에 따라 비슷한 업무끼리 묶어보고, 기획된 업무가 자원봉사자들에게 매력적인 업무이며, 자원봉사자들이 수행 가능한 업무인지 검토한다. 자원봉사자들이 기획된 업무를 수행하는데 필요한 정보들을 직무설계서에 작성하게 된다.

둘째, 자원봉사 직무설계서의 작성이다. 자원봉사 업무설명서는 자원봉사자와 자원봉사센터 간의 계약서와 같은 역할을 대신할 수 있으며, 자원봉사자들이 이해할 수 있는 쉬운 언어로 구체적으로 기술한다. 면담을 통해 자원봉사자와 업무설명서의 내용을 공유하고, 자원봉사 프로그램 및 활용기관의 여건에 맞는 내용을 포함시켜 작성한다.

6. 직무설명서의 수정과 갱신

직무설명서는 자원봉사자를 모집하기 전에 작성해야 하지만 그것이 불변하는 '완결된' 문서가 되어서는 안 된다. 직무설명서는 지속적으로 적지 않은 수정과 변화를 거쳐야 한다. 또한 직무설명서는 자원봉사자가 선발되고, 직무를 시작한 후에도 수정해야 한다. 그것은 자원봉사자가 실제로 수행하면서 더욱 구체적이고 명확하게 파악될 수 있기 때문이다. 따라서 직무설명서는 자원봉사자와 기관이 함께 성취하고자 시도하고 있는 일들을 나타내는 융통성 있는 문서여야 한다. 그것은 공유하는 목적의 변화와 함께 개선되고 개발되어야 한다.

7. 동기요인에 따른 선호직무

자원봉사 직무설계는 업무분장을 통해서 구체화되어야 하며 다음의 정보들이 포함되어야 한다. 즉, 자원봉사자들이 수행해야 하는 의무사항들, 업무수행에 요구되는 시간 및 기간, 관리를 담당하는 직원의 지위, 정규적으로 업무를 배정하는 직원, 자원봉사자의 자격요건(교육 및 특수한 기술), 훈련의 내용(현임훈련 및 공식적 훈련), 제공될 수 있는 혜택 및 보상(교통비 상환, 식사제공, 행사초대 등)이 포함된다. 최상의 업무분장은 정교하거나 복잡한 것이라기보다는 "명확하고 정확한 것"이라고 할 수 있다.

이러한 자원봉사자들의 동기요인에 따라 선호하는 직무가 다르다는 점을 고려해서 설계하는 것이 중요한 방법이다. 동기요인에 따른 선호직무는 아래와 같다(대구시자원봉사센터, 2007).

〈표 9-1〉 맥클랜더(McClelland) 자원봉사 동기요인에 따른 선호직무

성취지향적	권력지향적	친화지향적
-기금증진, 모집캠페인 -이벤트기획 및 추진 -각종 조사 및 분석 -보고서 작성 -책임있는 관리업무 -어렵고 도전적인 일	-공공연설 -일대일 기금모금 -신문에 논단기고 -활동그룹 회장·리더 -행사사회자, 다수의 사람관리 -대중적 문제의 사회화	-행사 안내담당 -연회 준비위원 -친교행사준비 -데이케어센터 보조활동 -가정방문활동 등 -회원유대

출처 : 볼런티어21(2002). 자원봉사센터 운영매뉴얼. 행정자치부.

〈표 9-2〉 자원봉사 직무설계서(예)

A. 센트럴시티 피해자 지원서비스 프로그램–사회복지서비스 활동(MacLeod & Hogarth, 1999 : 71)

- 제　목 : 피해자 지원 자원봉사자
- 작성자 : 자원봉사관리자
- 목적 및 역할 : 정보제공, 지원실행, 정서지원, 배우자의 폭력, 성폭행, 아동성폭행 피해자를 위한 지역자원의 연계
- 수혜대상자에 대한 책임
  - 개인정보에 대한 비밀보장
  - 목표달성을 위한 지원
  - 정서적인 지원
  - 주 단위 혹은 요청 시 접촉
- 프로그램에서의 책임
  - 서비스 제공시간 혹은 면담일에 시간 지키기
  - 팀미팅을 주선하고 훈련계획을 수립한다.
  - 수혜자에 관계된 모든 서류와 보고서를 확보한다.
  - 지속적인 지식과 기술이 발전할 수 있도록 일한다.
- 요구되는 기술
  - 우수한 커뮤니케이션
  - 정서적 스트레스에 대한 대처기술
  - 보호, 지원, 도움의 태도
- 시간 : 자원봉사자와 함께 시간계획 수립(주당 10시간 이상을 넘지 않음)
- 기간 : 12개월간
- 기관명 : 센트럴시티 희생자 지원 프로그램
- 비용지원 : 프로그램 중 여행경비지원, 교육훈련 경비지원
- 교육훈련 : 오리엔테이션 ○월 ○일 19 : 00~22 : 00
  1차 교육 매주 수요일(5주간) 19 : 00~22 : 00

- 자원봉사자 성　명 : ________________ 연락처 : __________________________
  서　명 : ________________

- 자원봉사관리자 성　명 : ________________ 연락처 : ________________________
  서　명 : ________________

- 면담일 : ________________________

B. ○○박물관 자원봉사 프로그램 – 문화시민단체 활동(MacLeod & Hogarth, 1999 : 73)

- 제 목 : 도슨트/ 가이드
- 작성자 : 주 매니저
- 목적 및 역할 : 박물관의 이용과 즐거움에 대한 대중을 위한 정보제공과 지원
- 책임
  - –방문자 안내
  - –박물관 투어
  - –박람회에 관한 질문 등에 대한 답변, 조언 제공
  - –최근 경향조사, 발표(시연) 개발지원
  - –지역학교 및 학생방문 시 시연안내
- 요구되는 기술
  - –박물관 및 박람회에 관한 관심(흥미)
  - –대중에게 말하는 능력, 일대일 대화기술
  - –컴퓨터 프로그램 사용(프레젠테이션을 위한)능력
  - –대중에 대한 예절
- 시간 : 1회 4시간, 1개월 20시간 이상
- 기간 : 12개월
- 장소 : ○○박물관
- 비용 : 주차요금, 오리엔테이션 및 교육비용지원
- 교육훈련 : ○월 ○일 14 : 00~17 : 00
- 교육내용 : 대중에게 말하기
- 기타 : 박물관 내에서는 금연
- 자원봉사자 성 명 : ________________ 연락처 : ________________________
  서 명 : ________________
- 자원봉사관리자 성 명 : ________________ 연락처 : ________________________
  서 명 : ________________
- 면담일 : ______________________

C. 공적 관계직무(DHHS, 2005 : 1–6)

- 직무명 : 공적 관계직무
- 목적 : 조직과 조직의 사명, 프로그램의 인식을 증대시키기 위한 활동의 개발
- 주요책임 : 공적 관계 기획개발 : 공적 관계 회의관리, 미디어 접촉개발 등
- 활동처 : 조직 본부사무실
- 지도·감독 : 행정관리자, 주 1회 면담 혹은 전화상담
- 최소활동기간 : 1년
- 활동주기 : 1주당 4시간 이상
- 제공훈련 : 쓰고 표현하는 기술, 공적 관계경험, 조직과 지역사회에 관한 지식습득, 조직에서의 멤버십 훈련
- 이득 : T셔츠 제공, 무상주차, 각종 소요비용 지불, 자원봉사자상 수여
- 지원제공 : 자원봉사자 핸드북, 오리엔테이션

D. 지역아동센터와 직장인 봉사단이 함께하는 체육활동(행정안전부, 2009)

직책명	지역아동센터와 직장인 봉사단이 함께하는 체육활동
목 적	지역사회 저소득가정의 아동들에게 전문적이고 체계적인 체육활동 지원을 통해 건강하고 정서적 안정감을 갖게 하고, 직장인 봉사단과 함께 함으로써 긍정적인 자아상을 갖게 한다.
활동내용	지역사회 직장인 봉사단과 연대 협력하여 체육활동 진행 보조 텐트 및 장비이동 설치 및 철수, 체육진행 보조
자 격	신체 건강한 남녀, 아동을 좋아하는 사람
관리체계	10개 봉사단과 7개 지역아동센터 공동주최 ⇒ 대표단체서 명단(직장인, 아동) 제출 ⇒ 대표자 중심 업무 전달 ⇒ 각 팀별 업무수행 ⇒ 팀별 평가 ⇒ 최종평가(대표자 중심)
훈련제공	직장인봉사단 교육(오리엔테이션, 역할분담 등)
혜 택	활동 종료 후 언론매체 홍보/ 상해보험 가입
소요시간	오전 9시 - 오후 5시
활동기간	2008년 10월 18일 (1일)
활동중단조건	체육대회 종료
평 가	연합행사이므로 각 팀별 평가회 실시 이후 각 대표자 중심으로 최종 평가회 실시

본인은 자원봉사관리자로부터 이 업무설명서에 대한 충분한 안내를 받았으며,
충분히 숙지하였기에 이에 따라 성실히 활동할 것을 약속합니다.

년 월 일

자원봉사자 ○ ○ ○ (서명)

함께 생각해 볼 과제

최근 자원봉사활동 분야 및 방법이 다양화되어지고, 일회성 및 단기(short-term) 자원봉사활동을 요청하는 자원봉사자들이 늘고 있다.

1 그렇다면 일회성 혹은 단기자원봉사자에게는 자원봉사 직무설계가 필요 없을까 함께 생각해 봅시다.

2 직무설계서 없이 자원봉사활동을 했을 때 발생할 수 있는 문제는 무엇일까 함께 생각해 봅시다.

3 작성한 자원봉사 프로그램 계획서에서 자원봉사직무설계서를 작성해 봅시다.

CHAPTER 10

자원봉사자 모집과 홍보

1. 모 집

일반적으로 모집(recruitment)이란 선발을 하기 위하여 조직의 목표를 달성할 수 있는 자격과 능력을 갖춘 지원자들을 발굴하여 조직으로 유인하는 일련의 과정이다. 그러나 모집은 그 자체가 목적이 아니라 조직에 필요한 사람을 적절하게 선발하기 위한 예비행위로서 예비적 활동이 성공하여 우수한 능력을 가진 지원자가 많이 모이면 선발되는 사람의 자격은 자연히 상향되어 궁극적으로 유능한 자격자를 선발할 수 있다. 그러므로 지원자가 많이 모일 수 있도록 동기부여하는 환경과 분위기 조성이 필요하다(김창의 외, 2001; 이만식 외, 2010 : 127 재인용). 모집의 목적은 조직에 필요한 자원봉사활동을 수행할 수 있는 유능하고 원만한 대인관계를 맺을 수 있는 능력을 지닌 자원봉사자를 선발하는 데 있다. 따라서 아무리 전문적인 기술을 지니고 있거나, 활동참가 욕구가 있다고 하더라도 다른 사람과 같이 잘 어울려 지낼 수 없다면 조직의 자원봉사자로서 제 역할을 수행하기 어렵다(Skidmore, 1990; 최성재 외, 2006 : 220 재인용). 특히 자원봉사부문에 있어서는 유급의 직원모집과는 다르게 자발성과 무보수성을 전제로 하므로 자원봉사자의 모집을 위한 동기부여가 더 중요하다 할 수 있다.

즉, 자원봉사자의 모집은 지역사회의 문제를 효과적으로 해결하기 위하여 잠재되어 있는 유용한 인적자원을 끌어내는 활동이다. 그리고 이는 무엇인가를 돕고자 하는 '자원봉사자'와 업무에 도움을 필요로 하는 '기관 혹은 수혜자(client)'의 욕구가 만나는 과정으로 볼 수 있다(볼런티어21, 2001). 모집은 성실한 기획과 업무설계를 거쳐 완성된 자원봉사 프로그램과 자원봉사자들의 욕구동기에 맞아야 하는데, 구체적인 표적대상을 결정했다하더라도 성공을 보장할 수 없을 때에는 보다 광범위한 지리적, 성적, 연령적, 경제적 배경의 대상들을 향해서 각기 다른 메시지를 통해서 시도해야 한다. 또한 잠정적인 자원봉사자들을 접근함에는 시기, 시간, 절기 그리고 시간적 여유 등이 모집의 성공에 영향을 미친다.

1) 잠재적 자원봉사자의 욕구확인

자원봉사자 모집을 성공적으로 이끌어내기 위해서는 먼저 잠재적 자원봉사자의 욕구를 파악하는 것이 중요하다. 이만식 외(2010 : 128)에 의하면, 자원봉사자의 욕구는 관심을 갖고 있는 업무의 유형, 업무의 시간적·공간적 유연성, 업무에 대한 보상 등 기관으로부터 바라는 점 등이라고 설명하고 있다. 따라서 모집과정에 있어서 이들 잠재적 자원봉사자의 욕구와 기관의 욕구가 일치하는 경우를 찾아내고 매칭시키는 것이 배치과정이다. 즉, 자원봉사자 모집 과정은 자원봉사자가 관심을 가질 수 있도록 가치있고 관심있는 자원봉사업무를 마련해야 한다는 점이 핵심이라고 할 수 있다.

만약 자원봉사관리자가 잠재적인 자원봉사자에게 무엇이 그들의 귀한 시간과 노력을 자원봉사활동을 위해 기꺼이 쓸 수 있도록 만들었냐는 질문을 던질 경우, 기대할 수 있는 답변은 자원봉사자 모집기술이나 과정상에 대한 것이 아니라 '기관에서 자신에게 요구하는 자원봉사업무가 마음에 들어서'라는 답변을 얻게 될 가능성이 크다. 가치있는 자원봉사직무를 준비해 놓지 않고 자원봉사자 모집을 시도하는 것은 생산도 되지 않은 제품을 판매하려고 하는 것과 마찬가지로 볼 수 있을 것이다(이만식 외, 2010 : 129).

2) 자원봉사자 모집과정

자원봉사자 모집과정은 목표설정－모집대상설정－홍보수단설정－홍보자료제작－모집활동수행－평가 및 조정 6단계로 설명할 수 있다(대구시자원봉사센터, 2007; 이만식 외, 2010; 볼런티어21, 2001).

자원봉사자 모집과정은 |그림 10-1|과 같다(행정안전부, 2009 : 100).

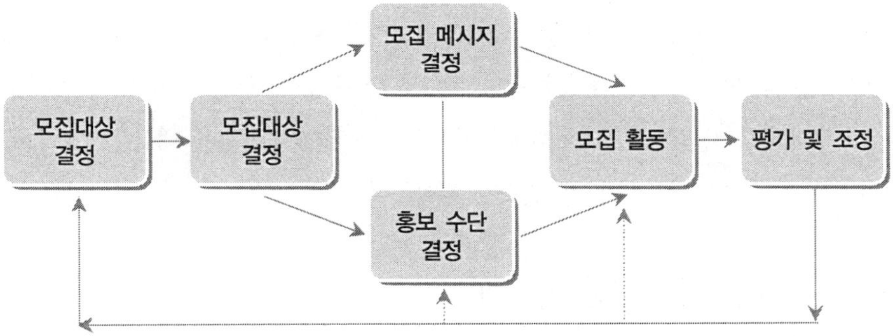

|그림 10-1| 자원봉사자 모집과정

첫째, 모집목표 설정단계는 구체적인 계획을 세우는 단계이다. 모집 전 점검사항에 비추어 부족한 부분을 조정해놓고 모집목표를 수립한다. 업무의 내용은 무엇이며, 어떤 자격 혹은 능력을 지닌 사람을, 언제까지 몇 명을 모집하기를 원하는가에 대한 해답을 찾는 단계로 설명할 수 있다.

둘째, 모집대상 설정단계는 누가 이 일을 하기를 원할 것인가에 대해 구체화시키는 작업이다. 모집과정은 일반적인 모집과 표적(target)모집 두 가지 형태로 접근이 가능하다. 일반적인 모집의 경우 대부분의 사람들이 할 수 있는 자원봉사활동의 경우 효과적이다. 특별한 기술을 요구하지 않거나 아주 짧은 시간에 필요한 기술을 배울 수 있는 경우에 사용할 수 있다. 표적모집은 수행할 자원봉사 직무가 매우 제한된 기술이나 태도가 요구될 때 사용하는 방법이다. 가령 컴퓨터 프로그래밍 기술이나 상담과 같은 특별한 교육적인 기술이 요구되거나, 시간적인 여유(주중활동 및 장시간 활동), 특별한 태도(정서장애 아동 혹은 치매노인과 함께 일할 수 있는 능력)를 가지고 있는 사람이 필요한 경우에 효과적이다. 대상설정 순서는 먼저 표적집단을 떠올려보고 우선순위별로 늘어놓자. 어디에서 그들을 찾을 수 있으며, 만날 수 있는가? 실제로 접근 가능성이 있는 집단을 우선순위별로 늘어놓고 집단을 선정한다. 또한 모집하고자 하는 표적집단과 관련이 있는 여러 조직도 활용할 것인가를 결정한다.

셋째, 홍보수단 설정단계는 어떤 방법으로 잠재적 자원봉사자에게 알릴 것 인가를 결정하는 단계이다. 어떻게 그들과 연락할 수 있을까? 그들에게 이야기를 전달하는 방식이 무엇이 되어야 할지, 각 집단별로 홍보매체, 홍보방법을 정하는 것이 필요하다. 선택한 모집방법이 실질적으로 모집하고자 하는 대상층에게 설득력이 있겠는가에 대한 충분한 검토가 필요하다.

〈표 10-1〉 자원봉사모집을 위한 홍보 수단

	홍보수단
표적 집단	SMS 문자메시지, 이메일 발송, 교육, 캠프, 모집 캠페인, 전단지, 인맥, 일대일 등
불특정 다수	기관의 홈페이지, 포털사이트 배너, 대중매체의 광고, 포스터 게시, 대형 입간판, 현수막, 자원봉사 박람회 등

넷째, 홍보자료 제작단계는 홍보내용에 어떠한 메시지를 담을 것인가를 결정하는 단계이다. 참가하는 사람들의 동기는 무엇인가?, 즉 표적집단별 동기를 파악해 보아야 한다. 그들에게 무엇을 말해야 하나? 지역사회의 요구, 업무내용, 혜택 중 어떤 부분을 어떻게 강조하고 대상층별로 어떤 동기에 맞게 메시지를 조정할 것인가를 결정해야 한다. 목표집단이 설정되면, 그 집단에 속한 각 개인에게 가장 중요한 욕구가 무엇인지 추정하는 것이 가능하다. 그러면 그 욕구에 직접적으로 호소할 수 있는 메시지를 전달해야 한다. 사람들은 애국심, 자신의 가족을 지켜야 한다는 욕구, 경력을 향상시키고자 하는 욕구 등 다양한 형태의 참여동기 중 어떤 동기를 강조하느냐에 따라 상이한 반응을 보인다.

이처럼 효과적인 모집 메시지를 전달하기 위한 전략이 필요한데, 효과적인 모집 메시지는 ① 필요성 언급(자원봉사 참여 필요성과 당위성), ② 자원봉사자에게 어떻게 문제해결에 도움을 줄 수 있는지를 보여주기(자원봉사 업무와 규정의 설명), ③ 자원봉사활동의 개별적 동기들이 봉사경험 가운데 어떠한 방식으로 충족될 수 있는가에 대한 언급(개별적 동기의 탐색과 충족의 확신)이라는 세 부분으로 구성되어야 한다. 아래의 내용은 제한된 공간의 포스터에 사용할 수 있는 단 네 문장으로 구성된 모집 메시지이다(이만식 외, 2010 : 150).

> **학대받는 아이들이 우리 주변에 있습니다.**
> **일시적인 쉼터를 제공함으로써 당신도 이들을 도울 수 있습니다.**
> **동시에 당신도 도움받을 수 있습니다.**
> **당신의 전화를 기다립니다(전화번호 ○○○-○○○-○○○○).**

다섯째, 모집활동 수행단계는 누가 모집을 담당하고, 어떠한 업무를 할 것인가를 결정하는 단계이다. 어디서, 즉, 어떻게 몇 번의 홍보활동을 할 것인가? 누가 모집을 해야 하나? 모집과정 각각에서 누가 무슨 역할을 담당할 것인가? 모집활동에 참가할 모든 사람들이 자신들의 역할을 이해하는가?에 대한 질문을 찾는 단계로 볼 수 있다. 모집업무는 자원봉사관리자만의 역할은 아니다. 이러한 업무를 감당하는데 효과적인 사람은 이미 자원봉사활동을 하고 있는 자원봉사자나 기관의 이사들이다. 그렇지만 이들이 모집활동을 효과적으로 수행하기 위해서는 직원들에 의해 철저히 준비되고 완벽하게 점검되어야 한다. 모집담당자가 결정되었으면 자원봉사활동의 참여를 독려하도록 준비시키는 훈련이 필요하다. 훈련내용은 모집과정에서 그들의 역할이 무엇인지를 정확히 인지시켜주는 것이 포함되어야 하며, 가능한 역할연습(role play)과 같은 효과적이고 실제적인 습득이 가능한 교육방법을 활용하는 것이 바람직하다.

여섯째, 평가 및 조정단계는 모집 중간결과, 최종결과, 자원봉사관리 등 모집 전반에 대한 점검을 통해 모집계획을 조정하는 단계이다.

〈표 10-2〉 자원봉사 모집 대상별 모집방법(행정안전부, 2009 : 101)

	모집방법
자원봉사활동 희망자	봉사활동에 대한 욕구 접수와 함께 희망하는 봉사활동에 연결
기존에 등록되어 있는 봉사자	기존에 봉사활동 희망의사를 밝혔으나 연결이 되지 않았던 사람들 중 표적 집단에 해당하는 대상자에게 모집 홍보활동
지 인	개인적 접촉을 통해서 직원과 자원봉사자들이 자신이 알고 있는 사람들에게 요청
단체, 봉사동아리, 동호회	지역에서 활동하고 있는 동아리, 동호회 등에 의뢰하여 도움 요청

〈표 10-3〉 자원봉사자 모집 성공/ 실패사례

자원봉사자 모집 성공사례	실패사례
• 기존의 자원봉사자를 적극 활용함. 잘하는 사람을 통하다보니 서로의 신뢰감이 생긴 것 같음 • 병원자원봉사자 모집 : 일대일 상담(봉사의 필요성, 봉사업무, 활동 후의 반사이익 · 혜택) 후 -설명이 유효 • 지역사회의 소모임의 리더에 대해 자원봉사자 의뢰를 받았음. 이때 '단체'가 자원봉사에 신청함으로써 ① 지역사회문제에 대한 관심유발, ② 여러 인적자원을 활용할 수 있는 장점, ③ 개인봉사자에 비해 시간엄수 또는 약속이행이 잘됨	• 동기부여를 하기 어려운 1회성 행사를 지원하는 자원봉사자의 모집 • 홍보방법이 소극적 • 전단지를 만들어 우편발송을 통해 자발적인 자원봉사자를 모집했던 경우 : 우선 전화를 통한 확인작업이 필요했음-특별한 문의전화가 없었기에 그냥 있었음. 그러나 시간적 부족으로 일일이 확인이 불가했음. 결국 종교단체의 장을 통해 봉사자를 모집하게 되었음 • 도시락 배달자원봉사자를 모집하고자 지역신문과 소식지들에 홍보함. 시간이나 차량 소지 문제 등의 이유로 실패. 결국 지역부녀회, 지역기업을 통해 모집하였음 • 어르신 자원봉사자를 모집하기 위하여 지역언론(신문)에 홍보하였으나 모집에 실패함. 결국 노인회관, 경로당 등을 방문하여 모집함

출처 : 대구시자원봉사센터(2007) 재구성.

2. 홍 보

홍보(Public Relations)는 적절한 매체 등을 활용하여 홍보의 주체가 전달하고자 하는 메시지를 대중(대상)에게 효과적으로 전달함으로써 목적했던 반응을 얻어내는 것이다. 즉, 자원봉사자 모집을 위한 홍보는 대중 혹은 표적 집단, 지역사회 자원봉사활동에 참여하도록 메시지를 제공하는 것이다.

자원봉사활동을 유도하기 위한 홍보는 그 조직이 자원봉사자를 활용하는 한 언제까지나 계속되어야 한다. 일시적이고 단편적인 홍보만으로는 양질의 많은 자원봉사자를 확보하는 데 어려움이 있을 것이다. 따라서 자원봉사자들을 활용하는 대부분의 조직들은 홍보에 많은 노력을 기울이고 있으며, 나름대로의 다양한 방법들을 사용하고 있는 것으로 보인다. 여기서는 많은 조직들이 보편적으로 사용하고 있는 전략들은 생략하고 일반적으로 간과하고 있는 몇 가지 점들만 제시하고자 한다.

① 지역사회의 기존 조직이나 단체, 즉 아파트의 주민모임이나 부녀회 등의 모임을 활용한다.
② 타 조직의 행사나 광고를 활용해서 그 내용에 자원봉사활동의 홍보내용을 포함시키도록 한다.
③ 기존 자원봉사자인 현재 해당 기관에서 활동하고 있는 자원봉사자들에게 '손내밀기 작전'을 구사하도록 해서 회원배가운동을 유도한다.
④ 지역사회의 이벤트인 동단위, 구단위, 시단위의 축제 등 행사마다 빠짐없이 홍보물을 배포하며, 각종 스포츠경기나 공연 등도 활용한다.

또한 누구를 어디에서 자원봉사자로 모집할 것인지 결정하면, 이제 잠재적 자원봉사자와 접촉할 수 있는 홍보방법을 고려해야 한다. 홍보방법에는 대중매체, 정기간행물, 캠페인, 일대일접촉 등 다양한 방법들이 있는데 이는 모집대상층이 누구인가에 따라서 홍보방법을 선택해야 한다.

최근 자원봉사활동에 참여하기를 희망하는 사람들의 경향은 대부분 단기(Short

time) 혹은 일회성 자원봉사활동에 참여하는 것을 선호한다. 그렇지만 이러한 단기경험을 통해 자신에게 맞는 자원봉사활동을 찾아 지속적인 자원봉사자가 되는 경우도 많다. 따라서 자원봉사관리자는 자원봉사활동 프로그램 개발에 있어서도 일회적인 활동에서부터 활동주기에 따른 다양한 메뉴개발이 중요하다(대구시자원봉사센터, 2007).

3. 자원봉사자 접수

자원봉사자 모집홍보를 통해서 전화문의 혹은 기관을 내방하는 잠재적 자원봉사자에 대한 접수방법에 대한 구체적인 계획이 필요하다. 먼저 접수 시 준비할 사항은 다음과 같다. 첫째, 이용하기 편리한 센터를 만들어 둘 필요가 있다. 즉, 자원봉사활동의 희망문의도 편지, 전화, 내방이 있는데 대부분이 전화이다. 그러나 갑자기 내방하는 경우도 있을 수 있다. 이런 경우에 대비한 자원봉사관리조정자의 준비가 필요하다.

둘째, 접수방법은 자원봉사활동을 하고 싶은 의사가 있는 사람으로부터의 문의는 크게 세 가지 타입으로 나누어 응대한다. ① 우선 자원봉사활동 일반에 대해서 듣고 싶다(특히 희망하는 활동이 명확하지 않는 경우), ② 희망하는 활동내용이나 지역이 확실하며, 그 조건에 맞는 활동처를 찾고 싶어 하는 경우, ③ 신문 등의 자원봉사자 모집란을 보고 구체적인 사례나 행사에 참가하고 싶어 하는 경우로 나누고, 사례에 따라 다음과 같이 응대한다.

- 소개, 의뢰하기 : ②, ③의 경우 꼭 내방하지 않더라도 전화만으로도 가능하다.
- 내방요청 : 단순한 문의나 소개 · 의뢰의 경우를 제외하고는 원칙적으로 내방하여 시간을 들여 면접을 하여야만 한다. 우선 만남을 통해 활동동기나 희망이 명확하고, 적절한 활동처를 결정할 수 있다.
- 자료송부 : 편지문의 혹은 즉시 활동을 시작하려는 자세가 아닌 경우 우선

자료를 보내는 것이 좋다(筒井のり子, 2003).

〈표 10-4〉 자원봉사활동 신청서 양식

자원봉사활동 신청서

<table>
<tr><td>성 명</td><td colspan="3"></td><td>주민등록번호</td><td></td></tr>
<tr><td rowspan="3">연 락 처</td><td>주 소</td><td colspan="4">(-)</td></tr>
<tr><td>전 화</td><td colspan="2"></td><td>휴 대 폰</td><td></td></tr>
<tr><td>이 메 일</td><td colspan="4">@</td></tr>
<tr><td>최종학력</td><td colspan="5">초☐ 중 ☐ 고☐ 초대☐ 대학교☐ · 대학원☐ (재학☐ 졸업☐)
학과 및 전공( )</td></tr>
<tr><td>직 업</td><td></td><td>특 기</td><td></td><td>종 교</td><td></td></tr>
<tr><td>자 격 증</td><td colspan="3"></td><td>봉사가입
단 체</td><td></td></tr>
<tr><td rowspan="2">외 국 어</td><td colspan="5">영어☐ 일본어☐ 중국어☐ 기 타( )
통역☐ 번 역☐ 회 화☐ 교 육☐</td></tr>
<tr><td>경력사항</td><td colspan="4"></td></tr>
<tr><td rowspan="2">봉사경력</td><td colspan="2">봉사기관/ 단체</td><td>봉사기간</td><td colspan="2">봉사내용</td></tr>
<tr><td colspan="2"></td><td></td><td colspan="2"></td></tr>
<tr><td>봉사교육</td><td colspan="5">기본(소양)교육☐ 보수교육☐ 전문교육☐ 팀장교육☐
재난재해교육☐ 기타교육☐( )</td></tr>
<tr><td>희망하는
봉사내용</td><td colspan="5">☐ 노력(알뜰상설매장, 급식, 목욕, 청소 등 가사보조)
☐ 업무지원(사무, 행사, 조사, 편집, 사서, 수화통역 등)
☐ 문화/ 체육(문화행사, 체육지원, 공연장 및 전시물 안내, 문화재 보조, 레크리에이션 지도 등)
☐ 지역사회(교통질서, 환경감시, 생태안내, 범죄예방, 캠페인 등)
☐ 기술 및 기능(이/ 미용, 도배, 집수리, 차량, 회계, 전산, 디자인 등)
☐ 교육(학습/놀이지도, 예술분야, 사회교육, 동화책 읽어주기, 컴퓨터 지도)
☐ 의료(의료상담, 무료진료, 물리치료, 간병, 호스피스, 수지침, 병원안내 등)
☐ 상담(일반상담, 전화상담) ☐ 외국어 ☐ 재난/재해, 농촌봉사 ☐ 가족봉사
☐ 기타( )</td></tr>
<tr><td>희망시간</td><td colspan="5">주/월 회 요일 시 ~ 시까지 (시간)</td></tr>
<tr><td>정보수신</td><td colspan="5">기관 소식 및 정보 수신 여부 ☐ SMS ☐ E-mail ☐ 수신 안함</td></tr>
<tr><td colspan="6">본인은 '자원봉사자등록신청서'에 기재한 개인신상정보를 봉사활동처 연결, 상해보험가입, 인센티브, 봉사활동 실적관리 등을 위한 「○○○자원봉사포털시스템」에 등록하여 사용함에 동의합니다.
년 월 일
신청인 : (서명)
○○종합자원봉사센터소장 귀중

※ 회원의 신상정보에 대해서는 '공공기관의 개인정보보호에 관한 법률'에 따라 보호됩니다.</td></tr>
</table>

함께 생각해 볼 과제

1 자원봉사 홍보매체로 활용할 수 있는 것들이 무엇인지 함께 생각해 봅시다.

2 자원봉사활동에 관심을 끌 만한 자원봉사 모집 포스터를 만들어 봅시다.

CHAPTER 11

인적자원개발과 지역사회 네트워크

1. 인적자원개발

인적자원(Human Resources)이라는 용어는 제2차 세계대전 이후 등장하였고, 그 중요성이 인정된 것은 1944년 제26차 ILO총회에서 노동은 상품이 아님을 천명한 이후였다. 우리나라의 인적자원개발기본법에는 '인적자원'을 국민 개개인 · 사회 및 국가의 발전에 필요한 지식 · 기술 · 태도 등 인간이 지니는 능력과 품성이라고 규정하고 있다(제22조 제1항). '인적자원개발(HRD)'의 정의는 미국의 성인교육학 연구자인 나들러(Nadler, 1970)에 의하여 처음 이루어졌다.

일반적으로 인적자원개발은 개인과 조직의 효율성과 생산성을 향상시키기 위해 조직 내에서 의도된 체계적인 학습활동이라고 정의될 수 있다. 이러한 인적자원개발은 개인과 조직의 발전을 위한 교육 · 훈련 등 개인개발의 차원을 넘어서 경력개발, 조직개발까지 포괄하는 종합적 개념으로 규정될 수 있다. 나들러(Nadler, 1989) 등의 정의에 따라, 개인적 차원의 인적자원개발은 "주어진 시간범위에서 행동변화의 가능성을 가져오는 조직화된 학습경험"으로 이해할 수 있고, 미국훈련개발협회에서와 같이 개인, 그룹, 조직의 효과성을 높이기 위한 훈련 · 개발, 조직개발, 경력개발의 통합적인 활용으로 정의할 수도 있다. 또한 성과적 측면을 강조하여 인적자원개발의 개념을 "성과를 높이기 위해서 조직개발과 개인훈련 · 개발을 통해 구성원의 숙련을 활성화시키고 개발하는 일련의 과정"(Swanson, 1995; 오영균, 2008 : 247 재인용)으로도 파악할 수도 있다.

하지만 국가정책적 차원에서는 개인개발(Individual Development), 조직개발(Organization Development), 경력개발(Career Development), 수행(성과)관리(Performance Development)를 통합하는 넓은 개념으로 이해하는 것이 바람직하다고 보며 나아가서 사회발전과 국가발전의 동인으로 이해할 필요가 있다. 또한 더 넓게 조직, 지역사회, 국가가 궁극적으로 인류 전체의 이익을 위하여 지식, 전문성, 생산성, 만족도를 개발할 잠재력을 개발하는 모든 과정 또는 활동이라고 이해할 수 있을 것이다. 우리나라의 인적자원개발기본법과 인적자원개발계획에서는 인적자원개발을 국가 · 지방자치단체 · 교육기관 · 연구기관 · 기업 등이 인적자원을 양성 · 배분 · 활용하고, 이와 관련되는 사회적 규범과 네트워크를 형성하기 위하여 행하는 제반활동이라고 규정(제2조 제2항)하고 있다.

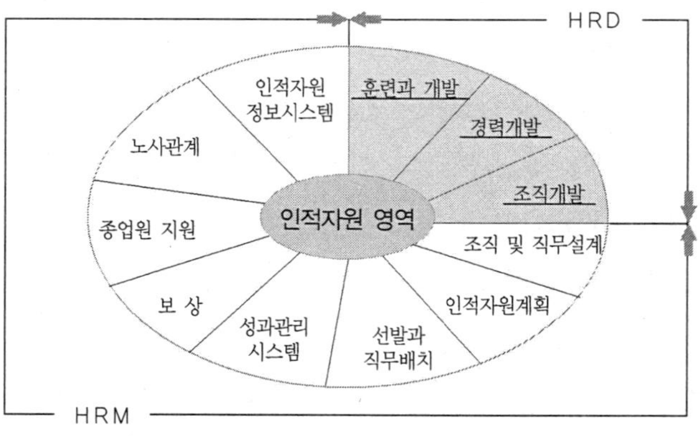

출처 : McLagan, P. A.(1989). Model for HRD Practice. Training and Development Journal, 42.

|그림 11-1| 인적자원개발의 영역

이러한 광범위한 개념의 인적자원개발이라는 관점에서 자원봉사 영역을 접근해 본다면, 먼저 자원봉사자의 경우 경제적 보상에 의해서 동기화되지 않은 이들을 모집하고 유지해야 한다는 점에서 더 많은 관심과 노력이 필요하다는 점이 강조된다. 따라서 이들 자원봉사자들을 어떻게 자발적 동기를 끌어내어 자원봉사

활동에 동참시킬 것인가, 그리고 어떻게 교육・훈련시켜 지속적으로 참여시키게 할 것인가에 대한 과제에 대한 접근이 되어야 할 것이다.

또한 자원봉사관리자의 경우에는 자원봉사와 관련된 제반업무를 수행하고, 자원봉사관리 영역 전반에 대한 접근이 필요하므로 이들의 직업적 역량을 어떻게 키워나가게 할 것인가에 대한 접근이 필요하다.

2. 지역사회 자원 DB 구축[1]

1) 지역사회 자원내용 분석하기

자원(resource)이란 시설의 생존 유지, 성장, 목적 달성에 필수적인 요소로서, 사회복지 자원은 사회복지실천의 목적을 달성하는 데 도움이 되는 모든 것이다. 즉, 사회적 욕구충족을 위해 동원되는 인력, 시설, 설비, 자금이나 물자, 나아가 개인이나 집단이 갖는 지식이나 기능을 총칭하는 것이라고 할 수 있다(엄미선, 2011).

김종일(2003)은 지역사회 자원에는 사람을 의미하는 인적자원, 종교・문화・체육・취미 모임 등과 같은 비공식적 지역사회 조직, 학교・병원・경찰・사회복지기관 등의 공식기관들과 같은 유・무형의 온갖 자원이 포함된다고 한다. 지역사회 복지 기관은 사회복지 수요자들에 대한 다양한 욕구충족을 위한 서비스를 제공하기 위해서 다양한 형태의 자원이 필요할 것이다.

사회복지기관에서의 자원 개발의 중요성은 비영리 조직의 목표달성 수단으로서, 지역사회 문제해결의 측면에서, 그리고 지역사회 환경의 변화에 대한 전략적 대응으로서 필요성을 갖는다. 사회복지기관을 둘러싼 자원에 대한 경쟁이 심화됨에 따라 정부의 재정 지원 이외에 재정적 자원을 충당하기 위한 다양한 방식으

1 사회복지-사회복지개발-지역사회자원구축(자원 DB 구축하기 분류) NCS 학습모듈, pp. 3-21.

로 이루어지는 자원 개발은 사회복지기관의 서비스 제공뿐만 아니라 생존에도 영향을 미치는 중요한 요인으로 인식되어 왔다.

(1) 자원의 분류

자원의 유형에 대한 분류는 학자들마다 다양하나, 자원은 속성에 따라 또는 자원의 제공주체에 따라 분류가 가능하다. 자원의 속성에 따른 분류는 물적 자원과 인적자원으로 나뉜다. 물적 자원이란 정부보조금, 기업협찬금, 시민기부금(현금, 부동산, 증권, 물품 등), 서비스이용료(의료, 상담, 교육 등) 등의 현금이나 현물을 말하며, 인적자원이란 시설 종사자와 자원봉사 인력 등을 말한다(김미숙 외, 2005). 또 자원은 제공주체에 따라서 공공자원과 민간자원, 또는 공식자원과 비공식자원, 사회자원 등으로 나눌 수 있다. Pincus & Minahan(1973)은 자원의 유형을 비공식자원 체계, 공식자원 체계, 사회 체계로 구분하였다.

그리고 공식적 자원과 비공식적 자원으로 나누어 공식적 자원을 다시 공적 자원(동사무소, 보건소, 소방서, 경찰서 등)과 사적 자원(교회, 사회복지관, 기업재단 등)으로, 비공식 자원을 자연적 도움 제공자(가족, 친척, 이웃, 동호회 등)와 자원봉사자로 구분하였다(최옥채, 2003 재인용).

이와 같이 자원형태는 다양하며, 그 자원들의 제공처 또한 다양하다. 실제로 지역복지기관에는 현금 지원의 형태로, 그리고 정부 및 지방자치단체의 보조금이나 실비이용료 등의 형태로 다양하다. 다양한 제공기관으로부터 다양한 형태의 지역사회 자원을 지역복지기관으로 유입시키기 위해서는 지역사회에 산재해 있는 자원들을 활용할 수 있도록 점검해 보는 것이 중요하다.

〈표 11-1〉 지역사회 자원의 구분

구 분	자원의 종류
내부자원	직원, 이사회, 위원, 자원봉사자 수익금, 건물, 자동차, 장비 및 각종 집기
외부자원	공공기관, 복지기관, 종교기관, 공익재단, 기업 등 직능단체, 동호회, 지역 내 봉사클럽, 각종 사회단체, 기업종사자 등

〈표 11-2〉 지역사회 자원의 형태별 종류

구 분	자원의 종류
물적 자원	정부보조금, 기업협찬금, 시민기부금 서비스 이용료 등의 현금이나 현물
인적자원	시설 종사자와 자원봉사 인력

(2) 자원동원과 구축의 필요성

지역사회 복지기관에서의 자원 구축과 활용이란 재정적인 측면에서나 인력적인 측면에서 기관, 시설이 존재하는 한 필요성이 인정되는 부분이라고 할 수 있다. 사회복지관에서의 인적자원 및 자원 동원의 필요성은, 첫째, 서비스 프로그램의 효과성 및 효율성을 제고하기 위해서, 둘째, 사회복지관의 서비스 프로그램에 대한 접근성을 증진시키기 위해서, 셋째, 지역사회 자원 동원을 통해 지역사회 주민의 상호 연대의식을 증진시키기 위해서이다. 이 밖에도 정부의 사회복지 재정 지원의 한계성을 극복하기 위해서 지역사회 자원의 개발과 필요성이 강조되고 있다(최일섭 외, 1997).

2) 지역사회 자원 분류 및 DB화

(1) 자원분류 절차

자원을 분류하기 위해서는 먼저 활용 가능한 자원과 잠재 자원을 분류한다.

① 활용 가능한 자원 분류하기

활용 가능한 자원이란 현재 자신이 소속된 기관 및 단체에서 제공하는 서비스와 사업을 수행하는데 당장 또는 가까운 시일 내에 활용할 가능성이 분명한 자원을 의미한다. 활용 가능한 자원은 크게 내부 자원과 외부 자원으로 구분해 볼 수 있다.

② **현황 파악 기준**(활용 가능성과 잠재성 판단) **체득하기 위하여 다음의 내용을 확인하여야 한다.**

첫째, 지역사회 자원의 법과 제도, 트렌드, 특이점 등 일반적인 현황을 파악한다.
둘째, 자원의 주요 수요자의 상황을 파악한다(클라이언트 등의 상황 등).
셋째, 자원 자체의 성격과 상황에 대해 파악한다.
넷째, 자원을 공급자의 특성에 따라 파악한다.
다섯째, 자원경로상의 특성에 대한 현황을 파악한다.
여섯째, 자원 홍보방식, 형태 등에 대한 현황을 파악한다.

③ **자원의 특성별 분류기준 정하기**

자원의 특성에 따라서 그 수준과 내용에 따른 기준을 세부적으로 또는 포괄적으로 정한다. 이러한 자원 특성별 분류기준을 정할 때 어떠한 기준으로 분류할 것인지 그 방향을 정확하게 수립한다. 분류의 방법은 큰 기준을 중심으로 하여 작은 기준으로 좁혀가는 방식이 효과적이다.

〈표 11-3〉 자원의 특징, 규모에 따른 분류 기준(예시)

내 용	공공기관	인적자원	금 액	횟 수	현금, 현물
수준 (기준)	10개 이하 10~20개 30~40개	이사회 운영위원회 지역 주민 클럽 기타	1만 원 이하 1~2만 원 3~5만 원 5~10만 원 10만 원 이상	10회 이하 10~20회 30~40회	현금 현물 부동산

(2) 자원분류 실행

① **내부 자원 분류하기**

내부의 인적자원 분류에 있어서 내부 구성원 개개인의 특별한 지식 · 능력 · 태도 · 기본 지능, 육체적 힘, 건강한 체격, 인생 경험 등 내부 인적자원은 외부

자원을 개발하고 활용하는데 기본적인 중요 자원이 된다. 분류를 위하여 다음의 내용을 파악하여야 한다.

첫째, 내부 인력(직원, 이사, 위원 등)의 현황 목록을 정리한다.
둘째, 내부 자원봉사 현황을 분석한다(영역별, 성별, 연령별, 기능별 등). 자원봉사자 개인 파일이나 봉사일지 등을 통해 확인할 수 있다.
셋째, 구성원들의 충성심, 감정적 지지, 의사소통능력과 같은 무형의 행위능력 등에 대한 기록은 면담 등을 통해 자연스럽게 파악하고 기록하여 활용할 수 있다.

내부의 물적 자원 분류를 위하여 다음의 내용을 파악하여야 한다.

첫째, 사업 계획서 및 예산서를 토대로 자원 개발 등과 관련된 내부 예산 분석자료를 작성한다.
둘째, 내부 프로그램에 대해 분석하여 대상별·영역별 서비스의 내용에 대한 프로그램 자원 분석표를 작성한다.
셋째, 건물면적, 공간 활용 및 배치 현황, 각종 장비현황 파악 등의 하드웨어 현황을 분석하여 자원으로서의 활용 가능성 및 외부 자원 개발 활용 가능성을 점검한다.

② 외부 자원 분류하기

외부 자원으로는 복지기관 및 단체, 보건 및 의료 영역, 교육기관, 행정기관, 문화, 스포츠, 종교기관, 지역 내 각종 단체로 구분하여 분류해 볼 수 있다.

첫째, 복지기관 및 단체 영역으로 분류를 위해서는 지역사회의 복지기관 및 시설단체에 대한 분석을 통해 연계와 활용이 가능한 자원에 대해 파악한다. 복지 관련 단체 및 시설은 유형별로 세분화한 내용을 파악하고 정리하는 것이 필요하다. 기관 분석 시 우리 지역에 관한 내용뿐만이 아니라 전국단위, 광역단위, 기초단위 지역의 자료를 함께 조사하고 정리하는 것이 비교 분석하기에 적합하다. 종합사회복지관(재가복지센터 등 부설기관 포함), 노인복지시설, 장애인 복지시설 등 각종 기능별·대상별 복지기관 단체 및 시설에 대한 기본 현황을 정리한다.

둘째, 보건 및 의료 영역 자원 분류를 위해서는 병·의원 관련정보 목록 수집·분석 : 지역사회의 다양한 병·의원, 한의원, 보건소에 대한 목록을 정리한다. 이러한 정보는 각각 병원협의, 한의원협회 등을 통해 해당 지역의 세부적인 목록을 확보할 수 있다. 요즈음에는 대부분 해당 협회의 홈페이지를 통해 지역의 세부적인 병·의원 등의 목록을 확보할 수 있다. 약국 정보는 지역 약사회를 통한 약국정보 목록을 수집·분석할 수 있다. 또한 보건소를 통해 기본적인 지역사회 의료 인프라에 대한 정보 및 의료복지에 관한 자원 정보를 취합할 수 있다.

셋째, 교육기관 분류기준은 교육기관의 형태별·연령별·주체별로 다양한 기준이 있을 수 있으나, 일반적으로는 제도교육기관을 중심으로 초·중·고 및 대학교 등으로 분류한다. 공·사립 어린이집, 유치원, 초·중등학교 및 대학교, 이들 교육기관의 종사자, 문화센터 등 사회교육기관에 대한 자료는 교육청이나 교육지원청 홈페이지 등을 통해 확인할 수 있다. 교육청 및 교육지원청 및 이에 근무하는 종사자에 대한 정보를 파악하는 것도 필요하다.

넷째, 행정기관 영역의 기본적인 분류기준은 기초단위 지방자치단체로 구분하며, 이에 종사하는 종사자를 함께 분류하는 것이 효과적이다. 시·군·구청 사회복지 관련부서, 읍·면·동사무소의 사회복지 담당 공무원, 공익 근무 요원 등으로 분류한다. 기타 지역 내 공공행정기관을 포함하여 분류한다.

다섯째, 문화, 스포츠, 종교기관은 문화센터, 박물관, 미술관, 스포츠센터 등의 기준으로 분류한다. 종교기관의 경우 교회, 성당, 절, 원불교, 사원 등으로 분류한다.

여섯째, 지역 내 기업 및 관련 단체는 지역 내 기업 및 대한상공회의소, 기업인협회, 기업인 동호회 등으로 분류한다.

일곱째, 지역 내 각종 단체는 가능하면 그 특성별로 세분화된 분류를 하는 것이 추후 자원 개발을 위해 효과적이며 관리에도 용이하다. 마을 부녀회, 청년회,

새마을지도자회 등의 사회단체로 분류한다. 종교 기반 봉사단체(레지오, 의료봉사단 등)를 별도로 분류하면 추후 자원개발에 더욱 효과적이다. 로터리 클럽, 라이온스 클럽, 와이즈맨, J.C 등의 지역 유력 인사 중심의 단체를 별도로 분류하는 것도 자원 개발에 효과적이다. 지역 내 봉사단체 및 self help 조직 및 단체(장애인 관련단체, 장애인 부모회 · 가족 등)도 별도로 분류하는 것이 필요하다. 종친회, 직종 및 직능별 협의회(예 지역의 이 · 미용, 목욕탕 및 봉사 단체, 운전기사 봉사 단체 등)도 별도로 분류한다.

③ 잠재적 자원 파악하기

활용 가능한 자원이 당장 또는 가까운 시일 내에 활용할 가능성이 있는 자원이라면 잠재적 자원이란 활용 가능한 자원 중에서 자원제공자 또는 자원의 성격상 가시적으로 가까운 시일 내에 기관의 서비스와 사업 수행에 활용될 계획이 없지만 향후 자원으로서의 전환가치가 충분한 지역사회의 모든 인프라와 지역주민 등이 포함될 수 있다. 특히 자원봉사자는 향후 중요한 잠재적 자원제공자가 될 수 있다.

(3) DB 구축

① 자원봉사자의 특성에 따른 구분사례

자원봉사자는 크게 내부 자원의 인적자원에 포함되며 개인과 단체로 구분할 수 있다. 개인은 봉사 구분, 희망대상, 참여경로, 종교, 직업, 학력 등으로 세부 정보를 입력할 수 있다.

〈표 11-4〉 자원봉사(개인, 단체별 구분) 예시

자원 봉사자	개 인	희망대상	참여경로	종 교	직 업	학 력
	단 체	단체성격	봉사주기			

② 자원봉사 내용별 구분사례

자원봉사의 내용별로 세분화된 정보를 입력할 수 있도록 구분한다. 자원봉사의 특성별로 전문봉사, 노력봉사 등의 분류 기준에 따라 세부적으로 의료봉사, 학습보조봉사, 청소봉사, 급식봉사 등의 정보를 입력할 수 있도록 구분한다. 자원봉사 대상별로 구분하여 노인봉사, 아동봉사, 장애인봉사 등으로 구분할 수도 있다.

〈표 11-5〉 자원봉사(내용별 구분) 예시

자원 봉사자	내용1 (전문봉사)	의료봉사	학습보조	한방진료	물리치료
	내용2 (노력봉사)	청소봉사	급식봉사	환경미화	말벗봉사

3. 지역사회 네트워크

1) 왜 우리는 네트워킹을 하려고 하는가?

네트워크 이론학습에 앞서 '왜 우리는 네트워킹을 하려고 하는가', '우리가 추구하고자 하는 공동체 사회는 과연 어떠한 사회가 되기를 원하는 것일까', 그리고 '지역 네트워크를 구축하는데 있어 자원봉사센터(단체)와의 협력을 어떠한 형태로 끌어내야 할 것인가'라는 질문에 대한 고민을 통해 지역사회 네트워크의 필요성을 살펴보자.

위의 첫 번째, 두 번째 질문에 대한 답을 풀기 위해서 우리가 살아가고 있는 사회를 돌아볼 필요가 있다. 과거 농경사회에서 근대화, 현대화를 거쳐 오면서 자유시장 경제체제하에서 우리 사회는 변화되어가고 공동체는 약화되기에 이르

렸다. 이의 극복을 위하여 비영리, 비정부 시민사회 부분의 조직이 생성되고 다양한 활동을 벌이고 있는 것이 사실이며, 이러한 자발적 봉사와 참여도 이제는 지역사회에 집중하고 있다.

원래는 자발적 사회봉사와 사회참여가 필요한 부분은 사회적 약자를 대상으로 하는 복지(welfare)와 돌봄 · 보살핌 · 배려(caring) 그리고 나눔(sharing)에 동참하고 사회적 일체성을 구축하는 영역이었으나, 현대사회는 여기에 덧붙여 인간의 삶을 영위하는 생태적 환경을 보존하고 가꾸는 일과 한층 더 인간다운 삶을 위한 문화향유의 추구가 또한 봉사와 참여를 요구하는 단계에까지 이르게 된 것이다(김경동, 2007 : 322).

인간은 공동체의 틀 속에서 삶을 영위할 때 한층 더 인간적이고 풍요한 사회생활이 가능하며 진정한 의미의 자아실현을 맛볼 수 있다고 본다면 공동체를 떠난 사회생활은 무의미하다고까지 할 것이다. 따라서 국가나 시장이 가지지 못한 물적 · 정신적 자원으로 새로운 공동체 구성을 위한 부단한 노력들이 필요한 것이다. 이러한 공동체 구성을 위해서는 하나의 조직이 만들어 낼 수 없으므로 지역사회 내 다양한 조직들 간의 네트워크를 통해 이뤄나가야 한다. 이러한 조직들의 목표는 지역사회를 살기 좋은 공동체로 만들고자 하는 일종의 '삶의 질적 향상 운동'과 '거버넌스(governance)'의 새로운 모형탐색이라는 두 가지 형태로 나타난다고 할 수 있다(김경동, 2007 : 323).

2) 네트워크의 개념과 영역

네트워크는 일반적으로 '기관 상호간 제휴', '조정', '협동', '연대', '협력', '관계', '연계', '동맹', '서비스 통합' 등을 포함하는 매우 추상적이며, 포괄적인 의미를 담고 있다. 네트워크의 개념을 한마디로 표현한다면 일정 수의 조직들 사이에 존재하는 관계 또는 특정의 목적을 달성하기 위해 관련기관들 간의 협력적 관계를 형성하는 것을 의미한다(최유미, 2008 : 8).

그렇다면 지역사회에서 이뤄지고 있는 네트워크의 영역에 대해 살펴보자. 기존의 공공사업 혹은 서비스를 네트워크 하는 영역(행정주도형), 선험적 · 개발형 네트워크 영역(시민단체 주도형, 쌍방향형), 거버넌스를 위한 네트워크 영역(정책제안형) 세 가지로 나누어 볼 수 있다. 이 중 우리 사회에서 일반적으로 많이 활용되고 있는 네트워크의 영역으로는 첫 번째로 제시한 기존의 행정이 주도적으로 시도해온 사업과 서비스를 민간단체에 위탁하는 것이다. 그러나 이러한 위탁관계는 민간단체의 특성을 살린 대등한 협력관계가 되지 않거나(공공에 종속되는 등), 오히려 민간단체의 안이한 이용, 기득권화로 이어지면서 민간단체의 자립을 방해하는 결과를 초래한다는 문제점을 가지기도 한다.

둘째, 기업이나 민간단체의 선험성, 개발성, 전문성이 필요한 네트워크 영역은 행정의 미개발분야나 과제로서 '공익성'이 요구되는 사업이나 서비스로 볼 수 있다(예 기업 복지재단을 통한 각종 네트워크 사업 등). 노하우 부족, 비용 대 효과 면 때문에 시행되지 못했던 조사 혹은 사업, 서비스로서 그 형태는 위탁, 보조, 공동주최, 후원, 실행위원회 등의 형태로 다양하게 나타난다. 여기서는 사업수행을 위한 민간단체의 역할, 사업내용, 방법 등에 대한 네트워크의 규칙을 정하는 것이 중요한 과제라고 볼 수 있다.

셋째, 거버넌스를 위한 네트워크 영역은 공공사업과 서비스 분야뿐만 아니라, 시민단체 · 커뮤니티 조직, 개개인의 시민 등과의 네트워크 만들기, 도시형커뮤니티 만들기, 사업과 업계단체 등과 연대한 지역 만들기 등의 네트워크가 가능하다. 또한 다양한 주체가 공공을 운영하므로 정책형성력의 강화, 주민자치 영역 · 네트워크 영역, 행정책임 영역의 명확화를 위한 네트워크(정책제언형 네트워크)와 사회감시기능으로서의 역할도 기대할 수 있는 장점을 가진다(오사카볼런티어협회, 2003).

또한 원활한 네트워크가 이루어지기 위해서는 몇 가지 원칙이 필요하다.

첫째, 대등의 원칙이다. 네트워크 단체 간의 대등한 입장이어야 한다. 과제를 해결하기 위해서 양자가 대등한 관계에 있어야 하며, 상호보완적인 관계로 인식하여 자유롭게 의사를 표현하며 네트워크 할 수 있어야 한다. 둘째, 자주존엄성의 원칙이다. 시민활동이 자주적(자발적)으로 행해지는 것을 중요하게 인식하는 것으로 네트워크에 있어서 공공적 과제에 대해 탄력적으로 대응할 수 있어야 한다. 셋째, 자립성의 원칙이다. 시민활동을 자립화 할 수 있는 방향으로 네트워크 하는 것으로서 공공적 과제를 네트워크를 통해 해결하는 파트너로서도 중요하지만, 자립해서 독자의 사업을 전개할 수 있는 시민활동단체를 많이 육성하는 것이 향후 지역사회에 매우 중요하다. 넷째, 상호이해의 원칙이다. 네트워크 단체 간의 장・단점 상호 입장을 충분히 이해해야 한다. 다섯째, 목적공유의 원칙이다. 네트워크에 관한 시민활동과 행정은 반드시 그 활동의 전체 혹은 일부의 목적을 공통적으로 이해하고 인식하지 않으면 안 된다. 여섯째, 공개의 원칙이다. 시민활동과 행정과의 관계가 공개되어야 한다.

이와 더불어 필요한 조건들로는 "신뢰(Trust) 확보", "참가자 수(number of Participants)", "목표의 일치성(Goal Consensus)", "네트워크 수행능력의 요구(need for Network-Level Competencies)"와 같은 조건이 갖추어져야만 한다. 이상의 원칙이 온전히 지켜져야만 지역 네트워크가 원활하게 구축되고 활성화 될 수 있을 것이라 본다(오사카볼런티어협회, 2003).

3) 네트워크의 이론과 유형(최유미, 2008 : 11-18 재인용)

네트워크와 관련된 이론은 크게 '네트워크 거버넌스(network governance) 이론'과 '사회적 네트워크(social network) 이론' 그리고 '조직 간 네트워크 이론'으로 나눌 수 있다(김준기, 2006 : 9-20).

첫째, 네트워크 거버넌스[2] 이론은 조직 간 거래의 조정방식과 관계를 중심으로 설명할 수 있다(Jones, 1996; Gerlach & Lincoln, 1992; Nohria, 1992). 조직 간 조정과 협력의 형태나 거래관계를 네트워크 거버넌스라고 정의한다. 이는 관료제 및 시장방식과는 다른 사회적 경제활동을 조정하는 제3의 형태이다(Powell, 1990 : 301; 박석희 외, 2004). 따라서 네트워크 거버넌스를 "교환이나 관계에 있어서 상호작용의 유형"과 "독립된 단위조직들 간 자원의 흐름"이라는 두 가지 관점에

2 거버넌스의 개념은 공공영역과 민간영역 전반에 걸쳐 광범위하게 사용되고 있는 개념으로 공식적인 사회적 구조나 혹은 비공식적인 규범이나 관습까지 포함하는 자발적이고도 의도적인 목적에서의 통제방식을 의미한다(Williamson, 1975).

서 살펴 볼 수 있다. 첫 번째 상호작용의 유형을 강조하는 경우, 교환의 수평적 유형(Powell, 1990)과 상호의존성을 야기하는 장기적 교환(Larson, 1992), 조직 간 비공식적 협력(Kreiner & Schultz, 1993) 등이 부각된다. 또한, 개인 · 그룹 간 유형화된 관계(Dubini & Aldrich, 1991), 시장 간 전략적 · 장기적 관계(Gerlach, 1992), 중개수준의 구속력이 있는 기업집합(Granovetter, 1973) 등이 강조된다. 반면 두 번째 자원의 흐름을 강조하는 경우 법적으로 독립된 단위조직들로 구성된 비계층적 조직집합들(non-hierarchical clusters of organization) 간 자원의 흐름에 주목하게 된다(박석희 외, 2004 : 106).

둘째, 조직 내 구성원들 간의 관계유형을 탐색하고자 하는 사회적 네트워크이론에서는 분석의 단위를 조직 내의 구성원인 개인에 초점을 맞추고 있다. 리베스킨트(Liebeskind et al., 1996) 등은 사회적 네트워크를 "신뢰할 만한 행동규범에 따라 유지되는 개인들 간 교환관계의 집합체"로서 보았다. 따라서 이러한 관점에서 파악된 사회적 네트워크 이론은 조직을 분석단위로 상정하고 있는 조직 간 관계이론에서의 네트워크 개념과는 차이가 있다(김준기, 2006 : 18 재인용). 즉, 사회적 네트워크의 연구는 조직 내 네트워크 분석을 통해 조직 구성원들 간의 상호관계, 특히 구성원들 간의 권력관계의 양상 및 권력구조를 연구한다. 이러한 연구에서는 사회적 네트워크의 중심성 개념과 권력의 연관성이 강조됨으로써, 네트워크 중심성의 하위개념인 네트워크의 정도와 긴밀성, 매개성 등을 측정하는 노력이 이루어진다(Freeman, 1979; Burkhardt & Brass, 1990; 김준기, 2006 : 19). 이러한 사회적 네트워크 연구는 조직 내 구성원들 간에 교환되는 자원의 종류에 따라 네트워크의 유형을 분류하였다. 대표적으로 티치, 투시먼과 폼브런(Tichy, Tushman, & Formbrun, 1979)은 재화나 서비스, 정보, 호감의 교환에 따라 업무네트워크(workflow network), 의사소통 네트워크(communication network), 친밀감 네트워크(friendship network) 등 세 가지 유형의 사회적 네트워크를 제시하고 있다. 한편 하드캐슬(Hardcatle, et al., 2004) 등은 사회적 네트워크를 사람, 집단, 조직 또는 사회적 단위들이 그들의 목적을 성취하기 위해 교환에 개입하고 상호 행동하는 사회적 배열로 보았다. 즉, 사회적 네트워크는 결합과 응집을 위하여 사회적·인간적 상호행동을 추구한다(행정자치부·보건복지인력개발원, 2007 : 24). 또한 사회적 네트워크는 지역 내 개인이나 조직들의 역량강화를 위해 필요한 지지체계로도 볼 수 있다. 즉, 지역 안에서 해결하여야 하는 다양한 문제는 지역주민들과 집단조직들의 역량강화에 의해서 극복될 수 있기 때문에 사회적 네트워크를 통해서 지역의 주민들과 집단조직들은 역량이 강화된다. 이러한 역량강화를 단순하게 행동을 하기 위한 능력(Lee, 1994)이라고 정의한다면 역량강화는 집단적·개인적 행동을 필요로 하고, 집단적·개인적 행동을 통한 능력의 고양은 결국 사회적 네트워크를 통해 이루어질 수 있다(행정자치부·보건복지인력개발원, 2007 : 24).

셋째, 조직 간 네트워크 이론은 1960∼1970년대에 새롭게 등장한 조직 간 관계이론이다. 조직들 간의 관계 및 상호 의존성과 이러한 관계 속에서 개별조직이 취하는 전략에 초점을 맞추고 있다. 또한 조직 간의 관계를 파악하는 수단으로서 네트워크를 한다고 본다(Klijn et al., 1995). 즉, 각각의 조직들은 자신들의 목표달성을 위하여 다른 조직과 관계를 갖게 되며, 자원을 필요로 하게 된다. 이때 자원교환은 자발적이고 협조적으로 일어나며, 조직 간의 상호작용이 쌍방 간에 이루어진다. 권력을 지닌 조직은 다른 조직의 가치있는 자원을 통제함으로써 권력의존관계를 형성한다(Levine & White, 1961).

(1) 사회교환이론

사회적 교환은 한 조직이 네트워크에 참여하고 있는 다른 기관이나 조직의 영역을 인식하였을 때 발생하며, 조직들은 인식된 영역을 상호 간에 교환하게 된다. 사회적 교환은 교환을 통한 경제적 보상을 기대하는 경제적 교환과는 다르며, 네트워크를 유지하고 설립하고 발전시키기 위해 필요한 교환을 의미한다(행정자치부·한국보건복지인력개발원, 2007 : 9).

특히 에머슨(Emerson)의 교환이론에 의하면, 적어도 두 조직 사이에 교환관계가 존재하는데 있어 적어도 한 조직에 의하여 지각된 기회, 행동의 시작, 서로 보강하는 조직들 간의 거래의 성립 등을 통해 교환이 형성된다. 그리고 교환이 시작되더라도 보강되지 않으면 교환관계는 존재하지 않고, 조직 간의 교환거래가 지속되지 않으면 관심의 대상이 되지 못한다. 교환관계는 "권력의 사용"과 "균형화" 과정을 따르는데, 교환관계에서 한 조직 A가 다른 조직 B에 대한 보강, 즉 보상을 얻는데 있어 크게 의존하고 있다면, 그때 A는 B에 대해 '권력이득'을 갖는다고 보았다. 권력이득을 갖는다는 것은 교환관계에서 조직 A가 권력을 사용하여 그 결과 조직 B가 점점 더 큰 비용을 치르도록 강요하는 것을 말한다. 그러나 에머슨(Emerson)은 권력이득은 불균형한 교환관계를 나타내며, 시간이 지남에 따라 불균형한 관계는 균형을 지향하게 된다. 따라서 새로운 조직과 새로운 보강제 또는 자원들이 교환관계에 들어옴에 따라 의존, 권력, 그리고 균형이라는 기본적인 과정이 끊임없이 되풀이 된다(Turner, 1983 : 346-347).

또한 조직 간 자원교환과정에서 의존, 권력, 균형이 작용하는 방식은 '일방적인 독점', '분업', '사회적 환(環)', '계층'이라는 사회적 형식을 단계적으로 취한다. '일방적 독점'은 조직 A는 다른 조직들에게 있어 가치있는 자원의 원천이 될 경우 다른 조직들은 A에게 보상을 제공한다. 그러나 A가 보상받을 원천을 여럿 가지고 있는데 비해 다른 조직들은 보상의 원천으로 A만을 가지고 있기 때문에 나타나는 사회적 형식이다. 그러나 그 구조가 불균형적이므로 구조는 변화하게 되므로 일시적인 적응방식이다. 그리고 '분업'의 발생은 교환관계를 균형잡는 방법 중 하나이다. 여러 조직들이 각각 A에게 상이한 자원들을 제공할 수 있다면 그들은 A와의 교환관계에서 이 자원을 사용하게 된다. 따라서 A에 대한 자원제공은 전문화 되며, 이것은 A의 권력을 감소시키고 새로운 형태의 그물망, 즉 분업이라는 형태로 변형된다. '사회적 환(環)'은 교환이 범주들 간에 이루어지거나 한 범주 안에서 이루어져, 즉 동일한 자원들끼리 교환되어 폐쇄적이 되기 쉽다. 폐쇄적인 그물망이 형성되면 다른 조직이 들어오는 것을 막는다. 마지막으로 범주 내 교환이 폐쇄적 형태에서 균형에 이르게 되는 '계층화과정'을 거친다고 보았다. 즉, 자원이 동일하게 평가되고, 다수의 조직 사이에 자원이 불균등하게 배분될수록 그물망은 더욱 계층화된다. 일정한 수준의 자원을 가진 조직은 다시 폐쇄된 그물망을 가지게 되는 경향이 있다(Turner, 1983 : 350-356).

(2) 자원의존이론

교환이론을 바탕으로 발전된 자원의존이론(resource dependency theory)은 조직 간 관계를 설명하는 이론이다. 자원의존이론에서는 한 조직이 필요로 하는 핵심적인 자원을 조직 스스로 충족시킬 수 없으므로 두 가지 중요한 문제가 발생하게 된다. 자급자족이 부족함으로써 다른 조직에 의존하게 되며, 이러한 자원부족으로 인한 불확실성은 의사결정을 곤란하게 한다(Heide, 1994). 결국 조직은 다른 조직이 소유한 자원 없이는 자신의 목적을 달성할 수 없기 때문에 조직 간 사회적 관계, 즉 네트워크를 지속적으로 형성하게 된다(Klijn, 2001 : 134).

이때 각각의 조직들은 다른 조직이 필요로 하는 자원을 가지고 있어 상호교환이 이루어진다면 이러한 관계는 상호 균형적으로 이루어진다. 그러나 모든 관계에 있어 나타나는 관계의 형태가 상호 균형적일 수 없다. 가지고 있는 자원이 서로 다를 때, 즉 자원이 많은 조직은 자원이 상대적으로 빈약한 조직에 비해 상대적인 힘을 갖게 되며, 자원이 적은 조직일수록 자원이 많은 조직에게 더 의존적이 된다(정순둘, 2001 : 443-445; 김희연, 2001 : 34). 의존성이란 관련된 각 당사자들 간, 즉 개인 간, 집단 간 및 조직 간의 이해가 공통으로 걸려있음을 의미하며, 이러한 의존성의 증가로 인해 네트워크가 확대되며 양질의 네트워크를 형성할 것이라고 보았다(권기대, 1998 : 이재훈, 2001; 정문섭, 2005 : 16-17 재인용).

또한 개별조직은 조직 간 네트워크 내에서 개별조직이 취할 수 있는 전략적 행동으로서 자원획득의 과정 속에서 발생하는 다른 조직과의 상호의존관계에서 자율성을 확보하려는 노력을 전략적으로 시도하게 된다. 이러한 노력은 다른 조직으로부터 얻는 자원의 중요성을 줄이고 대체 가능성을 늘이는 방향으로 이루어진다(Scharph, 1978 : 355; 김준기, 2000 : 14).

<표 11-6>은 B조직이 A조직에 제공하는 자원의 중요성과 대체 가능성에 따른 의존관계의 수준을 모형으로 제시하고 있다. B조직이 제공하는 자원의 중요성이 높지만 대체 가능성이 낮을 경우 B조직에 대해 A조직은 높은 의존관계를 갖게 되며 상대적으로 B조직은 A조직에 대한 권력을 갖게 된다. 따라서 자원

의존 관계는 조직 간의 권력관계를 설명하는 중요한 분석틀로 기능한다(김준기, 2000 : 14).

〈표 11-6〉 A조직의 B조직 의존도 결정요인

B조직이 A 조직에 제공하는		자원의 중요성	
		높 음	낮 음
자원의 대체 가능성	높 음	낮은 의존관계	낮은 의존관계
	낮 음	높은 의존관계	독립적인 관계

출처 : Scharph(1978 : 355); 김준기(2006 : 18).

자원의존이론에서는 조직 간 네트워크가 형성될 당시의 자원의존성을 기준으로 접근하기 때문에, 최초의 기준이 변화되면 조직 간 네트워크가 해체된다(Levinthal & Fishman, 1992; 송우용, 1996 : 41-43 재인용). 따라서 조직의 일시적 환경변화나 네트워크 형성과정의 역사적 사건의 영향 등은 고려하지 못한다는 한계점이 있다(김태우, 2004 : 42-43).

(3) 영역이론

영역이론(domain theory)은 개별조직의 영역이 조직들 간의 네트워크에 영향을 미친다고 보는 이론이다(Oliver, 1990). 즉, 영역이론에서는 조직이 수행하는 기능, 조직이 산출하는 산물, 제공하는 서비스, 클라이언트 계층 등에 초점을 두어 조직들의 집합을 분류하는 것이다(Scott, 2003). 이러한 조직영역의 개념이 어떤 사회적인 실체에 의해 요구되는 영향과 통제의 형태로 정의된다고 볼 때 조직이 어떤 영역에 위치하느냐에 따라 그 조직이 다른 조직들과 맺을 수 있는 조직 간 네트워크의 유무와 강도, 범위 등이 달라진다(Kouzes & Mico, 1979; 김재환, 2004 : 33 재인용). 또한 조직의 영역 특성으로 볼 때 조직은 조직마다 중심으로 하는 기능과 목적이 다르고 이러한 기능과 목적의 상이성으로 인해 조직은 과업환경에 차이가 있다고 보고, 한 조직이 조직 간 네트워크의 범위를 결정하는 데에는 조직의 기능과 목적에 의해서 구분될 수 있다고 보았다(이현주, 1998 : 31).

바나삭(Banaszak-Holl et al., 1998 : 368-385) 외는 사회복지서비스 기관들은 자신의 조직과 조직의 기능과 목적이 유사하거나, 자신과 비슷한 다른 조직을 선택하여 상호작용하려는 경향성에 있다고 주장하였다. 유사한 조직들 간에는 일상적인 기초환경, 준거틀과 목적을 공유하고 있기 때문이라고 주장하였다. 조직 간 관계를 분석하는데 있어 두 조직 간 영역이 어느 정도 유사한가에 초점을 두고 있다. 그러나 유사성에 있어서는 영역의 유사성이 심하게 증가하면 조직 간 경쟁이 심해지고 이로 인해 조직 간 관계가 감소한다고 설명하는 견해(Oliver, 1990)와 영역 유사성이 일정정도 확보된 경우에 조직 간 관계가 증가하다가 영역의 유사성이 심해지면 조직 간 경쟁으로 인해 조직 간 관계가 감소하는 관계를 갖는다는 서로 다른 견해가 있다(Van de Van & Ferry, 1980).

한편 밀워드(Milward, 1982 : 457-478)는 조직 간 네트워크를 통한 정책분석 연구에서 영역을 확장하는 조직은 조직들 중에 중심적인 조직이 되며, 조직 간 네트워크에서 상대적으로 안정적인 네트워크를 형성한다고 보았다. 이는 영역을 확장하는 조직들은 조직의 크기가 커지며, 새로운 사업이나 프로그램을 증설하게 된다(김재환, 2004 : 35). 또한 새로운 프로그램의 수가 조직 간의 네트워크를 활성화시킨다고 밝힌 에이켄과 헤이지(Aiken & Hage, 1968 : 912-930)의 연구결과를 통해, 자원봉사조직도 조직 간 네트워크가 필요한 프로그램의 수와 네트워크 활성화 정도는 직접적인 관계가 있다고 볼 수 있다.

개별조직 간 네트워크 성향을 조직집합이나 조직관계망으로 분석할 경우 영역이론은 조직기능과 목적 그리고 넓이를 중심으로 설명된다. 조직영역의 특성을 중심으로 볼 때, 조직마다 중심으로 하는 기능과 목적이 다르므로 업무환경의 차이로 조직 간 관계를 결정하는 맥락을 규정하고 있다(Hansfeld, 1983 : 59-66). 레빈과 화이트(Levine & White, 1962)의 연구에 의하면 조직형태에 따라 조직 간 관계가 달라지는데 보건조직을 연구대상으로 자원할당, 교육, 예방, 치료재활기관 5개의 조직형태를 나누어 치료기관의 경우, 의뢰나 자원교환이 활달한 반면 교육기관의 경우 조직 간 관계가 적은 것으로 나타났다. 한편 우다드와 도레이안(Woodard & Doreian, 1994)은 정신보건조직의 네트워크에 대한 조사결과 서비스가 특화된 조직일수록 연계가 적었으며, 비교적 조직의 영역이 클수록 조직 간 관계가 활발하여 관계에서 중심에 위치하는 것으로 나타났다. 이처럼 영역이론에 대한 연구는 조직 간 영역의 유사성과 네트워크의 관계에 대해서는 학자마다 서로 다른 견해를 보이고 있는 것으로 나타나, 자원봉사조직이 네트워크를 형성하는 타 조직의 유사성과 네트워크의 관계에 관한 접근을 통해 실증적 검증이 필요하다.

(4) 게임이론

게임이론은 에밀 보렐(Emile Borel)에 의해 1921년 창안되어 1960년대에 들어서면서 이삭(Issac et al., 1965) 등에 의해 다수게임으로 확장되었다(Luce & Raiffa, 1957; 백진현, 1995 : 35 재인용). 게임이론의 현실적인 가정은 대부분의 현실상황에서 어떤 일의 결과는 자기 자신의 행동뿐만 아니라, 상대방의 행동에도 많은 영향을 받게 된다. 그리고 그 행동의 결과는 상호의존적이고, 결과에 대한 이해관계가 서로 상충되는 경우가 많다. 따라서 이러한 상황을 설명하고, 이러한 상황에서 각각의 조직이 전략적으로 최적화 행동을 할 때 나타나는 결과를 설명하기 위하여 게임이론을 활용하고 있다(백진현, 1995 : 35-36). 즉, 게임이론은 조직들이 전략적 상황에서 어떻게 행동하는가를 분석하고 예측하는 이론이다. 이때 전략적 상황이란 어떤 행동을 할 때 반드시 상대방의 반응을 고려해야 하는 상황을 말한다(Rasmusen, 1994).

게임이론은 합리성과 인텔리전스(intelligence)라는 가정에서 출발하고 있다. 합리성은 개인이나 조직은 언제나 자신의 목적을 극대화하고자 한다는 개념으로 조직의 생산성 등의 조직목표를 극대화하려고 한다는 것이다. 인텔리전스란 게임의 각 참여조직이 다른 조직의 행동에 의해 그 결과가 결정되는 상황에 놓이게 될 때 그들 상호간의 이익은 다른 조직의 선택에 의존하게 된다. 따라서 상대조직이 어떤 대체적 행동을 선택하느냐에 따라 좌우되므로 각 조직은 자기의 이익을 극대화시킬 수 있는 전략을 선택하게 된다는 것이다(백진현, 1995 : 35-36).

오툴(O'Toole, 1995)에 의하면 게임이론은 합리적 선택을 위한 접근방법으로서 조직 간의 관리 네트워크를 이해하는데 기여한다고 보았으며, 키커트와 코펜잰(Kickert & Koppenjan, 1997 : 46-51)은 "네트워크를 원활하게 구성하고 운영할 수 있도록 관리할 수 있는 능력이 필요하다고 주장하였다. 즉, 게임관리라는 네트워크 내의 상호작용을 효과적으로 관리할 수 있도록 하고 있는데, 이는 네트워크 활성화, 조정적 상호작용, 중개활동, 촉진적 상호작용, 중재 및 조정활동이라는 전략적 활동으로 나타난다"고 보았다(김준기, 2006 : 30 재인용). 한편 맥과이어(McGuire, 2002)는 활성화, 구성, 동원과 합성의 네 가지 형태로 나누어 설명하고 있으나, 이들 개념은 <표 11-7>과 같이 유사한 성격을 가지고 있다고 볼 수 있다. 네트워크 활성화는 구성원 간의 상호작용을 개시하고자 하는 활동을 의미한다. 조정적 상호작용은 공동활동을 수행함에 앞서 개별조직의 이기적 행동 가능성을 최소화하기 위한 노력들로서 네트워크 조직 간의 갈등조정을 위한 활동이 포함되어 있다. 중개활동은 직면한 문제에 대한 문제해결방안과 문제해결의 주체를 적절히 연결시키는 활동이며, 촉진적 상호작용은 네트워크의 상호작용이 활성화 될 수 있도록 호의적인 네트워크 환경을 조성하는 활동을 의미한다. 그리고 중재 및 조정활동은 네트워크 조직 간 갈등이 발생할 경우 이를 중재하고 조정한다는 점에서 촉진적 상호작용과는 다소 차이가 있다고 볼 수 있다(김준기, 2006 : 29-31).

〈표 11-7〉 네트워크 관리전략 유형화와 활동 특성

키커트와 코펜잰 (Kickrert & Koppenjan, 1997)의 분류	맥과이어(Mcguire, 2002)의 분류	대표적 활동내용
네트워크 활성화	활성화	상호작용의 개시활동
조정적 상호작용	구 성	공식적·비공식적 협정의 확보
중개활동	합 성	네트워크를 통한 정책목표 달성
촉진적 상호작용	동 원	네트워크 운영의 상호작용 원활화
중재 및 조정활동		

출처 : 김준기(2006 : 31).

이러한 게임이론에 근거한 네트워크 전략적 차원은 조직 간 네트워크 특성과 조직효과성 연구에 있어서 다소 다른 시각에서 살펴보아야 할 것이다. 그러나 메이어와 로완(Meyer & Rowan, 1977)은 조직의 특성이 조직 간 네트워크에 기본적인 동인을 제공하지만, 조직 간 관계는 구성원에 의해 영향을 받을 수 있다는 점을 시사하고 있다. 이는 결국 조직의 목적을 달성하기 위한 업무의 수행에서 조직 구성원이 인지한 환경과 그 환경에 대한 반응이 중요하다는 것을 의미한다.

(5) 타임달러와 타임뱅크이론(E. Cahn, 대구시자원봉사센터, 2005)

타임뱅크이론은 최근 우리나라의 지역화폐운동의 근원이 되는 이론으로서, 미국의 에드가 칸(E. Cahn) 박사가 그의 책 『이제 쓸모없는 사람은 없다』에서 사회복지 프로그램이 사명을 완수하기 위해 어떤 어려움을 겪고 있으며, 왜 자주 실패하게 되는가를 설명하면서 최초로 이론을 개발하였다. 지역사회와 주민 전체가 자신들의 강점과 자원, 재능이 무시되고, 거부되고, 평가절하되고 있다고 느낀다는 사실에 착안하였다. "문제가 무엇이며 그 사람이 어떤 훈련을 받았는가는 중요하지 않았다. 모두가 똑같은 것을 말하고 있었다. 우리가 도우려는 사람들로부터 참여를 끌어내지 못하기 때문에 우리는 성공할 수 없다는 것이었다". 그는 공동생산을 하나의 대안으로 개발하여, 그 말은 수용할 수 없다고 말한다. 아무리 허약하고, 장애가 심하고, 탈선한 사람이라 하더라도, 모든 사람들은 그 모습 그대로 가족과 이웃과 지역사회의 인적 자본을 축적하는데 기여할 수 있기에 가치를 인정받을 수 있다고 주장한다.

타임뱅크이론의 핵심은 '공동생산(coproduction)'으로 보았으며, 공동생산이 추구하는 가치로 다음의 네 가지를 설명하고 있다.

첫째는 자산이다. 한 사회의 진정한 재산은 사람들이다. 모든 인간은 세울 수도, 기여할 수도 있다. 둘째는 새로운 노동의 정의로서 건강한 아동을 양육하고, 가족을 유지하고, 이웃을 안전하고 활기있게 만들고 허약하고 취약한 사람들을 돌보고, 불의를 바로잡고, 민주주의가 이루어지도록 하는데 필요한 노력이면 무엇이든지 노동에 포함되도록, 새로운 노동의 정의가 내려져야 한다. 셋째는 호혜로서 갚으려는 충동은 누구에게나 있는 것이다. 가능하면 모든 곳에서 우리는 모든 일방향의 자선행위를 양방향의 거래로 대체시켜야 한다. 그래서 "당신에게는 내가 필요해요"가 "우리는 서로가 필요하다"로 변하게 해야 한다. 넷째는 사회적 자본으로서 인간에게 도로, 다리, 생활 에너지가 필요한 만큼 사회적 인프라도 필요하다. 사회적 네트워크를 위해서는 신뢰, 호혜, 시민참여에 의해 발생된 사회적 자본에 지속적으로 투자할 필요가 있다는 가치가 핵심이다.

즉, 타임달러는 세금이 면제된 특수형태의 돈이며, 누구든지 자신의 시간, 에너지, 기술, 재능을 사용하여 남을 도와줌으로써 벌 수 있는 것이다. 다른 사람에게 혹은 지역사회를 위해 제공된 한 시간의 봉사는 1타임달러를 벌게 된다. 그리고 타임달러를 벌거나 사용할 때마다 달러교환은 발생한다. 즉, 타임달러를 통해 내담자를 참여시키고 "윈-윈" 방식을 만들어내면서, 사회문제에 대한 새로운 해결책을 만들어 해결하는 방법이며, 사회복지와 빈곤 프로그램이 그 사명을 달성할 수 있게 하는 새로운 네트워크를 통한 파트너십을 구축할 수 있는 전략 혹은 도구라고 설명할 수 있다.

타임달러 교환의 사례

• 메인 주, 포트랜드 시의 지역중심의 타임달러 교환

메인 주의 포트랜드 시는 전형적인 지역중심 모형을 가지고 있다. 1996년에 오래된 동네 중의 하나인 문조이 힐(Munjoy Hill)에서 시작하였다. 당시에 이 동네는 큰 변화를 겪고 있었으며, 정체성을 가지려고 애쓰고 있었다. 이 동네의 토착인구가 점차 고령화, 허약화되어가는 반면, 난민, 이민을 포함한 새로운 인구가 입주해오면서 동네를 변화시키고 있었다. 타임달러의 첫 실행은 느리게 시작되었다. 기존의 주민들은 "독립적인" 사람들로서 도움을 구하는데 익숙하지 않은 사람들이었다. 낯선 사람들에게 다가가는 것이 쉽지 않았다. 타임달러 담당자 Auta Main은 "핵심 팀(kitchen cabinet)"을 만들어 새로운 주민들에게 다가가고 새로운 아이디어를 얻도록 하였다. 그때부터 급속히 퍼져나갔다.

메인 주의 타임달러 회원 수는 450명을 초과하며, 연령, 인종, 경제적 격차를 초월하는 공동체 의식을 강화하였다. 지금은 지역사회들이 타임달러 교환으로 서로 연결되어, '메인주 타임달러 네트워크'를 형성할 정도이다.

• 뉴욕 브루클린의 회원을 위한, 지역중심 타임달러 교환 : 노인들이 집에서 지낼 수 있게 한다.

1987년 특정 인구층을 대상으로 전형적인 지역중심의 타임달러 교환이 설립되었다. 뉴욕의 보건 의료기관인 엘더플랜(Elder-plan)은 아직도 브루클린과 퀸즈, 스테튼 아일랜드의 노인들을 위한 활동을 하고 있다.

회원 프로그램에 등록하는 노인들은 다른 사람에게 도움을 주고 타임달러를 버는 다른 회원들로부터 도움을 받는다.

시간이 지나면서 감동적인 사례가 많이 생겼다. 자신들은 "소외"되었다고 생각했던 사람들이 기여할 수 있다는 새로운 기쁨과 의미를 찾았다.

평가에 따르면, 회원 프로그램에 참여하는 내담자들은, 회원이 아닌 내담자들에 비해, 더 즐거운 생활을 하며, 아프거나 양로원으로 가는 확률이 더 적은 것으로 나타났다.

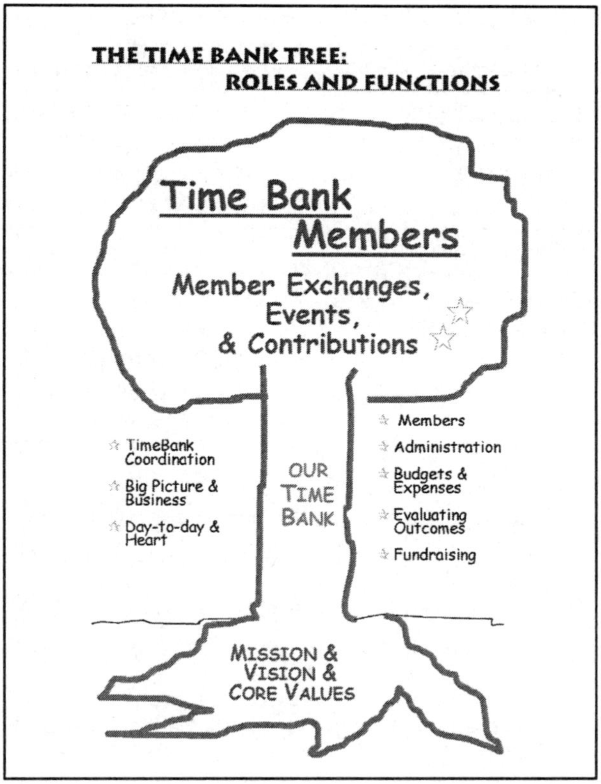

|그림 11-2| 타임뱅크나무 : 역할과 기능

4) 조직의 네트워크 수준 파악하기

자원봉사조직의 조직(혹은 개인)의 네트워크의 관리태도는 어떠한가를 파악하기 위하여 조직을 둘러싼 내·외부 환경을 생각해 보고, SWOT 분석과 네트워크 관리척도를 통해 진단해 보자.

〈표 11-8〉 자원봉사조직의 내·외부환경에 대한 SWOT 분석의 예

강점(Strength)	약점(Weakness)
-직원들 모두가 스스로의 문제를 잘 파악하고 있음 -문제해결을 위한 고민과 노력을 하고 있음 -직원 개개인이 문제해결의 잠재력(역량)을 가지고 있음	-열악한 물리적 근무환경(공간협소) -직원들에 대한 낮은 인건비 -문제해결 방법을 찾는데 어려움을 겪고 있으며, 해결을 위한 적극성, 노력이 부족한 편임
기회(Opportunity)	**위협(Threat)**
-지방자치단체장의 교육에 대한 열정이 높음 -보수성, 결집력이 높은 지역 특성	-의사소통 구조의 문제 : 사무국장 ↔ 직원(쌍방향) 센터장 → 직원(일방향) -업무의 과중(자원봉사자의 기하급수적 확대로 인한 관리업무 확대)

〈표 11-9〉 네트워크 관리태도에 관한 체크리스트(대구시자원봉사센터, 2009)

(* 점수는 1. 전혀 아니다, 2. 별로 그렇지 않다, 3. 보통이다, 4. 그런 편이다, 5. 매우 그렇다 중 선택)

문항		질문	점수
활성화	1	현재 센터가 수행하는 상당수의 프로그램에 있어 다른 조직과의 관계는 상당히 중요한 고려요소이다.	
	2	향후 센터 업무수행과 관련해 다른 조직들과의 원활한 협조관계를 적극적으로 추진해나갈 예정이다.	
	3	업무와 관련한 문제가 발생하였을 경우 이에 필요한 지식이나 정보를 요청할 수 있는 다른 조직들을 쉽게 찾을 수 있다.	
	4	센터에서 운영하고 있는 특정 프로그램과 관련 중요한 관련을 맺고 있는 다른 조직들의 명단을 쉽게 열거할 수 있다.	
	5	센터가 위치하고 있는 지역 내 조직들의 모임은 그 수준이 우수하다	
	6	센터업무와 관련된 다른 조직들의 관리자들과 언제든지 직접 접촉할 수 있는 연락처를 알고 있다.	
	7	센터의 업무와 관련을 맺고 있는 다른 조직들은 이러한 연계활동의 필요성에 대해 충분히 이해하고 있다.	
	8	센터업무와 관련된 다른 조직들에 대해 그들이 갖고 있는 강점과 자원을 충분히 알고 있다.	
구성	9	센터의 업무와 관련한 외부조직과의 공청회, 정책포럼 등에 적극적으로 참석하는 편이다.	
	10	다른 조직들로부터 센터업무와 관련한 협조요청이 있을 경우 적극적으로 응할 용의가 있다.	
	11	센터의 전체적인 업무성과와 관련해 다른 조직들과의 업무 연계활동은 큰 영향을 미친다.	

	12	센터와 관련을 맺고 있는 다른 조직들과의 관계에서 센터가 갖고 있는 강점과 보유자원을 충분히 알고 있다.	
	13	센터 업무수행과 관련해 지속적으로 접촉하고 있는 조직들 간에는 상호 간에 상당히 높은 유대감이 존재한다.	
구성	14	센터와 관련을 맺고 있는 다른 조직들과 정규적인 모임을 구성하고 있다.	
	15	센터에서 다른 조직들과 연계활동을 위해 센터가 보유하고 있는 물적, 인적 자원을 지원할 용의가 있다.	
	16	센터가 수행하고 있는 업무 가운데 다른 조직과의 연계가 요구되는 사업들의 구체적 내용까지 파악하고 있다.	
	17	센터를 이용하는 자원봉사자에 대한 정보를 다른 조직들과 상당부분 공유하는 편이다.	
	18	센터가 보유하고 있는 시설이나 장비에 대한 사용을 요청하는 다른 조직들이 많다.	
	19	센터 업무수행과 관련해 접촉하게 되는 다른 기관의 관리자들에 대해서 상당히 친밀하게 느끼는 편이다.	
	20	현재 센터를 이용하고 있는 이용자의 필요에 따라 다른 조직들을 적극적으로 소개하거나 의뢰를 직접 부탁한 적이 있다.	
합성	21	센터의 업무와 관련한 조직들과의 관계에서 특정한 역할기대가 센터에 주어져 있다고 생각한다.	
	22	센터가 수행하는 다른 기관과의 연계활동으로 인해 다소 많은 비용이 발생하고 있는 편이다.	
	23	다른 조직들과의 연계를 통해 공동으로 자원봉사 프로그램을 추진할 계획을 적극적으로 검토하고 있다.	
	24	센터와 연계를 맺고 있는 다른 기관들이 센터와의 관계에서 나타내는 적극성의 수준이 높은 편이다.	
	25	센터의 업무수행과 관련해 많은 정보들의 상당 부분을 다른 조직들로부터 얻고 있다.	
	26	다른 조직들로부터 센터의 프로그램 참여와 관련한 이용자의 소개나 의뢰가 많은 편이다.	
	27	다른 조직의 소개를 통해 센터의 프로그램에 참여하게 된 이용자의 규모가 많은 편이다.	
	28	센터의 업무수행과 관련해 필요한 시설이나 장비를 다른 조직들로부터 상당 부분 지원받고 있다.	
동원	29	다른 조직들과의 연계활동을 통해 공동으로 프로그램을 개최하거나 운영해 본 경험이 있다.	
	30	다른 조직들과의 연계활동을 통해 센터가 제공하는 프로그램의 양적, 질적 수준이 크게 증대되었다.	
	31	다른 조직들과의 연계활동은 센터를 포함한 개별조직들의 자원획득 기회나 수준을 확대시키는 데 상당한 기여를 하는 편이다.	
	32	다른 개별조직들이 센터에 대해 공동 프로그램에 대한 추진요청을 상당히 많이 하는 편이다.	

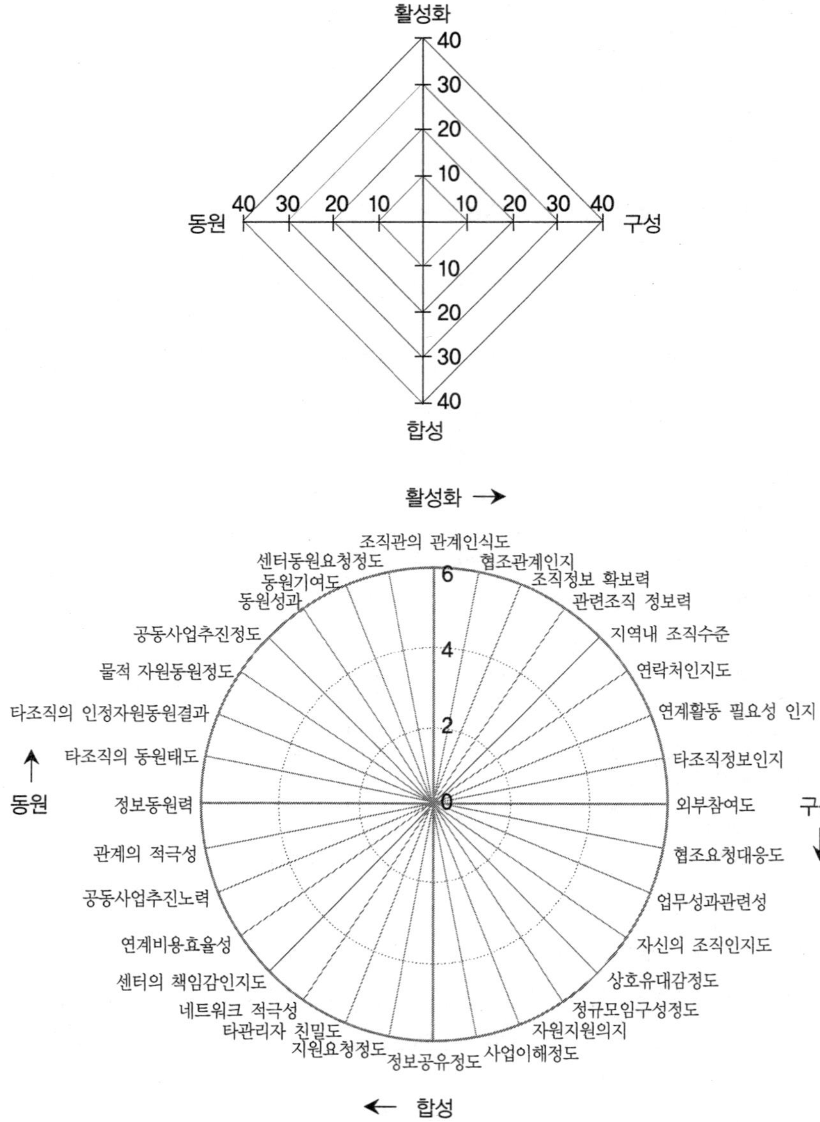

|그림 11-3| 네트워크 관리태도 분석

〈표 11-10〉 조직의 수준에 맞는 네트워크 관리전략 수립하기

기 관 명	
네트워크 사업명 혹은 내용	
목적 및 목표	
네트워크 대상기관	

네트워크 관리전략 수립

－네트워크 관리태도 결과를 중심으로 강화할 점, 보완할 점을 충분히 고려하여 전략을 수립할 필요가 있음

활성화	
구 성	
합 성	
동 원	
역할분담	
기대효과	

5) 지역 네트워크 사례

본 서에서 제시하는 지역 네트워크의 사례는 일본 도쿄도 사이타마현(2008), 대구시자원봉사센터(2009)의 행정과 시민, 시민단체와의 네트워크 사례를 중심으로 정리하였다. 자원봉사센터 등에서 함께 운영해 볼 수 있을 만한 내용을 중심으로 네트워크의 유형에 따른 특징과 내용을 정리해 보면 다음과 같다.

(1) 네트워크의 유형

네트워크 유형	특 징	예
유형 1. 정보교환 및 의견교환 등	• 지역 내 문제해결을 목적으로 지역시민들과 전문가 단체들과의 정보 · 의견교환 등의 네트워킹을 통해 사업추진 • 지역 네트워크 시스템 구축을 위한 전(前)단계로서 필수과정임 • 행정과 시민(단체)과의 거리를 좁히고, 시민(단체)의 관심이 어디에 있는지를 알 수 있음	–사이타마현 고향하천 재생지역회의 –사이타마현 그린 투어리즘(green tourism) 검토회 –새로운 유역하천 만들기 검토회 등
유형 2. 업무위탁	• 지역 내 문제를 해결하기 위한 전문적인 역할을 수행할 수 있는 시민단체 등에 업무 전체를 위탁하는 형태로 네트워킹 • 행정주도에 비해 일반시민들의 참여가 확대됨	–고교진학 가이던스 사업 –꽃가득 사이타마 보급에 관한 사업 [사례 1] –가정폭력(배우자 폭력) 피해자 지원 자원봉사 육성강좌 [사례 2] –자녀양육을 위한 네트워크 지원사업 –학교와 시민과의 협력플랜 개발사업 [사례 3] –사이타마현 슈퍼여름스쿨 [사례 4]
유형 3. 사업공동개최	• 지역시민들의 관심을 모으고 다양한 정보를 제공하는 등의 목적으로 네트워크가 구성되고 이루어지는 경우가 많음 • 사업추진의 활성화를 위하여 세미나, 상담회 등을 보조적으로 추진함 • 사업의 공동개최를 통해 개최기관의 홍보효과 있음	–대구자원봉사박람회 [사례 5] –사이타마현 어린이 에코클럽 축제 [사례 6] –사이타마현 맨션 거주지원사업
유형 4. 사업협력	• 민 · 관협력사업의 대표적인 예로서 협력기관 간의 구체적이고 분명한 역할분담을 통해 사업을 추진함	–아티스트 볼런티어콘서트 [사례 7] –스스로 기획하는 캠프(청소년사업의 일환으로 추진) –자원봉사 재난관리시스템 [사례 8]

(2) 유형별 네트워크 사례

사례 1 꽃가득 사이마타 보급에 관한 사업(네트워크 유형 2)

구 분	내 용
목 적	FIBA(국제농구연맹)농구대회(2007년 8~9월)의 대회장 주변을 꽃으로 가득 채우고, 참가선수와 관객을 꽃으로 맞이하기 위한 것을 목적으로 하고 있음
기 간	2006년부터~대회종료 시까지
협력단체	NPO법인 플라워 피스
사업의 구체적인 내용	대회장 주변 꽃의 디자인은 FIBA농구대회의 주최측에서 진행하지만, 그 전단계인 시 주최로 실시된 "플라워 페스티벌"은 NPO에 위탁해 실시했음 • 꽃가득 운동보급 계발(리플렛 배포) • 원예상담 실시 • FIBA 농구대회 홍보 • FIBA 농구대회의 꽃 자원봉사자 모집 및 등록사업 ※ 꽃자원봉사자 : FIBA 농구대회개최에 있어 대회장 주변을 꽃으로 장식하기 위한 자원봉사자. 등록 수는 약 250명 -선발방법 : 서류심사 -홍보방법 : 홈페이지를 통한 꽃자원봉사자 모집공고
네트워크로 인해 가능하게 된 것	네트워크를 통해 NPO법인인 그린피스는 화훼조합과 소비자조합 등, 꽃과 관련한 조직과의 네트워크 체계를 구축하기 위해 노력하였으며, 꽃 자원봉사자 모집을 위해서 조직된 네트워크 체계를 운용하였음

사례 2 가정폭력 피해자지원 자원봉사 육성강좌(네트워크 유형 2)

구 분	내 용
목 적	지역 및 민간지원단체에서 가정폭력피해자를 지원하는 자원봉사자를 육성하기 위한 목적으로 실시함
기 간	2004~2007년까지 민간단체에 위탁함
협력단체	지역 내 NPO 2개 단체
사업의 구체적인 내용	가정폭력피해자지원활동을 하고 싶고 희망하는 사람을 대상으로, 자원봉사자 육성강좌의 개최운영사업을 노하우가 있는 NPO에 위탁함 내용 : 강좌개최의 홍보, 수강자의 모집, 선발, 강사선정 등 강좌개최에 관한 전체 업무 ※ 단체선발방식 : 기획제안방식(서류심사) • 강좌개최 필수 커리큘럼 가정폭력의 기초지식, 가정폭력방지법, 피해자 심리, 지원의 기본적 마음의 준비(2차 피해방지), 활동의 실제, 지원관계기관・관계자의 네트워크 구축 등 • 강좌개최 선택 커리큘럼(위탁단체의 특색있는 커리큘럼) 예 외국인 지원, 아이를 대상으로 한 지원 노하우, 역할연기 등
네트워크로 인해 가능하게 된 것	위탁 NPO의 네트워크를 살리고, 피해자지원센터를 실제로 운영하고 있는 단체의 사람을 강사로 초대, 실질적인 사례를 교환하면서 강좌를 실시하였음 예를 들면, 어느 가정에 있어서도 일상적인 대화 중에도 배우자폭력이 발생할 가능성이 있다는 것 등을 구체적인 예로 보여주고, 교육참가자들에게 일상의 혹은 어디에서든 발견할 수 있는 사례를 많이 보여줄 수 있었음 • 사업은 지속할 예정이며, 노하우가 있는 단체를 육성 지원예정임

사례 3 학교와 시민과의 협력플랜 개발사업(네트워크 유형 2)

구 분	내 용
목 적	사회의 급속한 변화에 대응할 수 있는 새로운 교육시스템을 창출하기 위하여 「환경교육」, 「국제이해교육」, 「복지 · 자원봉사 교육」, 「캐리어교육」,[3] 「소비자교육」 등에 관하여 학교가 기업과 NPO단체 등 민간과 협력하여 교육과정의 유연한 편성과 실시 등을 목적으로 함
기 간	2006년부터 실시함
협력단체	NPO법인 브로드밴드 스쿨협회, NPO법인 일본임상미술협회, NPO법인 지치부시(사이타마현의 도시명) 생각하는 회, NPO법인 에코로지센터와 5개의 민간단체
사업의 구체적인 내용	학교(초등학교 8개교, 중학교 2개교)와 시민기업과 NPO단체가 네트워크해서 종합적 학습시간에 있어 학습 프로그램 작성을 시행하였음 ※ 단체선발방식 : 기획제안방식(서류심사) ※ ○○초등학교의 실시사례 · 사업명 : 친근한 시설과 지역의 인재를 활용한 환경교육의 추진 · 네트워크기관 : NPO법인 에코로지센터 · 내용 : 간나(神流)지역 하천을 둘러싸고 있는 자연환경, 에너지, 생활의 조화와 공생을 생각하는 학습을 창조하기 위함임 사업에 있어서 주요한 역할분담은 수업지도를 NPO 측에서 실시하고, 아동의 행동 등의 감독을 학교가 하는 형태로 함 · 수업내용 －하천과 바다의 관계　－농업용수조압수조(調壓水槽)의 견학 －우리 마을의 환경에 대해서　－지구온난화와 날씨에 대해서 －만들기(태양전지 자동차)　－전기와 환경(이산화탄소 배출량) －학습정리(아동주체의 개별학습) －발표회(보호자를 초대한 학습발표회)
정보발신 · 홍보	홈페이지를 통한 홍보
사업평가	실천발표회개최, 실천사례집을 제작하여 지역 내 초등학교에 배부함
기 타	학습의 창조가 본 사업의 주제였으므로, 단순한 NPO와의 강의만이 아니라 NPO와 학교 상호 간의 사전조정을 위하여 매 수업 전 최소 1회는 회의를 실시하였음

3 캐리어 교육(career education)이란 1970년대에 미국 교육계에서 교육개혁 구상의 하나로 등장한 것. 「캐리어」란 직업을 중심으로 한 개인생활의 경력을 뜻하며 「캐리어 교육」이란 장래의 자기캐리어를 뜻있게 지낼 수 있게 하는 교육을 말한다. 일반적으로 산업계의 기술고도화와 더불어 적절한 직업생활을 하기 위해서는 이에 필요한 준비로서의 교육이 요구되고 있다. 또 직업을 중심으로 적절한 사회생활을 할 수 있도록 초등학교에서부터 고등학교에 이르기까지, 그리고 성인교육을 포함하여 교육 전체에서 이에 대한 점검이 필요하게 됨(네이버 용어사전, http://terms.naver.com, 2010.10)

네트워크로 인해 가능하게 된 것	○○초등학교의 예 아동에게 환경문제는 학교의 수업으로 지도하는 영역으로 만들어 진행하면서, 처음으로 듣는 언어, 사상, 체험에 순수하게 놀라고 감동했다. 그것보다 아동들은 환경문제에 대한 관심이 확실하게 높아졌다고 판단됨. 또 왜 지구온난화에 이산화탄소의 배출량이 관계가 있는가에 대해 구체적인 이해가 가능하도록 실험도 하고, 구체적인 대응방안이 무엇인가에 대한 고민도 해 볼 수 있는 기회가 마련됨

사례 4 사이타마현 슈퍼여름학교(네트워크 유형 2)

구 분	내 용
목 적	집 밖으로 나가지 않는, 사람들과 만나는 것을 꺼리거나 히키코모리(은둔형 외톨이)의 경향이 있는 불등교 학생을 대상으로 다양한 활동체험을 통해서, 장기숙박 집중지도 실시를 통해 본래 아동들이 가지고 있는 파워를 회복하고, 자주성과 협동성을 육성하고 학교와 사회적응력을 키우는 것을 목적으로 함
기 간	2004년부터 실시함 중앙교육심의회의 권고인 「체험으로 발견하는 교육」을 갈구하기 위한 것이 그 배경이 되었음
협력단체	NPO법인 프리스쿨학원, 그 외 사이타마현 내 5개 시교육위원회
사업의 구체적인 내용	※ 슈퍼 여름학교의 내용 • 학생자원봉사 · 작업요법사 · 공무원(縣) 등의 네트워크에 의해 사업의 스토리 만들기 • 폴라로이드 등을 사용한 학급 또는 개인의 일지작성 • 티셔츠 만들기, 도기 만들기 • 바비큐 · 카레 만들기 • 팀별 참가자와의 커뮤니케이션 만들기 • 휴식시간, 취침시간을 이용해서 놀이와 회화를 통한 개별대응의 커뮤니케이션 만들기 • 참가학생의 동창회 실시 • 참가아동 · 학생의 보호자와의 상담회 실시 • 학생 자원봉사자의 활용 ※ 단체선발방식 : 기획제안방식(서류심사)
정보발신 · 홍보	참가자 모집은 홈페이지, 신문전단지 등을 통해 홍보

사업평가	NPO, 각 시교육위원회에 사업실적보고회를 제출하고, 학생지도실에서 만든 사업보고서를 사이타마현 내 교육위원회, 프리스쿨 등에 준하는 활동을 하고 있는 단체에 배포함
기 타	사업실시 후 추적조사(실태)로, 사이타마현의 슈퍼여름학교에 참가한 아동·학생의 32%가 학교(학급)복귀를 한 것으로 밝혀짐. 실시효과가 매우 큰 사업에 해당됨
네트워크로 인해 가능하게 된 것	교원·학교에서 본 사업을 실시하려고 하면, 일정이 면밀하지 않기도 하고, 교원의 지도가 중심이 되는 기획이 되는 등의 우려가 예상되나, 불등교 숙박체험 활동에 있어서 노하우가 풍부한 NPO는 스케줄에 관해서도 개인의 응대에 관해서도 효율적인 구성이 가능함 또한 자원봉사자로서 참가한 학생(지역 대학생)을 주체적으로 움직이는 아이디어도 가지고 있고, 의미있는 사업진행이 되었음

사례 5 대구자원봉사박람회(네트워크 유형 3)

구 분	내 용
기 관 명	주최 : 대구광역시 주관 : 대구광역시자원봉사센터, 구·군자원봉사센터, 광역·기업자원봉사협의체
네트워크 사업명	대구자원봉사박람회
목적 및 목표	자원봉사에 관한 다양한 정보제공 및 각종 이벤트를 통한 대구시민의 자원봉사문화 확산 및 보급 －자원봉사홍보관 운영 －이벤트 체험관 운영 －시민참여 이벤트
네트워크 대상기관	주관기관 및 박람회 참가단체(약 70여 개 기관단체)
활성화	박람회 개최를 위한 각종 자료수집 사업담당자의 네트워크 의지점검 홍보, 이벤트 등 참가단체 정보수집
구 성	참가단체 모집을 위한 모임구성 및 홍보활동 수집된 정보의 분석(장·단점, 긍정적 측면, 부정적 측면 등)
합 성	참가단체 간의 정보공유 지속적인 교류 박람회 참가단체 및 담당자의 참여수준 점검
동 원	운영성과 및 기여도를 높이기 위한 전략수립 행사 후 단체 및 개인(업무담당자)과의 지속적 연계를 위한 전략수립 새로운 네트워크 사업구상 등
역할분담	－자원봉사센터/ 박람회 참가단체/ 주관단체의 역할분담
기대효과	네트워크 사업의 목표달성 네트워크 기관 간의 연계시스템 구축 지속적인 네트워크 사업 추진 등

사례 6 사이타마현 어린이 에코클럽 축제(네트워크 유형 3)

구 분	내 용
목 적	사이타마현 내의 초·중학생에게 환경학습의 흥미를 가지도록 하고 어린이 에코클럽의 보급확대를 목적으로 함
기 간	2005년부터 실시함
협력단체	NPO법인 사이타마 어린이 네트워크
사업의 구체적인 내용	「사이타마현 어린이 에코클럽」을 중심으로 환경학습의 성과와 환경문제에 관하여 정보교환·교류를 이어가고, 지역 내의 초·중학생에게 환경학습의 흥미를 가지도록 하기 위하여 축제를 실시 ※ 2006년도 축제의 주요 내용 · NHK(일본방송사) 기상캐스터의 강연 "지구가 더워, 날씨로 아는 지구의 SOS!" · 어린이 에코클럽 활동소개 지역의 에코클럽대표자가 활동내용을 발표함 · 모여라 에코퀴즈! 체험학습 코너 재활용 만들기, 스톤 페인팅, 종기접기 체험 등, 체험학습코너 개최 · 어린이 에코클럽 벽신문(壁新聞)[4] 게시 지역의 각 어린이에코클럽에서 작성한 벽신문을 전시, 그 외에도 '놀라운 과학쇼-에너지의 불가사의', '지구를 구하는 것은 나! 환경전사쇼' 등을 개최함 ※ 어린이 에코클럽 : 환경성(정부부처)과 각 지방자치단체가 지원하고 있는 어린이들의 자주적인 환경활동 클럽. 사이타마현은 약 400클럽, 6,000명의 어린이들이 등록(2008년 3월 현재)하고, 현내 각지에서 환경에 관한 활동을 실시하고 있음
네트워크로 인해 가능하게 된 것	어린이들을 끌어들이는 기획과 이벤트 개최를 위한 본부운영, 전단의 배부, 현수막 제작 및 작성 등, NPO의 기동력과 네트워크를 사용한 모집력이 사업의 성공에 크게 공헌함. 또한 환경분야 외에도 많은 지역주민, 단체와의 교류를 갖는 것이 가능해졌음

4 보도(報道)의 원초적 형태로, 사람의 눈에 띄기 쉬운 곳에 게시하여 뉴스전달을 꾀하는 신문(네이버 백과사전, http://100.naver.com, 2010.10)

사례 7 아티스트 볼런티어 콘서트(네트워크 유형 4)

구 분	내 용
목 적	아티스트 자원봉사뱅크에 등록되어 있는 자원봉사자로서 연예활동을 하고 있는 음악가의 협력을 얻어, 병원, 사회복지시설 등에 장기간에 걸쳐 입원하고 있거나, 콘서트장에 직접 관람하기가 어려운 사람들에게 가까운 곳에서 생생한 음악을 감상시켜주기 위한 목적임
기 간	1999년부터 실시함
협력단체	아티스트 자원봉사뱅크에 등록되어 있는 음악가
사업의 구체적인 내용	본 사업은 자원봉사자로서 연예활동을 하고 있는 음악가를 아티스트 자원봉사은행에 등록하고, 협력을 통해 사업을 추진하였음 · 사이타마현은 콘서트 개최에 있어서, 아티스트 자원봉사와 이용자와의 연결다리 역할을 행하였음 · 비용부담 – 이용자 : 자원봉사 음악가의 교류비, 악기운반비는 실비부담을 함 자원봉사 음악가에 대한 출연보수는 무료임 – 사이타마현 : 자원봉사보험, 전자피아노 대여료 등은 부담함 ※ 사업추진 시점부터 지속적으로 아티스트들에게 자원봉사은행에 등록할 수 있도록 권장하고 있음
사업평가	음악가의 자기평가는 임의로 행해지고 있으나, 이용자에게는 콘서트 개최 후, 설문지를 통해 응답을 의뢰함
네트워크로 인해 가능하게 된 것	아티스트 자원봉사자의 적극적인 협력에 의해, 병원, 사회복지시설 등에 장기간에 걸친 입원하는 등 콘서트장에 직접 관람하기 어려운 사람들에게 살아있는 콘서트를 제공할 수 있게 되었음

사례 8 자원봉사 재난관리시스템(네트워크 유형 4)

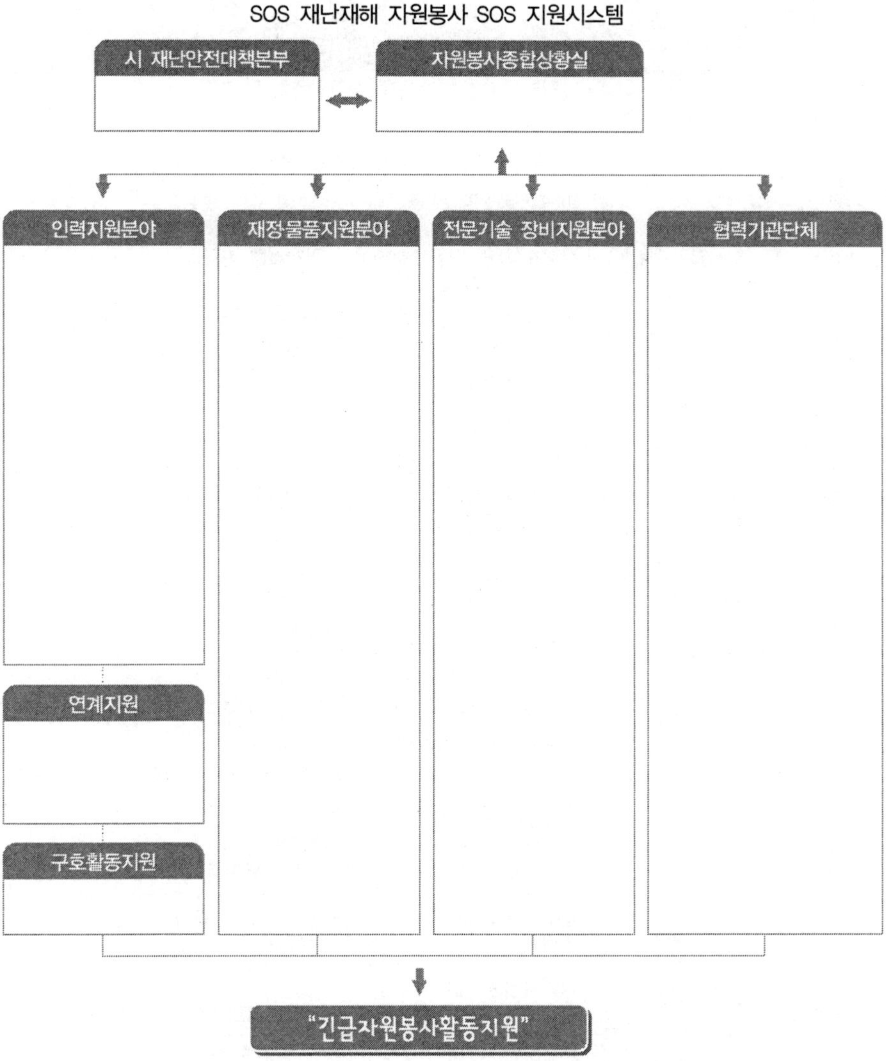

SOS 분야별 역할분담

분 야	구 분	주요 내용
자원봉사 종합상황실	운영방향	· 수요파악(시 재난재해상황실 연계) · 자원봉사 네트워크 구축(실무위원회 운영)
	구 성	· 시민봉사과 · 시 자원봉사센터(참여기관단체 실무위원회)
	활동체계	· 피해자지역 정보수집 · 가용인력 및 장비 등 규모 파악 · 상황전파 및 지원요청(SOS 지원시스템 가동) −실무위원회 회의소집 등 · 분야별 운영 및 활동지원(자원봉사인력 및 물품배치 등)
현장상황실	운영방향	· 수요파악(구 재난재해상황실 연계) · 자원봉사 네트워크 구축
	구 성	· 피해지역 구 · 군 · 피해지역 구 · 군 자원봉사센터
	활동체계	· 피해지역 정보수집/ 가용인력 및 장비 등 파악(종합상황실과 연계) · 분야별 운영 및 활동 세부계획수립 및 지원(자원봉사인력 및 물품 배치 등) · 현장상황실 설치 · 자원봉사자 홍보 · 모집, 교육 및 오리엔테이션, 배치 · 활동결과 보고, 자원봉사 인정보상
인력지원분야	운영방향	· 참여기관별 가용인력 확보 및 활동장비 구축 · 현장상황실(실무위원회)과 활동정보 공유(중복 방지)
	구 성	· 광역 · 기업자원봉사협의체 · 8개 구 · 군 자원봉사센터, 여성자원활동센터, 청소년종합지원센터
	활동체계	· 상황실(수요발생 → 지원요청) · 급식봉사(대규모 급식차량 보유단체 등) · 침수가옥, 하천정비, 가재도구 정리, 농작물 일손돕기 등
재정물품 지원분야 (인력지원과 병행)	운영방향	· 실무위원회 회의를 통한 신속한 지원규모 결정 · 피해지역에 대한 신속한 구호물품 지원
	구 성	· 기업자원봉사협의체 · 대구노블레스봉사회, 사회복지공동모금회 등 협력기관 · 단체
	활동체계	· 상황실(피해지역 이재민 현황, 수요물품 등 파악) → 지원요청 · 이재민 구호물품 지원
전문기술 장비지원분야	운영방향	· 가용인력 및 장비확보 · 상황실(실무위원회)과 활동정보 공유(중복 방지)
	구 성	· 기업자원봉사협의체(기술보유 기업봉사단) · 대구의사회, 한국아마추어무선연맹 대구지부 등 협력기관 · 단체
	활동체계	· 상황실(수요발생 → 지원요청) · 전기, 통신, 도시가스, 가전제품 수리, 의료봉사 등

출처 : 대구시자원봉사센터(2008). 대구광역시 재난재해 자원봉사 지원시스템 운영매뉴얼.

함께 생각해 볼 과제

1 내가 살고 있는 지역사회의 자원을 조사해 봅시다.

2 자원봉사 조직 간 네트워크를 활용할 경우 장점은 무엇인가 생각해 봅시다.

3 최근 많은 사회복지 및 자원봉사 조직들이 조직 간 네트워킹의 필요성은 인정하지만, 실질적인 네트워킹은 원활하지 못한 경우가 많다. 보다 효율적인 네트워킹을 위한 노력들은 어떠한 것이 있을까 함께 생각해 봅시다.

CHAPTER

12 선발과 면접, 배치

1. 자원봉사자 선발과 면접

1) 선 발

선발은 충원에 적합한 직무자격을 소유하고 있는 인적자원을 선택하는 과정 또는 최적의 지원자를 특정 직무에 짝지어 주는 과정(matching process)으로서 사람을 모으는 모집의 다음 과정이며, 응모자격과 직무조건을 고려하여 직위에 맞게 안배하는 과정이다. 선발은 직무수행에 적절한 인적자원을 선택하는 것이지만 동시에 최소비용과 시간을 투자하여 최적의 자원을 구하는 전략적 행위이다. 모든 다른 조직활동과 마찬가지로 자원봉사자 선발은 제한된 인적자원을 대상으로 구체적인 직무기술서가 결여된 상태에서 이루어지므로 철저한 사전준비가 필요하다. 따라서 선발의 가장 중요한 사항으로는 적재적소의 원칙(principle of the right person for the right job)의 실현이다(김창의 외, 2001; 이만식 외, 2010 : 157 재인용).

또한 스키드모어(Skidmore, 1990 : 193)는 선발의 중요한 두 가지 요소인 조직의 요구와 기대, 선발될 자원봉사자의 요구를 얼마나 잘 파악하는가가 중요하다고 지적하고 있다. 즉, 선발의 가장 기본적인 원칙은 잠재적 자원봉사자가 원하는 것이 무엇이고 어떤 일을 하는 것에 가장 관심이 있는지를 알아내는 것이며 이러한 사실을 바탕으로 자원봉사자들을 가장 생산적으로 이용할 수 있도록 자원봉사업무를 조정하는 것이다.

특히 선발과정에 있어 고려되고 결정되어야 할 세 가지 사항은 적합성, 모집, 마케팅이다(이만식 외, 2010 : 159-160).

첫째 '적합성'은 기관의 욕구와 관심이 자원봉사자의 욕구, 관심과 상호 일치하는 것을 의미한다. 적합성 검토는 다음 세 가지 항목의 고려와 결정으로 이루어진다.

- 자원봉사자가 특별한 일에 어느 정도 관심을 가지고 있으며, 그 일을 수행하는데 요구되는 자격은 갖추고 있는가?
- 자원봉사자가 다른 일에는 어느 정도 관심을 가지고 있으며, 그 일을 수행하는데 요구되는 자격은 갖추고 있는가?
- 자원봉사자가 특수한 업무환경에서 원만하게 활동하는데 필요한 '적절성(rightness)'은 어느 정도인가?

여기서 적절성은 자원봉사자가 원만하게 활동을 할 수 있을 가능성을 예측하는 데 중요한 요소가 된다. 즉, 적절성에는 개인적인 스타일(편안한 혹은 열광적인)과 성격(깔끔한 혹은 번잡한, 내성적인 혹은 외향적인), 그리고 행동(흡연 혹은 비흡연) 등을 포함한다.

둘째, 모집에 있어 먼저 명심해야 할 부분은 면접과정에 참여한 잠재적 자원봉사자가 실제 선발이 완료된 자원봉사자가 아니라는 점이다. 이 단계에 참여한 이들은 그저 기관에 특별한 관심을 가지고 있다는 점이다. 따라서 선발을 위한 면접의 중요한 목적 중의 하나는 기관이 자원봉사자에게 무엇을 제공할 수 있으며, 기관에서 원하는 일을 어느 정도 해줄 수 있을 것인지에 관해서 자원봉사자가 신중하게 생각할 시간을 주는 것이다. 동시에 자원봉사자가 기관 혹은 업무에 적합한가, 그리고 왜 그 업무가 관심을 가질 만한 가치가 있는지에 대해서도 생각할 시간이 주어져야 한다.

셋째, 선발을 위한 면접 동안 결정해야 할 마지막 요소는 마케팅 정보이다. 선발과정은 모집과정의 효과성을 평가할 수 있는 좋은 기회이다. 잠재적인 자원봉사자로부터 자원봉사 프로그램에 관한 두 가지 핵심적인 마케팅 정보인 기관 자원봉사활동 정보 수집경로, 참여동기에 대해서 파악해 볼 수 있다. 이는 현재의 모집방법에 대한 검토와 평가를 통해 향후 효과적인 모집방법의 개발을 위한 중요한 자료로 활용될 수 있다.

TIP. 자원봉사자에게 요구되어지는 특성

• 유머감각	• 조직 혹은 리더십 기술
• 흥미 혹은 개인적 관심(문제/ 욕구와 관련된)	• 긍정적 태도
• 유연성	• 자원봉사활동에 대한 따뜻한 열정

출처 : DHHS(2006 : 2-7).

2) 면 접

자원봉사자 면접(interview)은 자원봉사 신청자가 자원봉사활동을 시작하기 전에 자원봉사관리자와 만나는 첫 번째 대면접촉으로, 자원봉사자는 자신이 관심있는 활동영역에 대한 정보를 얻게 되고 자원봉사관리자 역시 배치에 필요한 정보를 얻을 수 있는 기회를 갖는 것이다.

면접을 통해 실시하고 가능한 관리자와의 일대일 상담을 통해 상호 충분한 의견교환이 필요하다. 자원봉사자의 활동에 대한 기대, 목표, 참여동기에 따라 적합한 업무부여, 기술이나 재능, 잠재력을 소유한 자원봉사자 본인이 희망하는 업무가 없을 경우 무리한 배치보다는 새로운 업무를 개발하여 배치하도록 노력해야 한다(볼런티어21, 2001).

예를 들어, 폐암 말기의 어르신의 가정방문활동을 통해 일상생활 지원활동을 하는 자원봉사자를 모집한다고 가정하자. 자원봉사활동을 신청한 자원봉사자가 활동시간대, 이동거리 등 물리적인 조건이 맞다고하더라도 자원봉사자에게 사전에 활동의 정보를 주고 활동의사를 파악할 필요가 있다. 이러한 기능적 조건이 충족된다하더라도 공격적이거나 감수성이 결여되어 있거나 혹은 최근 가족 중 비슷한 경우를 경험한 자원봉사자의 경우에는 심리적으로 부담을 주게 되어 배치하는 것은 무리가 될 수 있다. 또한 새로운 자원봉사자가 배치되기 전에 기존에 배치되어 활동하고 있는 자원봉사자와 함께하는 자리를 만들어 활동에 대한 다양한 정보를 제공하도록 하며, 기존의 자원봉사자와 공감대를 형성할 수 있는 기회제공이 필요하다.

이만식 외(2010 : 161-168)는 구체적인 면접이 시행되기 위해서 고려되어야 할 요소는 면접장소, 면접 시 유의점, 면접담당자의 요건, 실제적인 면접과정 네 가지를 제시하고 있다. 구체적인 내용은 다음과 같다.

(1) 면접장소

면접과정을 수행하는 장소는 다양할 수 있으나, 면접 동안에 자원봉사자가 개인의 존중과 편안함을 느낄 수 있게 해주는 것이 매우 중요하다. 어느 공공의 장소나 공유된 사무실에서의 면접은 피해야 한다. 면접의 책임을 맡은 직원의 업무상의 일정을 사전에 적절히 조정해서 면접시간 동안 전화나 다른 직원으로 인해 면접을 할 때 방해받지 않도록 해야 한다.

면접의 방법은 일대일 면접이 가장 바람직하지만, 거리가 너무 멀거나 면접대상자가 너무 많아 직접 대면면접이 어려울 경우에는 전화를 통한 사전면접을 하는 방법도 있다. 전화면접이 적당한가를 결정하는 요소는 ① 자원봉사자에게 부탁하는 봉사시간, ② 책임의 정도, ③ 업무의 민감성 정도에 따라 결정되어야 한다.

(2) 면접 시 유의점

면접을 실시하기 전에 지원자와 면접담당자가 서로 신뢰관계를 유지하기 위해서 우호적인 분위기를 조성해야 한다. 유의해야 할 사항은 다음과 같다.

- 면접담당자는 지원자의 개인적 성격과 존엄성을 존중해야 한다.
- 지원자에게 제시할 면접내용을 사전에 준비해야 한다.
- 질문내용은 지원자가 쉽게 이해할 수 있도록 간단명료해야 한다.
- 면접내용은 체계적이고 논리적이어야 한다.
- 지원자의 결점을 지적하거나 비판해서는 안 된다.
- 면접 중에 지원자의 자존심을 상하게 해서는 안 된다.
- 면접담당자와 지원자 간의 비밀이 유지되어야 하면 면접내용을 선발 이외의 용도로 이용해서는 안 된다.

자원봉사자 면접을 위해 미리 준비해야 할 사항들

1) 기관준비사항(공통사항)
- 기관소개자료(홍보 브로슈어 혹은 기관소개 팸플릿)
- 자원봉사관리자 명함
- 자원봉사활동 신청서(접수카드)
- 면접 질문지(비치해 둘 필요는 없다)

2) 자원봉사활동 정보 없이 방문한 경우
- 자원봉사의 개념과 필요성에 대한 안내지
- 활동메뉴표(활동사진도 좋음)

3) 자원봉사활동내용(모집공고문)을 보고 방문한 경우
- 자원봉사 직무설명서

출처 : Steve McCurley & Rick Lynch(1996). Volunteer Management 재구성.

(3) 면접담당자의 요건

면접담당자를 선정할 때 검토해야 할 자격요건은 다음과 같다.

- 자원봉사자가 수행할 일에 관한 전반적인 지식을 가지고 기관과 기관의 목적에 대하여 설명할 수 있는 능력과 자원봉사자의 욕구에 기반을 둔 새로운 자원봉사자 업무를 만들 수 있는 능력
- 잠재적 자원봉사자를 이해하고 그들의 욕구를 연계할 수 있으며 그들의 활동을 권장하는 반면, 면접의 전반적인 과정 동안 조직화된 체계를 수행할

수 있는 능력과 자원봉사자와 협상할 수 있는 능력
- 자원봉사자가 기관에 적합하지 않을 경우, 면접자의 기분을 상하지 않게 필요하지 않다고 말할 수 있는 능력

(4) 면접과정

실질적인 면접은 면접 전 준비단계, 면접, 면접 후 업무 세 단계로 나누어 볼 수 있다.

첫째, 면접 전 준비단계는 지원자에 대하여 최소한의 자격요건을 확인하는 과정으로서 지원자의 장점을 발견할 수 있도록 끌어내는 질문을 준비해야 한다.

둘째, 면접단계에서는 선발과정에 대해 적절한 설명이 이루어지고, 자원봉사자가 자원봉사활동을 하면서 기대하는 것이 충분하게 표현된 후에야 면접 자체가 시작된다. 면접은 일방적인 것이 아니라 쌍방적인 행위로서 서로의 의사를 교환하는 과정으로서 협상과정이라는 점을 기억해야 한다.

셋째, 면접 후 업무는 새로운 자원봉사자의 배치와 업무의 위탁을 위해 해당 직원들의 협조를 구하고, 자원봉사자가 제출한 서류에 대한 재검토 과정 등을 포함한다. 이 단계에서 중요한 점은 가능한 빨리 이 과정을 끝내야 한다는 점이다. 면접과 배치 사이에 시간이 많이 소요될수록 자원봉사자의 탈락률이 높아진다는 점이다. 이상의 자원봉사면접을 통해 자원봉사활동의 의사 및 욕구 등을 파악하였다면 이제는 어디에 어떻게 연결할 것인가에 대한 자원봉사자 배치단계로 이어진다.

2. 자원봉사자의 배치

자원봉사자 배치는 자원봉사자의 욕구를 자원봉사활동처의 욕구와 적절히 연결시키는 과정이다. 배치는 자원봉사 신청자가 처음 자원봉사활동을 시작할 때 한 번만 이루어지는 것이 아니며, 자원봉사자들이 새로운 욕구를 가지고 더 높은 단계로 성장해가는 과정에서 자원봉사활동처나 담당하는 업무의 내용을 바꾸게 될 경우에도 이뤄져야 하는 중요한 활동이다.

자원봉사자들의 관심과 욕구에 맞게 업무를 배치함으로써 자원봉사자들이 보람을 느끼고 활동을 지속하며, 궁극적으로 자신이 성장하는 기쁨을 맛보도록 돕는 것은 프로그램을 통해 일을 성취하는 것만큼 중요하다.

그러나 자원봉사자를 배치했다고 해서 모두 자원봉사활동으로 이어지는 것은 아니다. 일반적으로 한두 번 자원봉사활동에 참여했다가 내가 생각했던 활동과 달라 활동을 그만두거나, 여러 가지 상황으로 인하여 6개월 이내에 활동을 그만두는 경우가 자원봉사참여자의 60% 수준이다. 자원봉사자들의 불만, 중도탈락의 주된 이유들로는 ① 자원봉사활동이 시간낭비로 느껴진다. 즉, 보람을 느끼지 못한다. ② 본인의 기술과 재능이 적절히 활용되지 않는다. ③ 관심과 능력에 맞는 업무에 배치되지 않았다 등이 꼽히고 있다(대구시자원봉사센터, 2008).

최유미(2007 : 44-45)는 주부자원봉사활동의 지속성과 중단성에 영향을 미치는 요인에 관한 연구에서 근거이론(grounded theory)인 개방코딩(open coding)을 통해 자원봉사자들이 느끼는 자원봉사활동 저해요인으로 수혜대상자의 태도, 동료자원봉사자의 태도, 주위의 몰이해, 팀원 간의 이기심, 동료 간의 불화 및 이해부족, 가족의 반대, 시간적 제약, 기관담당자와의 갈등, 활동내용 문제, 건강문제, 자신감 결여 등인 것으로 밝혀졌다. 구체적인 내용은 <표 12-1>과 같다.

〈표 12-1〉 자원봉사활동 저해요인

개 념	범 주	속 성	차원의 범위
수혜대상자가 도움을 당연시함 자원봉사자에 대한 거부감 자원봉사자에게 욕설을 하는 등 가치절하함 수혜대상자의 몰상식한 언행 구걸 받으러 온 사람 취급함	수혜 대상자의 태도	강도	강-약
동료가 보여주기식 활동함 얼굴만 내밀고 일은 안함 사진만 찍고 활동하는 척 함	동료자원봉사자의 태도	강도	강-약
여유있는 사람들로 봄 돈받고 하는 일로 취급 친구들의 이해부족, 무관심	주위의 몰이해	정도	많고-적음
현재 소속팀원들끼리만 활동하길 희망함 아는 자원봉사자끼리만 이야기 함	팀원 간의 집단이기심	강도	강-약
동료끼리 이해 못함/ 상처받음 힘든 일을 꺼려함 팀원이 말을 함부로 함/ 인정받지 못함 마음에 안 드는 동료와 함께하기 싫음/ 의견조정 어려움	동료간의 불화 및 이해 부족	강도	강-약
남편의 반대로 늦은 시간활동 어려움 남편의 이해부족 가사시간 축소로 남편과의 불화시작	가족의 반대	강도	강-약
자녀/ 손녀, 노부모 부양으로 시간적 여유가 많이 없음 활동 시간대가 제한됨 동생 결혼준비/ 가사일로 바쁨 취업으로 활동 중단함 매번 활동시간을 지키기 어려움 지속적인 시간할애의 부담감	시간적 제약	내용	양육-수발-가사일
어르신 수발봉사 시어른께 비밀로 함 고 3 자녀에게 미안함 주위의 요구에 대한 부담감	심리적 부담감	강도	강-약
활동의 기회부여 안 함/ 땜방식 활동배치 담당자가 자원봉사의 필요성 인식 못함 담당자의 말투/ 지시적 태도/ 지나친 관심 팀원 전체가 서운함을 느낌 봉사자의 차별대우/ 무관심/ 무성의 태도 활동내용에의 가치절하함/ 인정 안 함 담당자와 싸움으로 갈등 지속됨 기관의 활동정보, 관리/ 약속이행 제대로 안 함	기관담당자와의 갈등	내용	태도-인정-활동관리

개 념	범 주	속 성	차원의 범위
짧은 시간 내에 주어진 일 처리 어려움 기관운영 프로그램 중단	활동내용 문제	정도	많고-적음 지속-중단
건강악화로 중단함 활동의 양에 비해 몸이 안 따라줌 육체적 제약으로 활동양이 제한됨	건강문제	강도	강-약
젊은 사람들이 하는 일로 취급 활동참여에 대한 심리적 부담감 가짐	자신감 결여	강도	강-약

따라서 자원봉사자 배치는 반드시 면접(전화면접이라도 구체적인 상황설명이나 구체적인 정보제공이 필요함)을 통해 실시하며 가능한 한 관리자와의 일대일 상담을 통해 상호 충분한 의견을 교환이 필요하다. 또한 자원봉사자의 기대, 욕구에 맞는 프로그램에 참여할 수 있도록 하며, 특별한 기술이나 재능, 잠재력을 소유한 자원봉사자가 희망하는 업무가 없을 때는 무리하게 배치하지 말고 타 부서에 의뢰하거나 새로운 업무를 개발하도록 노력해야 한다.

샤이어(Scheier)는 자원봉사활동의 안정성, 적절성, 질관리를 확실히 하기 위해서는 배치상담이 필요하고 자원봉사자에게 적절하지 않은 임무일 경우에는 재배치되어야 함을 강조하였다. 그 이유로 다음 네 가지를 제시하고 있다. ① 클라이언트는 보호되어야 한다. 즉, 자원봉사자의 개입으로 클라이언트가 방해받아서는 안 된다는 점이다. ② 기관의 명성은 기관에서 활동하는 자원봉사자에 의해서 크게 영향을 받는다. ③ 자원봉사자가 부적절하게 배치될 때 직원과 자원봉사자의 사기가 저하된다. ④ 부적절한 배치의 경우에 자원봉사 당사자가 가장 힘들다(배기효 외, 2009 : 111 재인용).

또한 개인보다는 팀활동이 활동에의 흥미유발에 도움을 주며, 새로운 자원봉사자는 가능하면 기존에 배치되어 활동하고 있는 자원봉사자와 함께 하는 자리를 만들어 활동에 대한 다양한 정보를 제공받도록 하며, 기존의 자원봉사자와 공감대를 형성할 수 있는 기회를 제공해 준다.

면접질문지(예)

A. 센트럴시티 희생자 서비스 프로그램-자원봉사 지원자

〈개인정보〉
- 이름 : ___________
- 주소 : ____
- 집전화 : ___________ • 생년월일 : _________________
- 응급연락처 : _______________(이름 : , 관계 :)

〈직업〉
- 회사명 : ______________________ • 연락처 : _____________________
- 직장으로 연락 희망 여부 ___ 예 ___ 아니요

〈학력〉
- 졸업 고등학교명 : _______________
- 대학/ 대학교명 : ________________
- 기타 ______________________

〈기술〉
- 외국어 가능언어 : _________________
- 운전면허 소지 여부 : __________________
- 프로그램에 이익이 될 만한 자격증 혹은 기술 여부 : ___________________________

〈자원봉사 경험〉
- 현재 자원봉사활동 유무 ___예 ___ 아니요
- 이전 자원봉사경험 유무 ___예 ___ 아니요
  - '예'라고 응답한 경우, 활동기관, 활동내용 기록 : _____________________________

〈가능성〉
- 주당 최소 4시간 활동가능 여부 ___예 ___ 아니요
- 가능시간대 ___ 오전 ___ 오후 __ 저녁

〈위임〉
- 본 프로그램을 1년간 위임하여 활동하겠는가? ________________
- 요구되어진 훈련을 완수할 수 있는가? ______________________
- 매월 직원면담에 응하겠는가? _______________________
- 당신이 참여한 프로그램이 내년에는 변경 혹은 개선되길 희망하는가? _____________
- 본 프로그램에서 기대하는 점은 무엇인가? _______________________
- 자원봉사자로서 원하는 것은 무엇인가? _____________________
- 기록정책은 프로그램의 자원봉사자와 직원 모두에게 요구된다. 이에 대해 승인하겠는가? __________

- 참고인 2명과의 연결을 원한다(개인적 혹은 직장, 타 자원봉사자 등).

이름 ________________ 연락처 ________________ 관계 __________

이름 ________________ 연락처 ________________ 관계 __________

서명 ______________ 작성일 _________________

B. ○○박물관-자원봉사 지원자

- 이름 : ____________
- 주소 : ____
- 집전화 : ____________ • 직장전화 : ________________
- 직업 : ________________
- 회사명 : ________________
- 응급연락처 : ________________(이름 : , 관계 :)
- 과거 혹은 현재 자원봉사 경험 : ________________________
- 자원봉사훈련 경험 : ____________________________
- 회화가능언어 : ____________________________
- 왜 박물관 자원봉사활동에 관심이 있나? ______________________________
- 가능시간 : 요일 ________, 주차 ______________

  오전 _______ 오후 ________ 저녁 ________
- 자원봉사 희망분야

  __ 박물관 마켓 __ 안내데스크 __ 대여코너 __ 가족 프로그램

  __ 학교 프로그램 __ 도서관 안내 __ 회원데스크 __ 도슨트

  __ 기타
- 참고인 2명과의 연결을 원한다.(개인적 혹은 직장, 타 자원봉사자 등)

이름 ________________ 연락처 ________________ 관계 __________

이름 ________________ 연락처 ________________ 관계 __________

서명 ______________ 작성일 ________________

출처 : MacLeod & Hogarth, 1999 : 104-106.

함께 생각해 볼 과제

1 자원봉사활동 경험이 없는 잠재적 자원봉사자가 기관을 방문해서 자원봉사활동을 희망할 경우, 면접을 담당하는 자원봉사관리자가 주의할 점은 무엇인가 함께 생각해 봅시다.

2 자원봉사자의 욕구에 맞는 자원봉사활동 기관을 연결하기 위해서는 어떤 준비가 필요한가 설명해 봅시다.

3 경험이 많은 자원봉사자가 이사, 개인적 사정 등으로 활동을 중단했다가 다시 시작할 경우, 자원봉사관리자보다 더 많은 정보와 지식을 가지고 있을 때, 자원봉사관리자가 취해야 할 태도는 어떠해야 할지 함께 생각해 봅시다.

CHAPTER 13

자원봉사자 교육

1. 자원봉사자 교육의 개념

자원봉사자 교육이란 어떤 직무 혹은 가치에 대한 개념과 태도 및 소양을 형성하도록 하거나, 나아가 그것을 수행할 지식과 기술능력을 함양하도록 목적하는 바에 따라 교육 대상자의 개발을 돕는 것이다. 이러한 교육은 자원봉사활동에 참여하도록 동기를 부여하거나, 참여하고 있는 사람들이 자원봉사활동을 효과적으로 수행해 낼 수 있도록 하기 위한 과정으로 볼 수 있다(Fletcher, 1987 : 41; 최유미, 2010 재인용). 조직의 효과성은 종업원들의 욕구를 충족시키고 동시에 그들의 행동을 조직의 목적달성을 위한 방향으로 이끌어 주는 분위기를 조성해 줌으로써 증대될 수 있다(Helliegel & Slocum, 1981; 한국자원봉사협의회, 2003 : 9-10 재인용). 또한 자원봉사자들이 지속적이고, 적극적인 참여를 통해서 자원봉사활동을 하도록 도와주기 위해서는 먼저 자원봉사자 개개인이 충분한 교육과 훈련, 정규적인 지도·감독, 인정과 보상 그리고 평가를 받아야 한다(Wilson, 1976 : 25-39). 특히 자원봉사교육은 업무의 방향을 제시하며, 도전을 위한 준비를 함으로써 자원봉사활동의 효과성을 높여주며(Logue, A. C., 2001 : 64), 자원봉사자의 기술을 향상시키고, 매너리즘에 빠지지 않도록 하여 자원봉사자 활동의 계속성과 서비스 질을 높이며, 자기성장의 기회와 팀워크를 증가시켜 자원봉사 만족을 높여 주는 것으로 밝혀졌다(Ilsley & Niemi, 1981 : 70). 따라서 일정한 계획하에 지속적으로 시행되는 교육과정은 업무수행의 능력을 향상시켜 줄 뿐만 아니라 자원봉사자 개인의 성장을 돕고 자원봉사활동에 대한 관심을 더욱 깊게 증대시켜 준다는 점에서(H. Naylor, 1975 : 92) 자원봉사교육은 매우 중요하게 인식되어져야 할 필요가 있다.

즉, 자원봉사자 교육은 어떤 직무에 대한 어떤 가치에 대한 개념과 태도, 소양을 형성하도록 하거나 나아가 그것을 수행할 지식과 기술, 능력을 함양하도록 하여 목적하는 바에 따라 교육대상자의 개발을 돕는 것이다. 수잔(Susan, 2003)은 자원봉사자 교육의 특성을 다음과 같이 설명하고 있다.

첫째, 교육대상자와의 공적 관계로서 지지 · 협력적 관계를 만들어야 하며, 세부적인 기술훈련, 직무수행 등과 같은 정형화된 교육과정을 가진다.

둘째, 교육을 실시하기 위한 기본적인 정체성의 차이가 있으나 교육의 내용은 새로운 지식과 기술, 일(활동)의 지원, 만남이라는 요소를 가지고 업무와 관련된 기술훈련, 위험관리, 자원봉사 인정목적 등의 내용을 다룬다.

셋째, 특히 자원봉사관리자교육에 자원봉사자를 초대할 필요가 있다. 자원봉사자는 관리자와 동일한 정보와 훈련과정참여 등에 대한 욕구가 높으며, 이를 통해 팀개발에 가장 큰 도움을 준다.

- 교육훈련계획 전 생각해 볼 문제들
  - 누구를 대상으로 할 것인가?
  - 어떤 주제로 교육할 것인가? 이 주제에 적합한 강사는 누구인가?
  - 교육의 목표는 무엇인가?
  - 목표달성을 위해 어떤 방법으로 교육할 것인가?
  - 어떤 장소가 좋은가?
  - 사전 준비해야 하는 것은 무엇인가?

2. 자원봉사자 교육의 형태

자원봉사자 교육의 형태는 학자들마다 구분 기준이 다르고, 그 내용에 있어서도 교육을 추진하는 기관에 따라 차이가 있는 것으로 밝혀졌다(최유미, 2006a : 60). 그러나 일반적으로 자원봉사업무 전과 후를 기준으로 오리엔테이션과 기초교육(사전훈련), 보수교육(재교육)으로 나눌 수 있다(박태영 외, 2008 : 202-203; Susan, 2003 : B7). 그렇지만 |그림 13-1|에서 제세하는 것과 같이 자원봉사 교육의 대상의 눈높이에 맞는 교육 프로그램이 제공되어야 하는 것이 바람직하다 할 것이다.

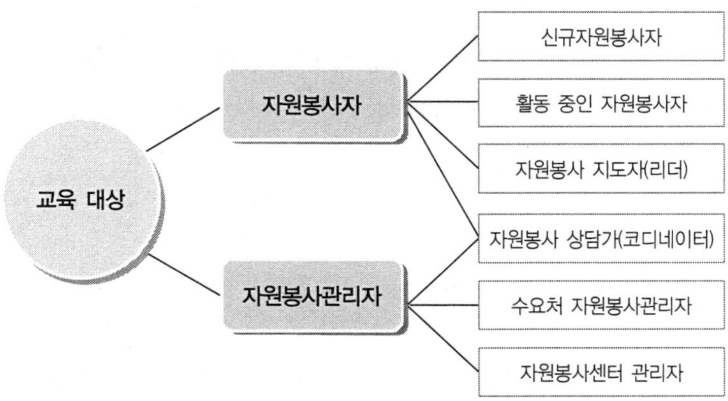

|그림 13-1| **자원봉사 교육의 대상(행정안전부, 2009 : 118)**

오리엔테이션은 자원봉사자가 기관에 대한 이해, 자원봉사활동의 목적과 중요성, 활동내용을 이해하도록 하고 소속감을 심어주는 데 목적이 있으며, 구체적인 내용으로는 기관의 설명, 연혁, 주요 직원소개, 시설이용에 대한 정보제공, 자원봉사자에게 주어지는 혜택, 자원봉사활동의 중요성과 활동의 참여가 기관에 미치는 긍정적 효과, 자원봉사자의 책임과 권한, 활용기관에 대한 정보 등을 포함한다(류기형 외, 2009 : 189-190; Susan, 2003 : B7). 둘째, 기초교육은 일반적으로 기

관과 활동희망자 간의 활동을 시작할 때 자원봉사자들을 정신적으로 무장시킬 수 있는 교육(가치, 이념)과 자원봉사업무의 목적과 목표 및 방법에 대한 내용을 교육한다. 셋째, 보수교육은 활동 중 자원봉사자를 대상으로 기능을 강화하는 등 전문성을 제고할 목적과 자원봉사자에 대한 정보파악, 활동자 간의 상호유대 형성, 소속감 강화를 통한 자원봉사자 사후관리에 중점을 두고 교육을 실시하여 보다 지속적인 활동을 할 수 있는 동기를 부여한다(Susan, 2003 : B7; Susan & Katherine, 2004 : 29-30).

한편 이만식 외(2010 : 171-189)는 교육의 방법으로 공식적인 교육, 코칭, 카운슬링의 세 가지 형태로 제시하고 있다. 공식적 교육은 앞서 제시한 오리엔테이션, 기초교육, 보수교육의 형태로 진행되며, 코칭은 자원봉사자에게 자율성을 적극적으로 활용한 학습기회를 제공함으로써 업무수행능력을 증진시키기 위한 교육방법이다. 카운슬링은 자원봉사자의 문제해결을 돕고, 업무수행에 대한 자원봉사자들의 책임감을 증진시켜 자원봉사활동에 있어 보다 바람직한 행동으로 개선하는 데 목적이 있다.

1) 오리엔테이션

새로운 자원봉사자에게 업무, 프로그램 그리고 조직에 대한 기본적인 정보를 제공하는 기회이다. 활동시작 전에 실시하며, 자원봉사자들이 기관이나 프로그램에 대해 신뢰할 수 있도록 한다.

자원봉사자들을 대상으로 하는 오리엔테이션은 자원봉사자들로 하여금 기관의 업무를 이해하고 편안하게 일할 수 있도록 도와주는 과정이다. 이 과정에서는 자원봉사자들이 자신이 할 일이 기관의 전체적인 기능과 어떤 관련성을 가지고 이루어지게 되며, 기관의 목적달성에 어떤 기여를 하게 되는지에 대한 이해를 돕기 위하여 기관 및 프로그램의 배경과 실제적인 정보가 그들에게 제공된다. 만약 자원봉사자들이 기관의 체계, 운영, 그리고 절차에 대해 더 깊은 이해를 가지게 된다면, 그들은 훨씬 더 생산적인 방향으로 기여할 수 있게 될 것이다(이만식 외,

2010 : 169).

특히 오리엔테이션의 매뉴얼에는 모집에 있어서 고려할 사항, 가족 혹은 팀 자원봉사 프로그램에 대한 고려가 있어야 한다. 이것은 자원봉사에 참여하는 사람은 기술적 욕구와 더불어 유용하거나, 실질적인 도움이 되길 희망하기 때문이다.

〈표 13-1〉 오리엔테이션에서 다루어야 할 내용

구 분	내 용
환 영	· 환영인사 · 새로운 자원봉사자 소개
기관의 기능	· 서비스의 대상 · 프로그램 유형 및 서비스 · 활동장소 · 자원과 이용시설 · 클라이언트의 유형 및 설명
기관의 현황과 역사	· 기관의 설립배경 및 추진과정(역사 및 목적) · 조직구조 · 조직의 문화 · 이사회 · 주요한 이벤트 · 확장률 · 자금제공과정 · 제공된 수혜자의 수
법규와 규칙	· 조직의 정관이나 운영지침 · 직원, 자원봉사자의 행동강령(유의점) · 건강과 안전에 관련된 필요조건 · 보고서양식
조직구도	· 조직차트(조직의 개요와 주요 직원들에 대한 소개) · 자원봉사활동 프로그램의 성격 및 내용 · 기관의 중요한 이벤트나 활동에 대한 설명과 일정 · 시설과 장비에 대한 소개 · 의사소통채널 · 자원봉사활동 프로그램의 상태
자원봉사자의 역할	· 프로그램의 목표 · 활동정보 : 장소, 내용, 시간 등
이득과 인센티브	· 자원봉사자에게 주는 특권 · 사회와 승인가능 · 보상에 관한 정책(운임수당, 탁아비 등) · 훈련 프로그램, 수퍼비전 등
정책과 절차	· 위험과 종결 · 자원봉사자증 제공 · 자원봉사자와 기관의 합의, 긴밀한 협의 · 평가수단
자원봉사자의 반응	· 자원봉사자의 관심과 불안 · 자원봉사자에 의해 제기되는 부가적인 점 · 유직직원과의 일반적인 토론

출처 : Ilsley & Niemi, 1981; 류기형, 2005; 이만식 외, 2010; MacLeod & Hogarth, 1999, DHHS, 2006 재구성.

자원봉사 오리엔테이션의 내용 중 기관 및 대상자의 이해, 자원봉사활동 시 유의점에 대한 교육에 있어서, 현장의 자원봉사관리자들은 어떠한 교육의 지향점을 두고 교육을 시행하고 있는가를 분석하기 위하여 최유미(2006a)는 자원봉사관리자의 주관적 인식에 대한 Q분석 결과 '문제인식 지향적', '지역관계 지향적', '서비스제공 지향적' 관점 등 세 가지 관점으로 나타난 것으로 분석하고 있다.

첫째, 문제인식 지향적 관점은 수혜대상자에 대해서는 동료로서의 이해가 필요하며, 개인의 문제가 아닌 사회 전체의 문제로 인식해야 한다는데 동의하는 것으로 "도움이 필요한 대상으로만 이해되어지는 게 아니라 우리네 삶의 파트너, '동료'로서 대상자를 이해할 수 있도록 해야 한다"는 내용과 "수혜대상자의 문제는 단지 개인의 문제만이 아닌 사회 전체의 문제로 인식하고 관심을 가져야 한다"는 내용이다. 또한 수혜대상자의 이해에 있어서도 대상별 특성(노인 - 일반저소득, 치매/ 아동, 청소년/ 장애인 - 장애분류) 이해에 대한 설명이 필요하다는 데 높은 동의를 표시하였다. 자원봉사활동 시 유의점에 대해서는 예절에 깊은 관심을 표시하였다. 같은 맥락에서 자원봉사기관현황(기관의 이해, 서비스 지원현황, 기관간 비교 등)에 대해서는 강력한 반대견해가 높은 것으로 나타났다.

둘째, 지역관계 지향적 관점은 시설(기관)의 이해와 역할 등 지역관계 지향적 관점에 관심을 가지는데 동의하는 것으로 "지역사회 속의 복지기관의 역할 이해가 필요하다"는 내용과 "생활시설/ 이용시설에 대한 이해가 필요하다"와 "대상별 특성(노인 - 일반저소득, 치매/ 아동, 청소년/ 장애인 - 장애분류) 이해 설명이 필요하다"는 내용이다. 이와 같은 맥락으로 시설(기관) 자체의 운영정보 제공에 대해서는 문제인식 지향적 관점을 띤 응답자와 공통적으로 강력한 반대견해를 표시하였다. 자원봉사활동 시 유의점에 대해서는 무리한 활동자제와 자원봉사의 위치에 대해서는 반대견해를 표시하였으며, 기관의 편견깨기를 위한 교육에도 매우 긍정적으로 판단하고 있는 것으로 나타났다.

셋째, 서비스제공 지향적 관점은 자원봉사 수혜현황이해와 자원봉사활동 시 유의점에서는 약속, 지속성을 중시하는 것으로 나타났다. 특히 자원봉사활동에 있어서 자신과의 약속이 중요함을 강조하는데 지지하는 것으로, "자원봉사는 누구나 시작할 수 있으나 자신과의 약속이므로 책임감이 수반된다"는 내용과 "자원봉사활동은 한번 참여한 게 중요한 것이 아니라 꾸준히 이어가는 것이 중요하다"와 "활동이 중단되었을 때 수혜대상자에게는 커다란 상실감과 함께 불신감을 줄 수 있다"는 내용에 지지하였다. 또한 자원봉사 수혜현황이해에 대해서는 지지하였으며, 자원봉사기관 간의 차이 비교 설명에 대해서는 문제해결 지향적 관점을 띤 응답자들과 공통적으로 크게 반대하고 있는 점이 발견되었다. 또한 자원봉사활동 시 유의점에 있어서도 시간약속, 무리한 활동자제, 역할한계에 대해서는 크게 반대하였다.

2) 기초교육

기초교육 과정에서는 ① 기관과 활동희망자 간의 업무협정 혹은 계약서(working agreement or contract) 또는 자원봉사활동신청서를 작성케 한다. ② 이때 활동희망자들을 정신적으로 무장시킬 수 있는 교육(정신교육)이 되어야 하며, ③ 또 앞으로 추진될 업무의 목적과 목표 및 방법에 대한 내용들을 숙지할 수 있도록 하고, ④ 사회복지 및 자원복지에 대한 기초적 인식과 ⑤ 활동과정에서 활동원들이 지켜야 할 일 등 활동에 필요한 기초적인 내용을 교육한다(정신교육 과 방법론 교육 · 업무동의서 작성).

기초교육 프로그램의 내용 및 순서

- 자원봉사활동의 기본 철학을 기초로 한 이론교육
  - 자원봉사의 기본 개념 및 실천방법
    (필요성 및 국내외동향, 기본 철학, 목표, 실천방법, 기술 등의 이론교육)
- 분야별 프로그램 내용 및 실천방법
  (예 가정방문 시 대화방법, 인간관계 방법, 프로그램 개발방법, 실천방법 등)
- 실천 시 주의사항
- 기관의 사업내용 및 사업목적 소개 등의 순서로 진행

〈표 13-2〉 자원봉사기초교육과정의 세부내용

구 분	세부 교육내용	
자원봉사의 정의와 필요성	• 자원봉사의 정의(정의, 자원봉사자의 사전적 의미) • 자원봉사의 역사(서구, 우리나라의 역사, 민간단체, 정부, 법제화, 대학 등 우리나라 자원봉사 발전과정)	
자원봉사의 특성	• 자발성, 무보수성, 지속성, 이타성 · 사회성, 자아실현성	
자원봉사의 필요성	• 자원봉사의 필요성(사회적 필요, 기관 · 개인 · 경제적 측면) • 자원봉사현황	
자원봉사활동의 동향	• 국제적 동향(자원봉사 관련 주요 국제기구, 각 국의 자원봉사활동 참여율 및 가치환산) • 민간자원봉사계의 동향(자원봉사활동의 동향, 자원봉사활동의 주요 변화) • 정부의 자원봉사 지원체계	
자원봉사자의 역할과 자세	• 자원봉사자의 역할(개인적 역할, 사회적인 역할) • 자원봉사자의 자세(자신에 대한 이해, 자원봉사활동에 대한 이해, 활동을 하기 전에 알아볼 사항, 활동 중 가져야 하는 자세)	
자원봉사활동 프로그램	• 사회복지분야(아동, 청소년, 장애인, 노인, 여성) • 교통 · 환경분야(교통, 지역사회, 자연환경) • 교육분야 • 상담분야 • 재난 · 재해구호 분야 • 행정보조	 • 기술 · 기능지원 분야 • 문화 · 행사분야 • 보건 · 의료분야 • 국제협력분야
자원봉사활동 시 유의사항	• 유의사항(기관이나 활동처와의 관계) • 대상자와의 관계에서 유의할 점	
자원봉사센터의 기능	• 자원봉사센터 소개, 센터의 기능 및 활동절차, 인센티브	

또한 업무와 관련된 기술과 특정 업무에 필요한 행동들을 가르쳐 주는 것으로서 자원봉사자들 간의 유대감을 높일 수 있도록 인간관계훈련이나 레크리에이션 등을 포함하는 것이 좋다.

업무(기술)교육에 다룰 내용

- 구체적인 업무수행방법, 원리와 기술
- 업무수행 시 준수사항
- 문제발생 및 응급시 처리방법
- 활동분야별 사례발표

이러한 자원봉사 기초교육과정에 있어서 현장의 자원봉사관리자들은 어떠한 교육의 지향점을 두고 교육을 시행하고 있는가를 분석하기 위하여 최유미(2005)는 자원봉사관리자의 주관적 인식에 대한 Q분석 결과 '자원봉사 체험형', '자원봉사 문제해결형', '자원봉사 가치인식형' 관점 등 세 가지 관점으로 나타났다고 보고하고 있다.

첫째, '자원봉사 체험형' 관점은 자원봉사활동의 체험의 필요성을 강조하는 것으로 자원봉사교육과정 중 자원봉사의 가치 및 개념과 필요성 및 사회변화에 대한 내용에 있어서도 자원봉사자들이 직·간접적으로 체험할 수 있어야 한다는 것을 확인하고 있다. 자원봉사의 본질적 가치로서 "자원봉사의 본질적 가치는 일방적으로 주는 복지가 아니라, 인간 상호 간에 평등한 관계 속에서 '더불어 생활하면서 함께 참여하는 복지', 그리고 '서로 나누는 복지'에 있다"는 내용에 지지하며, 자원봉사참여를 통한 지역사회 공동체 형성과 재미, 기쁨, 활력부여의 가치로서 "더불어 사는 공동체 속에서 '나'와 '나'가 모여 우리가 이루어진다. 그 속에서 서로의 어려움을 함께 나누고 풀어나가는 노력으로서 자원봉사활동을 강조한다"는 내용과 "자원봉사활동은 이를 통해 재미, 기쁨, 삶의 활력을 얻을 수 있는 즐거운 삶의 태도이다"는 내용을 지지한다.

한편 자원봉사 체험형 관점을 갖는 응답자들은 자원봉사 개념의 특성 중 "자원봉사는 사랑을 기초로 한 공생의 '복지성', '자발성', '무급성', '공익성', '창조성', '협력조화성', '책임성'을 가치로 받아들이는 데 있다"는 내용에 매우 지지하는 것으로 나타났다.

둘째, '자원봉사 문제해결형' 관점은 자원봉사의 가치는 문제해결에 관심을 가지고, 자원봉사활동은 지역사회의 문제해결을 위한 활동이라는 점을 강조하였다. 또한 문제해결 관점 외에도 자원봉사의 가치를 자아실현과 생활 속 실천이라는 점에 크게 동의하나, 무보수성과 능력나눔에 대해서는 크게 반대하였다. 한편 자원봉사 문제해결형 견해를 갖는 응답자들은 자원봉사체험형 견해를 갖는 응답자들과 공통적으로 자원봉사참여현황에 대해서는 부정적인 판단을 하고 있는 것으로 나타났다.

셋째, '자원봉사 가치인식형' 관점은 인간존중, 무보수성, 나눔에 대한 관점에 관심을 가지고, 자원봉사활동에 있어서 인간존중의 정신이 바탕이 되어야 함을 특히 강조하였다.

또한 자원봉사활동의 무보수성과 나눔의 가치에 대해서도 긍정적으로 판단하는 것으로 나타났다. 자원봉사 가치인식형 관점을 띤 응답자들이 자원봉사 문제해결형 관점을 띤 응답자들과 공통으로 인식하고 있는 점이 발견되었다. 자원봉사는 문제해결과정이라는 관점에 동의하는 반면 무보수성과 능력의 나눔에 대해서는 크게 반대하였으며, 자원봉사참여현황에 대한 교육내용은 부정적인 판단을 하였다(최유미, 2006b).

3) 재교육

재교육과정은 자원봉사활동 중 자원봉사자를 대상으로 기능을 강화하는 등 전문성을 제고할 목적과 자원봉사자에 대한 정보파악, 활동자 간의 상호유대 형성, 소속감 강화를 통한 자원봉사자 사후관리에 중점을 두고 교육을 실시하여 보다 지속적인 활동을 할 수 있는 동기를 부여한다.

자원봉사자로서의 의욕을 높이며, 자질을 향상시킬 수 있는 내용

- 커뮤니케이션 기술 및 인간관계훈련
- 활동분야에 대한 새로운 정보와 기술제공, 활동 중 발생하는 문제해결 능력증진
- 주입식보다 본인이 참여하는 토론, 토의식 강의가 적당
- 다른 자원봉사 수요처 견학 및 교류
- 참여훈련 실시(역할극, 분임토의, 사례발표 등)

4) 리더교육

리더교육은 동아리 및 봉사팀, 전문봉사단 등의 리더그룹(경우에 따라서는 활동 경력이 오래된 봉사자들을 대상으로 지도력 양성교육을 하는 경우도 있다)을 대상으로 하며, 주요 내용은 다음과 같다(대구시자원봉사센터, 2006).

리더교육의 주요 내용
· 리더십 훈련 · 효과적인 의사소통 훈련 · 갈등관리 훈련(본인이 리더로 있는 자원봉사팀 내 자원봉사자 간 갈등, 활동처와의 갈등, 자원봉사센터와의 갈등 등) · 자원봉사자 모집 및 기금마련 · 자원봉사자로서의 사명감과 비전 세우기 워크숍 등

함께 생각해 볼 과제

1 자원봉사활동 자체만 관심을 가지고 교육의 필요성을 느끼지 못하는 자원봉사자를 교육현장으로 끌어들일 수 있는 방법은 무엇일까 함께 생각해 봅시다.

2 자원봉사교육만 받고 자원봉사활동에는 참여하지 않는 자원봉사자가 있다고 가정한다면, 여러분은 자원봉사관리자로서 어떻게 조치를 취하는 것이 좋을까 함께 생각해 봅시다.

CHAPTER 14

자원봉사자 교육과정 기획

자원봉사자를 위한 교육을 실행하기 위한 구체적인 절차인 자원봉사자 교육과정은 기획－실천－평가의 3단계로 나누어 볼 수 있다. 각 단계별로 추진해야 할 업무와 내용에 대해서 살펴보면 다음과 같다.

1. 교육과정 기획의 3단계

자원봉사자 교육과정 기획의 과정은 기획, 실천, 평가의 3단계로 구성된다(동경볼런티어센터, 2005; 최유미, 2006b 재인용). 첫째, 기획과정은 자원봉사활동 현장의 과제와 욕구를 파악하여 과제해결을 위한 다양한 아이디어 수집을 통해 구체적이고 실현가능한 기획서 작성까지의 단계이다. 둘째, 실천과정은 작성된 기획서를 어떻게 실행에 옮길 것인가를 준비하는 과정으로서 일자별 및 시간대별 계획을 통해 구체적으로 실천하는 단계이다. 셋째, 평가과정은 실행한 교육과정에 대한 피드백을 통해 향후 교육과정 기획에 반영할 수 있도록 평가하는 과정이다.

1) 기획(Plan) 편－생각을 형태로 만들기

기회과정은 다음의 여섯 단계로 나누어 진행한다. 1단계, 과제와 욕구의 발굴로서 강좌주제와 연결되는 자원봉사활동 현장으로부터 과제, 욕구를 파악한다.

2단계, 관련조건을 정리하는 단계로서 기획을 수립하는데 있어서의 조건・제약 등을 확인한다. 3단계, 아이디어 내기, 선택하기 단계로서, 기획구상을 위해서 다양한 아이디어를 내고 그 아이디어와 현실적 조건・제약을 고려하여 추진 가능성을 검토해 본다.

4단계, 기획구상을 연결하기 단계로서 기획의 전체 구상을 위하여 대강의 강좌기획을 여러 개 작성, 교육대상자, 기관의 관계자(결재권자)를 생각하면서 구체화시키다. 조건・제약에 대응할 수 있도록 내용을 조정, 차후 검토필요가 있는 문제점도 정리한다. 그리고 세부적인 구상을 위해 조직계획(조직의 추진체계), 운영계획, 예산계획, 홍보계획, 스케줄 등을 파악하고, 관계된 분야의 상호조정을 통해 기획이 실천가능한가에 대해 검증한다.

5단계, 기획서 작성하기 단계로서, 관계자에게 기획의 내용을 설명하고, 교육의 필요성과 내용을 설명하기 위한 자료로서의 기획서를 작성한다. 6단계, 기획서 제출하기 단계로서 기획위원회에 제안, 사업・예산승인 부서에 제출한다.

2) 실천(Practice) 편 – 기획을 행동으로 바꾸기

실천과정은 2단계로 사전준비단계와 개최당일 준비사항을 점검하는 과정으로 진행하게 된다. 1단계, 사전준비단계에서 준비해야 할 사항은 개최까지의 타임스케줄 만들기, 강사・협력자・관계기관에 공식적인 협조의뢰하기, 개최요강 작성하기, 자료작성, 홍보・PR활동, 운영매뉴얼 만들기 등이 있다. 2단계, 개최당일 준비할 사항은 개최당일 타임스케줄, 교육장 설치운영, 안내표지 게시하기, 강의자료 등 배부물 확인, 필요한 사무용품 등의 확보, 영수증(참가비 등), 행사진행 일정표(사회록 등) – 스태프용 타임스케줄, 사고대응계획을 수립한다.

3) 평가(After) 편 – 다음 기획에 연결하기

평가과정은 가장 중요한 단계로서 피드백하기, 실시계획에 따른 피드백을 받고, 실시결과에 대한 평가하기, 교육참가자 · 강사에 의한 평가(설문실시 · 분석하기), 기획작업의 기록을 작성해서 다음 기획에 활용하기, 공유재산으로 만들기 등의 준비가 포함되어야 한다.

TIP. 자원봉사자 교육 디자인을 위한 정보

- 참가자의 교육욕구를 사정한다.
  - 주제에 관해 참가자들이 알고 있는 것은 무엇인가?
  - 참가자는 모르는 것을 알고자 하는 욕구는 무엇인가?
  - 평균 나이, 연령대
  - 교육스타일은 어떠한가?

- 교육을 디자인할 때 참가자를 관련시켜라.
  - 지식기술 태도의 변화에 대한 이해와 더불어 학습목표를 명확히 해라.

- 전달계획을 통해 학습활동을 설계하라.

- 교육세션을 세 파트로 나눠서 교육디자인 하라.
  - 도입 : 소개, 교육목적 소개, 학습목적, 핵심개념 보여주기, 얼음깨기, 보다 구체적 과업의 설명
  - 전개 : 주요 개념 전달, 지식과 기술개발을 위한 핵심개념을 설명하고 요약
  - 마무리 : 주요 개념의 리뷰, 교육내용에 대한 토론, 성공적 참여를 위한 노력, 현장실천교육을 추가

- 효과적인 전달훈련
  - 예문을 사용하라.
  - 허튼소리를 피하라.
  - 사진, 이야기, 도표 첨가하라.
  - 이론과 사례연구에 대한 훈련할 수 있도록 하라.
  - 문화적 다양성을 인정하라.
  - 실질적인 문제를 드러내고 훈련과 접근을 통일하라.

출처 : 대구시자원봉사센터(2007).

2. 기획단계 - 생각을 형태로 만들기

1) 과제와 욕구를 발굴하기

지금까지 개최한 교육강좌에 대한 반성과 일상업무 중에서 강좌를 기획하게끔 하는 과제가 무엇인가를 발굴하자. 강좌개최에 관계하는 사람을 모아서 의견을 공유하는 것도 좋다. 일상으로부터 신문・잡지・비디오 등 미디어와 인터넷 등으로부터 자원봉사와 관련된 정보를 수집하거나 볼런티어센터의 상담사례 등 다양한 활동에 관심을 가지고 어떤 볼런티어활동 분야와 내용이 요구되어지고 있는지, 시민이 관심을 가지는 활동은 무엇인가 등 강좌의 주제에 연결되는 욕구를 발견하는 눈과 안목을 가지는 것이 필요하다.

함께 생각해 봅시다. 현장의 문제점은?

예를 들면, 참가자 모집이 되지 않는다.

교육내용이 너무 지루하다.

어린이들로부터 자원봉사 문제가 많다.

정신지체관련 상담이 많다.

정신지체관련 상담이 많다.

등교거부와 은둔형 외톨이 상담이 많다.

- 기록된 문제를 분류하자.

과제 1 ______________________________

과제 2 ______________________________

과제 3 ______________________________

Tip. 과제를 명확히 하면, 해결책을 생각하기 쉬워진다.

2) 관련된 조건을 정리하기

강좌의 기획전에, 자연스럽게 결정된 사항(예를 들면, 개최일・개최장소가 결정되어 있는 등)이 있다면, 기록해 봅시다.

아무리 좋은 기획을 구상하더라도 전제되는 조건・제약으로 무시된다면 기획으로서 성립할 수 없다. 지금부터 기획에 관련하는 조건을 한번 정리해 보자. 기획서를 제출하기 전의 작업계획을 세워두는 것도 좋다.

TIP. 여기에서 전제조건을 명확하게 한다

미리 결정된 조건	
• 강좌주제	
• 대상자	
• 개최일(시기)	
• 개최장소	
• 예 산	
• 기 타	
• 기획제출기한	

정보수집은 매일의 상황으로부터－기획을 수립하기 전에 관련된 사항에 대한 정보수집을 하게 되는데, 매일매일의 상황으로부터 정보수집을 해두는 것을 권한다. 이것은 특별한 것이 아니라. '강좌기획에 사용할 수 있을까'라는 눈을 일상에서 가지는 것이다. 일상업무 중에서도 물론, 텔레비전, 신문, 잡지, 인터넷 등을 보고 있을 때에도 '사용할 수 있겠다'라는 생각이 들면 메모를 해두고, 수집된 정보는 사용할 때를 생각해서 정리한다. 이것은 아이디어 발상의 기본 준비가 된다.

3) 아이디어 내기, 선택하기

아이디어를 내는 단계에서는 생각을 차단시켜서는 안 된다. 어떤 아이디어라도 자유롭게 이야기하고 거기에 대해서는 비판 없이 낼 수 있도록 해야 한다. 많은 아이디어가 나오게 되고, 풍부한 발상이 생산될 수 있다.

- Why 목적은 무엇인가 : 무엇을 목적으로 하는 강좌인가? 개최하는 강좌의 목적을 명확하게 하고, 다양한 측면으로부터 효과적인 아이디어를 낸다.
- who 누구에게? : 누구를 대상으로 한 강좌인가? 소속 · 세대 등 강좌에 참여하는 대상을 상정하여 아이디어를 낸다.
- what 무엇을 하는가? : 강좌의 주제는 무엇인가? 강좌개최의 목적 · 목표를 명확히 한다면, 다음은 강좌의 주제를 검토한다.
- when 언제 하는가? : 유효한 시기는 강좌의 대상, 목적, 주제에 이어서, 언제 개최하는 것이 효과적인가 검토한다.
- where 장소는? : 강좌의 내용, 대상에 맞는 장소선택, 강좌의 규모, 참가자, 내용, 예산, 시기 등을 전제로 해서 실내인가 실외인가 등 가장 적절한 장소를 선택한다.
- how 어떻게? : 강좌의 형식, 구성 등 센터가 단독으로 실시하는 것인가, 다른 기관 · 단체와의 공동주최인가, 또 강연형식, 체험형, 복합형 등의 강좌형식과 강사의 선정 등 어떻게 진행하면 강좌를 효과적으로 전개 가능한가 등의 방법을 검토한다.

아이디어 발상법인 브레인스토밍(Brain storming)은 기획회의의 멤버가 가볍고 즐거운 분위기 속에서 고정관념을 버리고 자유롭게 생각을 하고, 아이디어를 끄집어내는 것으로 상상과 연상을 계속하면서, 많은 아이디어를 끄집어내는 발상법이다.

브레인스토밍의 규칙은 다음의 네 가지로서 규칙이 지켜지지 않으면 효과적인 회의가 될 수 없다. ① 나오는 아이디어에 비판을 하지 말라. ② 자유개방, ③

많은 양의 아이디어를 내라(질보다 양), ④ 다른 사람의 아이디어에 편승·개선을 장려하라. 한편 참가자 수는 5~6명이 적당하다. 인원이 많은 경우는 그룹으로 나누며, 진행방법은 참가자 전원이 볼 수 있는 위치에 모조지(화이트보드)를 두고, 위의 규칙에 따라 의견을 번호를 붙여서 기재한다. 의견을 만드는 단계에서 같은 의견은 중단하고, 의미가 불명확한 것은 사소한 것 등도 의견을 정리한다.

4) 기획서 작성하기

(1) 배경·과제 : 왜 하는 것인가?

－아이들에게 볼런티어활동의 마력을 전해주고 싶다.
－새로운 자원봉사자를 발굴하고 싶다.

(2) 과제 및 조건 : 장소, 일자, 예산, 홍보

(3) 상정하려는 주 대상과 그 특질

－부모자식 : 참가하는 연령(학년)의 범위는?
－직장인 : 평일은 바쁘다 시간활용이 용이하지 않다.
－어르신 : 시간은 있으나…

(4) 주위상황

지역의 사회공헌은 무엇이 있는가, 지역에서 활동하는 자원봉사 그룹은, NPO/NGO 등이다.

(5) 강좌개최의 목적과 조건

－부모·자식의 교류가 이어지는가?
－직장인이 참가하기 쉬운가?

- 예산범위 내에서 가능한가?
- 흥미를 가지는 내용인가?
- 강좌종료 후, 어떤 활동에 연결시키는가?

(6) 강좌내용의 아이디어

- 볼런티어 체험을 시킨다.
- 지역을 아는 기회를 가진다.
- 참가자들 간의 교류를 가진다 등

(7) 선택한 강좌안과 그 전개구상

- 결정안
- 추진계획
- 강좌개최의 효과・과제해결효과

(8) 실시상의 유의사항

- 위험대책 : 자원봉사보험의 가입, 긴급연락처 파악
- 기타 실시상의 유의사항 : 체험할 곳과의 조정, 강좌자료

기획서 작성만으로 작업이 끝나는 것이 아니다. 기획서를 제출하고, 결정하는 것이 필요하다. 기획서의 제출뿐만 아니라, 상사・동료, 혹은 기획위원회 등에 제출하는 기획서를 만족할 수 있도록 요점(개요)을 표시하는 것도 좋은 방법이다.

실시한 결과를 다음 기획에 활용하기 위해서는 실시 후의 평가가 필요하다. 평가지침이 되는 것을 이 단계에서 명확하게 해두는 것이 좋다.

예 목표강좌의 목표율, 기타 목표, 효과, 기대되는 성과 등

1. 기획의 목적 : 누구를 위한 강좌를 개최하는가?
2. 주제 : 강좌의 제목, 달성목표 등
3. 주최자 : 볼런티어센터 단독인가, 공동주관인가?
4. 대상자 : 상정하는 강좌참가대상자
5. 정원 : 강좌의 정원, 최소 개최인원
6. 강좌형식 : 강좌의 형식 · 구성 등
7. 개최일시 : 강좌개최일(개최기간), 시간
8. 개최장소 : 강좌개최장소를 구체적으로
9. 공지방법 : 강좌개최의 공지 · PR방법
10. 예산 : 예산의 표시, 참가비 등에 관한 내용 등

3. 실천단계 - 기획을 행동으로 바꾸기

여기서는 보다 구체적인 강좌개최 준비를 위해서, 주의해야 할 것, 유의점 등에 대한 내용을 다루고자 한다. 개최일까지의 결정된 기간 내에 보다 효율적이고 적합하게 필요한 준비를 정비하지 않으면 안 된다. 그러기 위해서는 먼저 일정을 충분히 검토하고 참가자의 만족은 물론, 강좌를 실시하는 기관에서도 분명한 대응을 할 수 있도록 정보를 수집 · 정리하고, 공동개최기관 · 단체와 관계자단체와 협의하는 등의 준비가 필요하다. 참가자 모집을 위해서 어떤 홍보활동이 효과적인가를 검토하고, 일정에 포함시켜 개최요강, 광고자료, 운영매뉴얼 등을 작성한다.

개최 당일에는 직원 간의 커뮤니케이션이 중요하다. 행동하면서 직원 간의 원활한 의사소통을 위해 가능한 한 타협하려는 마음이 중요하다.

1) 개최까지의 일정

기획이 결정된 날부터 당일까지 무리없이 합리적으로 추진하기 위해서는 어떻

게 해야 하나? 강좌개최까지 해야 할 일을 목록화하고, 언제 무엇을 할 것인가를 정리하는 것이 중요하다. 사업규모에 따라 다르나 통상적으로 2~3개월 전부터 준비하는 것을 권한다.

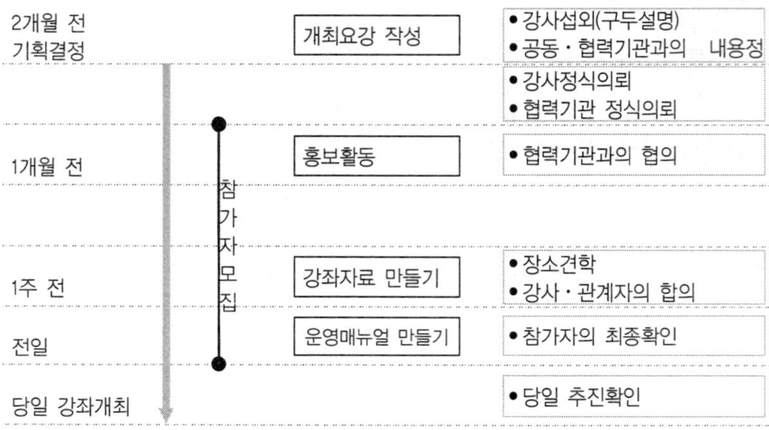

2) 개최요강 · 자료 만들기

개최요강은 강사와 협력기관의 정식의뢰, 홍보활동을 위한 기관에의 설명자료가 되는 것이다. 자료는 강좌내용에 따라 다르지만, 참가자의 이해를 돕기 위해서는 무엇이 필요한가를 검토하고, 강사에게 강의를 의뢰할 경우에는 시간의 여유를 두는 것이 필요하다. 또한 개최자료에 대해서는 강사로부터 질의가 있으면 사전에 확인해야 한다. 그 외에도 주제 등이 기재된 표시류, 참가자의 설문지, 참가자 명부, 참가비 징수하는 경우의 영수증 등의 작성이 필요하다.

- 개최요강에 포함될 내용
  - 목적, 주제, 개최일시, 개최장소, 정원, 내용, 일정, 강사, 참가신청서 첨부
  - 자료 : 프로그램(일정), 강연개요(요약), 관계자료, 워크시트, 설문지, 참가자 명부

3) 홍보 · PR활동

아무리 좋은 기획이라 해도, 참가자가 정원에 미치지 않는 것도 좋은 기획이라 할 수 없다. 기획의 대상자에게 효과적인 PR활동이 필요하다. 강좌의 내용 · 규모에 따라, 효과적인 홍보수단은 다르다. 실제 참가자가 어떤 홍보수단에 의해 알게 된 것인가를 참가신청을 할 때와 설문 등으로 확인하고, 차기 홍보계획에 활용할 수 있다.

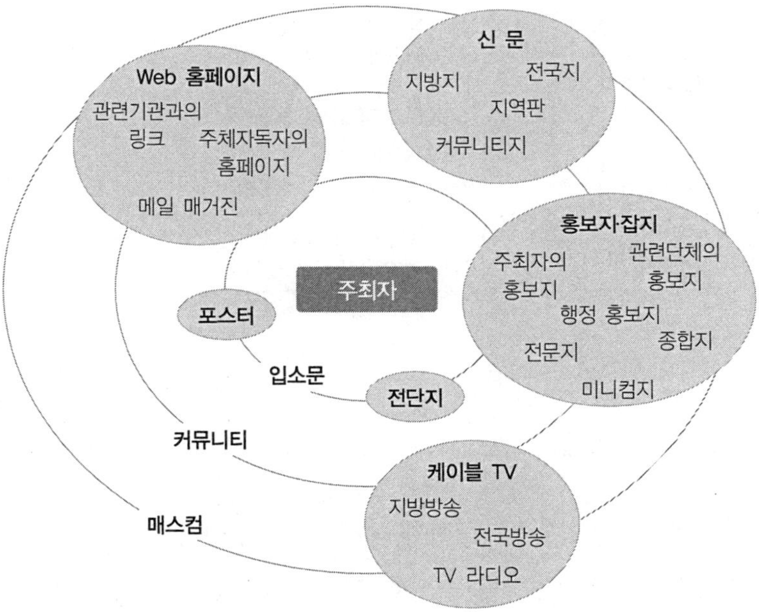

|그림 14-1| 홍보활동 도식

4) 운영매뉴얼 만들기

매끄럽게 강좌가 운영되도록, 실시운영 스케줄 역할분담, 프로그램에 따른 스태프 역할분장, 사고 · 트러블 · 연락 · 긴급 시의 대책, 대처방법 등을 표시하여 누가 보아도 알 수 있도록 해 둘 필요가 있다. 실시에 관련된 스태프들과는 사전 협의해야 하며, 긴급사태를 위한 연락처, 강사·스태프의 연락처 등도 바로 확인할 수 있도록 해야 한다.

〈표 14-1〉 교육운영매뉴얼

<table>
<tr><td rowspan="5">운영메뉴얼</td><td>진 행</td><td>• 강사의 도착예정시간
• 프로그램의 흐름
• 휴식시간</td></tr>
<tr><td>스태프 역할분담</td><td>• 프로그램 진행 중의 스태프의 역할</td></tr>
<tr><td>회의장·기자재 등</td><td>• 화장실, 식사, 휴식 등의 장소 확인
• 강사·스태프의 도시락의 준비
• 스태프룸
• 사용가능한 기자재와 이용방법
• 당일자료 준비</td></tr>
<tr><td>트러블 대책</td><td>• 종합책임자 결정</td></tr>
<tr><td>긴급연락처 등</td><td>• 강사·관계자의 긴급연락방법(연대전화번호 등)
• 의료기관의 연락처</td></tr>
</table>

5) 당일 타임스케줄

많은 사람이 모일 경우 사람들이 움직이는 데 시간이 걸린다. 휴식시간과 여러 개의 장소가 있을 때는 이동시간 등, 시간의 설정에 무리가 없도록 주의해야 한다.

또 장소를 대여하는 경우, 예약시간을 엄수해야 하므로 준비 등의 시간을 충분히 고려해서 무리없이 시간설정을 해야 한다.

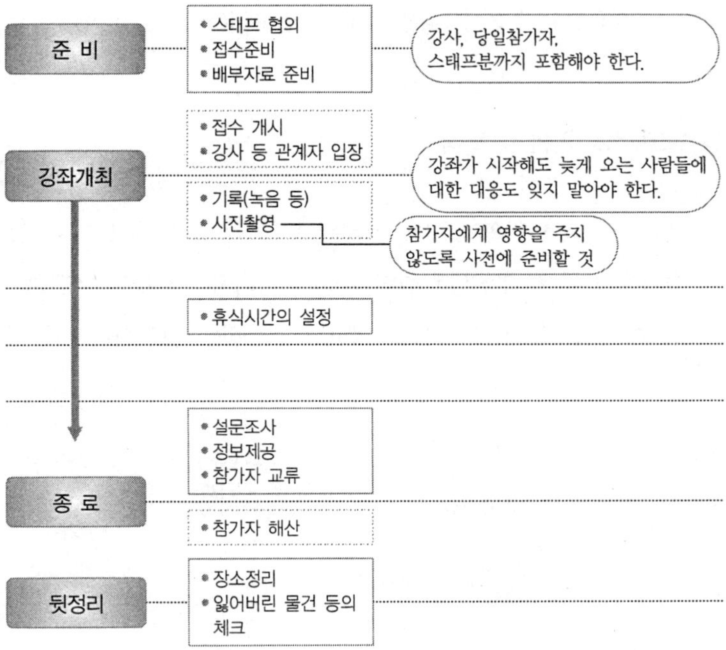

|그림 14-2| **당일 타임스케줄**

4. 평가(After)단계 - 다음 기획에 연결하기

마지막으로 강좌를 종료 후 각종 문제점 등을 확인해 둘 필요가 있다. 어떤 강좌라도 시민이 볼런티어 활동에 참가, 활동을 시작, 보다 나은 형태로 지속할 수 있도록 하는데 그 의의를 가지고 있다. 강좌종료와 동시에 강좌에 대한 내용과 참가현황, 반응 등을 기록하고, 그 결과를 정리해서, 다음 기획에 활용하여야 한다.

수치정보의 기록 가령 참가자 수, 수지결산 등과 참가자 · 개최자 쌍방의 만족도 등 질적인 부분의 기록도 향후 중요한 자료가 된다. 이러한 기록은 볼런티어 센터의 스태프의 공유재산이 된다. 강좌는 기회의 실천으로 끝나는 게 아니라 실시 후의 평가, 결과보고 등의 작성은 중요한 업무이다.

1) 평가보고서를 만들어 둔다

강좌 실시결과를 다음 기획에 활용하기 위한 보고서를 만들어 보자. 참가자수, 강좌내용, 수지결산 등 강좌개최에 관한 기록과 참가자, 강사·협력단체, 스태프로부터의 강좌에 대한 평가, 의견을 정리하고 가능하면 보고서로 만들어 두자.

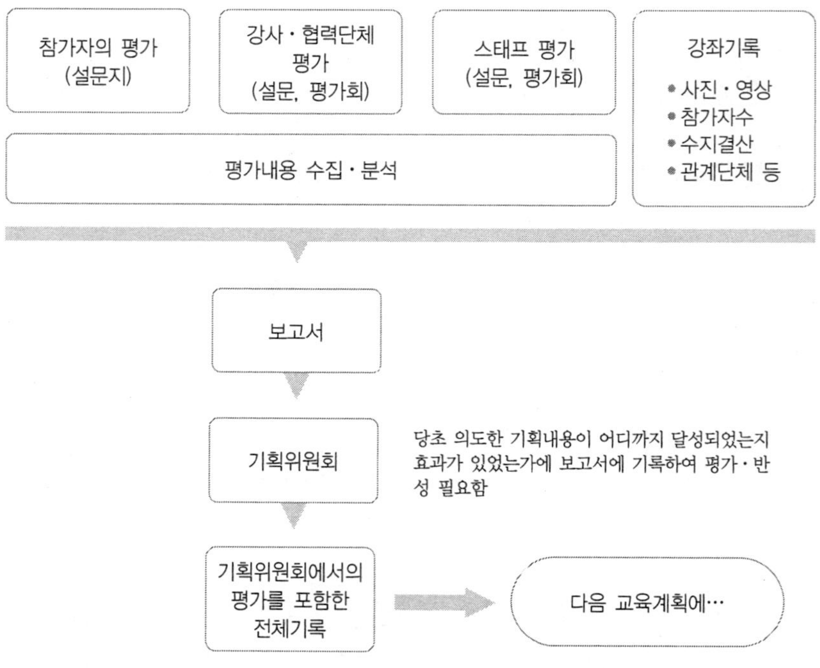

|그림 14-3| **평가보고서 작성절차**

2) 설문의 실시·분석

가능한 한 객관적으로 파악할 수 있도록 설문지는 객관식 단계평가로 응답하도록 공통설문을 작성해 두는 것이 좋다. 객관식으로 포괄하지 못하는 내용에 대해서는 주관식 항목도 두어서 작성하도록 하는 것이 다양한 의견을 수렴 · 평가할 수 있다.

〈표 14-2〉 설문의 실시 및 분석과정

참가자 설문	· 만족도 · 이해도 · 분위기 · 일정에 대해서 · 홍보에 대해서 · 강사에 대해서 · 향후의 활동의욕 · 강좌 전체를 통한 감상 · 의견
강사협력단체설문	· 분위기 · 강의가 수월했는지 어떤지 · 시간분대 등 · 향후 기업에의 협력에 대해서
스태프의 설문	· 운영 · 진행 · 교육장 · 참가자의 반응 · 트러블의 대응

3) 기록하여 공유자산으로

하나의 강좌를 기획하고 실시하기까지는 다양한 자료를 수집하고, 서류를 작성한 다음 이것을 모아 자료화하는 것에 따라 새로운 기획자료가 된다. 이것은 기획담당자뿐 아니라 비슷한 기획을 참고하는 스태프와의 공유재산이 되는 것이다.

〈표 14-3〉 자원봉사 교육계획서 양식

자원봉사 교육계획서	
교육구분	□ 기본교육 □ 전문교육 □ 보수교육 □ 기타( )
교육명	
교육목표	
교육일정	
교육장소	
교육대상	
교육인원	
교육내용	
교육방법	
교육강사	

출처 : 행정안전부(2014). 『자원봉사센터 운영지침』.

〈표 14-4〉 교육장 점검리스트 양식(행정안전부, 2009 : 119)

교육장 점검리스트

Facilitator's Planning Checklist for Arrangements

일 시		장 소	
교육생	명	담 당	

필요 기자재

- ☐ 빔 프로젝터
- ☐ 칠판
- ☐ 마이크 & 음향
- ☐ VCR & TV
- ☐ 스크린
- ☐ OHP or 실물화상기
- ☐ 플립차트
- ☐ 컴퓨터 or 노트북
- ☐ ___________

준비

- ☐ 등록테이블
- ☐ 이름표
- ☐ 장소 안내문 & 환영인사
- ☐ 일정표
- ☐ 교육교재 및 유인물
- ☐ 여분의 필기구
- ☐ 현수막
- ☐ 참가자 등록부
- ☐ 강사 명단 및 연락처
- ☐ 참가자 명단 및 연락처
- ☐ 진행 시나리오
- ☐ 여분의 긴 코드
- ☐ 다과테이블 및 다과
- ☐ 교육장 좌석배치
- ☐ 강의자료(ppt, 영상물 등)
- ☐ 교육문구
- ☐ 교육수료증
- ☐ 교육평가서
- ☐ 강사영수증
- ☐ 기념촬영용 카메라
- ☐ 시설 사용 관련(화장실의 위치, 흡연장소, 휴게실, 주차 등)
- ☐ ___________________
- ☐ ___________________

기타 검토목록

- ☐ 실내 온도
- ☐ 조명
- ☐ 실내 장치
- ☐ 사용 가능한 출입구
- ☐ 전체 진행일정
- ☐ 기자재 및 비품의 배치와 정상 작동 여부
- ☐ 관련시설 사용 여부 및 예약(전산실습실, 식당 등)
- ☐ ___________________
- ☐ ___________________

〈표 14-5〉 자원봉사 교육과정 평가서(예)

교육과정 평가서

교육명 : ________________ (강사 : ________________)

본 자원봉사교육에 성실하게 임해주신 여러분께 감사드립니다. 본 교육은 강의평가서를 바탕으로 거듭 발전할 수 있었습니다. 솔직하고 정성어린 답변은 앞으로도 교육의 질을 높이는 데에 큰 기여를 할 것입니다. 감사합니다.

해당 번호에 ✔표 해주세요.	매우 그렇다		보통이다		전혀 아니다
1. 강의내용이 나의 욕구와 고민해결에 도움이 되었다. • 가장 좋았던 점 : • 미흡했던 점 :	⑤	④	③	②	①
2. 강의표현 및 전달방식이 내용을 이해하는 데 도움이 되었다. • 구체적으로 :	⑤	④	③	②	①
3. 자원봉사활동에 필요한 지식과 정보를 얻었다. • 구체적으로 :	⑤	④	③	②	①

4. 교육의 전반적인 진행에 대해 의견이 있으시다면?
(토론시간·상호 교류시간 등 시간배분, 강의실 환경, 준비 정도, 평가서 작성 등)

5. 전반적인 소감

강의내용에 대해 : ________________

강의자료에 대해 : ________________

강사에 대해 :
(장단점 포함) ________________

6. 추천과목 및 강사

____

출처 : 행정안전부(2014). 「자원봉사센터 운영지침」.

함께 생각해 볼 과제

1 최소 10년 이상의 활동경험이 많은 자원봉사자를 대상으로 한 재교육을 한다고 가정하고 자원봉사교육 계획서를 작성해 봅시다.

2 자원봉사활동 자체에는 관련이 없으나, 배워두면 활동 및 일상생활에 도움이 될 만한 교육을 요청할 경우, 교육을 기획하여 추진할 수 있는 범위가 어디까지일까 함께 생각해 봅시다.

CHAPTER 15

자원봉사자 지도감독

자원봉사자들도 기관 내의 모든 상황을 파악할 수 있으며 어떤 일들이 행해져야 하는가를 알 수 있는 지위에 있는 직원으로부터 지지 받기를 요구한다. 그러나 많은 기관들이 공식적인 훈련, 교육을 실시한 후에는 자원봉사자들을 방치하거나 획일적으로 관리하는 사례들을 볼 수 있으며 이는 심각한 문제를 야기할 수 있다. 즉, 관리자가 기관의 목적과 요구는 잘 관리하지만 자원봉사자 개개인의 목적과 욕구는 잘 모르거나 무관심하기 쉽다. 이는 클라이언트는 물론 직원들과의 갈등이나 문제를 일으키는 원인이 될 수 있다. 좋은 지도감독의 첫째 조건은 각 자원봉사자를 책임지고 지도할 수 있는 직원을 지정하는 것이며 이는 업무분장에도 명시해야 한다(볼런티어21, 2001; 배기효 외, 2009 : 112).

1. 지도감독의 역할과 기능

지도감독은 유급직원이나 자원봉사자에게 동등한 입장에서 지지하거나 옹호해주고 도움을 주는 관계이며, 상하관계에 의한 감독이나 통제가 되어서는 안 된다. 지도감독자는 자원봉사자들이 변화하고 개발해야 할 점을 점검하고 능력과 업무에 대한 평가의 기회를 제공하여 행정적인 절차나 지원에 대한 정보도 제공하는 역할을 동시에 수행하여야 한다. 또한 자원봉사자들이 오랜 기간 동안 봉사활동을 할 수 있도록 하기 위해서는 무엇보다도 정기적으로 평가할 수 있는 기회를 마련해 주는 것도 필요하다(류기형 외, 2006 : 185-186).

효과적인 지도감독을 위해서는 첫째, 업무에 관해서는 완벽한 지시를 하고, 어떤 질문에도 응답할 준비를 해야 하며, 둘째, 기관이 기대하는 것을 명확히 전달해야 하며, 셋째, 자원봉사자의 활동에 인정과 감사를 표시하며, 넷째, 부적절한 행동은 바로 볼 수 있게 도와주고, 다섯째, 자원봉사자의 욕구동기를 충족시키는 데 융통성을 발휘할 수 있어야 한다(김현옥, 2002; 대구시자원봉사센터, 2007 재인용).

코너스(Connors, 1995)는 자원봉사자의 지도감독자가 고려하여야 할 사항에 대해서 아홉 가지를 제시하고 있다(류기형 외, 2009 : 186).

① 과업과 역할이 무엇을 수반하는지 그리고 왜 그것이 중요한지에 관해 자원봉사자가 확실히 이해하도록 하라.
② 긍정적이고 정확한 피드백을 제공하라.
③ 직접적으로 과업과 관련하여 계획과 의사결정에 자원봉사자를 참여시켜라.
④ 직원, 자원봉사자, 클라이언트와 파트너십적인 환경을 만들어라.
⑤ 자원봉사자가 권위를 갖도록 하고, 궁극적으로 책임을 지도록 해서는 안 된다.
⑥ 자원봉사자의 투입에 가치를 두고 귀기울여라.
⑦ 주저하거나 이중적이지 않게 접근하라.
⑧ 해결을 위한 문제와 계획을 기대하라.
⑨ 성취한 것에 인정하고 감사하라.
⑩ 자원봉사자의 시간을 결코 낭비하지 마라.

지도감독의 기능은 자원봉사활동이 달성할 수 있는 목적에 따라 세 가지로 나누어진다(Kadushin, 1993; 배기효 외, 2009 : 113 재인용).

첫째, 직원들이 선발하고 오리엔테이션 및 기초교육을 포함하는 행정적 지도감독(administration supervision)이 있다. 이것은 기획하고, 업무분장, 업무를 평가하는 것과 명령체계에 따른 상하 간의 의사소통을 촉진하는 역할과 행정적 완충장치 역할을 수행한다. 둘째, 훈련과 교육을 포함하는 직원개발기능으로서 교육적 지도감독(educational supervision)이 있다. 이것은 개별적 또는 집단 프로그램에서 클라이언트 사례, 토론을 통해서 나타난다. 셋째, 직원들이 직무 관련 스트레스를 취급하도록 돕는 것과 관련이 있는 지원적 지도감독(supportive supervision)이 있다. 이상의 지도감독의 기능은 개별적으로 주어질 수도 있고 집단적으로 이루어질 수도 있다. 집단적 지도감독은 자원봉사자들에게 정체감을 심어주고 집단 간의 평가에서는 객관적인 관점을 이해할 수 있게 할 뿐만 아니라 자아인식과 자신신뢰도를 높일 수 있다.

2. 자원봉사자의 역량강화

역량강화(empowerment)는 글자 그대로 힘을 갖는 것을 의미한다. 이 관점에서 힘, 권력은 다음과 같은 세 가지로 정의 내린다. 첫째 자신이 필요로 하는 것을 획득할 수 있는 능력, 둘째, 다른 사람의 생각·감정·행동·신념에 영향을 미칠 수 있는 능력, 셋째 가족, 조직, 지역사회, 나아가 전체 사회 내에서의 자원배분에 영향을 미칠 수 있는 능력이다(M. Larraine, 1995; 장인협·우국희, 2001 : 110 재인용). 즉, 관리자와 자원봉사자 체계 간의 상호 신뢰라는 협력적 관계를 확립하고 유지시킨다. 관리자와 자원봉사자 간의 관계에는 권력, 권위, 통제의 문제가 나타날 수 있지만, 양자는 동등하게 그들 관계를 규정하고, 그들 각자의 기회를 최대화함으로써 권한과 권위의 문제를 해결해야 한다. 협력적 동반자로서의 의미는 궁극적으로 자원봉사자의 적극적 참여를 뜻하며, 관리자와 자원봉사자는 관심영역을 함께 규정하고, 측정가능하고 달성가능한 실천목표를 수립해나간다(장인협·우국희, 2000 : 110).

즉, 자원봉사자의 역량강화(empowerment)는 자원봉사자들을 더욱 자율적으로, 더욱 독립적으로 활동할 수 있도록 돕는 것이다. 역량강화의 기법은 자원봉사자들에게 일정한 범위 안에서 자신들이 책임져야 하는 결과를 어떻게 성취해나갈 것인가를 판단하고 결정할 수 있는 권한을 주는 것으로 시작된다. 이러한 방법을 통한 자원봉사관리는 자원봉사자를 피곤하게 만드는 감시체계가 아니라 필요한 도움이나 자원을 제공하는 역할을 하게 된다.

자원봉사자에 대한 역량강화의 구체적인 방법은 '통제'와 '권한의 부여'이다. 1차적으로 자원봉사활동의 방법을 스스로 결정하도록 권한을 부여하되, 업무에 대한 효과적인 통제가 어려워지거나 그로 인한 무질서 및 혼란상태를 야기시킬 문제 등을 고려하여 권한의 부여를 다음의 4단계의 통제수준으로 나누어 적용하게 된다(이만식 외, 2010 : 193-206).

① 전적인 자기업무결정권한 부여 : 자원봉사자가 자신의 업무결정의 주체가 되고 자원이 되도록 권한을 부여한다.
② 정기적인 과정보고가 수반된 자기업무 결정권한 : 자원봉사자가 스스로 결정한 업무가 바람직한 방향으로 수행될 수 있도록 제한된 담보수단을 지도감독자가 행사하는 것이다.
③ 업무추천권한의 부여 : 지도감독자가 자원봉사자의 업무수행능력에 대한 우려가 아주 큰 경우로서, 자원봉사자가 역시 자신의 업무를 결정하는데 있어서 주체적 역할을 하나 활동을 시작하기 전에 지도감독자의 승인을 얻는 과정을 거쳐야 한다.
④ 자기업무결정권한의 제한 : 지도감독자가 자원봉사자의 업무수행능력에 대한 염려가 정도를 넘어, 자원봉사자의 업무수행에 전적으로 신뢰할 수 없는 상태일 경우 통제한다. 즉, 자원봉사자는 자신에 의해 수행되어야 할 업무상의 욕구가 무엇인지를 알 필요가 없으며, 다만 자신에게 주어진 일을 수행하는 역할을 한다.

특히 4단계는 자원봉사자의 의도적인 업무태만, 자원봉사자의 좌절, 분노의 감정과 같은 관리상의 부작용과 비효율성의 문제가 야기될 수 있다. 그렇지만 우리나라의 자원봉사현장에서 이루어지는 지도감독의 수준은 대부분 4단계의 관리수준에 처하게 되는 경우가 많다. 왜냐하면 자원봉사자들의 활동이 비연속적이거나,

단기활동에 참여하는 수가 크게 늘어나면서 자원봉사자가 활동 당일 업무에 대한 정보도 없이 기관을 방문하거나, 잠시 기관을 방문하는 형태도 다수 있으므로, 자원봉사관리업무는 그때그때 상황에 따라 지시하는 형식으로 설계될 수밖에 없는 문제가 생기기도 한다. 그렇지만 바람직한 자원봉사 프로그램은 자원봉사자들이 자율적으로 판단하고, 결정할 수 있도록 지원하는 프로그램이라고 할 수 있다.

미국의 DHHS(건강 및 휴먼서비스 기관, 2006 : 4-1)는 자원봉사자의 역량강화를 위한 방법으로 ① 조직에 대한 충분한 오리엔테이션, ② 기대에 대해 명확하고 분명히 충족시키기, ③ 적당한 훈련과 준비, ④ 지속적인 의사소통, ⑤ 성과에 대한 평가, ⑥ 적절한 지원과 인정이 필요하다고 제시하고 있다.

3. 지도감독의 체계와 방법

1) 지도감독 업무과정

계획된 자원봉사활동의 목표를 달성하기 위하여 지속적으로 필요한 정보와 피드백을 제공하는 과정이 지도감독이라고 할 수 있다. 지도감독 업무과정은 |그림 15-1|과 같다(행정안전부, 2009 : 131).

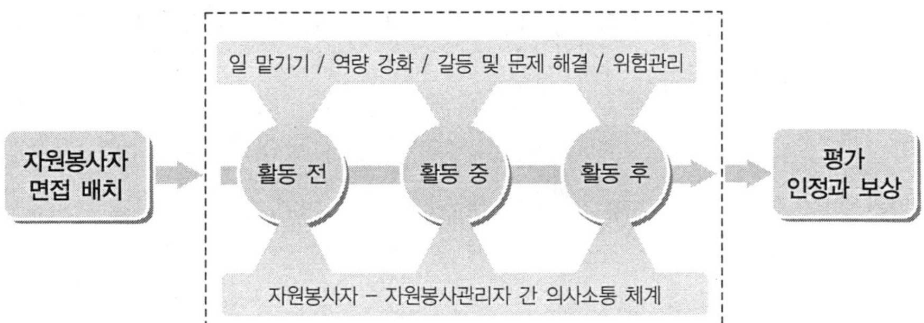

|그림 15-1| 자원봉사활동 지도감독 과정

2) 효과적인 위임

자원봉사관리업무의 가장 중요한 일 중의 하나가 업무의 책임에 대한 위임이다. 위임은 상이한 수준에서 다양한 형태로 나타난다. 자원봉사관리자로부터 자원봉사자로의 위임, 기관의 직원으로부터 자원봉사자로의 위임, 자원봉사자에게서 또 다른 자원봉사자로의 위임 등이 있다. 자원봉사활동은 대부분 사무실이 아닌 외부에서의 활동이 많으므로 위임은 시간적 · 공간적 분리로 인해 발생하는 어떻게 현명하게 다룰 것인가 하는 문제와 직결된다고 볼 수 있다. 업무위임에 반드시 필요한 요소는 다음과 같다(이만식 외, 2010 : 208).

- 명확한 결과에 근거한 업무의 배정 : 단순히 활동의 수준이 아닌, 무엇이 성취되어야 하는가의 관점에서 업무를 규정하고 위임한다.
- 정확한 업무결정권한의 명시 : 업무수행과 관련한 의사결정 시 자원봉사자들이 행사할 수 있는 결정권한의 정도를 분명하게 알려준다.
- 지침에 따른 의사소통방식 : 업무수행에 관련하여 이루어지는 관계형성 및 의사소통 시 따라야 할 지침과 제한점을 알려준다.
- 필요한 자원의 조달 : 자원봉사자가 업무의 목적을 성취하고 결과를 도출하는데 요구되는 자원과 지지를 제공한다.
- 성공 여부의 판단 기준결정 : 자원봉사자 업무성과의 성공 여부를 어떻게 판단할지에 관해 자원봉사자와 합의한다.
- 점검사항의 명시 : 정기적 · 비정기적 보고의 의무화와 보고서의 내용, 보고시점 등을 결정한다.

〈표 15-1〉 의사소통의 내용과 방법(행정안전부, 2009 : 132)

의사소통 내용	의사소통 방법
-현재 활동하고 있는지 여부 -자원봉사활동에 대한 만족 여부 -문제점 및 갈등 발생 여부 -활동 일정 및 휴식의 적절성 여부 -이동거리의 적절성 여부 -활동강도의 적절성 여부 -자원봉사활동 소요 물품 및 예산의 적합성 여부 -활동처에서의 적절한 지도 및 지원 여부 -소진 여부 -활동목표 달성 여부 -활동에 대한 인정 및 격려 -결근한 자원봉자의 경우 결근사유 파악 -신규 자원봉사자에게 관심 표시 -활동 재배치 필요성 여부	-온라인 커뮤니티 -자원봉사자 간담회 -현장점검 -전화상담 -센터 방문상담 -이메일 또는 문자 메시지 -활동일지(보고서) 작성 및 피드백 -활동평가 설문 등

2) 지지적 의사소통의 유지

지도감독은 지리적 · 시간적 한계를 극복할 수 있는 지속적이고 지지적인 지도감독체계를 확립하는 것이 무엇보다 중요하다. 따라서 상시 활용가능한 지지적 시스템을 구축하기 위해서는 '활용 가능성'과 '동등한 위치와 참여기회'라는 두 가지 요소를 반드시 필요로 한다.

첫째, 활용 가능성은 자원봉사자가 필요할 때 언제나 만날 수 있는 지도감독자가 있어야 한다는 것이다. 이를 위해서 매주 일정한 요일의 일정한 시간을 개방된 시간으로 정해 자원봉사자가 사전약속을 하면 그 시간에는 누구나 지도감독자와 만날 수 있도록 해야 한다.

둘째, 기관운영에서 동등한 위치와 참여를 보장받고 있다는 느낌을 자원봉사자가 가지게 하는 것이다. 이는 직원회의 참석 등과 같은 의사결정과정에 참여하는 것은 물론, 기관직원들에게 공지되는 메모에 이름이 포함되는 것과 같이 기관의 일상적인 업무에 참여하는 것 모두를 포함한다(이만식 외, 2010 : 209-210).

3) 특별한 관리가 필요한 사례

자원봉사자에 대한 지도감독에서 특별한 관리가 필요한 경우는, 자원봉사관리자와 관련없이 활동하는 자원봉사자에 대한 지도감독과, 원거리 자원봉사자에 관한 것이다.

첫 번째의 경우, 자원봉사자의 관리는 기관 내 다른 직원에게 부여된다. 그렇지만 많은 경우 기관의 직원들은 자원봉사자에 대한 기본적인 관리기능에 대한 이해가 부족하여 자원봉사자들이 필요한 지원, 인정 등의 체계를 제공받지 못해 어려움을 겪게 되기도 한다. 이러한 문제해결을 위해서 직원들의 교육과 지속적인 원조제공 노력이 필요하다.

두 번째 원거리 자원봉사자의 경우 상시적인 접촉과 의사소통을 유지하는 방법을 개발하여야 하는데, 대개의 경우 전화나 메일 등을 통해 상태를 점검하고 대화함으로써 그들이 고립되었거나 방치되고 있다는 느낌이 들지 않도록 배려해야 한다(이만식 외, 2010 : 214).

4) 자원봉사자의 활동종결

자원봉사관리자가 기관과 자원봉사자와의 관계를 종결시킬 것인지를 결정해야 할 때가 있다. 가령 비밀보장의 원칙을 어기거나 업무상 태업이나 비행, 상습적인 지각, 업무능력 부족 등의 상황이 발생할 경우 이러한 결정이 필요하게 된다. 활동종결을 결정하기 전에 충분히 다른 대안이 있는가에 대한 충분한 고려가 필요하다.

이만식 외(2010 : 215)는 자원봉사자를 그만두도록 결정하기 전 고려할 수 있는 대안으로 다음의 여섯 가지 방안을 고려해야 한다고 제시하였다.

① 자원봉사자에게 지도감독을 다시 제공 : 가끔씩 업무태만, 규정위반 등과 같은 규정을 의도적으로 어기고자 하는 젊은층의 자원봉사자에게 흔히 나타난다. 이런 경우 지도감독장의 주의 등을 통해 문제를 해결할 수 있다.
② 자원봉사자의 재훈련 : 잘못된 업무수행이 무지로 인한 경우가 많다. 충분히 훈련되지 않은 자원봉사자들에게 업무를 할당하고 과업성취를 요구한 경우가 이에 해당된다. 따라서 자원봉사자를 대상으로 한 재훈련을 통해 문제를 해결할 수 있다.
③ 자원봉사자를 재동기화 : 자원봉사에 대한 열정이 식었거나 지루해하며 힘들어하는, 즉 소진(burn-out)된 자원봉사자들에게 필요한 경우로서, 충전을 통해 새로운 활동을 할 수 있도록 잠시 동안의 휴가나, 새로운 도전을 위한 프로그램을 제시하여 관심과 열정을 재동기화하여 문제를 해결할 수 있다.
④ 자원봉사자를 재배치 : 함께 일하는 사람들 간의 문제가 원인이 되는 경우에는 두 사람이 서로 융화되고 협력하지 못해서 발생하는 일이므로, 이런 경우 다른 직원과 일할 수 있도록 재배치하거나, 보다 적합하다고 판단되는 새로운 업무를 맡기는 것으로 문제를 해결할 수 있다.
⑤ 다른 기관으로 자원봉사자를 의뢰 : 자원봉사자가 자신의 재능을 보다 생산적으로 기여할 수 있고, 자신의 관심에 부합하며, 다른 적합한 자원봉사 업무 기회가 주어지는 기관을 찾아서 자원봉사자를 의뢰하는 것도 현명한 해결방안이다.
⑥ 자원봉사자를 명예롭게 은퇴 : 활동종결의 상황에 이르렀다면 그 동안의 공헌과 헌신에 경의를 표하는 은퇴파티를 계획하는 방법으로 명예롭게 그만두도록 하는 것이 가장 적절하다.

5) 지도감독의 주요 원칙

지도감독체계에 있어서 가장 중요한 원칙은 긍정적인 측면에 초점과 평가를 부정적으로 여겨서는 안 된다는 두 가지 점에 있다.

첫째, 긍정적 측면에 초점을 둔다는 것은 지도감독을 통해 지적되고 시정되는 문제나 부정적 측면은 언제나 사소한 것이어야 한다. 문제가 심각한 수준으로 발전하지 않도록 항상 자원봉사자를 진단하고, 일을 더 잘할 수 있도록 격려하고, 잘한 점을 칭찬하고, 성취에 대해 보상해야 한다. 둘째, 평가를 부정적으로 여겨서는 안 된다는 것은 관리자가 바람직한 피드백을 준다면 자원봉사자들을 항상 즐겁게 느끼기를 원하며, 또한 그렇게 될 것이기 때문이다(이만식 외, 2010 : 220).

〈표 15-2〉 자원봉사자 종결카드

자원봉사자 종결카드(예)

• 이름 : ____________ • 일자 : _______________

• 활동요약

	프로그램	직 위	관리자	일 자
1.				
2.				
3.				

• 교육훈련

	주 제	일 자
1.		
2.		
3.		

• 자원봉사 성과

	프로그램	직 위	관리자	일 자
1.				
2.				
3.				

• 종결이유 : ______________________________

• 이후 기회가 주어진다면, 자원봉사활동 희망의사

___예 ___ 아니요 (의사가 있다면 언제? ________________)

출처 : MacLeod & Hogarth(1999 : 159).

〈표 15-3〉 자원봉사활동 종결관리 사례

<table>
<tr><td>

○○자원봉사센터

종결대상

1. 본인이 종결의사를 밝힌 자
2. 자원봉사자 품위를 손상시킨 자
3. 정기 자원봉사활동을 사전연락 없이 연속 4회 이상 결근한 자
4. 기타 본 센터에서 봉사활동을 계속하기 곤란하다고 판단된 자

종결절차

1. 활동을 중단하고자 할 때에는 담당자에게 10일 전에 통보하여 사후조치를 취할 수 있도록 한다.
2. 담당자는 종결대상자가 발생되면 상담을 통해 종결 여부를 판단하여 처리한다.

</td></tr>
</table>

출처 : 행정안전부(2009 : 137).

함께 생각해 볼 과제

1 자원봉사자가 지도감독이 필요한 경우가 구체적으로 어떤 경우인지 함께 토론해 봅시다.

2 기관 및 자원봉사관리자로서 어떠한 경우에 자원봉사활동을 종결하도록 권할 수 있다고 생각하는지 함께 생각해 봅시다.

3 그리고 활동종결을 위한 좋은 방법은 무엇이 있는지 함께 생각해 봅시다.

CHAPTER 16

자원봉사자 동기부여

1. 동기부여의 개념

동기부여(motivation)란 행동을 유발하고, 행동의 방향을 설정하며, 그 행동을 유지하는 심리적인 힘이다. Motivation이란 단어는 라틴어 "movere"에서 유래했는데, 욕구를 충족시키려고 움직인다는 의미이다. 그것은 자극에의 대응을 뜻한다. 동기부여는 인간이 일정한 행동을 하도록 움직이게 하는 근원으로서 목표지향적인 행동을 유발하고 지시하고 유인하며 격려함으로써 행동을 촉진시키도록 자극하고 고무하는 내적 상태(한덕웅, 1990; 배기효 외, 2009 : 82 재인용)를 말한다.

우리는 다른 사람들이 활동하도록 자극할 수는 있지만 다른 사람을 동기부여할 수는 없다. 동기부여는 안에서부터 나오는 것이기 때문이다. 동기는 개인의 내적 심리상태를 자극하는 요인으로서 개인의 행동결정에 매우 중요한 기능을 한다. 동기는 개인의 욕구에서 발생하고 그 강도는 욕구의 결핍도에 의해 좌우된다. 발생된 동기는 욕구를 충족시키기 위한 목표지향적 행동으로 전환되는데, 이 과정에서 직무구조, 리더십 등의 환경변수가 작용하여 개인의 행동을 자극하게 된다. 동기가 유발되면 설정된 목표를 달성하기 위해 일하는 동시에 각자가 개인적으로나 집단의 일원으로서 그의 욕구를 충족시키고 성장할 수 있는 기회를 부여받는다(볼런티어21, 2002; 대구광역시자원봉사센터, 2007).

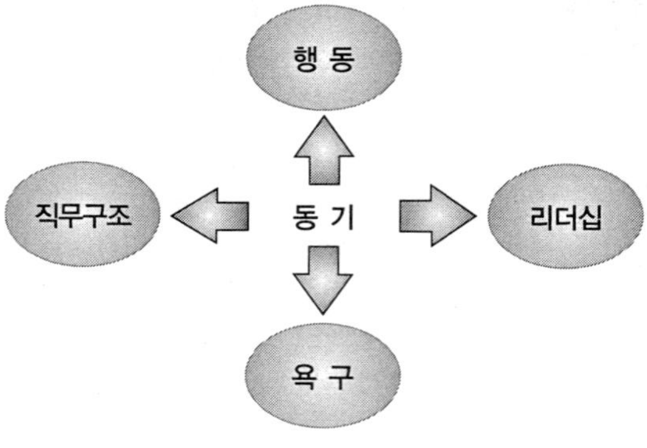

|그림 16-1| 동기부여의 과정

2. 동기부여의 기능

자원봉사 프로그램의 성패는 직원은 물론 자원봉사자의 동기부여에 달려있다. 동기부여된 자원봉사자란 기관의 정신과 지침 내에서 성취될 필요가 있는 일을 하기를 원하는 사람을 의미하며, 그 일이 자신의 욕구를 충족시킬 때 동기부여된 방식으로 일한다. 동기부여된 자원봉사자는 자신의 능력을 최대한 발휘할 것이며, 자신의 직무에 만족할 것이며, 이는 또한 프로그램과 조직의 성공에 영향을 미친다.

동기부여는 자원봉사자를 지속적으로 활동하게 하는 핵심요소이다. 자원봉사의 경험이 자원봉사자들의 특정한 혼합된 동기욕구를 확실하게 충족시켜 그들을 기분 좋게 하면 자원봉사자들은 계속 봉사하기를 원할 것이다. 이러한 일이 자원봉사 프로그램 수행 중 내내 일어나면 적극적이고 열성적인 분위기가 생기고 그러면 사람들이 계속 활동할 것이다. 동기부여를 통해 자원봉사자의 이직을 막고, 이직했다가도 다시 돌아오게 한다면 자원봉사관리자는 새로운 자원봉사자의 채용에 소요되는 시간을 절약할 수 있다. 모집이 자원봉사자가 충분하지 못한 문제에 대한 해결책이라면, 동기부여를 통해 자원봉사자를 떠나지 않게 하는 것은 그 문제를 막는 방법이라고 할 수 있다(볼런티어21, 2001).

3. 자원봉사자의 동기

자원봉사자의 동기는 자원봉사활동이라는 구체적인 행동을 하게 하고 이를 지속화시킬 수 있는 힘을 의미한다. 자원봉사활동은 중요한 동기로 정신적인 보상을 기반으로 하기 때문에 자원봉사자가 분명한 동기를 자각할 때 성공적인 자원봉사활동이 가능하다.

인간행동의 동기를 크게 두 가지로 나누면 이타적 동기와 이기적 동기, 또는 타인지향적 동기와 자기지향적 동기로 나누어 볼 수 있다. 최근 우리나라의 자원봉사 참여동기와 자원봉사 만족도에 관한 조사들의 비교를 해본 결과, 다음 <표 16-1>과 같이 나타났다. 첫째, 자원봉사 참여동기에 대해서는 1, 2순위를 중심으로 비교해 본 결과, 2005년 연구에서만 이기적인 동기가 1순위로 나타났으나 다른 지역의 경우 1순위는 이타적인 동기(이웃돕기, 사회문제해결), 2순위 이기적인 동기(보람된 일, 인간관계 넓힘, 여가활용, 경험의 폭넓힘)로 나타났다. 즉, 자원봉사 참여에 있어서 이타적인 동기와 이기적인 동기 두 가지를 모두 중요시하는 것으로 밝혀졌다. 이러한 결과는 이타성이 강조된 자원봉사 홍보, 프로그램 개발로는 참여율을 끌어내기 어려워졌음을 의미한다.

둘째, 자원봉사 만족도에 대한 결과는 지역에 따라 근소한 차이를 보였으나 평균 75% 수준이었으며, 불만족 이유에 대해서는 활동자체요인, 관리요인(교육, 보상, 태도)으로 나타났다. 광주, 충남, 전국의 경우 1순위 활동자체 요인, 2순위 관리요인으로 나타났으나, 대구의 경우에는 1순위로 관리요인인 교육(사전 오리엔테이션) 부족으로 나타났다.

특히 불만족 대표적인 요소인 활동자체요인에는 업무과다, 시간부족의 이유도 있으나, 활동내용에 대한 불만족, 업무부적합과 같은 자원봉사자의 참여동기와 관련된 요인이 포함되어 있다. 이는 자원봉사 중도탈락과 직접적인 관련이 있으므로 자원봉사 연결기관에서는 자원봉사자의 욕구와 수요처의 욕구가 부합하는 적재적소의 배치를 위한 세부적인 계획과 실행이 뒤따라야 할 것이다(최유미, 2010b).

〈표 16-1〉 자원봉사 참여동기 및 만족도(불만족 이유) 비교

지 역	참여동기(1, 2순위 비교)	만족도(불만족 이유)
광주 (2009)	−1순위 어려운 이웃돕기(이타성) −2순위 보람된 일(이기성)	4점 척도 2.95점(74% 수준) · 불만족 이유 : −1순위 시간부족, 업무과다 −2순위 사전교육부족
대구 (2008)	−1순위 이웃돕기(이타성) −2순위 인간관계를 넓힘(이기성)	4점 척도 3.06점(76.5% 수준) · 만족이유 : −1순위 자신을 가치롭게 인식 −2순위 사회참여 · 불만족 이유 : −1순위 교육부족 −2순위 활동내용 불만족
충남 (2007)	−1순위 이웃돕기(이타성) −2순위 보람된 여가활용(이기성)	5점 척도 평균 3.5점(70% 수준) · 불만족 이유 : −1순위 업무부적합 −2순위 미흡한 보상 −3순위 직원의 태도
인천 부평구 (2007)	−1순위 어려운 이웃돕기(이타성) −2순위 보람된 여가활용, 나의 성장(이기성)	−
전국 (볼런티어21 2005)	−1순위 친구 및 동료요청, 의미있는 여가활용(이기성) −2순위 사회문제해결의 도움(이타성)	4점 척도 평균 3.17점(79.3% 수준) · 불만족이유 : −1순위 업무부적합 −2순위 비자발적 활동 −3순위 기관과 의견차이
부산 (2004)	−1순위 이웃돕기(이타성) −2순위 경험의 폭 넓히기 위함(이기성)	5점 척도 평균 3.94점(78.8% 수준)

출처 : 최유미(2010). "전국 자원봉사 시민의식과 비교를 중심으로". 광주광역시자원봉사정책토론회 자료집.

4. 동기부여이론

피셔와 콜(Fisher & Cole)은 자원봉사자의 행동을 이해하는데 도움을 주는 동기부여에 관한 이론들을 정리하여 사람들이 자원봉사를 하는 이유, 즉 동기부여의 자극제를 욕구, 이유, 이익(또는 보상)의 세 가지로 설명한다. 즉, 첫째 이론은 인간의 행동은 인간 내부에 존재하는 욕구 때문이라는 가정으로서 욕구와 관련된 이론으로서 이론으로 타일러(Taylor)의 고전이론, 매슬로우(Maslow)의 욕구단계이론, 헤르츠버그(Herxberg)의 동기위생이론, 맥클랜드(McClelland)의 성취동기론 등이 있다.

둘째 이론은 인간은 의식있는 이유 때문에 행동한다는 가정이며, 셋째 이론은 인간의 행동은 어떠한 기대되는 보상 또는 이익에 의하여 유발된다는 가정이다. 기대욕구와 관련된 이론으로는 사회교환이론, 브룸(Vroom)의 기대이론 등이 있으며, 인간행동의 모형으로는 스미스(Smith)의 연속적 단계모델, 트로스(Troth)의 심리적 계약모델이 있다. 그러나 사실상 행동의 동기요인으로서 이유와 이익(보상)에 대해 별도 구분하여 설명하였으나, 이들 내용은 결과적으로 기본적인 심리적 욕구에 근거하고 있다고 할 수 있다.

1) 욕구와 관련된 이론

(1) 고전이론

타일러(Taylor, 1911)는 경영 및 관리에서 동기부여의 중요성을 인식하고 고전이론의 기초를 이루고 있는 몇 가지 생각들을 제안했다. 그는 열심히 일하는 사람이 자기가 한 일에 대해 게으른 사람과 똑같이 보상을 받는다면 열심히 일하는 사람은 곧바로 일의 속도를 늦추고 덜 생산적이 될 것이라고 결론지었다. 결과적으로 그는 열심히 일하고 생산성을 높이는 사람에게 보상을 주어야 한다고 주장했다(최성재 · 남기민, 2006 : 234).

(2) 매슬로우(Maslow)의 욕구단계이론

매슬로우(Maslow)는 인간의 내적인 욕구에 대한 개인의 대응으로서 동기부여를 기술하면서, 인간의 욕구를 생리적 욕구(physiological needs), 안전의 욕구(security needs), 사회화의 욕구(socialization needs), 자존의 욕구(self-esteem needs), 자기실현의 욕구(self-actualization needs)의 5단계로 구성된 피라미드를 제시하였다. 각 욕구단계에서 추구하는 것이 달성될 때까지 인간은 일정한 행동을 촉구하며, 일정 단계에서의 욕구가 달성되면 더 이상의 행동을 촉구하지 않고 피라미드의 다음 단계로 이동한다고 믿는다. 예를 들어, 인간은 생리적 욕구와 안전에 대한 욕구를 채우기 전에는 사회화 욕구에 의해서 동기부여 되지 않는다. 매슬로우의 이론은 자원봉사자가 계속적으로 활동에 참여하기를 바라는 조직에게 자원봉사자들이 추구하는 지배적인 욕구가 무엇이고 이러한 욕구가 어떻게 성취되는지에 대해 민감하게 대처할 필요성을 시사해 주고 있다(볼런티어21, 2001).

매슬로우가 제시하고 있는 욕구 5단계와 자원봉사자의 동기와 대응시켜보면 <표 16-2>와 같이 설명할 수 있으며, 이는 자원봉사자 개인이 충족되기를 원하는 욕구 등이 고려되어야 한다는 점을 보여준다.

〈표 16-2〉 욕구단계별 자원봉사자 배치유형

욕 구	잠재적 자원봉사자	자원봉사자 배치유형
자기실현의 욕구	활용하지 못하고 있는 능력 또는 재능이 있음	능력을 발휘할 수 있는 기회
자아존중감의 욕구	다른 영역에서 인정받지 못하고 가치절하되거나 드러나지 못하고 있다고 느낌	보상받고 공개적으로 인정받으며, 주목을 끌 수 있는 기회
애정의 욕구	외로운 느낌	타인과 만나고 사귈 수 있는 기회
안정 혹은 안전의 욕구	실직에 대한 두려움 가짐	새로운 직업기술, 새로운 경험을 할 기회
생리적 욕구	저소득임	무료의 음식을 제공받을 기회나 쾌적한 환경에서 일할 수 있는 기회

출처 : Meneghetti Milena M., 1995 : 21, 류기형 외, 2009 : 126 재인용.

(3) 헤르츠버그(Herzberg)의 동기-위생이론

헤르츠버그(Herzberg)는 인간의 직무만족에 관계된 요인을 두 가지로 분리하고 있다. 하나는 "동기요인(satisfiers, motivators)"으로 일에 관계된 성취, 인정, 책임의 증대는 직무의 만족을 증대시킨다는 것이며, 다른 하나는 "불만요인(또는 위생요인, dissatisfiers, hygiene factors)"으로서 나쁜 인간관계, 지나친 감독과 만족하지 못한 작업환경은 직업의 불만을 증대시킨다는 것이다. 즉, 중요한 것은 일의 내용과 심리적 만족이다. 불만은 고통에 의해 생겨나는데 이 고통은 작업환경 속의 위생적인 문제들이 원인이 된다. 헤르츠버그는 만족을 주는 일 자체에 관계된 면과 일을 수행할 때 불만의 소지가 되는 배경적인 면을 구분함으로써 자원봉사자의 동기부여에 영향을 주는 다양한 요인을 적절히 배치하는 데 도움을 주고 있다. 특히 일 자체가 직무만족이나 적극적인 동기부여를 가져오는 것은 아니나 심리적 소득이 결핍되면 불만의 요인이 되어 활동의욕에 영향을 미치는 중요한 위생적인 요소들이 있다고 제시하고 있다. 이것은 자원봉사활동의 정책 및 행정, 기술적인 지도감독, 대인관계, 안정감, 활동조건, 지위 등을 말한다. 이들은 소극적인 동기부여 요소들이라고 볼 수 있으며, 적극적인 면에서 진정한 동기부여 요소들은 ① 성취, ② 인정, ③ 향상, ④ 일 자체, ⑤ 성장 가능성, ⑥ 책임 등이다(Herzberg, 1976 : 53-101; 최성재 외, 2006 : 238-239 재인용).

(4) 맥클랜더(McClelland)의 성취동기이론

맥클랜더는 인간의 행동을 유발시키는 동기요인으로 성취의 욕구(needs for achievement), 친교의 욕구(needs for affiliation), 권력의 욕구(needs for power)를 지적하였다. 즉, 성취욕구가 강한 사람은 과업의 완수, 친교의 욕구가 강한 사람은 원만한 인간관계의 형성, 권력의 욕구가 강한 사람은 지도자가 될 기회의 포착에 의하여 동기가 유발된다는 것이다. 인간에게 있어 이 세 가지 욕구는 복합되어 존재하지만 흔히 한 가지 동기가 지배적으로 나타난다. 어떤 유형이 다른 유형보다 더 좋은 것이 아니고, 단지 다를 뿐이다. 지배적인 동기요인은 우리 인생에 걸쳐 변화하며, 또한 상황과 장소에 따라 다른 유형을 보일 수도 있다. 자원봉사관리자는 자원봉사자의 동기유형에 따라 이들을 올바른 직무에 배치하고 적절히 지도감독하고 인정하는 것이 중요하다.

맥컬리와 린치(McCurley & Lynch, 1996)는 대부분의 사람에게 공통적으로 존재하는 욕구는 소속감과 자율성이지만 일의 공로에 대한 인정, 성취, 관리감독, 변화, 발전, 친교, 권력, 그리고 즐겁고 독특한 경험에 대한 욕구 또한 자원봉사활동에 참여하도록 결정하는 데 영향을 준다고 주장한다. 프란시스(Francies)는 또한 경험, 사회적인 책임, 사회참여, 다른 사람의 기대에 대한 순응, 사회로부터의 인정, 미래의 보상과 성취 등의 개인적 욕구들이 자원봉사활동을 함으로써 달성될 수 있다고 보고한다. 이와 같이 인간의 욕구는 다양하며 계속 변화하지만, 변화하는 인생의 주기에 따른 자극과 기본적인 심리적 욕구를 충족시키는 직무들로 인해 사람들은 자원봉사활동에 참여하는 것이다.

〈표 16-3〉 McClelland의 동기이론에 따른 동기유형별 강점과 약점

성취동기적인 사람	
• 항상 생각하는 것 : –목표와 그것을 달성하는 방법 –문제와 그것을 해결하는 방법 –강력한 업무수행과 성공 • 강점 : –잘 조직되어 있다. –혁신적이다. –훌륭한 계획수립가이며 문제 해결사 –강한 추진력 • 노력해야 할 점과 약점 : –타인에게 업무를 위임하려는 노력 –과정에 대한 노력(인내심이 없을 수 있다) –인간관계와 팀에 더 가치를 부여하려는 노력 –타인의 감정과 욕구에 민감할 필요 –완벽주의 –위험부담을 지려는 노력(계산된 위험만 지려 함)	• 욕구 : –피드백을 받으려는 욕구(이들은 실패하는 것을 싫어한다) –도전/ 성장하려는 기회 –높은 수준과 독특한 성취의 욕구 –마감시간 지키기, 책임을 다하려는 욕구 –체크리스트 작성(이들은 목록을 지워나간다) • 가장 적합한 유형의 직무 : –기금모금 –행정적인 일 –훈련 –재정업무 –자료수집 –전문적인 과업(예 법률조언 등) –이사회의 이사직 • 가진 것 : –거대한 시간측정기

친교동기적인 사람	
• 항상 생각하는 것 : –인간관계 –자신과 타인의 감정 –자신이 어떻게 도움이 될지 • 강점 : –"분위기"를 잘 맞춘다. –팀에서 잘 활동한다. –민감하다. –훌륭한 경청가 –훌륭한 설득자 • 노력해야 할 점과 약점 : –과민하다 –갈등처리 방법 –시간관념이 약하다. –자신의 일에 대해 확인과 긍정을 과도하게 요구한다. –과민반응 –홀로 있거나 많은 타인과 있다.	• 욕구 : –필요로 되기를 바람 : 돕기를 원함 –친한 사람들과 있기를 바람 –소속감을 느끼기 원함 –지도자/ 친구에 의해 수퍼비전을 받기 원함 –개인적인 인정을 받기 원함 –사람들이 자신을 좋아하기를 바람 –감정을 나타내고 싶어 함 • 가장 적합한 유형의 직무 : –직접적인 대인서비스 –홍보 –지지활동 –타인에 대한 인정을 계획하고 베풀기 –지지집단을 이끄는 일 • 가진 것 : –가장 큰 주소록

권력/ 영향력 동기적인 사람	
• 항상 생각하는 것 : –다른 사람을 대신해서 영향력을 행사함(사회적 권력) –나에게 도움이 되는 것이 무엇인가? 내가 가진 권력을 유지하기(개인적 권력) –지도력, 명성, 직무의 지위(사회적, 개인적 권력 모두) • 강점 : –빗장을 여는 사람 –전략적인 사고 –개인으로부터 기금모금 –교사, 훈련가, 연사 –위계구조에서 일을 잘함 • 노력해야 할 점과 약점 : –지배력 행사 –논쟁적이며 자기주장을 내세움 –위협적임(특히 친교동기적인 사람에게)	• 욕구 : –지도자/ 영향력 있는 위치 –사회적인 인정 –명성과 직무의 지위 • 가장 적합한 유형의 직무 : –옹호자 –정책결정 –기금모금 –정치적인 활동 –연사, 훈련가 –언론 대변인 –이사장 또는 강력한 위원회의 위원장 • 가진 것 : –가장 인상적인 감사패

출처 : 볼런티어21, 2001 재인용.

2) 의식적인 이유

자원봉사 조직과 프로그램에 참여하는 동기부여의 두 번째 요인은 의식적인 이유이다. 어떤 이유는 과업에, 어떤 이유는 지역과 환경에, 또한 서비스를 받게 되는 클라이언트에 초점을 맞춘다. 예를 들면, "다른 사람을 돕기 위해서", "지역사회에 봉사하고 싶어서", "자신이 살고 있는 지역사회를 더 살기 좋은 곳으로 만들기 위해", "인간관계와 지역사회서비스의 개선 또는 환경보호를 위해" 자원봉사를 한다. 또한 어떤 이유는 자원봉사자 자신에게 초점을 맞춘다. 예를 들면, "클라이언트와 함께 일을 함으로써 기쁨을 얻기 위해", "다른 자원봉사자들과 사회적 관계를 유지하기 위해", "새로운 친구를 사귀기 위해", "남에게 받은 보상을 갚기 위해", "명성을 높이기 위해", "요구조건을 채우기 위해", "직업에 관련된 경험을 얻기 위해" 그리고 "사업의 이익을 증대시키기 위해" 등이다.

샤롯(Sherrott)은 자원봉사활동을 수단적인(instrumental) 면과 윤리적인(moral or normative) 면의 두 가지 영역으로 나누어 설명한다. 전자는 자원봉사활동을 "고용의 대용물로", "고용을 위한 준비물로", "불만족한 직장생활에 대한 보상의 방법으로", "사회적 관계형성과 친구를 사귈 수 있는 기회로", "여가활동을 위한 적극적인 방법으로" 보는 것을 말한다. 후자는 "도움을 제공하기 위한 우호적인 방법으로", "종교적인 믿음의 표현방법으로", "사회적 의무감의 표현으로" 또는 "젖값의 보상방법으로" 행하는 것을 말한다(볼런티어21, 2001).

3) 기대되는 이익

자원봉사활동의 동기요인으로서 이익을 설명할 때 많은 학자들은 사회교환이론(social exchange theory)을 사용한다. 기드론(Gidron)은 자원봉사를 통해 얻는 만족과 다양한 정신적인 보상은 단순한 비의도적인 부산물이 아니라 자원봉사활동에 투자된 노력과 시간에 대한 이익이라고 본다. 자원봉사를 통하여 기관과 자원봉사자 간에는 교환이 일어나고 있는 것이다(최유미, 2004 : 17-21 재인용).

(1) 브룸(Vroom)의 기대이론

기대이론은 레빈과 톨먼(Levin & Tolman)의 인지적 개념들에 뿌리를 두고 있으며, 1964년 브룸(Vroom)에 의해 처음으로 조직행위에 적용될 수 있도록 이론적으로 형성되었다(Mitchell, 1974 : 1053). 이 이론은 인간행동의 본능이론을 거부하고 개개인은 사고와 이성을 지닌 존재로서 현재와 미래의 행위에 대해 의식적인 선택을 한다고 가정하고 있다.

기대이론은 왜 자원봉사자들이 계속해서 활동에 머무르느냐를 설명하기에 설득력 있는 것으로 평가되고 있다. 즉, 자원봉사자가 담당한 업무가 그의 기대에 상응하지 못할 때에는 그의 활동을 계속하려는 동기는 감소할 것이기 때문에 자원봉사자를 계속 머물게 하려면 봉사업무의 수준과 성격이 그들의 기대에 적합하도록 유지되어야 한다(Moore, 1985 : 61; 김상욱, 1990 : 17)는 것이다. 즉, 자원봉사자는 자신이 하고 있는 일에 대하여 흥미를 느끼며, 일을 통하여 자신이 원하는 보상을 받고, 원하는 일을 잘 수행할 수 있다고 여길 때 그 일을 지속하게 될 것이다. 기대이론에서 인간행동을 지속화하는데 영향을 미치는 요소로 설정한 세 가지 요소, 즉 '선호성', '수단성', '기대성'이 있다고 주장하였다.

① 선호성(valence) : 일에 대한 흥미

자원봉사활동을 지속하려면 먼저 자신이 하고 있는 자원봉사업무에 대해 흥미를 가져야 한다. 사람들은 자기가 하고 있는 일이 자신이 생각하기에 중요하고 가치 있다고 여길 때 만족하는 경향이 있다. 선호도는 유인이나 흥미(interest)로 대치할 수 있는데, 하나의 특정한 결과나 일에 대하여 개인이 부여한 가치의 정도라 할 수 있다(Luthans, 1977 : 414; 최유미, 2005 재인용).

선호도에는 긍정적인 선호도와 부정적인 선호도가 있다. 같은 자원봉사업무를 하더라도 자원봉사자에 따라서 그 업무에 대하여 긍정적인 태도를 갖거나 부정적인 반응을 보일 수 있다. 이런 선호도에 따라 자원봉사자는 자신이 하고 있는 자원봉사업무에 대한 만족 또는 불만족감을 느껴 자원봉사활동의 지속 및 중단

결정에 영향을 받게 된다.

② 수단성(instrumentality) : 욕구충족에 대한 신념

동일한 행위를 지속적으로 하는데 영향을 주는 두 번째 요인으로 기대이론이 제시하고 있는 것은 수단성이다. 수단성은 개인의 마음에 있는 신념과 관련된 것으로 이것은 한 사건과 다른 사건 간의 상관관계에 관한 신념이다. 자원봉사활동에 이 개념을 적용시켜 보면, 자원봉사자의 참여동기 내지 욕구들의 충족과 자신이 하고 있는 자원봉사활동과의 관계에 관한 것이라 할 수 있다. 즉, 자원봉사자가 자신의 자원봉사활동을 지속하려면 자신이 현재 행하고 있는 활동이 자신의 자원봉사활동에의 참여동기 내지 욕구를 충족시킬 수 있다는 신념이 있어야 가능하다는 것이다(Moore, 1985 : 64). 예를 들어, 자신이 가진 재능을 활용하고 발전시키고 싶어 자원봉사활동을 시작한 자원봉사자는 재능을 활용할 수 있고, 그것을 통해 개인적으로 도움이 된다고 믿을 경우 그는 자신의 자원봉사활동을 지속하고자 하는 동기를 부여받을 수 있다는 것이다.

③ 기대성(expectancy) : 자원봉사활동 수행능력에 대한 신념

자원봉사를 지속하려면 자신이 자원봉사활동을 가치롭고 중요하다고 여기고 또한, 그 활동이 자신의 참여동기를 충분히 충족시킬 수 있다는 신념이 있어도 자원봉사활동을 잘 감당할 수 없다고 느낄 때는 중단하게 될 것이다. 따라서 자원봉사업무를 지속적으로 하려면 주어진 업무(과업)를 잘 수행할 수 있다는 신념이 있어야 한다.

사실 다양한 요인들이 개인의 기대신념의 정도에 영향을 미친다. 이러한 요인들로서는 자기기술능력에 대한 평가, 자신감의 정도, 특정 과업에 대한 경험의 정도, 그리고 과업을 성취하는데 따르는 어려움을 극복하는데 있어서 타인으로부터 받는 인상 등이 있다. 한 개인이 새로운 기술을 습득하고 새로운 경험을 얻고, 많은 사람의 성공과 실패를 관찰함으로써 자신의 능력에 대한 인식이 바뀌고 따라서 기대의 신념이 바뀔 수 있다. 다시 말해, 기대요소는 한 개인이 특정한 과업이나 목표를 성취할 수 있을 지에 대한 개인적인 신념을 다룬다. 만일 어떤 특정 과업을 성취할 수 있으리라 여겨지지 않을 때는 기대가 낮다고 볼 수 있으며 반대로 과업이 다루기 쉽게 보이면 기대는 높다고 할 수 있다. 기대이론에 따르면 자원봉사업무에 대한 개인의 기대가 높으면 높을수록 이를 지속적으로 시도하고자 하는 힘이 점점 더 커질 것이다(Moore, 1985 : 65-66; 최유미, 2005 재인용).

이처럼 자원봉사자는 자신의 봉사업무에 흥미를 가지고, 자원봉사 참여동기가 자원봉사활동을 실천하는 가운데서 스스로 잘 해낼 수 있다는 신념이 있다면 자원봉사업무를 지속할 가능성이 있다고 볼 수 있다.

즉, 인간은 그 활동의 수행이 성공할 것이라는 기대, 그 활동의 수행으로 인정받게 되고, 이익을 얻을 것이라는 기대, 그 활동의 결과 개인에게 긍정적인 가치를 부여할 것이라는 기대 속에서 특정한 활동에 참여하게 된다고 주장한다. 자원봉사관리자는 자원봉사자의 기대에 관한 정보를 체계적으로 수집함으로써 자원봉사자가 기대하고 있는 이익이 무엇인지를 파악하여 충족시켜 줄 수 있는 적재적소에 그들을 배치할 수 있다(볼런티어21, 2002).

(2) 스미스(Smith)의 연속적 단계모델

인간의 자발적 행동에 관하여 스미스(Smith, 1980)는 "일반적 행동모델(General Activity Model : GAM)"을 이용하여 설명하고 있다. 일반적 행동모델(GAM)은 인간들이 자유로운 시간에 왜 그들이 하고 있는 바로 그 행동들을 하는지에 대하여 초점을 맞추고 있는데, 이는 곧 자발적 행동을 사회교환이론으로 설명하고자 하는 하나의 시도이다. 일반적 행동모델은 인간이 어떻게 자유시간을 사용하는지를 설명하고자 하는 시도로서 6개의 개념적 범주의 예측요인을 사용한다. 즉, ① 환경적 맥락요인, ② 사회적 배경과 역할요인, ③ 성격적 요인, ④ 태도에 영향을 주는 개인적 성향들, ⑤ 보유한 정보들, ⑥ 상황요인들이다(Smith, 1980; 이성록, 2001 : 28; 최유미, 2004 재인용).

두 번째 연구분야는 자원봉사행동 그 자체에 관한 직접적인 연구로서 "다양한

요인들이 어떻게 자원봉사행동 결정에 영향을 미치는가?" 혹은 "어떠한 인과관계에 의하여 영향을 미치는가?"에 관한 방대한 연구분야이다. 스미스는 자원봉사행동에 관련된 요인들이 자원봉사행동 결정에 영향을 미치는 과정을 설명하는 이론적 틀로서 "연속적 단계모델(Sequential Specificity Model : SSM)"을 제시하고 있다. 연속적 단계모델은 자원봉사행동 결정에 영향을 미치는 요인을 크게 환경적 맥락요인, 개인적 배경요인, 상황요인 세 단계로 나누었으며, 각 단계의 변인들은 연속적 단계를 거쳐서 직·간접적으로 영향을 준다고 가정하고 있다(이성록, 2001 : 28-30; 최유미, 2004 재인용)(|그림 16-2| 참조).

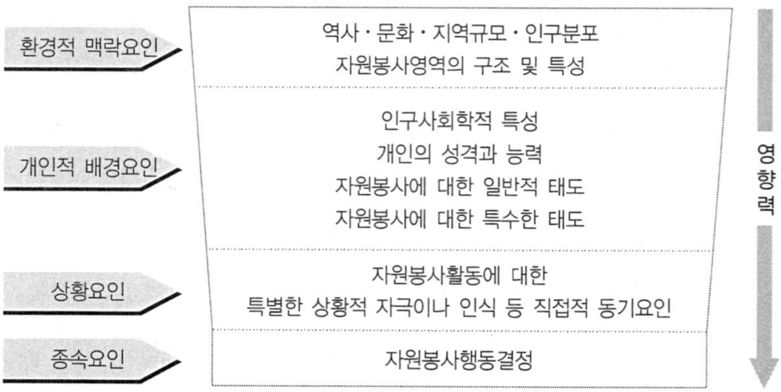

출처 : Smith(1980). "Participation in Social and Political Activities".

|그림 16-2| Smith의 연속적 단계모델

(3) 트로스(Troth)의 심리적 계약모델

트로스(Troth, 1999)의 심리적 계약모델은 사람들은 어떤 심리적 기대를 가지고 자원봉사에 참여하며, 사회적 교환이 어떻게 사회적 통합을 도출하게 되는가에 대한 설명에 있어서 중요한 단서를 제공해 줌과 동시에 개인차원에서의 자원봉사행동 연구와 조직차원에서의 자원봉사행동 연구를 연결하는 가교로서의 의의를 갖고 있다. 자원봉사행동의 동기요인으로서 기대이익을 설명하는 조사연구들이 꾸준히 이루어지고 있으나, 대개 기대이익의 당위성 내지는 기대하는 이익의 성격에 대한 논의에 머물고 있다(Gidron, 1984; 이성록, 2001; 최유미, 2005 재인용). 따라서 중요한 과제는 개인이 기대이익을 형성하는 과정에 대한 예측과 기대이익이 다른 요인들과 어떻게 작용하는가에 대한 연구이다. 이와 관련하여 최근 들어 부각되는 이슈는 심리적 계약(psychological contract)의 영향력에 대한 이론이다(이성록, 2001 : 32).

심리적 계약은 사회적 교환(social exchange)이 어떻게 성립되는지를 설명하는 이론으로서 공식적 문서에 의한 계약이 아니라 상호공조를 바탕으로 한 암묵적 신뢰관계를 의미한다. 이러한 심리적 계약이론은 자원봉사행동에 미치는 영향을 설명하는데 유용한 이론으로서 자원봉사행동의 공식적 계약관계에 있어서 공식적으로 표방한 동기와 관련된 이슈를 넘어서 심리적으로 내재되어 있는 잠복된 동기의 존재를 조명하고 있다(이성록, 2001 : 33). 이러한 심리적 계약모델은 조직차원의 자원봉사 참여지지와 개인차원에서의 자원봉사 지속 여부를 탐색하는 본 연구에 이론적 근거를 제공해 준다.

최근 Troth(1999)는 개인적인 측면에서 심리적 계약형성과정에 대한 예측과 조직과 개인의 공식적 자원봉사행동협약에 있어서 심리적 계약의 적용 등을 제시함으로써 보다 진전된 심리적 계약모델을 제시하였다(|그림 16-3|).

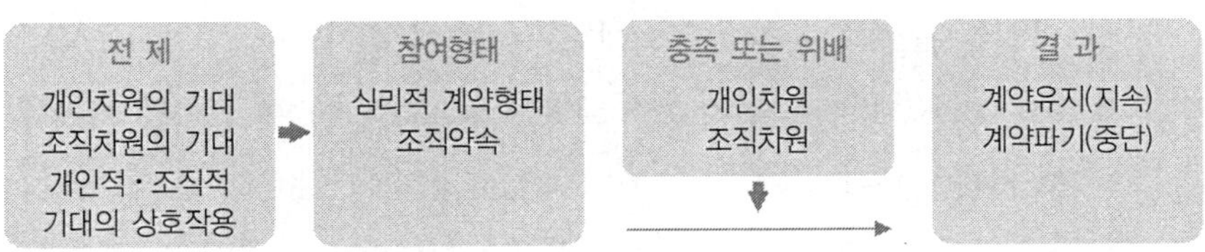

출처 : Troth(1999). The Psychology Contract of Volunteer Workers and Its Consequences, 최유미, 2004 재인용.

|그림 16-3| 심리적 계약 모델 : 전제와 결과

이 모델의 이슈는 개인적인 측면에서 심리적 계약의 형성과정에 대한 예측의 중요성이다. 즉, 잠복된 동기를 파악하고 적절하게 통제함으로써 자원봉사행동을 일으키는 단계에서 미래의 가능성에 대한 암묵적 기대요인이 암묵적으로 합의가 이루어지며, 자원봉사행동이 시작된 이후 암묵적 기대에 대한 암묵적 합의가 지켜질 행동은 지속될 것이라는 예측이 가능한 것이다.

두 번째 이슈는 자원봉사행동을 설명하는데 있어서 심리적 계약의 적용에 관련된 요인들이 반영되어져야 한다는 것이다. 심리적 계약에 대한 연구에 있어서 한계는 선행연구들이 주로 기업조직의 직원을 대상으로 하고 있으며, 심리적 계약은 일련의 조직적 협약에 적용가능한 것으로 알려져 왔다. 따라서 자원봉사행동에 대한 연구에 있어서 사회적 계약을 적용시키고 일반화를 추구하는 것은 최근의 일로서 자원봉사 영역의 확대와 참여동기의 복합성에 따른 것이다(Troth, 1999; 이성록, 2001 : 34).

자원봉사자들은 어떤 경우 물질적 보상을 받기도 한다. 그러나 자원봉사자들은 물질적 보상보다 변화를 일으킬 기회나 미래의 직업을 위한 기술훈련, 자기개발, 사회적 관계 확대, 성취감과 보람 등을 기대하고 있다. 자원봉사자들은 자신의 일정한 시간을 조직에 위임할 수도 있고 충성이라는 말로 표현될 수 있는 조직에 대한 헌신을 동의할 수도 있다. 그러나 자원봉사자들은 표방된 외재적 동기로서 타자지향적인 동기와 함께 잠복된 내재적 동기로서 자기지향적인 동기를 동시에 가지고 있다. 외면적으로 조직의 기대에 부응하려는 심리와 함께 내면적으로 조직에 대한 자기기대를 가지고 있다.

이상의 자원봉사활동의 동기요인 외에도, 브라운과 짤리(Brown & Zahrly)는 자원봉사활동의 결과로 발생되는 중요한 혜택을 다음과 같이 세 가지를 가정하고 있다. “다른 사람과 만나고 사귈 수 있는 사회화 기회”, “직업에 관련된 기술을 얻는 기회”, “어떤 가치있는 일을 수행함으로써 만족감을 얻을 기회” 등이다. 강한 내적인 집착력을 가진 자원봉사자는 “생산적인 결과를 창출한 자신의 행동으로 인해 정신적인 보상을 가질 수 있으며, 이로 인해 자신의 자원봉사활동을 자랑으로 생각할 수 있다는 것이다”.

한편 기드론(Gidron)은 자원봉사활동으로부터 얻을 수 있는 혜택을 업무와 관련된 “만족요인(content factors)”과 상황과 관련된 “배경요인(context factors)”으로 나누어 설명한다. 만족요인과 관련된 혜택으로는 고객과의 관계, 중대한 과업의 실행, 자원봉사자 개인의 능력과 기술의 활용, 인정받는 것 등을 들고 있으며, 배경요인과 관련된 혜택으로는 다른 봉사자와의 관계, 전문직원에 의한 감독, 그들로부터의 원조를 포함한다.

그 외에도 자원봉사 프로그램의 특성, 조직의 특성, 개인적 특성들이 자원봉사 동기에 영향을 준다. 자원봉사자들은 자원봉사활동으로부터 얻게 되는 개인의 이익에 대한 기대를 가지고 공적인 서비스를 제공하거나 다른 선한 행동을 하게 된다. 따라서 자원봉사관리자는 자원봉사자가 기대하는 것이 무엇인지를 인식하고 조직에 대해서 자원봉사자에게 제공되는 혜택을 늘리도록 촉구해야 한다. 자신의 이익과 타인의 이익에 기초를 둔 보상 모두가 자원봉사자의 행동을 긍정적인 방향으로 유도하는 것이다(볼런티어21, 2001).

TIP. 자원봉사자의 동기부여를 위한 메시지들

- 도움의 필요성
- 기술공유
- 속도의 변화
- 새로운 친구사귐의 기회
- 기부시간
- 열정의 실천
- 요구의 실천
- 지역사회에 기여
- 정신적 필요 혹은 나눔의 실천
- 누군가를 돕기
- 전문직업인의 탐험
- 새로운 기술의 배움
- 아이들을 위한 도움

출처 : DHHS(2006 : 2-4).

〈표 16-4〉 맥클랜더 동기부여 분석

다음에 나오는 진술의 그룹들에는 각각 3개의 선택항목이 있다. 귀하 자신의 동기부여 요인으로 가장 가까운 것을 각 세트에서 한 개씩 선택하라. 기억할 것은 틀린 답은 없다는 것이다. 각각의 문자 앞에 ✓표시를 하라.

1.	a. ______	일을 할 때면, 나는 피드백을 받고자 한다.
	b. ______	나는 혼자 일하는 것을 선호하며 나 자신의 보스가 되기를 갈망한다.
	c. ______	나는 혼자 일하게 되면 불편한 것 같다.
2.	a. ______	나는 새로운 사람들과 친구가 되기 위해 내 방법으로부터 벗어난다.
	b. ______	나는 좋은 논쟁을 즐긴다.

	c. ______	일에 착수한 후 나는 일이 완수될 때까지 편안하지 않다.
3.	a. ______	신분 상징물이 나에게는 중요하다
	b. ______	나는 항상 집단의 프로젝트에 참여하게 된다.
	c. ______	나는 마감시간이 있을 때에 일을 더 잘한다.
4.	a. ______	나는 어느 정도 도전이 있을 때 일을 가장 잘 한다.
	b. ______	나는 명령을 따르기보다는 명령을 주는 쪽이다.
	c. ______	나는 타인에게 민감하다 – 특히 그들이 미칠 듯이 흥분해 있을 때
5.	a. ______	나는 나 자신의 보스가 되기를 갈망한다.
	b. ______	나는 책임있는 일을 열심히 수용한다.
	c. ______	나는 나의 상관들의 일에 개인적으로 참여하려고 노력한다.
6.	a. ______	나는 혼자 일하게 되면 불편하다.
	b. ______	나는 다른 사람들이 공동 노력이 요구된다고 느낄 때조차도 나 자신의 보스가 되는 것을 선호한다.
	c. ______	책임이 주어질 때, 나는 계측할 만한 수준의 높은 업적을 성취한다.
7.	a. ______	나는 나의 명성 및 지위에 대해 매우 관심이 있다.
	b. ______	나는 다른 사람들보다 뛰어난 업적을 내고 싶은 욕망이 있다.
	c. ______	나는 타인에게 사랑받고 수용되는 데에 관심이 있다.
8.	a. ______	나는 따뜻하고, 친밀한 관계를 즐기며 추구한다.
	b. ______	나는 사업에 완전한 참여를 하고자 한다.
	c. ______	나는 내 아이디어들이 우세하기를 원한다.
9.	a. ______	나는 고유한 성취를 원한다.
	b. ______	나는 타인으로부터 분리되어 있을 때 신경이 쓰인다.
	c. ______	나는 타인에게 영향을 주려는 욕구와 열망을 가지고 있다.
10.	a. ______	나는 다른 사람을 위로하고 돕는 일에 대해 생각한다.
	b. ______	나는 말이 유창하다.
	c. ______	나는 휴식이 없고 혁신적이다.
11.	a. ______	나는 목표를 설정하고 그것들을 어떻게 달성할지에 대해 생각한다.
	b. ______	나는 사람들을 변화시키는 방법에 대해 생각한다.
	c. ______	나는 나의 감정과 타인의 감정에 대해 많이 생각한다.

동기부여 분석의 열쇠

1. a. 성취
   b. 영향력
   c. 친교

2. a. 친교
   b. 영향력
   c. 성취

3. a. 영향력
   b. 친교
   c. 성취

4. a. 성취
   b. 영향력
   c. 친교

5. a. 영향력
   b. 성취
   c. 친교

6. a. 친교
   b. 영향력
   c. 성취

7. a. 영향력
   b. 성취
   c. 친교

8. a. 친교
   b. 성취
   c. 영향력

9. a. 성취
   b. 친교
   c. 영향력

10. a. 친교
    b. 영향력
    c. 성취

11. a. 성취
    b. 영향력
    c. 친교

출처 : 대구시종합자원봉사센터(2002). 자원봉사 리더십아카데미 자료집.

함께 생각해 볼 과제

1 자원봉사자에게 동기부여가 왜 필요한가에 대해 생각해 봅시다.

2 맥클랜더 동기부여이론에서 나의 동기유형은 어떠한지 분석해 보고, 나에게 맞는 자원봉사활동내용을 찾아 봅시다.

CHAPTER 17

자원봉사 인정

1. 자원봉사 인정의 개념

자원봉사 인정(recognition)의 개념은 '인정 · 보상' 외에도 '실비보상', '인센티브 제공' 등 유사용어들과 함께 혼재되어 사용되고 있으나, 일반적 개념은 "훌륭한 일을 해 준데 대한 감사"로서 자원봉사자들 개개인이 기여한 바에 대해 알아주고, 그 가치를 인정하는 것이다(볼런티어21, 2001 : 241). 한편 이성록(2003)은 인정은 시장영역에서의 화폐와 같은 역할을 하는 것으로 설명하면서, 자원봉사활용 조직은 '인정'이라는 사회적 화폐를 지불하고 시민들로부터 '자원봉사'라는 서비스를 구매하는 것이라고 설명하면서 인정을 주변사람들의 칭찬과 인정, 감사, 존경 등의 사회심리적 기제로 구체화하고 있다. 따라서 인정은 자원봉사활동의 가치를 받아들이고 승인하기 위해 제공되는 유형, 무형의 것이라고 할 수 있으며, 자원봉사활동에 대한 인정은 자원봉사자 개인과 자원봉사단체 모두에게 격려와 활력을 가져다 준다. 코리건(Corrigan, 2001)에 의하면, 자원봉사자들이 보람과 만족을 느끼면서 지속적으로 봉사할 수 있도록 지지하는 가장 큰 요인이 인정이라고 보았다. 따라서 자원봉사의 지속과 활성화를 위해서는 관련 법제정과 제도정비 이외에도 보다 많은 사람들이 자원봉사활동에 참여할 수 있게 하고, 활동하고 있는 자원봉사자의 활동 지속성을 높이기 위한 다양하고 실질적인 인정방안 개발의 필요성이 있다 할 것이다(주성수, 2005 : 48 재인용).

2. 자원봉사 인정의 형태

자원봉사 인정의 형태에 있어서도 일반적으로 그 내용이 무형인가 유형인가에 따라 구분하거나(Sue, 1996 : 43), 화폐를 기준으로 '금전적', '비금전적' 인정, 시행방법에 따라 '공식적', '비공식적' 인정(이성록, 2003), '기관 내부', '기관 외부', '자원봉사의 질과 가치에 대한 사회적 인정'(Susan, 2003 : A27) 등으로 구분하기도 한다. 그러나 인정에 대해서는 연구자들마다 각기 다른 유형들과 요인으로 제시하고 있으며, 자원봉사기관에서 최근 관리적 목적으로 도입하여 실시하고 있는 마일리지 통장관리, 시간관리 상해보험 가입 및 각종 교육지원 등과 같은 인정의 유형에 대해서는 일부 제한적으로 제시되고 있기도 하다(최은숙, 2005; 이강현 · 정진경, 2006; 정진석 · 조미정 · 채현탁, 2009). 인정의 구체적인 내용을 살펴보면, 먼저 심리적 요인을 포함하는 무형의 인정은 '자원봉사 가치에 입각하여 사회적, 심리적인 요구를 충족시켜주는 것'(최은숙, 2005 : 43) 그리고 '만족 · 성취 등과 같은 자원봉사자의 내적 안정감과 자긍심을 충족시켜주는 것'(정진석 · 조미정 · 채현탁, 2009 : 100)으로서, 인정의 방법은 감사메시지(정서적 보상), 격려행사 초대, 기회제공 등이 있다(이성록, 2003; 최은숙, 2005; 이강현 외, 2006; 박태영 외, 2008; 이강현 · 정진경, 2006; Susan, 2003 : B8). 둘째, 금전적 인정은 '외부적이고 인위적인 것이며 물질적이고 가시적인 것'(최은숙, 2005 : 43) 그리고 '혜택 · 현금 · 물품 등과 같은 자원봉사자에 대한 외부적이고 가시적인 것'(정진석 · 조미정 · 채현탁, 2009 : 100)으로서, 인정의 방법은 식비, 교통비, 재료비와 같은 현금제공과 검진할인, 선물, 기념품, 장소제공, 물품지원과 같은 현물지원 등이 포함된다(최은숙, 2005; Susan, 2003 : B7). 셋째, 공식적 혹은 사회적 인정은 '소속 · 기회 · 존경 등과 같은 자원봉사자의 사회적 기대와 욕구를 충족시켜 주는 것'(정진석 · 조미정 · 채현탁, 2009 : 100)으로서, 인정의 방법은 표창, 포상, 상담, 연수체험 및 공식적 사례발표 기회제공 등이 포함되는 것으로 나타났다(이성록, 2003; 최은숙, 2005; Susan, 2003 : B7).

특히 자원봉사 직무만족에 영향을 미치는 인정의 요인을 연구한 최유미(2010a)의 연구결과를 살펴보면, 자원봉사 직무만족에 직접적인 영향을 미치는 인정유형으로는 '심리적, 사회적, 관리적' 인정유형으로 나타났으며, 통제변인인 자원봉사자 특성요인을 함께 분석한 결과, '심리적 인정', '관리적 인정', '노력수준'이 자원봉사 직무만족에 영향을 미치는 것으로 나타났다. 즉, 자원봉사자는 심리적, 관리적 인정경험이 많고, 자원봉사활동에 대한 노력수준이 높을수록 자원봉사직무에 더 만족한다는 것으로 밝혀졌다. 이는 자원봉사활동에 대한 인정과 보상이 직무만족에 긍정적으로 영향을 미친다는 선행연구(이재민 · 황선영, 2004; 전재일 · 이준상 · 이석형, 2005)와 만족은 특별이벤트, 감사편지와 같은 공식적 표현보다는 오히려 자원봉사자에 대한 중요한 의사전달은 직접대면이 매우 중요하는 연구결과를 지지하는 결과로 볼 수 있다(Stevens, 1991; 최유미, 2010a : 154-155 재인용).

3. 인정 전달전략

볼런티어21(2001)은 자원봉사자에게 인정을 전달하기 위해서는 다음 네 가지 전략을 제기하고 있다. 첫째, 인정을 할 때에는 개별적이어야 하며, 정중하고 예의바르게 하여야 한다. 자원봉사자들이 함께 있는 자리에서 '수고하셨습니다', '감사합니다'는 표현은 일상적으로 많이 하게 된다. 그렇지만 그러한 인사를 받았다고 해서 자원봉사자 개인은 인정받고 있다는 느낌을 가지지 못하는 경우가 많다.

둘째, 인정과 보상은 집단의 개별적 욕구에 맞도록 하라. 자원봉사팀의 욕구와 관계없는 인정은 무용지물이 될 수 있다. 따라서 자원봉사관리자는 자원봉사팀의 성격과 성향에 대한 관심이 필요하다. 그러나 지나친 인정은 피하는 것이 좋으며 다수의 자원봉사팀이 활동하고 있다면 팀별 형평성을 고려하여야 한다. 인정이 오히려 팀 간 경쟁이나 갈등을 유발시키는 원인이 되기도 한다.

셋째, 인정을 하는 시간(time)이 중요하다. 인정은 주로 프로그램이 종료된 후 성과에 대한 인정, 활동 후 자원봉사활동에 대한 보상 등으로 이루어진다. 너무 잦은 인정은 습관처럼 느껴지기도 하지만 오히려 인색한 인정은 자원봉사자들의 사기를 떨어뜨리는 결과를 초래하기도 한다.

넷째, 분명한 메시지를 보내라. 자원봉사자들이 왜 보상을 받는지 그리고 보상 결정에 사용한 기준이 무엇인가를 자원봉사자들이 이해할 수 있어야 한다. 그리고 분명함을 디자인하라. 성취와 인정을 받는 것을 훌륭한 의사소통으로 연결시켜라. 자원봉사기관에서는 매년 연말이 되면 모범 자원봉사자에 대한 격려를 하거나 표창을 하기도 한다. 이럴 때 어떤 기준으로 추천하였으며 어떠한 업적이 있는지 자원봉사자 본인뿐만 아니라 다른 자원봉사자들도 인정할 수 있는 기준을 제시하여야 한다. 분명한 기준이 제시되지 못할 때 또 다른 갈등이 생기기도 한다.

한편 이만식 외(2010 : 238-240)는 자원봉사자에게 이루어지는 인정체계와 유형과 방식에 상관없이 반드시 지켜야 하는 규칙으로 다음의 일곱 가지를 제시하고 있다.

① 인정은 반드시 주어야 한다 : 자원봉사자가 자원봉사관리자로부터 원하는 보상을 받지 못하면, 누군가 다른 사람에게서 그것을 얻으려 할 것이고, 그렇게 되면 자원봉사관리자가 원하는 행동방식과 의도한 결과를 자원봉사자로부터 유도해 낼 수 없을 것이다.

② 자주 주어야 한다 : 사람은 누구나 인정받기를 원한다. 자원봉사자들이 스스로 '승리자'의 이미지를 높일 수 있도록 격려와 칭찬을 자주 해주도록 한다.

③ 공개석상과 동료집단을 활용한다 : 인정은 공식적인 자리에서 행해질 때 효과적이며, 특히 동료들이 있는 곳에서 행해지면 더욱 효과적이다.

④ 빠른 시간 내에 주도록 한다 : 바람직한 행동이나 업무수행 이후 인정이 되어지면, 더 큰 효과를 불러온다.

⑤ 개별화된 인정방법을 찾는다 : 개인에게 맞는 개별화된 인정방법을 찾기 위해 노력해야 한다. 자신의 직업상 경력을 위해 자원봉사활동을 하는 사람에게는 자원봉사기관장의 명으로 탁월한 자원봉사활동을 격려하는 서신을 고용주에게 보내는 것이 최고의 인정이 될 수 있다.

⑥ 지속적이고 진실해야 한다 : 거짓성취를 인정해서는 안 되며, 성취의 수준이 동일한 자원봉사자들 가운데 일부만 인정해서도 안 된다. 자원봉사자들이 자신들에 대한 인정이 성취에 대한 공정한 고려없이 무원칙적으로 이루어진다고 판단하면, 올바른 인정이 이루어지더라도 기관과 관리자를 신뢰하지 않는 상황으로 이어질 수 있다.

⑦ 성취에 대해서는 인정을, 자원봉사자에게는 칭찬을 : 업무를 완료했을 때 주어지는 것과 같이 특정한 성취를 이루었을 때 인정을 주는 것이 가장 효과적이다.

4. 인정의 내용

가장 중요한 자원봉사자 인정의 방법은 지속적인 기대와 그것에 대한 지원, 칭찬을 표현하는 것이다. 그것은 개인적 평가의 상징으로서 자원봉사자들에게 주어진다(단순한 진심의 "감사"의 말, 감사장 혹은 카드 등). 이러한 보상의 가치는 돈으로 계산할 수 없다. 다음은 자원봉사인정 프로그램을 위한 몇 가지 아이디어를 제시하고자 한다. 여러분들의 기관에 어떠한 인정방법을 채택할 것인가는 고민해 보아야 할 과제일 것이다.

미국에서 실시하고 있는 인정과 보상은 공식적인 것과 비공식적인 것으로 구분되어지는데, 공식적인 것은 배지, 핀, 일정 기간 근무 후에 주는 증서 또는 감사장, 연례만찬 파티나 식사초대, 시상, 표창, 기관의 소식지에 게재, 지역사회 신문게재, 장기근속 표창 등이 있으며, 비공식적인 것으로는 매일 매일의 지지와 감사의 표현보다 중요한 책임부여, 직원회의 참여 허용, 기관야유회 초대, 기관에의 소속감을 고취하기 위한 직원증 발급, 개인사물함 설치 등이 있다(볼런티어21, 2001).

자원봉사자들이 계속 행복하게 느끼면서 자원봉사활동을 계속하도록 도와주기 위해 활용되는 것이 인정과 보상이다. 자원봉사활동이 정신적 보람을 추구하는 활동이라는 기본 전제가 흐트러지지 않도록 경제적 의미의 보상은 지양해야 할 것이다.

미국 같은 경우, 업무에 대한 보상이라는 의미는 철저히 배제하면서 업무수행의 효율성 및 효과와 관련된 비용에 대한 보상(교통비, 식사)에만 초점을 맞추어 보상을 하는 수준이다. 기관들에서 실시되고 있는 인정과 보상은 공식적인 것과 비공식적인 것으로 구분된다.

〈표 17-1〉 공식적 · 비공식적 인정의 내용

공식적인 것	비공식적인 것
-자원봉사자증 발급 -기념 배지나 핀 -일정 기간 근무 후에 주는 증서 혹은 감사장 -연례만찬 또는 파티나 식사에의 초대 -각종 시상 및 표창 -기관의 소식지에 우수 자원봉사자로 게재 -장기근속 표창 -학습활동 기회제공 -자원봉사 보험가입지원	-매일 매일 지지와 감사의 표현 -보다 중요한 책임부여(신규자원봉사자 교육에 참여) -직원회의 참여 허용 -개인사물함 설치 -개인 이름이 적힌 컵 비치 등

출처 : 볼런티어21(2002). 「자원봉사센터 운영매뉴얼」, 행정자치부 재구성.

자원봉사 인정업무는 자원봉사활동에 대하여 가치를 부여하고 감사를 표시하기 위하여 자원봉사자의 활동에 대한 기여 및 성과에 대한 적절한 인정을 하는 절차로서 인정업무의 과정은 |그림 17-1|과 같다(행정안전부, 2009 : 171).

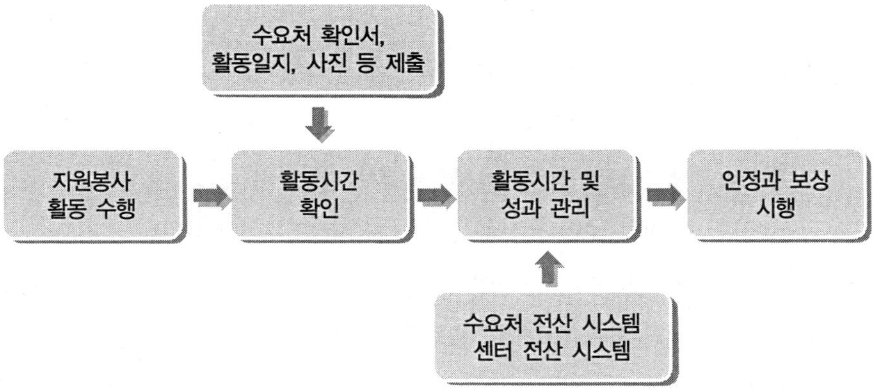

|그림 17-1| 자원봉사 인정 관리 과정

자원봉사 인정의 내용에 있어서 중요한 것은 자원봉사자 그 자체로의 인정과 자원봉사활동을 하고 있는 기관에서 얼마나 필요한 존재인가에 대한 존재감을 느낄 수 있는 인정이 기본이 되어야 한다. 가령 자원봉사활동을 하러 갈 때마다 '어떻게 오셨습니까?' 혹은 '오늘 처음 오시는가 봐요?'라는 인사를 받았다고 하자. 다음 번 활동에 그 자원봉사자는 아마 나오지 않을 가능성이 높을 것이다. 그리고 인정은 한 번만 하였다고 끝나는 것이 아니라 주기적으로 혹은 자주 인정하자. 말로만 감사하다는 인사를 하는 것은 하지 않는 것보다 못한 결과가 나타날 수도 있다. 진심에서 우러나오는 감동이 필요하며, 적절할 때 인정이 가장 효과적이다.

- 집단 자원봉사활동이 끝나면 그들의 노력에 대한 감사 이벤트를 개최한다.
- 기관의 소식지나 홈페이지에 "이 달의 자원봉사자"로 인정한다. 소식에는 어떠한 자원봉사활동을 하였을 때 이러한 인정을 제공하는가에 대한 정보를 포함시켜 다른 자원봉사자들에게도 알리는 것이 좋다.
- 지역사회의 자원봉사활동을 지역의 라디오나 텔레비전에 보도해 줄 것을 요구한다.
- 감사장을 보낸다.

- 선물을 한다(기관에서 생산하는 상품이나 기관로고가 사용된 물품이 좋다).
- 분기별로 자원봉사의 노고에 대한 시상을 한다(예 금메달, 금장, 상패 등).
- 자원봉사활동 사진을 찍어준다.
  - 활용법 : 액자에 넣어 자원봉사자들에게 선물하기
    기관의 로비나 사무실 등에 전시하기
    홈페이지나 웹사이트에 홍보하기
    개인 혹은 단체별 "포토앨범" 만들어 주기
- 봉사단체별 활동티셔츠를 선물하기
  - 활용법 : 자원봉사활동 시 티셔츠 입고 활동하도록 요구하기
    활동이 끝난 후 기념티셔츠로 선물하기

TIP. 활동현장에서 손쉽게 활용할 수 있는 인정내용

- 미소짓기
- 차·음료 제공하기
- 말하기(감사합니다. 안녕하세요, 반갑습니다. 우리는 당신을 사랑합니다. 당신의 도움으로 힘이 됩니다)
- 자원봉사 제안함 만들어 비치하기
- 생일카드 보내기
- 스태프회의에 초대하기
- 자원봉사자를 위한 베이비시터 제공하기
- 과제를 통한 팀을 도전하게 한다.
- 감사카드를 자원봉사자의 가족들에게 보내기
- 직원과의 대화의 시간 가지기
- 기관의 "인정기준"을 기획하여 공개하기
- 자원봉사자의 개별성을 인정하기(사람은 다르므로 개성은 인정하자)
- 자원봉사활동의 가치에 대해 말해주기
- 자원봉사자의 이름 불러주기
- 각종 회의 및 컨퍼런스에 초대하라

출처 : Enterpreneurs Foundation 홈페이지(www.dfbayarea.org) "Volunteer Recognition".
List compiled by Vern Lake, Volunteer Service Consultant, Minnesota Dept. of Public Welfare.

함께 생각해 볼 과제

1 자원봉사자에게 가장 손쉽게 할 수 있는 인정의 방법이 무엇인가 생각해 봅시다.

2 최근 우리나라의 경우 자원봉사자에 대한 사회적 인정으로 물질적인 인정 이외에도 금전적인(실비) 인정을 요구하는 목소리가 높아지고 있다. 이에 대해 여러분의 생각이 어떠한지 토론해 봅시다.

CHAPTER 18

갈등관리

1. 갈등의 개념

갈등(conflict)이란 서로 다른 목표점을 바라보고 있는 것으로서, 갈등이란 문자적 의미에서 "칡과 등나무가 서로 얽히는 것과 같이, 개인이나 집단 사이에"를 의미한다. 심리적인 면을 강조하자면, 갈등상태란 "두 가지 이상의 상반되는 요구나 욕구, 기회 또는 목표에 직면하였을 때, 선택을 하지 못하고 망설이는 상태"라고 할 수 있다. 결국 갈등이란 "서로 다른 목표에서 파생된 불화상태"라고 할 수 있고, 갈등관리를 위한 핵심은 "서로 다른 목표"에 대한 커뮤니케이션이다.

갈등은 개인사에 있어서뿐만 아니라, 조직에 있어서도 흔히 일어나는 특징 중의 하나이다. 특히 자원봉사자 조직에서는 조직의 건강한 발전을 위해서 갈등을 적극적으로 해결해 나갈 필요가 있다. 조직에 불가피하게 존재하는 갈등을 감소시키거나 해결하려고 노력하는 과정에서 조직의 변화나 발전이 비로소 이루어지게 된다. 그러므로 조직에 있어서 갈등은 비정상적인 현상이 아니라 오히려 갈등이 없는 것이 비정상적인 것이며, 연구보고서에 의하면 조직의 관리자들은 자신의 일과 중 20% 이상을 갈등관리에 바치고 있다고 한다. 갈등관리는 조직의 존립을 위해 가장 중요한 핵심적인 과제이다(볼런티어21, 2001).

장인협(1998 : 120-121; 배기효 외, 2009 : 132 재인용) 등은 갈등이란 희소자원이나 업무의 불균형적 배분 또는 처지, 목표, 가치, 인지 등에 있어서의 차이와 같은 원인과 조건으로 인해서 개인, 집단, 조직의 심리-행동 또는 그 주변에서 일어나는 대립적 교호작용이라고 정의하였으며, 다음의 네 가지 특성을 가진다고 보았다.

① 갈등은 갈등의 주체인 개인, 집단, 조직 사이에서 발생하는 현상이다. ② 갈등은 개인, 집단, 조직의 심리나 행동 또는 그 주변에서 일어난다. 갈등은 대립적 행동이 노출되지 않더라도 주체가 불안, 긴장, 적개심 등을 느끼게 되면 이미 존재하고 있는 것이다. 그것이 적극적 행위냐 소극적 행위냐의 차이가 있을 뿐이다. ③ 갈등은 원인의 형성→갈등원인의 지각→심리적 대립감정의 형성→대립적 행동의 표면화로 연결되는 일련의 진행단계로 이뤄지는 동태적 과정이다. 이러한 진행과정은 끝까지 진행되지 않고 어느 한 단계에서 중단될 수도 있다. ④ 갈등발생에는 반드시 그 원인과 조건이 수반된다. 그리고 조직의 모든 구성요소는 갈등발생의 잠재성을 지니고 있다고 할 수 있다.

2. 갈등의 유형

1) 일반적인 갈등의 유형

일반적인 갈등이 발생하는 유형으로는 이해관계, 사실관계, 가치관, 상호관계, 구조적인 원인으로 인해 갈등이 발생한다고 볼 수 있다(전진숙, 2007).

첫째, 이해관계 갈등은 한정된 경제적·물질적 자원 또는 권력 등에 대한 경쟁적 추구로 인해 발생하게 되며, 정신적-심리적 욕구충족을 위한 다툼과 이해관계의 분배방법-절차 등에 대한 입장차이 등의 형태로 나타난다.

둘째, 사실관계 갈등은 어떤 사건이나, 자료, 상대방의 언행에 대한 해석의 차이, 오해로 인해 발생하게 되며, 사실관계에 대한 객관적 정보, 평가부재로 인해 사실관계 확인-조사절차에 대한 입장차이 등의 형태로 나타난다.

셋째, 가치관 갈등은 가치관, 신념체계, 종교문화 등의 차이로 발생하며, 사회적 편견, 서로 다른 패러다임의 충돌로 인해 정의, 공정성, 정당성 등의 기준에 대한 시각차이 등의 형태로 나타난다.

넷째, 상호관계상의 갈등은 풀리지 않은 과거의 갈등으로 상호관계에 금이 간 상태, 분노, 증오, 피해의식, 서운함 등 상대에 대한 부정적인 감정이 나타나며, 의사소통의 장애, 오해나 편견 등 상대에 대한 부정적 인식, 지배, 억압, 착취 등 일방통행적인 관계, 서로의 역할, 책임, 권한 등에 대한 입장차이 등의 형태로 나타난다. 자원봉사분야에서의 갈등은 대부분 상호관계의 문제로 인해 갈등이 나타나는 경우가 가장 빈번하다고 볼 수 있다.

다섯째, 구조적 갈등은 사회구조제도 시스템 등 분쟁 당사자 외부의 상황적인 요인에 의해 나타나며, 구조적 폭력, 왜곡된 제도, 관행, 배제, 차별, 억압 등이 구조화된 체제, 구조적 모순 등의 형태로 나타난다.

2) 자원봉사현장에서의 갈등유형

자원봉사현장에서의 갈등유형은 자원봉사관리자와의 갈등, 동료 자원봉사자 간 갈등, 클라이언트와의 갈등 세 가지 유형으로 나누어 볼 수 있다.

첫째, 자원봉사관리자와의 갈등은 먼저 자원봉사자와의 갈등을 예방하기 위해서는 자원봉사관리자들은 무엇보다도 자원봉사자에 대한 거부감을 해소하고 긍정적인 태도를 가져야 하며, 자원봉사자는 관리자의 전문성과 경험을 존중하고 감독과 도움을 받아야 한다.

성공적인 자원봉사활동을 위해 자원봉사자와 자원봉사관리자와의 관계는 매우 중요하다. 하지만 자원봉사활동의 현장에서 예기치 않은 일들로 인해 자원봉사자와 관리자 사이에 갈등이 발생하기도 한다. 자원봉사자는 관리자의 전문성과 경험을 존중하고 그들의 지도감독을 받아야 하고, 관리자 역시 자원봉사자들의 입장과 의견을 경청하고 그들의 요구를 가급적 활동과정에 반영해 주어야 한다(승금희, 2005 : 171-171; 배기효 외, 2009 : 137 재인용).

관리자들의 자원봉사자에 대한 거부감의 원인은 조정자 자신의 위치에 대한 불안감, 서비스의 질에 대한 우려, 역할에 대한 인식부족, 이전의 나쁜 경험, 성취감 상실 등에서 오게 되는 경우가 많다.

둘째, 동료 자원봉사자 간의 갈등이다. 직무의 상호 의존성, 목표와 역할의 기대차이 등의 요인과 함께 동료 간에 자주 발생할 수 있는 갈등요인의 하나는 보상 및 인정과 관련된 경쟁심으로 심한 경우에는 활동을 중단하게 되는 결과를 초래하기도 한다. 윌슨(Wilson, 1976)은 자원봉사과정에서 동료관계의 갈등요인을 보상과 인정에 관련된 경쟁심이라는 설명을 하고 있다. 자원봉사자는 자원봉사관리자나 기관, 시설의 직원, 동료자원봉사자 및 클라이언트로부터 자신이 보통 이상의 존재로 인정되기를 바란다.

셋째, 클라이언트와의 갈등은 나는 도움을 주러 왔으니 '클라이언트는 내가 도와주는 대로 가만히 있어야 한다' 또는 '나는 자원봉사자로서 도움을 주러왔으니 무엇이든 원하는 대로 해주어야 한다'와 같이 자원봉사활동에 대한 자원봉사자의 인식부족이나, 자원봉사자와 클라이언트 상호 간에 이해부족으로 갈등을 초래하여 서비스를 거부하게 되는 경우가 발생할 수 있으므로 상호 신뢰와 인격적 관계의 유지가 필요하고 상황에 따라 거절할 수 있는 능력이 필요하다(대구시자원봉사센터, 2007).

윌슨(Wilson, 1976)은 갈등의 원인이 되는 자원봉사자의 네 가지 활동태도를 다음과 같이 제시하고 있다.

① 무지성 : 클라이언트 문제에 대한 무지성이 갈등을 일으키는 요인이 된다. 자원봉사활동은 클라이언트를 위한 활동이 아닌 더불어 함께 나누는 활동으로서 클라이언트의 문제를 바로 이해하고 함께 문제를 해결해 나가는 과정이다. 자원봉사자는 클라이언트의 모든 부분을 알지 못하므로 여러 가지 문제들을 일방적으로 해석하고 행동하는 실수를 범한다.

② 시혜성 : 자원봉사활동을 자선활동으로 인식하고 자선을 베푸는 우월자로서 상대는 베풂을 받는 열등자로 생각하면서 차별의식을 가지게 된다. 정

성이 실리지 않은 동정심이나 위선적인 마음을 줄 때 상대는 상처를 입게 된다.

③ 자기도취성 : 자원봉사자 스스로 해야 할 일과 해서는 안 되는 것을 구별해야 한다. 스스로 영웅으로 도취되어 소영웅주의적 행동을 하지 않아야 한다.

④ 충동성 : 단계적이고 체계적인 활동이 아니라 특정 목적을 위해 즉흥적으로 하는 자원봉사활동 혹은 한번 해보는 것으로서의 활동자세는 위험한 일이다. 자원봉사활동의 단계적인 발전은 활동의 수준향상인 동시에 자원봉사자 자신의 인간적 수준향상이다.

⑤ 일회성 : 최근 우리나라의 자원봉사활동의 지속기간이 6개월에서 1년 정도의 수준에 머물고 있다. 자원봉사활동에 참여한 사람들이 중단함으로써 클라이언트는 상처를 입고 불신감에 차게 된다.

3. 갈등관리전략

갈등관리에서 갈등을 관리한다는 것은 단순히 갈등을 해소시키는 것만을 의미하는 것은 아니다. 조직의 부정적 영향을 미치는 지나친 갈등을 해소 또는 완화시키는 것뿐만 아니라 조직에 유익한 적정 수준의 갈등은 용인하고 유지해나가는 조치를 취하는 것, 그리고 조직에 유익하다고 판단되는 갈등을 조장하는 것까지를 갈등관리라고 말한다. 갈등관리의 기본적 개념은 적정 갈등 수준을 중심으로 갈등을 감소시키거나 자극하여 그 수준을 조정하여야 한다는 것이다. 그런데 문제는 과연 갈등수준이 어느 정도일 때까지 조장하고 또 어느 정도일 때부터 줄여야 하느냐, 즉 최적 갈등수준이 어느 정도이냐 하는 것이다. 그것만 파악해 낼 수 있다면 갈등문제의 해결은 그리 어렵지 않을 것이다. 또 하나의 문제는 적정 갈등수준을 측정할 수 있는 도구가 개발되어있지 않다는 점이다. 따라서 적정 수준의 갈등에 대한 판단은 자원봉사관리자의 주관적 판단에 의존할 수밖에 없다는 점이다. 갈등관리에 있어서 자원봉사관리자에게 보다 성숙한 전문적 가치 및 상황판단 능력과 고도의 개입기술이 요구되는 과업이다(이성록, 2003 : 267).

1) 갈등상황의 증상과 갈등의 단계

갈등의 상황에서 보여주는 형태는 다양하게 나타날 수 있으나 류기형 외(1999 : 251-252)는 갈등의 회피, 억압적 반응, 직접적이고 표현적 반응 세 가지 형태로 나타난다고 보았다.

① 갈등의 회피는 결근, 도피은신, 상사에게 무조건 따르기 등과 같은 증상을 보이며, ② 억압적 반응은 질병, 음주, 낮은 직무만족도, 불규칙한 업무성과와 같은·증상을 보인다. ③ 갈등에 대한 직접적이고 표현적인 반응으로는 나쁜 소문 퍼트리기, 도벽이나 기물파손행위, 반조직적 행위, 거센 파업과 같은 증상을 보인다.

한편 토마스 킬만(Tomas-Kilmann)은 |그림 18-1|과 같이 갈등의 진행단계는 불편한 느낌, 오해, 사건의 발생, 긴장의 고조, 위기 4단계로 진행된다고 보았다.

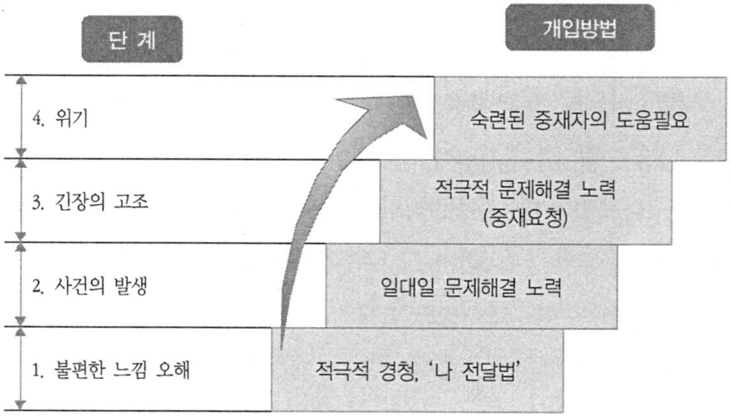

|그림 18-1| 갈등의 단계

갈등의 해결단계별 개입방법은 <표 18-1>과 같이 갈등의 종류를 진단, 자신 또는 조직에 발생한 갈등 및 문제를 해결할 수 있는 기술과 능력이 있는지 판단과 점검이 매우 중요하다(행정안전부, 2009 : 134).

〈표 18-1〉 갈등단계별 개입방법

단 계	설 명	개입방법
a. 불편한 느낌	정확히는 모르겠지만 뭔가 잘못되었다는 느낌	• 상황에 대한 충분한 정보 입수 • 자신의 걱정을 긍정적으로 표현
b. 오해	원인 모를 문제에 대한 가정과 일에 대한 회피	• 면담 시간 마련 • 방어적인 태도가 되지 않도록 이해와 관심 표명
c. 사건	상황의 악화에 따라 말이나 행동으로 상호 간에 상처를 주고 부정적인 이미지를 갖게 됨	• 일대일로 문제를 해결하는 과정 필요 • 시간을 정해 일대일 만남
d. 긴장의 고조	상호 간의 적대적인 감정을 가지고 각자 동조자를 규합하여 편 가름	• 갈등 중재자에게 원활한 문제 해결을 위해 도움 요청
5. 위기	갈등이 심각해지는 단계. 맞서 싸우거나 멀리하며 감정 격앙	• 숙련된 중재자의 도움을 통한 시도 • 많은 시간과 노력이 필요

2) 갈등분쟁 당사자의 관심사와 갈등대처 유형

자원봉사자가 자신에게 주어진 직무를 수행하는 과정에서 하게 되는 여러 가지 판단과 결정에는 어려움이 따르게 되므로, 평소 조정자와의 상담 및 동료들과의 토론을 통한 대비가 필요하다. 이러한 대비를 위해 파악해야 하는 것은 갈등분쟁 당사자의 관심사와 갈등에 대처하는 다섯 가지 유형을 파악해 두어야 한다(전진숙, 2007).

갈등분쟁 당사자의 주된 관심사는 첫째, 자신의 목표, 즉 이해관계이며, 둘째, 상대와의 관계로서 상대방의 관심사에 대한 배려이다. 결국 관심사의 정도에 따라, 즉 어느 쪽에 비중을 두느냐에 따라 갈등에 대한 대응이 달라질 수 있다.

이상의 두 가지 관심사에 따라 토마스 킬만(Tomas-Kilmann)은 갈등에 대처하는 유형을 다섯 가지로 나누고 있으며, 결과의 총량은 회피형일 때 최소가 되며, 협동적 문제해결일 때 최대가 된다. 갈등에 대처하는 유형은 '경쟁대립형, 협동적 문제해결형, 절충타협형, 회피－보류형, 순응－양보형'으로 나누어 볼 수 있다(이성록, 2003 : 282-286; 전진숙, 2007).

첫째, 경쟁대립형(Competing)은 독단적이고 비협력적이다. 즉, 다른 사람의 희생을 통해서 그들의 문제해결을 추구한다. 이것은 권력에 기본을 두는 방법으로서 자신의 위치를 쟁취하기 위해서 적절한 힘을 사용한다. 자신의 목표만을 배타적으로 추구하며, 자기주장이 강하고 경쟁적 자세를 취한다. 또한 자신의 입장만을 고수하며, 힘에 의존하는 경향을 보이기도 한다. 자신의 목표를 달성하는 대신 상대와의 관계를 희생시킨다는 특징을 지닌다.

둘째, 협동적 문제해결형(Collaborating)은 자율지향적인 동시에 관계지향적이다. 회피하기의 반대유형으로서 타자와 자신 양쪽 모두의 이해관계를 충족시키기 위한 상대방과 같이 최선의 해결책을 모색하는 시도를 의미한다. 쌍방의 숨겨진 이해관계를 확인하고 이해관계를 만족시키는 최선의 대안을 찾기 위해서 이슈를 파고드는 것을 의미한다. 즉, 자신과 상대 모두 이익이 될 수 있도록 윈－윈방식의 문제해결을 추구하고자 하며, 상대방과 함께 해결책을 만드는 협동적인 문제해결과정을 취한다. 이를 위하여 서로 자신이 추구하는 것(실익)을 상대에게 이해시키기 위해 노력하며, 각자의 목표(실익)를 충족시키며 효과적인 상호관계를 형성한다. 두 사람 간의 협력은 서로 간의 관점으로부터의 의견차이를 발견하고 대립되는 조건들을 상대와 힘을 모아 창조적인 해결책을 찾아내는 매우 적극적인 갈등관리방법이다.

셋째, 절충타협형(Compromising)은 자기지향적인 자율성과 타자지향적인 관계성을 모두 수용하되 타협한 중간입장을 취하여 갈등상황에 대처하는 유형이다. 목적은 부분적으로 양쪽 모두를 만족시킬 수 있는 상호 인정할 수 있는 해결책과 방법을 찾는 데 있다. 자신이 추구하는 것을 상대의 목표와 절충, 타협적으로 해결하고자 하며, 자신의 실익 및 상대와의 관계를 적절히 조화시키려 한다. 문제해결 방법이나 태도는 경쟁형과 순응형, 회피형과 협동적 해결형의 중간수준정도이다.

넷째, 회피－보류형(Avoiding)은 비자율지향적이고 비관계지향적인 대응방식이다. 타자의 기대에 동조하지도 않지만 자기 자신의 주장도 내세우지 않은 도피적 태도로 대응하는 유형이다. 이 유형은 자신이나 다른 사람의 중요사항에 즉각적으로 반응하지 않으며 따라서 갈등을 발생시키지도 않는다. 다른 사람의 노력에 의해 더 나은 시기가 올 것으로 예상하고 그때까지 기다리거나 또는 입장을 표명함으로써 혹은 타자의 기대에 부응함으로써 예상되는 단순히 위협적인 상황이 사라질 때까지 적당히 이슈에서 발뺌하는 요소를 지닌다. 즉, 문제가 있어도 이를 해결하려 하지 않고 회피하거나 보류한다. 갈등상태에 있는 자신의 목표－실익 달성을 추구하지 않으려 하며, 더 큰 갈등을 우려해 당장의 문제해결을 연기하기도 한다.

다섯째, 순응－양보형(Accommodating)은 자기주장을 관철하는 자율성은 매우 낮고 타자에 동조하는 관계성이 높은 유형이다. 이 유형은 경쟁대립형의 반대유형으로 갈등상황에 대응할 때, 다른 사람의 주장에 동조하여 자신의 주장은 포기한다. 이 방법은 자기희생의 요소가 있으며 하기 싫은 데도 다른 사람의 명령에 따르거나 혹은 다른 사람의 관점에 양보를 하는 식의 이타적인 친절이나 자선의 모습을 필요로 한다. 즉, 자신의 이해관계보다는 상대의 요구에 맞춰 갈등해소하기를 원한다. 자신의 실익보다는 상대와의 관계를 더 중시하며, 상대와의 경쟁－대립을 회피하며, 자기주장을 잘 못하거나 안 하는 경우가 많다.

이러한 갈등 대응양식을 자신과 타인에 대한 배려수준에 따라 도식화 해보면 |그림 18-2|와 같으며, 갈등 대응전략을 비교해보면 <표 18-2>와 같다.

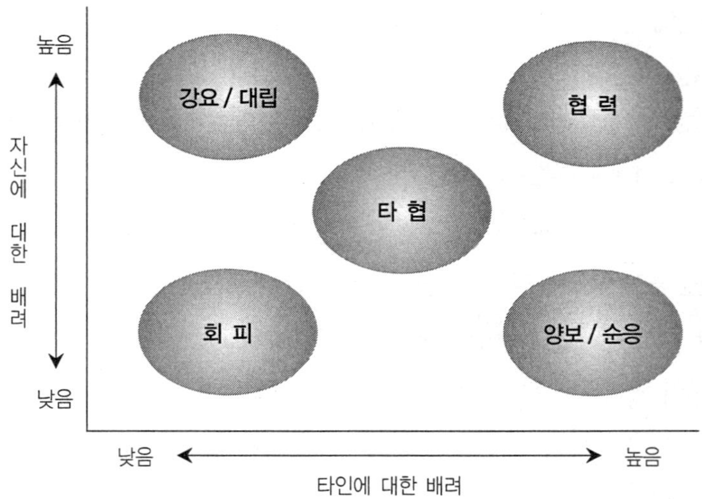

|그림 18-2| **갈등 대응양식**

〈표 18-2〉 갈등관리전략의 비교

전 략	목 적	논리적 배경	예상결과
경쟁대립형	자기방식을 취하는 것	내가 가진 입장을 포기하는 것보다 몇 가지 괴로운 느낌을 주는 것이 차라리 낫다.	나는 해명했다고 생각하지만 다른 사람들은 패배했다, 모욕당했다고 생각한다.
협동적 문제해결형	문제를 함께 해결하는 것	당사자 양쪽의 입장이 똑같이 중요하다. 결과의 질과 과정의 공정성이 동등하게 강조되어야 한다.	문제해결의 가능성이 가장 높다. 양쪽 모두 공정하게 취급받는데 대하여 만족하며 해결책을 찾는데 몰두한다.
절충타협형	신속한 합의에 이르는 것	질질 끄는 갈등은 사람들을 혼란케 하고 괴로운 느낌을 일으킨다.	참여자들이 신속한 해결책을 찾도록 조건을 형성해 준다.
회피-보류형	갈등을 회피하는 것	의견불일치는 긴장을 유발하기 때문에 근본적으로 좋지 않다.	대인 간의 문제는 해결되지 않은 채 추후 다방면에서 더 큰 괴로움을 주는 원인이 된다.
순응-양보형	다른 사람을 화나게 하지 않는 것	조화있는 관계를 유지하는 것이 최우선이다.	다른 사람들이 결국 나를 이용한다.

출처 : 전진숙(2007).

4. 협상하기

일반적 의미의 협상은 다른 사람으로부터 원하는 것을 얻어내기 위한 기본적인 수단으로서 상대방과 공통된 이해관계를 갖고 있으면서 동시에 상반된 이해관계에 처했을 때 합의를 보기 위해 밀고 당기는 대화를 통해서 협상을 한다.

한편 전진숙(2007)은 대안적 갈등해결에서의 협상은 다음 다섯 가지로 구분할 수 있다고 보았다. ① 사람에게는 온화하게 대하고 문제에는 강경하게 대처하는 것, ② 각각 상대를 공격하는 대신 둘이 함께 문제를 공격하는 것, ③ 서로 마주보며 대립해 있는 관계를 나란히 앉아 문제를 해결하는 관계로 바꾸는 것, ④ 단순한 기술적 문제해결을 위한 행위가 아니고 서로 다른 당사자들이 참여해서 합의를 도출해내는 정치적 과정, ⑤ 이해관계를 공유하거나 혹은 이해관계에 대항하는 사람들이 합의를 얻어내길 바라는 과정이다.

또한 구체적인 협상의 방법으로는 제시하고 있는 것은 첫째, 사람과 문제를 분리하라는 것이다. 앞서 설명하였듯이 분쟁 당사자는 문제와 사람 두 가지 관심사가 있으나, 보통의 갈등상황은 사람과 문제가 뒤얽혀 더 심각한 갈등으로 증폭된다. 앞의 두 가지 관심사가 뒤얽혀서 갈등으로 오기 때문에 사람과 문제를 분리하지 않으면 문제해결이 어렵게 된다. 즉, 상대에 대해 안 좋은 감정이나 부정적 태도, 금이 간 관계 등은 또 다른 문제이기 때문에 분쟁, 갈등사안과 별도로 해결해야 한다. 따라서 분쟁사안(쟁점)과 감정, 관계상의 문제는 별도 처리해야 한다. 즉, 상대와의 관계에서 현재 무엇이 문제인지 진단하고 앞으로 어떤 관계가 바람직한지 설정하고, 갈등분쟁으로 인해 금이 가거나 깨어진 관계를 복원·개선하거나 효과적인 관계를 재정립하는 문제는 대개 현안문제(쟁점)를 먼저 다룬 후 함께 해결하도록 한다. 둘째, 객관적인 기준 적용이다. 문제해결을 위한 기준－원칙－절차를 마련하고, 쟁점 자체에 대한 해결책을 찾으려 하기보다는 우선 어떤 기준이나 원칙하에 또는 어떤 절차로 문제를 해결할 것인지부터 협상하는 것이 더 효율적인 경우가 많다. 즉, 객관적인 기준 채택－공정한 절차 만들기

－문제해결의 원칙부터 합의의 순으로 진행하는 것이 좋다.

한편 볼런티어21(2001)은 성공적인 협상을 위해서는 다음과 같은 점들을 고려해야 한다고 보았다.

① 사람들은 다르다. 사람들은 서로 다른 욕구를 갖고 있고, 어떤 문제에 대해서 다르게 인식한다. 자신의 상황을 다른 사람들의 욕구에 맞추어 제시하도록 하라.

② 문제를 자신의 것으로 만들라. 물론 당신이 당신의 조직이나 팀을 대표하고 있지만 문제를 당신 자신의 것으로 만들어 제시하라.

③ 사적으로 협상하라. 그 사람이 자신의 입장이나 체면을 살리는 것에 많은 신경을 쓰고 있는 상황에서는 공적인 자리에서 문제를 해결하려고 하지 말아라.

④ 최후통첩을 제시하라. 당신이 사후처리를 잘 할 수 있을 때 사용하라(예를 들어, 다시는 그 사람의 도움을 받지 않는다든지).

⑤ 직접 만나서 협상하라. 전화로나 편지로 "싫다"고 말하기는 쉽다. 상대방에게 이러한 기회를 주지 말아라.

⑥ 전화도 먼저 하고, 만남도 먼저 주선하라. 이럼으로써 당신이 먼저 조건을 정하고 준비할 수 있는 이점이 있다.

⑦ 계약이나 메모장을 항상 먼저 작성하라. 당신이 조건을 만들 수 있다.

⑧ 상대방에게서 도움 청하기를 주저하지 말라. 경쟁적인 분위기를 줄이기 위해서 상대를 상호 협력하는 노력에 참여시켜라

⑨ 시간에 대해 고려하라. 협상을 위해서 가장 적당한 시간을 찾아라. 이것이 성공에 적지 않은 영향을 미친다.

⑩ 항상 선택의 여지는 있다. 선택을 하라. 상황을 통제할 수 있는 사람은 바로 당신이다.

협상을 할 때, 당신이 얼마나 상대와 신뢰관계를 쌓는지, 얼마나 열린 의사소통을 하는 지에 따라 당신의 영향력을 행사할 수 있다. 그러므로 일의 결과 뿐 아니라 "과정"에도 상당한 노력을 기울여야 한다. 문제가 생겼을 시 평소에 신뢰관계를 쌓아놓으면 쉽게 문제를 해결할 수 있다. 그렇기 때문에 건강한 조직은 성원 간의 신뢰를 쌓는 일에 투자를 한다. 이러한 과정은 어떠한 조직이나 그룹을 만들 때 초기부터 시작해야 한다.

갈등은 환영받을 일도 아니지만 그렇다고 회피할 일도 아니다. 갈등은 개인사와 조직을 꾸려나가는 데에 있어서 당연히 존재할 수밖에 없다. 갈등은 우리가 인간임을 일깨워 준다. 갈등이 있음을 인정하고 관련된 사람들 모두의 도움으로 공개적으로 문제를 다룸으로써 갈등을 해결할 수 있다.

함께 생각해 볼 과제 -

자원봉사현장에서 일어나는 다양한 갈등사례 중 가장 빈번하게 일어나는 갈등사례 세 가지를 제시하였습니다. 여러분이 관리자라면 어떻게 현명하게 갈등을 해결하겠습니까? 함께 토론해 봅시다.

1 사례 1 : A 무료급식기관에서 빈번하게 일어나는 갈등으로 급식소 식당에서 일을 하는 직원과 자원봉사자 간의 갈등이 발생하였다. 직원은 사회복지사가 아닌 식당 일만 봐주는 파트타임 직원이나, 자원봉사자들이 급식소에서 자원봉사활동을 하면 자신의 일자리가 빼앗긴다고 생각해서 찾아오는 자원봉사자들에게 무례하게 대하거나 지시하는 태도, 잔소리 등으로 항상 갈등을 일으킨다.

2 사례 2 : 자원봉사팀이 결성된 지 10년째 된 B봉사팀은 별 문제 없이 자원봉사활동을 꾸준히 해왔다. 그런데 우수 자원봉사자에 대해 상을 주겠다고 기관에서 연락이 온 이후 팀 회원들이 활동시간 인정에 대해 매우 민감해졌고, 똑같이 활동을 했는데도 팀장만 상을 받고 난 이후부터 팀 내에서의 말다툼이 끊이지 않고 있다.

3 사례 3 : C자원봉사자는 D라는 어르신가정에 가정방문 자원봉사활동을 하고 있었다. 처음에는 어르신이 너무 고마워하고 기뻐했으나, 시간이 흐를수록 요구하는 것도 많아지고, 심지어 돈까지 요구하는 등 그 수준과 강도가 높아지고 있다. C자원봉사자는 어떻게 해야 할까?

CHAPTER 19

기록관리 및 평가

1. 자원봉사활동 기록관리

자원봉사활동 기록유지 및 관리는 기관과 조직에서 반드시 필요한 과정이며 자원봉사자들도 기록을 자신의 활동평가 및 경력에 필요한 자료로 이용할 수 있다. 기록에는 자원봉사자 자신의 활동일지, 관리에 필요한 개인정보, 면담 및 상담기록(지도감독 기록), 평가내용, 근무시간에 대한 기록, 업무분장, 시상 및 인정활동 내용 등이 포함될 수 있다. 자원봉사활동 관리를 체계적으로 수행하기 위해서는 종합적인 자원봉사활동 기록체계를 수립하는 것이 필요하다.

첫 번째 단계는 자원봉사활동 실적 등 자료수집의 필요성과 원칙에 대한 지역사회의 합의가 필요하다. 자원봉사활용 기관은 물론 지역사회의 자원봉사활동 기록들을 전체적으로 수집하고 관리하기 위해서는 종합적인 자원봉사활동 기록체계를 만들어야 한다. 이러한 체계가 자원봉사활용기관 전체에 통용될 수 있도록 하여야 한다.

둘째, 종합적인 자원봉사활동 기록체계 수립을 위해 결정하고 합의해야 할 사항들을 위해서는 많은 노력과 시간이 필요하다. 그 내용으로는 왜 기록해야 하는가의 필요성, 무엇을 기록할 것인가, 어떤 방법으로, 어디에 그리고 얼마동안 비치해 둘 것인가, 누가 기록할 것이며 어느 정도의 기간을 두고 자료를 수집할 것인가 등이다.

마지막 단계로 기록작성이다. 기록작성을 할 때에도 개인기록과 기관 전체자원봉사자에 관한 기록으로 나누어 중요도나 우선순위를 결정해 둘 필요가 있다(대구시자원봉사센터, 2007).

〈표 19-1〉 개인 및 기관에 관한 기록관리 사항

개인에 관한 기록	기관에 관한 기록
• 자원봉사활동 신청서 –기본적인 인적사항, 연락처, 자격증 등 기재 • 자원봉사활동카드 –자원봉사활동 배치결과 –자원봉사관리자 이름 –자원봉사활동 시작과 종료일(시간, 장소 등) –교육훈련에 대한 기록 –기부 등에 관한 기록 –활동종료 시 처리과정 –자원봉사활동을 통한 수상경력 –각종 인정사항 • 자원봉사활동일지 –자원봉사활동 내용(구체적으로) –활동평가 및 수행평가 기록(자원봉사자, 자원봉사관리자, 함께 일한 직원이 작성한 평가서)	• 각종 통계자료 –총 자원봉사자 수 및 지속활동 봉사자 수 –자원봉사자의 특성별 분류(성별, 연령, 직업, 활동분야별) –월별 신규봉사자와 중단하는 자원봉사자 수 –자원봉사 서비스를 받은 대상자 수 –자원봉사자들의 물품기부 추산액 –프로그램 전체비용 중 자원봉사관리비용 파악 –자원봉사자 활용유형(시간과 부서별) –기관의 각종 위원회, 행사에 참여하는 자원봉사자 수 • 활동과 관련된 유형파악 –자원봉사활동 동기 및 기관을 알게 된 경로 유형 –자원봉사활동을 그만두는 유형 –자원봉사자와의 갈등유형 –활동 중 일어나는 각종 사고유형

출처 : 볼런티어21(2002). 「자원봉사센터 운영매뉴얼」, 행정자치부 재구성.

2. 평 가

일반적으로 평가(evaluation)는 '공식적 판정 혹은 심판적인 평가'를 의미하는 것으로 받아들여지며, 이 단어를 생각할 때 최종시험, 상사나 부모의 평가, 승진을 위한 고려사항 등을 떠올리게 된다. 평가란 개인적 · 집단적 활동을 어떤 기준에 비추어 보는 작업으로써 자원봉사자가 서비스 수혜자에게 얼마나 효과적으로 서비스를 제공하고 있는지, 어떤 어려움이 있는지, 봉사대상자의 입장에서 자원봉사자의 활동을 어떻게 인식하는지 등을 주기적으로 파악함으로써 자원봉사 활동을 개선할 수 있고, 미래에 발생하게 될지도 모르는 문제를 예방할 수 있다 (류기형 외, 2006 : 86).

애써서 실행하고 있는 자원봉사 프로그램이 효과적이고 성공적인지, 부족한 부분은 없는지, 시정해야 할 점은 없는지 등을 알 수 있으려면 다양한 평가과정을 거치는 것이 필요하다. 또한 이 활동이 얼마나 지역사회에 긍정적인 결과와 영향력을 만들었는지 기관과 후원자에게 설명할 수 있고, 조직의 역사에 남기면서 또한 향후 발전을 위한 토대로서 의미가 있으려면 기록이 필수적으로 행해져야 한다.

1) 평가와 관리과정

프로그램 전체과정에 있어서의 평가는 대부분 마지막 단계에서 이루어지지만, 초기의 ① 기획과정과 ② 설계과정에서 무엇을 어떻게 평가할 것인가에 대한 기본적인 인식의 틀이 결정된다(이만식 외, 2010 : 246-248).

첫째, 기획과정은 프로그램을 통해 무엇이 성취되며, 이 성취가 어떠한 방법으로 이루어질 것인가가 결정되는 단계로서 프로그램의 평가는 당초 프로그램의 목적과 목표대비 성과가 얼마나 달성되었는가에 초점을 맞추어야 한다.

둘째, 설계과정은 구체적인 활동계획과 업무설계가 조직화되는 단계로서 당초 계획한 계획과 업무설계대로 추진되었는가를 평가하게 된다. 여기서 관리자의 중요한 역할은 자원봉사자들 스스로 업무상 진행상황을 보다 구체적으로 인지하고 성공적이라는 느낌을 가질 수 있도록 돕는 과정이다.

2) 자원봉사활동 평가

자원봉사활동 평가는 자원봉사활동 관리에 있어서 중요한 관리도구이다. 자원봉사자 개개인의 업무수행 및 성과 그리고 자원봉사 프로그램의 전반적인 평가는 개별 자원봉사자는 물론 자원봉사 프로그램의 강점과 약점을 나타낸다. 평가

자체뿐만 아니라 평가결과에 따라서 행동을 취해야 하고 업무수행과 서비스를 증진시키기 위해 필요한 변화를 시도해야 한다.

자원봉사활동에 있어서 평가대상은 개별 자원봉사자에 대한 기간별 평가, 자원봉사서비스에 대한 클라이언트에 의한 평가, 직원에 의한 자원봉사 프로그램 평가, 자원봉사 프로그램이 기관의 서비스에 주는 화폐적인 기여도의 평가 등이 있으며, 평가유형에는 과정평가, 결과평가, 영향평가가 있다(현외성 외, 2004 : 131-136).

자원봉사자의 활동을 효과적으로 평가하기 위해서는 다음 여섯 가지 원칙을 준수해야 한다(Fulmer & Franklin, 1998, 이만식 외, 2010 : 256-260 재인용).

① 자원봉사자들과 토론할 과업성과에 대하여 명백한 의사전달과 더불어 자신의 업무에 대한 명확한 이해가 있어야 한다. 업무의 명확한 이해를 담보하는 가장 확실한 방법은 업무설계과정에서 그 내용을 명문화시키는 것이다.

② 평가는 공정하게 이루어져야 한다. 일반적인 업적 외에도 특수한 상황이나 형태에 대한 업적에 대해서도 충분히 인정할 필요가 있다. 공정한 평가가 이루어지기 위해 전제되어야 할 가장 중요한 요건은 자원봉사자 스스로가 해야 할 일이 무엇인지를 정확히 이해하고 있는 것이다. 따라서 자원봉사자가 예상하지 못한 갑작스러운 평가나 평가도구 자체가 애매한 표현으로 이루어져서는 안 된다.

③ 업무에 초점을 맞춘 평가여야 한다. 특히 남보다 월등히 우수하거나 높은 업적에 대하여 칭찬을 아끼지 않는다.

④ 상호 협력적 평가분위기 조성이 필요하다.

⑤ 자원봉사자가 자신의 업무를 성공적으로 수행할 수 있도록 필요한 도구, 정보, 지원 등이 적절하게 제공되어야 한다.

⑥ 실수의 즉각적인 교정이 필요하다. 자원봉사관리자는 자원봉사자가 예기치 않은 실수를 저질렀을 때 그것이 아무리 사소한 것이라 할지라도 즉각적으로 개입하여 올바른 방향으로 이끌어야 할 책임이 있다. 자원봉사관리자는

자원봉사자의 업무가 항상 올바른 절차를 통해 바람직한 방법으로 이루어질 수 있도록 도와야 한다.

이러한 평가를 통해 자원봉사서비스에 대한 감사표시의 기회가 될 수도 있다. 자원봉사자들은 자신들의 건강상태, 성격문제들, 불충분한 기술, 동기의 부족, 시간상의 제약 등 다양한 원인들에 의한 그들의 업무수행에 비효과적으로 기능할 수 있다. 따라서 자원봉사자의 활동을 사전에 점검하거나 명확한 업무분장을 작성하거나 또는 업무수행을 정규적으로 평가하는 등의 예방적 대책을 수집하고 실시하여 비효과적인 자원봉사활동의 사례를 감소시킬 수 있다. 그러나 업무수행의 평가는 미리 정해진 정확한 평가기준에 기초해야 한다. 적절한 업무수행 평가는 자원봉사자들의 업무만족과 봉사활동에 결정적인 역할을 하며, 부적절한 평가나 평가의 소홀은 자원봉사자들의 업무만족과 봉사활동에 상당히 부정적인 영향을 미칠 수 있다.

3) 평가의 시기와 방법

한편 자원봉사자의 활동을 평가하는 시기와 방법에 대해 살펴보면, 먼저 활동의 평가시기는 언제가 가장 바람직한가에 대한 정답은 없다. 그렇지만 중요한 시점의 중간단계에서 그동안의 진행상황을 되돌아보고 앞으로의 수정방향을 수정하는 중간점검과정이 업무의 성격에 따라 1회 이상 포함되어야 하며, 업무가 종결된 후 총체적 결과를 평가하는 최종평가과정은 반드시 필요하다.

자원봉사자의 평가유형은 개별평가와 집단평가로 나누어진다(이만식 외, 2010 : 263). 개별평가는 대면 면접형식의 평가이며, 집단평가는 집단모임을 통해 평가가 이루어지는 경우이다. 대체적으로 자원봉사자에게 주어진 업무의 범위가 넓고, 책임성이 클수록 개별평가가 더 바람직하다.

그 외에도 평가자에 따라 자기평가, 동료평가로 나눌 수 있다. 첫째, 자기평가(self-assessment)는 자원봉사자들의 과업과 관련해서 다수의 질문으로 구성된 설문지에 대하여 그들 스스로 점수를 부여하도록 하는 방법이다. 둘째, 동료평가(peer review)는 자원봉사자들에게 다른 사람들로부터 배울 수 있는 기회를 제공하며, 동일한 목표를 향해 노력하는 다른 스타일에 대해 통찰할 수 있게 하는 장점이 있는 반면 자원봉사자들 간의 반목과 오해를 조장할 수 있는 위험도 있다(대구시 자원봉사센터, 2007).

〈표 19-2〉 자원봉사자 평가서식(이만식 외, 2010 : 252)

일시 : ____________ 자원봉사자 성명 : ____________ 직위 : ____________

업무책임 : ____

목적(Goal) : ____

목표(Objective) : 1.____

2.____

3.____

〈평가결과〉

목표 1 : ______________________________

__ 목표초과, 매우 훌륭한 업무수행 __ 목표달성, 만족한 업무수행

__ 부가적 훈련이나 지원이 요구됨

평가(Comments) : ____

____

____

목표 2 : ______________________________

__ 목표초과, 매우 훌륭한 업무수행 __ 목표달성, 만족한 업무수행

__ 부가적 훈련이나 지원이 요구됨

평가(Comments) : ____

____

____

목표 3 : ______________________________

__ 목표초과, 매우 훌륭한 업무수행 __ 목표달성, 만족한 업무수행

__ 부가적 훈련이나 지원이 요구됨

평가(Comments) : ____

____

____

자원봉사관리자에게 요청사항은?

____

업무수행에 필요한 지원이나 도움은 무엇인가?

____

기타 참가하고 싶은 의견 혹은 견해

____

〈표 19-3〉 집단 평가서식(이만식 외, 2010 : 264)

행사명 : ____________ 행사일시 : ________________
행사횟수 : ___________ 행사주최 혹은 책임자 : ________________
회의 참석자 : 회의일시 : ________________
－성명 : ____________(지위 :)
－성명 : ____________(지위 :)
－성명 : ____________(지위 :)

행사의 주 목적(overall goal) : ________________________________
행사의 세부목표 및 결과 :
1. ________________________________
2. ________________________________
3. ________________________________

행사의 가장 유익했던 점이나 가장 좋았던 점은 무엇인가요?
____
____

행사의 보다 성공적인 개최를 위해 개선해야 할 점은 무엇인가요?
____
____

이러한 행사를 앞으로 다시 개최하는 것이 좋다고 생각하십니까?
－언제? ________________________________
－어떠한 수정이나 개선을 통해서? ________________________________
－누구의 책임으로? ________________________________

이 행사가 우리 기관에 어떤 도움이나 기여를 했다고 생각하십니까?
____
____

함께 생각해 볼 과제

1 자원봉사 기록관리 왜 필요한가 함께 생각해 봅시다.

2 자원봉사활동 평가 후 기관에서는 프로그램의 효과성이 떨어진다고 판단되어 프로그램을 더 이상 진행하지 않기로 결정하였다. 자원봉사관리자가 이후에 취해야 할 내용은 무엇일까 함께 생각해 봅시다.

3 자원봉사활동에 대한 평가는 언제, 누구와 하는 것이 좋을까 토론해 봅시다.

P·A·R·T 04

자원봉사관리 평가

CHAPTER 20

자원봉사관리 평가

1. 자원봉사관리 평가의 개념

자원봉사관리 평가는 근본적으로 공적인 혹은 클라이언트에게 서비스를 전달하는 자원봉사활동과 연결되어 있는 비영리 혹은 정부기관을 위해 기획되었다. 새로운 자원봉사 프로그램을 기획하는 기관을 위한 틀로 제시될 수 있으며, 현재 존재하는 프로그램의 상태평가를 목표로 한다.

본 서에서 사용하는 자원봉사관리 평가지표는 수잔 엘리스(Susan J. Ellis, 2003)의 지표를 사용하였다. 평가지표는 총 12개의 요소로 구성되며, 요소별 직무수행에 필요한 질문들로 구성되어 있다.

자원봉사현장은 지원기관, 우애집단 등 자생적 조직뿐만 아니라, 많은 모든 자원봉사기관이 포함되어진다. 평가는 모든 자원봉사상황에 적용되어질 수 없지만, 기관과 연결된 자원봉사 프로그램에 집중시키고, 그것은 자원봉사관리자와 자원봉사자가 함께 성취할 목표이다. 따라서 자원봉사 프로그램 관리자는 평가의 가치를 바로 이해하고, 관리현장의 사정도구로 사용할 수 있을 것이다.

한편 최유미(2012)는 수잔 엘리스가 개발한 지표를 우리나라에 적용 가능한가에 대한 사전 검토를 위하여 전국의 247개 자원봉사센터 업무당당자를 대상으로 조사한 결과 130명이 응답하였으며, 확인적 요인분석을 통해 당초 12개 요소 중 기획지원, 모집훈련, 인정, 평가, 기록 5개의 요소로 도출되었으며, 요소별 직무수행에 필요한 질문은 34개로 도출되었다. 이러한 결과를 통해 수잔 엘리스의 평가지표 중 우리나라 자원봉사관리 실정에 맞지 않는 요소들도 일부 있음이 파악되었다. 또한 후속 연구들을 통해 한국형 평가지표의 개발 보완을 통하여 유용하게 활용할 수 있도록 해야 할 과제가 남아 있다.

2. 평가를 위한 기획

1) 자원을 결정하라

자원봉사관리 평가는 신속한 활동이나 신속한 결정을 위해서가 아니다. 이러한 평가를 시도해 본 적이 없다면, 아마 가능한 시간을 다 소진해 버릴지도 모른다. 물론 평가의 목적은 중요한 이익을 획득하기 위한 노력을 확대시키기 위함에 있다. 따라서 자원봉사관리평가는 장래의 자원봉사 프로그램에 대한 사정이 필요할 때의 기초안내자의 역할을 하게 될 것이다. 결과측정을 위한 기획활동뿐만 아니라 중요한 서류를 수집하고 향후 다른 프로그램에도 활용할 수 있을 것이다. 그렇다면 여기서 기관에서 필요한 것은 무엇인가?

① 시간 : 기관의 규모에 따라서 그리고 자원봉사 프로그램의 수에 따라서 시간의 사용과 투자에 대한 회수 사이의 균형이 맞춰지는가? 평가를 위한 시간은 충분한가? 자원봉사자와 직원들이 함께 연계되어 다양한 사람들이 어떻게 참여할 것인가?를 고려하여 시간을 배정해야 한다.

② 시기 : 언제 평가할 수 있을 것인가? 자원봉사활동이 바쁘지만 집중적으로 짧은 시간이 나을 것인가 아니면 활동이 적은 시기가 나은가?를 고려하여 시기를 결정해야 한다.

③ 과정 : 단순한 질문으로 연계할 수도 있으며, 특별한 노력의 요구도 할 수 있다. 마지막 결과에 중요하게 작용하는 최고관리자 혹은 직원 중 누가 연

계할 것인가?를 선정해야 한다.

2) 자원봉사 연계 체크리스트

체크리스트

우리는 자원봉사연계를 위해 할 수 있는 일에 최선을 다하고 있습니까?
아래의 좌측 ___에 여러분의 의견을 체크해 주십시오.
응답기입방법 _Y_=예 _N_=아니요 _?_=모르겠다.

우리 조직은
__ 자원봉사자를 컨설턴트 혹은 조언가라 불릴 수 있을 정도의 높은 수준의 기술로 접근한다.
__ 인터넷 무료등록사이트의 최근 정보 등의 리스트를 자원봉사자에게 제공한다.
__ 지역의 "자원봉사자의 날 혹은 주간" 축제 및 행사에 참여한다.
__ 자원봉사단체는 우리 지역사회의 다양성을 반영하고 있다.
__ 자원봉사자들이 우리 기관에 대해 이야기하는 것을 알고 있다.
__ 자원봉사자와 함께 일하는 직원을 위하여 교육훈련을 제공한다.
__ 개인 혹은 가족자원봉사활동, 온라인서비스, 학생 봉사학습 등 자원봉사활동의 새로운 유행에 맞추고 있다.
__ 장기간 충성심이 증가하는 자원봉사자를 재정적 후원자로 참여하도록 초대한다.
__ 자원봉사자 선발(심사)을 위하여 법률적인 요구를 수행한다.
__ "세계 자원봉사자의 날", "전국자원봉사자 대회" 등과 같은 국가적 혹은 지역축제로부터 이익을 얻는다.
__ 자원봉사관리를 위한 최대의 실천을 이행하고 있다.
__ 직접서비스 자원봉사자, 기금 자원봉사자, 위원회의 위원, 학생인턴, 임시위원 등 대가없이 자신의 시간과 재능을 기여하는 사람들 간의 연결을 조사한다.
__ 서비스개선을 위한 방법을 자원봉사자에게 투입하거나 가져온다.
__ 기대되어지지 않은 기술을 제공하는 자원봉사자로부터 유용한 임무를 고안해 낼 수 있다.
__ 자원봉사 프로그램에 대한 10년의 비전을 가지고 있다.

이상의 질문들은 여러분들이 기관에서 자원봉사연계를 활발하게 하고 있을 때 더 많은 궁금증을 일으키게 될 것이다. 자원봉사는 기관의 욕구와 지역사회의 도움이 연결되는 것이라고 볼 수 있다.

그렇지만 모집된 자원봉사자가 한 번 활동을 통해 효과적 지원을 제공하지 않을 수도 있다. 특히 질문에 대한 응답이 '아니요'와 '모르겠다'가 절반 이상을 차지한다면 여러분의 기관에서는 자원봉사관리 평가가 반드시 필요할 것이다.

CHAPTER 21

자원봉사관리 평가지표

1. 자원봉사관리 12가지 요소

1) 요소 1－기획과 자원

기획은 모든 조직적 기획을 위한 성공에 열쇠가 있으며, 자원봉사 프로그램 개발은 제외시키지 않는다. 조직 내 전 직원을 대상으로 하는 무급의 자원봉사자를 위한 기획은 "자원봉사자를 위한 환경/ 대응력, 목적과 목표, 예산과 자원, 직원의 자세, 기획의 성취"와 같은 다양한 논의를 포함시킨다.

2) 요소 2－직원

자원봉사자는 광범위하고 다양한 스케줄을 가진 파트타임 스태프로 정의할 수 있다. 또한 자원봉사자의 차이점으로는 일의 영향력에 대한 결과가 논리적인 도전에 있다. 자원봉사 프로그램은 12가지의 자원봉사관리 요소를 바탕으로 모든 활동이 자원봉사관리자에 의해 조정될 수 있도록 분명하게 설계되어야 한다.

3) 요소 3－자원봉사 직무설계

자원봉사 임무개발은 조직에서는 의미 있어야 하며, 자원봉사자에게는 매력있는 것으로 기획과 비전 두 가지가 요구된다. 그것은 무엇을 요구하는가(혹은 직원을 돕거나 클라이언트에게 직접 서비스를 제공하는 것) 그리고 다양한 사람에게는 다양한 기술이 요구되어지므로 단기간 내에 실행할 수 있는 창조적 과업설계 등을 분석하는 것을 의미한다. 자원봉사자의 위치에서 기대와 조건을 기록한 규정이 요구된다.

4) 요소 4－모집

모집은 조직의 자원봉사자로서 그들의 시간과 에너지를 제공하는 사람들을 모집하는 과정이다. 성공적인 모집설계는 전체 조직의 지원이 요구되어지고, 공적인 관계와 마케팅 노력 위에 친밀하게 묶여진다.

5) 요소 5－면접과 선발

장래 자원봉사자의 효과적인 초기면접은 다양한 유형의 지도감독과 관리문제를 예방한다. 이것은 또한 인정된 지원자를 가장 적합하고 매력적인 임무와 연결시키는 일이다.

6) 요소 6－오리엔테이션과 교육훈련

오리엔테이션은 자원봉사자의 직무와 관계없이 모든 자원봉사자를 위하여 조직의 모든 필요한 것을 보여주는 것이다. 그 작업에는 정책의 소개, 절차, 권리와 책임이 포함되어진다.

자원봉사자의 훈련은 개인과 조직에서 요구하는 위치와 배경에 대한 설명들이 잘 맞춰져야 한다. 훈련은 명확한 지시와 관련이 있으며, 지도감독을 통해 조정된다.

7) 요소 7–자원봉사자/ 직원 관계

자원봉사자와 직원의 상호관계는 팀워크를 유지하지 않으면, 효과적인 자원봉사자 연계에 있어 최대의 방해물이 될 수 있다. 이것은 훈련, 평가와 행정적인 응대가 요구되어진다. 또한 오래된 자원봉사자와 신입직원 간의 관계에서는 특히 중요하다.

8) 요소 8–지도감독

자원봉사자는 어떠한 일이 요구되어지고 필요한지 전체 그림을 보는 것처럼 지원이 필요하다. 자원봉사자의 지도감독의 방향은 자원봉사자가 자신의 책무를 다할 수 있도록 접근하는 것이다.

9) 요소 9–인정

인정은 자원봉사노력에 대한 보상의 형태이다. 그것은 자원봉사자들의 노력과 자원봉사활동의 시작에 환영 등에 대한 감사가 포함된다. 조직은 감사장, 식사제공 등과 같은 공식적인 인정을 매년 제공할 수 있다. 그러나 매일의 지원과 비공식적인 감사의 표시 또한 중요하다.

10) 요소 10–기록보관과 보고

조직의 중요한 일을 하는 자원봉사자라면 자원봉사자가 하는 일을 아는 것도 중요하다. 그들에게 지원하는 업무인 모집, 훈련, 인정과 심지어는 자금조달도 기록한다. 자원봉사자의 보험관리, 세금감면 등과 같은 지원내용은 기록보관이 필요하다. 자원봉사자의 성취, 행정, 다른 직원, 자금조달 등에 대한 보고는 가능한 한 자원봉사자와 함께 나눠야 한다.

11) 요소 11－평가

자원봉사자의 시간은 매우 가치있게 소요되어야 하므로, 자원봉사서비스의 영향에 대한 평가는 규칙적이고 권위있게 하여야 하며, 자원봉사서비스에 대한 최상의 의미를 발견해야 한다. 프로그램 평가와 더불어 자원봉사자 개인의 행동의 효과성 검토에도 도움이 된다. 이러한 실천은 프로그램의 표준을 유지시키고, 자원봉사자 각각을 인정하게 된다.

12) 요소 12－자원봉사자 참여

어떤 조직은 자원봉사자의 도움을 원하지만 투입시키지 않는다. 자원봉사자의 위치에서 조직을 관찰하며, 조직에 대한 비평의 위험도 있을 수 있지만, 자원봉사자의 투입을 통해 조언의 기회를 가지고, 자원봉사 프로그램의 보다 나은 참여형태에 대한 제안을 권할 수도 있다.

2. 자원봉사관리 평가지표

1) 평가지침

평가 점수표는 성공적인 자원봉사 프로그램을 위한 다음의 12가지 요소들로 구성되어 있다.

- 기획과 자원
- 직원
- 자원봉사 프로그램 기획
- 모집
- 자원봉사자/ 유급봉사자 관계
- 지도감독
- 인정
- 기록보관과 보고서 작성

- 면접과 선발
- 오리엔테이션과 교육훈련
- 평가
- 자원봉사자 투입

각 요소들은 자원봉사 행정분야의 일반적인 실천을 바탕으로, 자원봉사 연결을 위한 기본적인 표준을 사정하기 위한 진술문으로 이어져 있다. 진술문은 1에서 4까지 배열되어 있으며, 1은 활동수준의 최하수준이며, 4는 최상의 세련되거나 복잡한 활동의 수준이다.

평가방법은 각 항목의 해당 점수를 합산하여 총계를 기록하며, 특히 질문, 새로운 아이디어, 조언, 다른 의견 등은 별도로 메모해둘 필요가 있다.

여기서 자원봉사관리 평가의 주된 목적은 토론(논의)의 출발이다. 또한 이것은 여러 가지 조작을 통하여 조직의 자원봉사자 협동을 어떻게 보다 효과적으로 할 것인가를 시험하고 분석하는 기회가 된다.

2) 각 요소별 평가항목

요소 1 : 기획과 자원	
A. 왜 우리가 자원봉사자의 연결을 원하는지 분명하게 말할 수 있다. 1. 우리는 왜 자원봉사자의 연결을 원하는지 공식적으로 토론할 수 없다. 2. 우리가 자원봉사자의 연결을 원하는 가장 큰 이유는 부족한 자금 때문이다. 3. 우리가 자원봉사자를 찾는 이유는 우리 조직에게 특별한 무엇인가를 기여하고, 또한 우리의 유용한 자금으로 더 많은 것을 돕기 때문이다. 4. 우리는 왜 우리 조직이 자원봉사 연결을 원하는가에 대해서 철학적 바탕으로 진술문을 작성할 수 있다. ☐ 어디에도 해당되지 않음	수준 ☐
B. 우리는 '자원봉사자'의 의미가 무엇인지 정의내릴 수 있다. 1. 우리는 '자원봉사자'의 의미가 무엇인지 정의내릴 수 없다. 2. 우리는 자원봉사자를 우리의 조직으로부터 어떤 이익이나 대가없이 서비스를 제공하는 사람이라고 간주한다. 3. 더불어 직접서비스를 제공하는 자원봉사자는 조언그룹, 조력자, 그리고 특별이벤트 혹은 기금위원회의 구성원과 같은 기관의 지도자로서 인정한다. 4. 이와 더불어 우리는 지역사회의 다양한 형태의 자원으로서 자원봉사자를 고려한다. ☐ 어디에도 해당되지 않음	수준 ☐

요소 1 : 기획과 자원	
C. 우리는 자원봉사 프로그램의 비전을 설명할 수 있다. 1. 우리는 현재의 자원봉사자 연계를 장기적으로 생각할 수 없다. 2. 우리는 가능한 어떠한 방식으로든 자원봉사 프로그램이 지속적으로 '성장'하기를 원한다. 3. 우리는 보다 다양한 기술과 지원을 전개하여 자원봉사단의 미래그림을 그릴 수 있다. 4. 우리는 자원봉사자의 연계가 시간이 흐른 뒤 자원봉사자의 새로운 자원과 미래의 욕구가 연결될 수 있도록 납득할 만한 전략적 기획을 정의해야 한다. □ 어디에도 해당되지 않음	수준 □
D. 우리는 자원봉사활동과 자원봉사 프로그램을 위해서 장·단기 목적과 목표를 개발해야 한다. 1. 우리는 자원봉사활동과 자원봉사 프로그램을 위한 공식적인 목적과 목표를 가지고 있지 않다. 2. 우리는 특정 자원봉사 멤버들에 대한 자원봉사 프로그램의 성장과 관련된 주된 목적과 목표를 작성하였다. 3. 우리는 자원봉사자를 위한 목적과 목표를 작성하였다. 더불어 조직의 클라이언트와 직원을 지원하는 의미있는 과업성취와 연결된 숫자로 나타낸 지표를 작성하였다. 4. 자원봉사자의 일과 관련된 목적과 목표는 매년 조정되었다. 이들의 목적과 목표는 전체조직 혹은 단위별, 프로그램 기능단위로 작성되며, 조직의 이사회에 의해 승인되었다. □ 어디에도 해당되지 않음	수준 □
E. 최고 관리자, 중간 관리자, 일선 직원, 자원봉사자, 그리고 클라이언트는 자원봉사 프로그램의 지속적인 설계와 증진에 투입시킨다. 1. 투입은 하나의 집단에 실행한다. 2. 투입은 두 개의 집단에서 실행한다. 3. 투입은 세 개의 집단에서 실행한다. 4. 투입은 네 집단 모두에서 실행한다. □ 어디에도 해당되지 않음	수준 □
F. 우리는 자원봉사 연계를 위한 분명한 정책과 절차를 가지고 있다. 1. 우리는 자원봉사 연계를 위한 정책과 절차를 가지고 있지 않다. 2. 우리는 상황이 발생한 자원봉사자가 필요한 장소에 이미 정책과 절차를 사용하고 있다. 3. 우리는 특히 자원봉사자와 직원의 역할에 대한 기술 등 자원봉사 연계와 관련된 예견된 상황의 특별한 정책을 작성하였다. 4. 부가적으로 우리는 결과나 다른 문제에 대비하여 기관과 자원봉사자의 비밀유지, 책임에 관한 명확한 역할을 표준화시켰다. □ 어디에도 해당되지 않음	수준 □

요소 1 : 기획과 자원	
G. 자원봉사 수요기관은 자원봉사자와 자원봉사자의 욕구와 동기를 이해하고 직무를 훈련시킨다. 1. 어떻게 자원봉사자와 함께 일하는가에 대한 직원을 위한 공식적인 훈련을 개발해 두지 않았다. 2. 훈련(교육)은 자원봉사자를 배정하기 전에 자원봉사자에게 직접적인 지도감독을 하는 직원에게 시킨다. 3. 자원봉사자와 함께하는 팀워크 훈련은 조직의 모든 수준의 종사자에게 정기적으로 제공한다. 4. 부가적으로 자원봉사자와 함께하는 과업에 대한 직원에게 제공된 훈련은 정기적인 평가가 이루어지고, 필요한 경우 성과향상을 위한 부가적인 훈련을 제공한다. ☐ 어디에도 해당되지 않음	수준 ☐
H. 우리는 위험관리 기획과 자원봉사자의 욕구에 맞는 보험의 적용을 충당한다. 1. 우리는 자원봉사 연계와 연결된 법률과 보험문제에 대해서는 고려하지 않는다. 2. 우리는 법과 보험문제는 일이 발생할 때 그때그때 사안에 따라 조정한다. 3. 우리는 특별히 보험업자와도 논의되었으며, 조직의 발전과 자원봉사자의 보호에 필요한 보험에 대한 충당을 획득하였다. 4. 우리는 각 자원봉사자의 지정 영역에서 책임이 필요한 시나리오 분석에 의하여 위험관리계획을 개발했다. 또한 적절한 훈련과 지도감독을 제공하고 다른 예방활동을 실행한다. ☐ 어디에도 해당되지 않음	수준 ☐
I. 예산편성 시 자원봉사 프로그램의 요구를 고려한다. 1. 자원봉사 프로그램의 자금할당은 다른 예산수립 후 가용한 자원을 기초로 한다. 2. 자원봉사 프로그램의 자금할당은 배당되어진 직원의 수를 기초로 한다. 3. 자원봉사 프로그램의 자금할당은 자원봉사자의 수를 기초로 한다. 여기에 우리는 연간 연계 수, 지원욕구, 직원에게 할당된 프로그램에 대한 요청되는 지원의 총계를 예상한다. 4. 부가적으로 자금은 행정상의 필요에 의해서도 지원되며, 자원봉사자의 자비부담에 대해서도 변상한다. ☐ 어디에도 해당되지 않음	수준 ☐
J. 자금 외에, 자원봉사 프로그램에 필요한 다른 자원을 할당한다. 1. 우리는 자원봉사 프로그램을 위하여 특별히 공간과 장비를 지정하지 않는다. 2. 우리는 자원봉사 담당자(관리자)들에게 다른 장비의 요구없이, 편의를 위한 공간으로서 사무실과 장비를 제공한다. 3. 부가적으로 자원봉사 프로그램 관리자의 사무실과 자원봉사자의 만남과 개인 소지품을 둘 수 있는 공간과 가구 등을 제공한다. 4. 부가적으로 자원봉사 프로그램 사무실, 활동공간, 보관장소, 자원봉사자에게 할당된 범위 내에서 비품과 자원을 사용할 수 있도록 한다. ☐ 어디에도 해당되지 않음	수준 ☐

<table>
<tr><th colspan="2">요소 1 : 기획과 자원</th></tr>
<tr><td>K. 우리는 직접서비스 자원봉사자와 감독위원회, 자문위원회, 기금조성위원회와 같은 지원을 위한 자원봉사자와의 상호연계에 대해 명확히 정의하고 있다.
1. 직접서비스 자원봉사자와 지원을 위한 자원봉사자는 명확한 차이가 있어 공식적인 연계가 없다.
2. 각각의 할당된 역할을 명확하게 이해하고 개개인이 보다 나은 역할을 선택할 수 있다.
3. 자원봉사자 각 그룹은 다른 자원으로 인정하고, 우리는 다양한 자원봉사자 그룹의 교육과 인정을 위한 결합의 기회를 찾는다.
4. 특별히 자격을 부여한 직접 서비스 자원봉사자에게 위원회 혹은 조언가, 기금조성가로 의도적으로 이끈다.
☐ 어디에도 해당되지 않음</td><td>수준
☐</td></tr>
<tr><td>L. 우리는 우리의 자원봉사자의 연결과 공적 연계, 기금조성, 클라이언트 지원, 마케팅, 공적교육 등과 같은 다른 기관의 기능과의 상호연계에 대해서 고려한다.
1. 우리는 자원봉사자 분야가 하나의 분야(활동)와 어떻게 상호연계할 것인가를 정의하고 있다.
2. 우리는 자원봉사자 분야가 두 개 분야(활동)와 어떻게 상호연계할 것인가를 정의하고 있다.
3. 우리는 자원봉사자 분야가 세 개 분야(활동)와 어떻게 상호연계할 것인가를 정의하고 있다.
4. 우리는 자원봉사자 분야가 네 개 분야(활동)와 어떻게 상호연계할 것인가를 정의하고 있다.
☐ 어디에도 해당되지 않음</td><td>수준
☐</td></tr>
<tr><td>M. 언제나 새로운 것을 기획하고, 어떻게 자원봉사자를 연결할 것인가와 현행 자원봉사자의 새로운 활동의 영향력에 대해 고려한다.
1. 우리는 자원봉사자의 기획과정을 고려하지 않는다.
2. 우리는 자원봉사자가 새로운 사업성공을 돕는데 영향을 미칠 수 있는 방법을 고려한다.
3. 부가적으로, 새로운 욕구에 대한 새로운 자원봉사자 모집을 추가하고, 현행 자원봉사자의 기획된 프로그램의 영향력에 대해 고려한다.
4. 우리는 기획과정에 자원봉사자를 참여시켜 과제에 대한 논의뿐만 아니라, 그들 스스로 자원봉사활동을 기획할 수 있도록 하고 있다.
☐ 어디에도 해당되지 않음</td><td>수준
☐</td></tr>
<tr><td>요소 1 총계 : 기획과 자원</td><td>☐</td></tr>
</table>

요소 2 : 직원	
A. 적어도 한 명의 특별한 개인은 자원봉사 프로그램 관리자로 지명하고, 이러한 역할을 위하여 포괄적으로 작성된 직무 설계서를 제공한다. 1. 우리는 조직 내의 자원봉사자 혹은 자원봉사 프로그램의 책임이 있는 누구에게도 지명하지 않는다. 2. 우리는 자원봉사자의 필요를 수반하는 개인을 지명한다. 그러나 그들의 임무는 직무 설계서에 포함되지 않는다. 3. 직원의 수는 공식적으로 자원봉사자 관리의 파트타임을 기초로 할당된다. 이것이 그들의 중요한 임무이다. 4. 적어도 한 명의 직원(풀타임 혹은 파트타임)은 공식적으로 자원봉사자의 관리조정업무가 중요한 임무로 지명된다. ☐ 어디에도 해당되지 않음	수준 ☐
B. 우리는 자원봉사 프로그램의 목적과 요구의 수준에 따라 직원이 제공된다. 1. 누구에게도 가능할 때 요구되는 기술을 공식적으로 제공하지 않는다는 답변을 한 번 이상 한다. 2. 파트타임 혹은 전일 자원봉사관리자의 지위는 우리가 제공할 수 있을 때를 기초한다. 3. 프로그램과 사업에 필요한 자원봉사자 수의 기초는 직접적으로 관리조정하는 자원봉사 임무를 기대한다. 우리는 없거나 몇몇 직원에게 자원봉사관리를 할당한다. 4. 우리는 정규 근무시간 동안 가능한 직원을 할당한다. 그러나 때로는 자원봉사활동은 주말과 저녁이므로, 활동시간에 맞춰서 적합한 직원을 할당한다. ☐ 어디에도 해당되지 않음	수준 ☐
C. 자원봉사 프로그램은 사무지원으로 충당한다. 1. 무료의 사무지원은 자원봉사 프로그램을 제공하였다(자원봉사관리자는 개인적으로 혹은 사무 자원봉사자 모집을 기대한다). 2. 자원봉사 프로그램은 필요에 따라 다른 분야의 유급 사무지원의 과정에 따른다. 3. 사무지원은 자원봉사 프로그램을 할당한다. 그러나 다른 분야와 함께 나눈다. 4. 전임비서/ 사무직원에게는 하나 혹은 그 이상의 자원봉사 프로그램을 할당한다. ☐ 어디에도 해당되지 않음	수준 ☐
D. 우리는 자원봉사 프로그램의 직원을 정기적으로 점검한다. 1. 자원봉사 프로그램에 있어서 직원의 수준에서 점검계획은 없다. 2. 우리는 자원봉사 프로그램을 위한 직원은 더 이상 둘 수 없으며, 프로그램은 모집되는 자원봉사자에 의해 성장하기를 희망한다. 3. 우리는 자원봉사 프로그램을 위한 직원은 더 이상 둘 수 없으나, 우리가 기관에서 요청하는 자원봉사 프로그램의 효과를 알고 난 이래로 자원봉사자를 기꺼이 '선장'으로 인정한다. 4. 우리는 자원봉사 프로그램의 직원에 대한 점검계획을 가지고 있다. 그것은 변화와 자원봉사 프로그램의 목적과 규모를 성장시키기 위한 근거이다. ☐ 어디에도 해당되지 않음	수준 ☐

<table>
<tr><th colspan="2">요소 2 : 직원</th></tr>
<tr><td>E. 자원봉사 프로그램 관리자의 위치는 다른 감독자 혹은 관리직원과 동등한 지위를 부여한다.
1. 자원봉사관리자의 지위/ 기능은 조직도에 표시하지 않는다.
2. 조직도의 자원봉사관리자의 지위는 일선/ 프로그램 직원과 같은 수준이다.
3. 자원봉사관리자의 지위는 중간관리자의 수준으로 표시한다.
4. 자원봉사관리자의 지위는 최고관리자의 수준으로 표시한다.
☐ 어디에도 해당되지 않음</td><td>수준
☐</td></tr>
<tr><td>F. 자원봉사 프로그램 관리자의 급여는 같은 조직의 다른 감독자 혹은 관리직원과 동등하며 비교할 수 없는 장에서 동일한 지위를 가진 누군가와 외면적 평가를 하지 않는다.
1. 자원봉사관리자의 보수는 다른 직원의 보수와 비교하지 않는다.
2. 자원봉사관리자의 보수는 일선/ 프로그램 직원과 동등한 수준이거나 그 이하이다.
3. 자원봉사관리자의 보수는 다른 감독직원의 수준에 상응한다.
4. 자원봉사관리자의 보수는 타 부서의 장이나 최고관리자의 수준에 상응한다.
☐ 어디에도 해당되지 않음</td><td>수준
☐</td></tr>
<tr><td>G. 예산은 자원봉사 프로그램 관리자를 늘리거나 기술향상을 위하여 책정된다.
1. 자원봉사 프로그램 관리자는 우리 조직의 자원봉사 실천 프로그램의 기술향상을 장려하지 않는다.
2. 자원봉사 프로그램 관리자는 기술향상을 장려하지만 기금은 이러한 목적을 위해 사용할 수 없다.
3. 기금은 자원봉사 프로그램 관리자의 기술향상을 위해 할당된다. 자원봉사관리 전문가협회 회원과 참가를 위한 비용이 포함된다.
4. 기금은 자원봉사 프로그램 관리자의 기술향상을 위해 할당된다. 부가적으로 다른 자원봉사 프로그램의 직원과 핵심자원봉사자의 기술향상에도 할당된다.
☐ 어디에도 해당되지 않음</td><td>수준
☐</td></tr>
<tr><td>H. 자원봉사 프로그램 관리자는 정기적으로 그들의 리더십과 비전, 또한 자원봉사 프로그램의 수적 성장에 대해 평가한다.
1. 자원봉사 프로그램 관리자는 평가하지 않는다.
2. 자원봉사 프로그램 관리자는 간헐적으로 자원봉사 프로그램의 양적 성장에 대해 더 많이 평가한다.
3. 자원봉사 프로그램 관리자는 정기적으로 사전에 확립해둔 프로그램의 목적성취에 대해 평가한다.
4. 자원봉사 프로그램 관리자는 정기적으로 사전에 확립된 목적성취와 혁신적인 자원봉사 프로젝트의 개발을 위한 비전에 대해 평가한다.
☐ 어디에도 해당되지 않음</td><td>수준
☐</td></tr>
<tr><td>I. 자원봉사자는 자원봉사 프로그램 관리팀의 한 부분이다.
1. 자원봉사자는 자원봉사 프로그램 관리에 연결되지 않는다.
2. 자원봉사자는 자원봉사 프로그램을 위한 사무적인 일을 조정한다. 그러나 관리기능에 포함되지 않는다.
3. 자원봉사자는 모집과 오리엔테이션과 같은 다양한 자원봉사 프로그램 관리활동에 지원하거나 조정한다.
4. 부가적으로 자원봉사 프로그램의 일상적인 행정업무를 공유한다. 자원봉사자는 자원봉사 프로그램의 목적이나 활동의 결정에 참여한다.
☐ 어디에도 해당되지 않음</td><td>수준
☐</td></tr>
<tr><td>요소 2 총계 : 직원</td><td>☐</td></tr>
</table>

요소 3 : 자원봉사 직무설계	
A. 우리는 효과적인 자원봉사자의 임무를 설계한다. 1. 우리는 자원봉사자가 도착할 때까지 기다리며, 그때그때 필요한 일을 그들에게 할당한다. 2. 우리는 새로운 자원봉사자에게 예정되지 않은 기술을 요구하거나 특별한 상황이 발생할 때만 임무를 설계한다. 3. 도움은 유급직원과 도움제공이 부여된 자원봉사자 설계가 필요할 경우만 한정한다. 4. 부가적으로 자원봉사자가 제공할 수 있는 일의 범위 내에서 직원을 돕고 사용할 수 있는 자원봉사자 기술을 제공한다. ☐ 어디에도 해당되지 않음	수준 ☐
B. 우리는 자원봉사자 할당을 위한 문서화된 직무설계를 가지고 있다. 1. 우리는 문서화된 자원봉사자를 위한 직무설계는 없다. 2. 일부 문서화된 직무설계는 있으나 모든 자원봉사자에 대한 할당은 아니다. 3. 모든 개인적 직접 서비스 자원봉사자를 위한 문서화된 직무설계가 있다. 이것은 직원이나 직무를 지도감독하는 자원봉사자에 의해 개발되었다. 4. 모든 직접 서비스 자원봉사자와 지도감독위원회 등 다양한 특별위원회를 위한 문서화된 자원봉사 직무설계(서비스를 제공하는 그룹의 설계서가 포함)가 있다. ☐ 어디에도 해당되지 않음	수준 ☐
C. 우리는 매년 자원봉사 직무설계를 새롭게 갱신한다. 1. 우리는 문서화된 직무설계를 가지고 있으나, 드물게 개정한다. 2. 우리는 누군가로부터 구식이라는 주의요구가 있을 때 자원봉사 직무설계를 개정한다. 3. 우리는 매년 자원봉사 직무설계를 검토하고 개정한다. 4. 부가적으로 자원봉사 직무설계는 매년 갱신하며, 조직의 수혜자(클라이언트), 자원봉사자, 직원이 우선적으로 자원봉사자의 업무할당에 대해 갱신한다. ☐ 어디에도 해당되지 않음	수준 ☐
D. 우리는 자원봉사자의 다양한 활동메뉴와 여러 시간대에 활동할 수 있는 역할을 개발한다. 1. 우리는 자원봉사 실천을 위한 활동은 한 가지만 가지고 있다. 2. 우리는 다양한 기술과 관심을 가진 자원봉사자를 위한 몇몇 역할만 개발했다. 3. 우리는 장시간, 단기 혹은 1시간을 위한 자원봉사활동 일감을 개발했다. 또한 우리는 개인 혹은 집단에도 적용할 수 있다. 4. 우리는 서로 다른 수준의 책임을 가진 프로그램을 포함시켜, 특정 시간에 위임된 훌륭한 기술과 자발성을 가진 사람들을 포함시킬 수 있도록 다양한 자원봉사자 직무개발을 설계하였다. ☐ 어디에도 해당되지 않음	수준 ☐
E. 우리 조직의 모든 영역과 단위는 자원봉사자를 위한 할당으로 개발되어 있다. 1. 우리는 자원봉사자의 활용은 하나의 서비스 프로그램이나 기능참여로 제한한다. 2. 우리는 자원봉사자의 지원에 대한 요구가 있든 없든 모든 단위나 분야는 개인적으로 결정하도록 허락한다. 3. 우리는 자격이 주어진 자원봉사자를 위해서 모든 단위에서의 역할개발을 기대한다. 4. 우리는 최고의 행정과 핵심관리자의 일을 포함한 조직의 모든 단위에서 자격이 주어진 자원봉사자를 연결한다. ☐ 어디에도 해당되지 않음	수준 ☐

요소 3 : 자원봉사 직무설계	
F. 우리는 다양한 자원봉사자의 욕구에 유연하게 대응할 수 있는 자원봉사자의 임무설계서를 가지고 있다. 1. 자원봉사자 임무의 대부분은 권한이 예정되어 있고, 일정이 확정되어 있다. 2. 우리의 임무의 많은 수는 자원봉사자의 기술과 욕구에 따라 변경할 수 있다. 3. 몇 개의 자원봉사자 임무는 주중에 활동할 수 없는 자원봉사자를 위하여 융통성 있게 주말이나 저녁시간에 실행할 수 있다. 4. 우리는 또한 직접적인 활동과 자원봉사자들이 할 수 있는 다양한 프로그램을 창조하여 실질적인(온라인) 임무를 제공할 수 있다. ☐ 어디에도 해당되지 않음	수준 ☐
G. 우리는 책임을 증진시키기를 희망하는 자원봉사자를 위하여 '직업적 사회적 지위'를 제공해 준다. 1. 임무의 대부분은 참가수준으로서 몇몇 가지의 단순한 자원봉사활동이다. 2. 자원봉사자는 보다 도전적인 자원봉사 역할을 요구할 수 있다. 3. 활동종료 후, 효과적인 자원봉사자는 신임 자원봉사자의 훈련과 같은 책임을 자연스럽게 떠맡는다. 4. 우리는 관리적 수준과 자신의 기술을 설명하는 기회를 제공해 주는 자원봉사자의 역할을 부여한다. ☐ 어디에도 해당되지 않음	
요소 3 총계 : 자원봉사 직무설계	☐

요소 4 : 모집	
A. 우리는 자원봉사자 모집계획을 설계하고 실행한다. 1. 우리는 모집활동이 없다. 자발적으로 찾아오는 사람들을 응대한다. 2. 우리는 우리 조직의 뉴스레터나 내부의 전달만으로 자원봉사자 모집을 광고한다. 3. 내부적 자원 외에도, 다양한 지역사회와 온라인 자료은행, 자원봉사 모집 안내판 등에 자원봉사자 모집을 기록한다. 4. 우리는 가능한 자원봉사 자원을 구하기 위하여, 우리가 필요로 하는 자원봉사자를 아는 사람에게 부탁하여 모집할 수 있도록 목표를 정한다. ☐ 어디에도 해당되지 않음	수준 ☐
B. 우리는 자원봉사자의 참여를 늘리기 위하여 직장인 자원봉사 프로그램, 학교자원봉사 프로그램, 지역축제 자원봉사활동, 대안적 판단을 위한 기획과 관련된 회의, 가족자원봉사, 자조그룹 등과 같은 여러 자원을 참여시킨다. 1. 우리는 전통적인 자원봉사자의 자원만으로도 만족한다. 2. 우리는 자원봉사자와 연관된 흐름에 대해 알지 못하고, 새로운 자원을 얻기 위한 노력은 하지 않는다. 3. 우리는 일부의 자원과 정보를 통해 일을 진행하고 있으나 많은 부분이 자원봉사자가 필요 없거나 혹은 우리 조직에는 맞지 않는다고 믿는다. 4. 우리는 자원봉사자를 지역사회의 중요한 자원이며, 우리가 인지한 최고의 자원으로 정의하고 있으며, 또한 모집하고 있다. ☐ 어디에도 해당되지 않음	수준 ☐

요소 4 : 모집	
C. 우리는 우리의 자원봉사단체는 인종, 소수인종, 연령 그리고 다른 다양성을 수용한다. 1. 우리 자원봉사자는 유사한 인구학적 측면을 가지고 있다 그러나 우리는 다양성은 자연스럽게 끝나기를 희망한다. 2. 우리는 대표적인 인구집단을 확인하였으며, 장래의 모집대상은 표적(target)화 되어 있다. 3. 우리의 자원봉사자 모집계획에는 자원봉사자 집단의 다양성을 구체적으로 반영하고 있으며, 우리는 우리 지역의 모든 공동체의 자원봉사 지원자에 대해서는 예외 없이 폭넓게 연결 혹은 의뢰할 수 있도록 보장할 것을 확립해 두고 있다. 4. 부가적으로 생애, 나이, 성별이 다른 모집된 자원봉사자에 대해서 우리는 장애, 저소득 혹은 기타 어려움을 지닌 사람들이 자원봉사자가 될 수 있도록 보다 적극적으로 지원하며 활발하게 접촉한다. ☐ 어디에도 해당되지 않음	수준 ☐
D. 우리는 자원봉사자 모집을 위하여 특별히 다양한 요소들을 개발해 두고 있다. 1. 우리는 자원봉사자의 욕구에 맞게 설명할 만한 요소들을 가지고 있지 않다. 2. 우리 조직의 브로슈어에는 자원봉사자의 참여기회에 대한 내용이 포함되어 있다 그러나 모집을 위해 특별히 기획된 것은 아니다. 3. 우리는 자원봉사자 모집을 위한 도구로서 특별히 기록된 자료를 가지고 있다. 4. 우리는 어떤 장소에서든 자원봉사모집에 사용할 수 있는 다양한 브로슈어, 광고지, 슬라이드 등을 마련해 두고 있다. ☐ 어디에도 해당되지 않음	수준 ☐
E. 우리의 자원봉사자 모집계획에는 우리 조직의 욕구와 기대가 명확하게 기술되어 있다. 1. 우리는 일반적으로 자원봉사자로부터의 도움에 대해서 강조하나 자원봉사자의 과업에 대한 것은 상세하게 제공하지 않는다. 2. 우리는 자원봉사자의 임무에 대해서 기술하지만, 장래의 지원자가 포기하지 않도록 과업은 최소화시킨다. 3. 자원봉사자의 임무에 대해서 상세하게 기술하며, 과업의 위임의 최소한의 시간을 미리 조사해 둔다. 4. 우리는 우리와 함께 자원봉사활동을 했을 때 자원봉사자가 얻는 이익이 무엇인가를 기술하며, 부가적으로 자원봉사자의 임무, 위임시간과 자격조건을 기술한다. ☐ 어디에도 해당되지 않음	수준 ☐
F. 우리는 지역사회집단과 자원봉사자의 자원을 제공하는 등의 협력활동에 대해 확립해 두고 있다. 1. 우리는 대부분 직접 혹은 개인적으로 자원봉사자를 모집하고 있다. 2. 우리는 자원봉사자 모집내용을 다양한 지역센터와 시민집단에게 홍보하는 것을 공적으로 의논한다. 3. 우리는 다양한 지역의 집단에 프로젝트와 같은 서비스를 제공하는 협력에 대해서는 형식을 갖추고 있다. 4. 우리는 자원봉사활동에 대한 일반적인 정보, 자원봉사자 의뢰 등 조직과의 상호연계를 진행하는 방법 등을 개발해 두고 있다(예 대학봉사단, 방과 후 청소년 프로그램 등). ☐ 어디에도 해당되지 않음	수준 ☐

요소 4 : 모집	
G. 자원봉사 모집활동에는 누구나 참여할 수 있다. 1. 누구도 자원봉사자 모집에는 특별히 책임지지 않는다. 2. 자원봉사 프로그램 관리자가 모집을 다룬다. 3. 자원봉사자와 직원은 그들의 지역사회의 활동의 한 부분으로서 자원봉사자의 모집을 권장한다. 4. 최고 관리자는 다른 직원과 자원봉사자와 함께 자원봉사자 모집활동을 지원하며, 기관의 모든 공적인 요소에는 자원봉사자 모집에 대한 내용을 포함시킨다. ☐ 어디에도 해당되지 않음	수준 ☐
H. 자원봉사자 모집을 위하여 인터넷을 효과적으로 사용하고 있다. 1. 우리 조직의 웹사이트는 자원봉사자 모집의 언급이 없으며, 모집을 위해서 인터넷을 사용하지 않는다. 2. 우리 조직의 웹사이트는 자원봉사활동에 대한 정보를 제공하지 않는다. 그러나 우리는 지역과 정부사이트에는 자원봉사자 모집정보를 등록해 두고 있다. 3. 부가적으로 온라인 주소창에 등록해 두고, 우리 기관의 웹사이트에는 자원봉사자 모집, 자원봉사자가 무엇이며, 어떻게 참여하고 활동할 수 있는가에 대한 자료를 포함하여 제공하고 있다. 4. 장래의 자원봉사자는 우리 조직의 온라인 사이트를 통해 최근 유행하는 자원봉사활동과 관심을 유도하고 응용된 자원봉사활동 등을 배울 수 있다. ☐ 어디에도 해당되지 않음	수준 ☐
요소 4 총계 : 모집	☐

요소 5 : 면접과 선발	
A. 면접은 각 예비 자원봉사자에게 자격과 기대, 상호 합의된 임무를 알려주고, 활동을 결심하게 하고 유지하게 만든다. 1. 면접은 예비 자원봉사자에 대하여 사전 임무부여와 지원자를 수락하는 등의 지도가 없었다. 2. 지원자에 대한 면접은 시행하나, 우리는 누구든 받아들이기를 기대한다. 3. 예비 자원봉사자들은 그들의 자격과 기대, 면접이 성공적으로 끝난다면 합의된 임무할당에 대해 면접한다. 4. 부가적으로 새로운 자원봉사자의 선발은 자격과 개인의 특성을 바탕으로 한다. 우리는 법률상의 배경에 대한 체크의 승낙과 참조를 반대한다. ☐ 어디에도 해당되지 않음	수준 ☐

요소 5 : 면접과 선발	
B. 우리는 각각의 자원봉사 지원자에 대해 후속작업을 한다. 1. 자원봉사 지원자에 대한 후속작업은 없다. 자원봉사 지원자는 충분한 동기는 그들의 임무에 대한 지위를 결심하게 할 것이라고 기대한다. 2. 후속작업은 지원자를 위해 시행한다. 우리는 받아들이기를 원하지만, 거기에는 우리가 할 수 있는 장소가 없다. 3. 후속작업은 지원자에게 수용하거나 거절하는 것으로 시행되며, 그것은 어떻게 정밀하게 우리가 원하는 것을 그들이 시간 내에 가능하도록 도울 것인가를 기초로 한다. 4. 우리는 지원자에게 그들이 받아들일 것인지, 받아들이지 않을 것인지, 혹은 대기자 명단에 둘 것인지에 대한 면접을 즉시 혹은 30일 이내에 알리는 것을 목표로 한다. ☐ 어디에도 해당되지 않음	수준 ☐
C. 우리는 자원봉사자 선발을 위하여 기준을 개발해 두었다. 1. 우리는 모든 지원자를 받아들인다. 2. 우리는 대부분 개인의 특성을 바탕으로 선발한다. 3. 우리는 지원자 선발은 가능한 그들의 특성과 기록되어진 기술 혹은 과거 경험을 기초로 한다. 4. 우리는 지원자 선발은 그들의 자격과 특성을 바탕으로 하며, 우리는 보안 혹은 개인적 배경조사, 건강심사, 다른 요구와 같은 모든 법률적 사실을 승낙한다. ☐ 어디에도 해당되지 않음	수준 ☐
D. 우리는 보안, 개인적 배경조사, 건강 테스트, 혹은 다른 타당한 문제와 같은 모든 법률적 심사요구에 대해 승낙한다. 1. 우리는 어떤 법률적 심사요구도 알지 못한다. 2. 우리는 요구하고 참조검토를 지원자에게 제공한다. 3. 우리는 특별한 형태의 장 혹은 지방정부의 법적 요구가 있으면 체크 혹은 시험이든 시행한다. 4. 우리는 우리가 새로운 자원봉사자의 선발과 더불어 신원 재조사, 건강심사의 종료로 업데이트가 필요할 때, 특별히 우리는 자원봉사자가 새로운 위험에 노출될 때 변화를 위하여 법적 승낙을 한다. ☐ 어디에도 해당되지 않음	수준 ☐
E. 우리는 자원봉사 지원자에 대해 거절할 수 있다. 1. 우리는 모든 지원자를 받아들인다. 2. 우리는 공식적으로 지원자를 거절할 수 없다. 대신에 우리는 그들을 무기한으로 대기자 명단에 둔다. 3. 우리는 예비 자원봉사자를 거절해야 할 때, 보통은 우리는 그들에게 프로그램이 종료되었다고 이야기한다. 4. 고용을 위한 지원자와 함께 우리는 기본적 자격을 개발하고 있다(충당할 때 참조를 체크하는 것을 포함시킨다). 그것이 맞지 않을 경우 예비 자원봉사자에게 이야기할 수 있다. 또한 우리는 지원자가 그들의 자격에 어울리는 다른 자원봉사 참여기회를 찾을 수 있도록 격려한다. ☐ 어디에도 해당되지 않음	수준 ☐

요소 5 : 면접과 선발	
F. 우리는 필요한 경우 수용구조를 유연하게 만들 수 있다. 1. 만약 자원봉사자가 우리의 면접과 선발요구에 맞지 않는다면, 우리는 그들의 지원을 받아들이지 않는다. 2. 우리는 특별히 단기임무 혹은 하루 대규모 이벤트 자원봉사와 같은 특별한 상황일 경우에는 우리의 면접과 선발요구를 수정할 수 있다. 3. 우리는 직접 클라이언트에게 접촉하지 않거나 장소를 벗어나는 일을 하게 될 예비 자원봉사자를 위해 우리의 과정을 수정할 수 있다. 4. 부가적으로 우리는 개인적으로 우리의 프로그램에 참가하기를 원하는 경우 기존의 자원봉사단체와 통합하는 방법을 개발할 수 있다. ☐ 어디에도 해당되지 않음	수준 ☐
요소 5 총계 : 면접과 선발	☐

요소 6 : 오리엔테이션과 훈련	
A. 자원봉사자가 조직의 목적, 구조, 정책에 친숙하게 되도록 표준화된 오리엔테이션을 제공하고 있다. 1. 자원봉사자를 위한 표준화된 오리엔테이션은 없다. 2. 자원봉사자는 조직의 물리적 편의시설 등과는 친숙하게 만들지만 조직의 목적, 구조, 정책은 아니다. 3. 산발적으로 자원봉사자에게 제공하는 표준화된 오리엔테이션에는 조직의 목적, 구조, 정책에 대한 정보가 포함되어 있다. 4. 자원봉사자는 처음 두 달 동안의 과업은 조직과 함께 한다는 내용이 담긴 조직의 목적, 구조, 정책의 표준화된 오리엔테이션을 제공하고 있다. ☐ 어디에도 해당되지 않음	수준 ☐
B. 우리의 자원봉사자 오리엔테이션 프로그램의 부분은 우리 조직의 다른 영역에도 소개하고 활용한다. 1. 자원봉사자 오리엔테이션 프로그램은 직접서비스, 장기 자원봉사자를 위한 것뿐이다. 2.우리는 자원봉사 오리엔테이션 프로그램의 부분은 단기 혹은 일회성 자원봉사, 학생 자원봉사와 같이 자원봉사관리자의 다른 영역으로 적절히 사용된다. 3. 우리는 모든 사람에게 일관성 있게 제공해야 하는 정보와 같은 요소에 대해서는 자원봉사자 오리엔테이션과 신입직원 오리엔테이션을 통합하였다. 4. 부가적으로, 우리는 자원봉사자 오리엔테이션 프로그램에 조직의 중요한 멤버를 소개하는 부분을 포함시킨다. ☐ 어디에도 해당되지 않음	수준 ☐

요소 6 : 오리엔테이션과 훈련	
C. 우리는 모든 사람들에게 명문화된 핵심정책과 요구내용을 제공한다. 1. 우리 조직은 핵심정책과 다른 요구에 대해서 명문화되어 있지 않다. 2. 몇몇 핵심정책과 요구는 명문화되어 있으나, 각각의 서류로 이해하기 쉽게 되어 있지 않다. 3. 우리는 핵심정책과 요구를 포함한 자원봉사 매뉴얼을 가지고 있으나, 몇몇 자료는 과거의 자료이다. 4. 우리는 최신 자료로 업데이트된 완벽한 자원봉사 매뉴얼을 가지고 있다. ☐ 어디에도 해당되지 않음	수준 ☐
D. 자원봉사자 훈련은 자원봉사자 각각의 지위(역할)에 맞도록 설계되어져 있다. 1. 자원봉사자를 위한 훈련은 거의 제공되지 않는다. 2. 우리는 가끔 자원봉사자를 훈련시키지만, 자원봉사자 개개의 직무설계나 기술을 바탕으로 하지 않는다. 3. 훈련은 자원봉사자에게 필요하다고 요구되는 분야와 몇몇 단위로 설계된다. 4. 우리는 자원봉사자에게 그들의 책임에 부합되는 모든 단위의 훈련을 제공한다. ☐ 어디에도 해당되지 않음	수준 ☐
E. 우리는 훈련을 통해 일회성 자원봉사활동도 실질적으로 집단이나 개인에게 가능한 한 성공적이고 효과적임을 확인시킨다. 1. 우리는 가능한 시간에만 집단이나 일회성 자원봉사자를 훈련시킬 수 있다. 2. 우리는 집단이나 일회성 자원봉사자에 대한 안내는 경험있는 자원봉사자나 관련있는 일을 하는 유급직원에게 할당한다. 3. 우리는 집단과 일회성 자원봉사자의 발생할 수 있는 문제예방과 기대에 대한 도움을 주기 위하여 명문화된 업무설계서와 세부적인 훈련계획을 제공할 수 있도록 개발해 두었다. 4. 부가적으로 활동에 대한 안내와 명확한 훈련을 할당한다. 집단과 일회성 자원봉사자는 자원봉사활동을 시작과 더불어 간략한 수준의 자원봉사 오리엔테이션과 질문을 요구할 수 있는 기회를 제공받는다. ☐ 어디에도 해당되지 않음	수준 ☐
F. 규정은 자원봉사자가 지속적인 활동과 활동 시 서비스 훈련을 위하여 만들어 졌다. 1. 자원봉사자에게 할당된 업무를 시작할 때 훈련을 제공하지만, 활동시작 후 훈련은 제공되지 않는다. 2. 규정은 자원봉사자에게 할당된 영역의 훈련을 갱신하기 위하여 만들어졌다. 3. 정기적이고 일반적인 활동훈련 영역은 자원봉사자가 우리 조직의 업무의 방향을 잡고 일반적인 지식의 증대를 돕는다. 4. 우리는 개별적인 자원봉사자에게 주어지는 새로운 과업으로의 변경에 따른 훈련을 통해 기술을 증대시키도록 돕는다. ☐ 어디에도 해당되지 않음	수준 ☐

요소 6 : 오리엔테이션과 훈련	
G. 자원봉사자의 훈련은 유급직원의 훈련과 함께 통합되어 있다. 1. 자원봉사자와 직원은 동일한 활동영역에 있어서도 훈련은 분리되어 있다. 2. 자원봉사자는 직원훈련과정에 초대 받는다. 그러나 훈련의 내용은 하나 혹은 몇몇의 주요한 항목만 지도한다. 3. 몇몇 활동훈련연결은 자원봉사자와 직원의 욕구와 매칭되도록 설계되어져 있으며 지도하고 있다. 4. 우수한 직원과 자원봉사자는 현장훈련과 컨퍼런스, 다른 교육참여의 기회를 제공 받는다. ☐ 어디에도 해당되지 않음	수준 ☐
H. 자원봉사자는 그들의 훈련설계에 연결되어 있다. 1. 자원봉사자 훈련은 우리조직의 직원에 의해 설계되고 지도한다. 2. 자원봉사자는 우리 조직의 직원으로부터 받은 훈련평가를 할 수 있으며, 평가결과는 훈련개선을 위해 활용된다. 3. 자원봉사자는 주제, 강사 등 그리고 훈련을 평가할 수 있는 기획된 훈련과정에 참여할 수 있다. 4. 경험있는 자원봉사자는 다른 자원봉사자의 훈련자로서 활용되어지며, 훈련설계, 기획과 평가과정에 함께 참여한다. ☐ 어디에도 해당되지 않음	수준 ☐
I. 우리는 자원봉사자 훈련에 인터넷 기술을 활용한다. 1. 우리는 자원봉사자 훈련에 인터넷 기술을 활용하지 않는다. 2. 우리는 자원봉사자에게 중요한 정보를 알리는 데 이메일을 사용한다. 3. 우리는 자원봉사자 훈련과 정보교환, 질문과 답변, 관심기사, 동영상 등과 같은 웹사이트로 설계된 영역을 가지고 있다. 4. 우리는 온라인 코스, 온라인 상호작용 토론, 기술개발의 다른 방법 등과 같은 장기적인 교육을 제공한다. ☐ 어디에도 해당되지 않음	수준 ☐
요소 6 총계 : 오리엔테이션과 훈련	☐

요소 7 : 자원봉사자/ 직원 관계	
A. 우리 조직 내의 분위기는 생산적 자원봉사자의 연계로 전도력이 있다. 1. 직원은 자원봉사자와 함께하는 업무를 마련하지 못한다. 2. 자원봉사자와 함께 직접적으로 일하는 직원은 훈련되어져 있으나, 자원봉사자와 직접 일하지 않는 직원은 그들과 관계된 영역으로 보지 않는다. 3. 조직의 직원은 그들의 역할 혹은 그들의 요구에 상관없이 자원봉사자와 상호교류한다. 직원의 업무는 자원봉사자와 함께하는 일을 바탕으로 훈련되어지며, 자원봉사자를 위한 분위기 창조를 위한 그들의 책임을 수용한다. 4. 부가적으로 직원훈련은 직원과 자원봉사자가 팀으로써 어떻게 일해야 하는가를 훈련한다. ☐ 어디에도 해당되지 않음	수준 ☐

<table>
<tr><th colspan="2">요소 7 : 자원봉사자/ 직원 관계</th></tr>
<tr><td>B. 우리는 조직의 성공적인 고용의 중요한 요소인 자원봉사자와 함께할 업무의 능력을 고려한다.
1. 우리의 직원직무설계서와 고용면접과정은 좀처럼 혹은 절대로 직원의 자원봉사자와 함께 일한 경험과 능력을 고려하지 않는다.
2. 우리는 진술문에 자원봉사자와 함께 일한 지원자의 배경에 관한 직무설계의 선택과 요구에 관한 업무를 포함시킨다. 그러나 우리는 이러한 사실에 대한 수행은 평가하지 않는다.
3. 우리는 대부분의 직원 업무설계서에는 자원봉사자와 함께 상호교류하여 효과적인 업무를 위한 책임을 포함시킨다. 또한 어떻게 자원봉사자를 감독할 것인가에 대한 일반적인 직원훈련을 제공한다.
4. 부가적으로 직원 직무설계서와 훈련은 효과적인 자원봉사를 위한 관계를 유지하게 하고, 팀워크는 연간직원의 수행평가 영역에 포함시킨다.
☐ 어디에도 해당되지 않음</td><td>수준
☐</td></tr>
<tr><td>C. 우리는 자원봉사자와 함께 직무수행을 잘 한 직원에 대해 인정을 해주며, 우리는 부족한 영역의 수행을 개선시키기 위한 활동을 진행한다.
1. 우리 조직은 자원봉사자와의 상호연계가 좋거나 나쁜 직원을 위한 인정이나 영향력은 없다.
2. 자원봉사자와의 상호연계가 좋거나 나쁜 직원은 자원봉사 프로그램 관리자에 의해서만 피드백 받는다.
3. 자원봉사자와의 상호연계가 좋거나 나쁜 직원은 그들의 직속상관에 의해 조언 받거나 징계받는다.
4. 자원봉사자와 함께 성공적인 과업을 수행하는 직원은 인정 이벤트, 수행평가와 승진 기회가 생길 때 기술에 대한 내부의 인정과 함께 공식적인 배려를 받는다.
☐ 어디에도 해당되지 않음</td><td>수준
☐</td></tr>
<tr><td>D. 자원봉사자는 직원회의에 참석한다.
1. 자원봉사자는 직원회의에 연계되어 있지 않다.
2. 자원봉사자는 직원회의에 참관인 자격이 허락된다.
3. 자원봉사자는 직원회의의 보고서 작성을 요구한다.
4. 자원봉사자는 직원회의에 직접 참가하고 지원한다.
☐ 어디에도 해당되지 않음</td><td>수준
☐</td></tr>
<tr><td>E. 우리는 우수한 자원봉사자 간의 상호교류를 보장한다.
1. 우리는 자원봉사자의 상호관계를 검토하지 않으며, 자원봉사자 스스로 관계형성을 할 것을 기대한다.
2. 우리는 경험있는 자원봉사자의 새로운 유입의 목적을 성공시키고, 명백히 모든 평가영역에 있어서 동등한 가치로 만든다.
3. 우리는 경험있는 자원봉사자를 환영회와 신입자원봉사자 훈련과 연결시킨다. 그러나 연간활동과 투입된 예산 혹은 다른 특징들 때문에 몇몇 자원봉사자는 향상되지 않는다.
4. 우리는 가능할 때 팀워크 개발에 대해 검토하며, 모든 자원봉사자에 대해서 변화 혹은 다른 인적자원기술 훈련을 요구한다.
☐ 어디에도 해당되지 않음</td><td>수준
☐</td></tr>
<tr><td>요소 7 총계 : 자원봉사자/직원 관계</td><td>☐</td></tr>
</table>

<table>
<tr><th colspan="2">요소 8 : 지도감독</th></tr>
<tr><td>A. 규정은 기관과 자원봉사자의 욕구를 바탕으로 자원봉사자의 지원적 지도감독을 위해 만들어졌다.
1. 우리는 자원봉사자의 요구에 대한 답변이 필요할 때, 특별한 자원봉사자를 위한 특별한 지도감독자를 할당(배치)하지 않는다.
2. 이론적으로 우리는 최고의 자원봉사자를 위한 특별한 지도감독자를 할당해 두고 있으나, 의사소통은 산발적으로 발생한다.
3. 최고의 자원봉사자는 의사소통의 구조와 가능한 업무과정의 검토를 하는 최고의 지도감독자를 할당해 두고 있다.
4. 우리는 각각의 자원봉사자를 위한 지도감독자를 설정해 두고 있으며, 그들은 업무과정에서 일반적으로 확립된 피드백 범위, 수행의 질, 가능한 과제와 문제, 직무성공을 위한 평가 등에 관해 함께 의사소통한다.
☐ 어디에도 해당되지 않음</td><td>수준
☐</td></tr>
<tr><td>B. 다양한 업무일정을 지닌 자원봉사자에게 지도감독을 제공한다.
1. 일과시간 외에 활동하는 자원봉사자에게는 해당 활동시간에 지도감독자가 없다.
2. 우리는 저녁 혹은 주말을 위한 자원봉사팀 리더를 배정해두고 있으며, 리더는 일과시간 중에 직원에게 보고한다.
3. 자원봉사 프로그램 관리자는 업무일정이 다른 자원봉사자의 지도감독의 시간은 유연하게 허락한다.
4. 다양한 분야의 직원은 저녁 혹은 주말의 자원봉사자의 업무에 대한 지도감독에 대해서도 공식적인 책임으로서 배정해두고 있다.
☐ 어디에도 해당되지 않음</td><td>수준
☐</td></tr>
<tr><td>C. 온라인에서의 업무와 현장업무를 위한 자원봉사자의 지도감독을 위한 절차가 있다.
1. 온라인 업무 혹은 현장활동 업무 자원봉사자에 대한 특별한 지도감독자가 배정되어 있지 않고, 그때그때 의사소통 한다.
2. 현장활동 혹은 온라인 자원봉사자에게 그들이 가능한 언제든 요청하거나 중단을 권한다.
3. 현장활동 혹은 온라인 자원봉사자에게 자도감독자가 배정되고, 정기적인 보고가 이루어진다.
4. 현장활동 혹은 온라인 자원봉사자에게 지도감독자와 주요 직원이 배정되고, 온라인 회의 혹은 워크숍의 참석기회 제공을 포함한 이원적 의사소통이 이루어진다.
☐ 어디에도 해당되지 않음</td><td>수준
☐</td></tr>
<tr><td>D. 규정은 기관의 지원을 제공하거나 위원회나 자문역할을 하는 자원봉사자를 위한 직원연결을 위하여 만들어졌다.
1. 우리 조직의 몇몇 위원회와 자문 자원봉사자는 직원연결이 마련되어져 있지 않다.
2. 직원은 위원회와 자문 자원봉사자와 함께 업무를 하도록 배정되어져 있으나 지도감독의 역할은 정의되어져 있지 않다.
3. 위원회와 자문 자원봉사자는 배정된 직원에 의해 규칙적으로 보고된다.
4. 모든 위원회와 자문 자원봉사자를 위하여 직원과 자원봉사자 각각의 노력에 대한 지원과 일반적 두 가지 방식의 피드백과 함께 직원연결이 되어 있다.
☐ 어디에도 해당되지 않음</td><td>수준
☐</td></tr>
</table>

E. 자원봉사자는 생산적인 업무를 위하여 바쁘게 돌아다닌다. 1. 자주 자원봉사자를 위한 업무를 배정하지 않는다. 2. 몇몇 업무는 자원봉사자를 위해 배정하지만, 종종 자원봉사자가 가능한 시간에 맞게 채워서 배정하는 것이 부족하다. 3. 자원봉사자는 그들의 활동시간 동안은 바쁘게 돌아다니는 것이 충분하다. 4. 자원봉사자는 일반적인 업무수행이 충분하고, 우리는 부가적으로 자원봉사자의 자유시간을 위한 대기(추가)업무를 가지고 있다. ☐ 어디에도 해당되지 않음	수준 ☐
F. 우리는 표준화된 과업에 대해 소통하고 실행한다. 1. 우리는 자원봉사자가 행하는 어떠한 일이든 감사해 한다. 2. 우리는 업무수행을 위한 기대를 확립하고 모든 자원봉사자의 표준에 대해 소통한다. 3. 우리는 표준화된 과업에 부합하는 자원봉사자를 위한 피드백, 지원, 훈련을 제공한다. 4. 우리는 표준화 되지 않거나 할당되지 않은 과업을 바로잡는 등 긍정적으로 평가된 과업에 대해서 자원봉사자 인정을 제공한다. ☐ 어디에도 해당되지 않음	수준 ☐
요소 8 총계 : 지도감독	☐

요소 9 : 인정	
A. 지도자를 포함한 자원봉사자는 조직에 의해 적절하게 인정받고 있다. 1. 우리는 공식적인 자원봉사 인정과정이 없다. 2. 우리는 1년에 1회 자원봉사자를 핵심 자원봉사자를 위한 이벤트가 있다. 이벤트에는 핵심적인 직접서비스 자원봉사자를 초대한다. 3. 지속적인 자원봉사자를 위한 1회 연간 이벤트와 부가적으로 자원봉사자들의 특별한 공헌에 대하여 개인과 집단에 대해 감사한다. 4. 연간 이벤트와 부가적으로, 자원봉사 인정을 위한 다양한 방법을 모색하며, 자원봉사업무에 있어서 특별한 우리는 진흥을 위한 기회제공을 포함한 자원봉사자의 진가를 인정하고 있음을 보여준다. ☐ 어디에도 해당되지 않음	수준 ☐
B. 우리는 모든 연령대 맞는 감사의 다양한 방법을 찾는다. 1. 우리는 공식적인 이벤트 외에는 드물게 자원봉사자에게 감사인사를 한다. 2. 우리는 의식적으로 자원봉사자들이 도착했을 때는 환영인사를 하고, 떠날 때는 감사인사를 한다. 3. 우리는 명확히 해둔다. 우리는 자원봉사자는 직원의 일부로 보고 이메일을 보내거나 중요한 자료를 제공해 주며, 직원을 위한 휴게공간 사용도 허용하며, 특별한 기획모임에 초대한다. 4. 우리는 특별한 기획 혹은 서비스, 보고서 등에 기여한 자원봉사자에 대해 명예를 부여한다. 우리는 자원봉사자의 제안을 신중하게 고려하고 자원봉사자의 요구는 수용하여 이행한다. ☐ 어디에도 해당되지 않음	수준 ☐

<table>
<tr><th colspan="2">요소 9 : 인정</th></tr>
<tr><td>C. 우리는 자원봉사 업무의 질과 가치에 대해 피드백을 제공한다.
1. 우리는 드물게 우리 조직에서 자원봉사업무의 질과 가치 자원봉사자에게 개별적으로 조언한다.
2. 우리는 지속적인 자원봉사 업무를 수행하는 자원봉사자에게 감사해 한다.
3. 우리는 자원봉사자에게 감사해 하며, 적절하게 그들이 장래기술을 개발할 수 있을 것이라는 건설적인 비평을 제공한다.
4. 우리는 자원봉사자에게 감사해 하며, 자원봉사자는 피드백을 요구하고 그들의 자원봉사 노력을 통해 어떤 변화가 있는지를 확실히 안다.
☐ 어디에도 해당되지 않음</td><td>수준
☐</td></tr>
<tr><td>D. 우리는 시민, 기부자 혹은 다른 지원자들과 함께 자원봉사자의 업적을 분담할 방법을 찾는다.
1. 우리는 대부분 직원과 자원봉사자, 자원봉사자 공헌에 대해 정보를 분담한다.
2. 우리는 일반적으로 1년에 1회 인정이벤트와 지역 및 국가 자원봉사활동주간 참여의 결합으로 자원봉사자의 성취를 공표한다.
3. 우리는 홈페이지, 지역사회 이벤트를 포함한 지역 혹은 국가적 시상에 자원봉사자를 추천하는 등 매년 자원봉사자의 기여에 대한 인정방법을 찾는다.
4. 공식적 인정에 부가적으로 우리는 기관의 연간보고서에 기부자, 입법자, 다른 지원자와 함께 자원봉사자의 업적의 개요를 공식적으로 포함시킨다.
☐ 어디에도 해당되지 않음</td><td>수준
☐</td></tr>
<tr><td>E. 최고관리자는 실질적인 자원봉사 프로그램을 위한 지원에 대해 공개한다.
1. 최고관리자는 자원봉사자 혹은 자원봉사 프로그램에 매우 드물게 접촉한다.
2. 자원봉사 프로그램 관리자는 의뢰나 실행가능한 연간 자원봉사 인정 이벤트의 추진과 같은 업무를 집행한다.
3. 최고관리자의 업무는 자원봉사 프로그램 관리자와 함께 확립된 목표, 기대, 자원봉사 프로그램 보고서 읽기, 다른 직원들과 자원봉사자를 위한 긍정적인 분위기를 창조 한다.
4. 부가적으로 최고관리자는 자원봉사자를 위한 직접적인 지원과 특별한 성취에 대한 개인적 인정제공과 같은 설계서를 개발한다.
☐ 어디에도 해당되지 않음</td><td>수준
☐</td></tr>
<tr><td>요소 9 총계 : 인정</td><td>☐</td></tr>
</table>

<table>
<tr><th colspan="2">요소 10 : 기록보존과 보고</th></tr>
<tr><td>A. 각각의 자원봉사자와 모든 수행한 자원봉사활동기록을 보존하고 있다.
1. 자원봉사자의 기록은 보존하지 않는다.
2. 자원봉사자 기록만 산발적으로 보존하지만, 통일된 형식이나 과정은 없다.
3. 개인과 집단 자원봉사자 기록만 보존한다. 그러나 자원봉사 프로그램은 기존의 기금 혹은 기부자료 관리에 사용되는 소프트웨어로 활용하고 있다.
4. 우리 조직의 자원봉사자와 자원봉사활동을 포함한 완전한 기록은 자원봉사 프로그램에 필요한 요소들을 포함하여 개발된 소프트웨어에 의해 관리하고 있다.
☐ 어디에도 해당되지 않음</td><td>수준
☐</td></tr>
<tr><td>B. 우리는 자원봉사자의 구체적인 활동실적에 대해 기록·보관한다.
1. 우리는 자원봉사활동 기록·보관을 시도하지 않는다.
2. 우리는 자원봉사자에게 활동 시작과 끝날 때 서명을 요구하고, 그것을 통해 시간에 대한 실적을 관리한다. 그러나 자원봉사자에게 제공된 서비스의 유형에 대해서는 기록·보관하지 않는다.
3. 우리는 대부분의 자원봉사자들이 어느 기간 동안 이든 활동실적을 확인할 수 있는 자료수집 시스템을 가지고 있다.
4. 우리의 자료수집 시스템은 지도자, 임시 자원봉사자, 학생인턴 등을 포함하여 모든 영역의 자원봉사활동을 기록을 포함하고 있다.
☐ 어디에도 해당되지 않음</td><td>수준
☐</td></tr>
<tr><td>C. 우리는 그들의 활동을 보고하는 자원봉사자를 기대한다.
1. 우리는 자원봉사자로부터 자원봉사활동 시간을 제외한 어떠한 정보도 요구하지 않는다.
2. 우리는 가끔 자원봉사자의 활동보고를 요구하지만, 한번도 제출하지 않는 자원봉사자에게 지속적으로 요구하지 않다.
3. 우리는 일부 영역 혹은 현장활동 영역에 대해서만 정기적인 보고서를 요구한다.
4. 우리는 어떠한 활동이든 정기적인 보고서를 요구한다. 보고서를 제출하지 않을 경우 지속적으로 요구하며, 가능한 한 업무에 대한 보고를 표준화 할 수 있도록 시행한다.
☐ 어디에도 해당되지 않음</td><td>수준
☐</td></tr>
<tr><td>D. 우리는 자원봉사 프로그램 관리자로부터 자원봉사 프로그램의 과정과 활동에 대한 보고를 기대한다.
1. 우리는 자원봉사관리자에게 보고서를 요구하지 않는다.
2. 우리는 연간 1～2회 정도 자원봉사 프로그램 보고서를 작성하도록 자원봉사관리자에게 요구한다.
3. 우리는 자원봉사 프로그램 보고서를 월별로 작성하도록 요구하며 자원봉사 프로그램 관리자는 과정에 대해 토론하도록 한다.
4. 자원봉사관리자의 요약보고서와 부가적으로 자신의 보고서에 각 영역별 그리고 직원활동과 성과에 대한 자원봉사자의 조언을 기대한다.
☐ 어디에도 해당되지 않음</td><td>수준
☐</td></tr>
</table>

요소 10 : 기록보존과 보고	
E. 우리는 자원봉사 프로그램 보고서를 활용한다. 1. 누구에게도 자원봉사 프로그램 보고서가 읽혀지거나 활용되어지지 않을지 어떤지 의심스럽다. 2. 보고서는 자원봉사 프로그램 관리자의 직접적인 지도감독을 위해 제공된다. 3. 보고서는 자원봉사 모든 영역에 활용된다. 4. 보고서는 자원봉사 모든 영역과 자원봉사자, 직원에게도 활용된다. ☐ 어디에도 해당되지 않음	수준 ☐
요소 10 총계 : 기록보존과 보고	☐

요소 11 : 평가	
A. 기관의 수혜자, 직원과 자원봉사자의 이득의 개발이라는 목적과 목표를 바탕으로 하는 자원봉사 프로그램은 매년 평가한다. 1. 자원봉사 프로그램을 평가하지 않는다. 2. 자원봉사 프로그램을 주기적으로 평가하나, 목적과 목표를 고려하지 않는다. 3. 자원봉사 프로그램은 매년 계량화된 목적과 목표에 대한 성과를 평가(예 새로운 자원봉사자의 수)하며, 조정은 필요한 만큼 시행한다. 4. 자원봉사 프로그램은 전체 조직의 목적과 목표의 영향에 의한 성과와 과업성취를 평가하며, 조정은 필요한 만큼 시행한다. ☐ 어디에도 해당되지 않음	수준 ☐
B. 자원봉사자 직무는 정기적으로 사정한다. 1. 한번 자원봉사자 직무를 확정하면, 그것은 자원봉사 프로그램의 영구적 부분이다. 2. 직무에 대한 수정/ 유지하겠다는 결정을 하면, 새로운 자원봉사자 직무는 연말에 사정한다. 3. 정밀한 묘사와 의미를 만족시킬 것을 결정하면 모든 자원봉사자의 직무는 매년 사정한다. 4. 대부분 자원봉사업무의 의미가 더 이상 연간직무로 보여줄 수 없으면 자원봉사자의 직무를 적합하도록 하거나 제거한다. ☐ 어디에도 해당되지 않음	수준 ☐
C. 우리는 자원봉사 프로그램의 평가를 위하여 제3자에게 요구한다 : 수혜자, 자원봉사자, 관리자, 부서 내 직원 1. 우리는 집단 구성요소 중 하나를 조사한다. 2. 우리는 집단 구성요소 중 두 가지를 조사한다. 3. 우리는 집단 구성요소 중 세 가지를 조사한다. 4. 우리는 모든 집단의 구성요소에 대해 조사한다. ☐ 어디에도 해당되지 않음	수준 ☐

요소 11 : 평가	
D. 이사회는 자원봉사활동 평가에 참여한다. 1. 가능할 때나 일정이 될 때, 드물게 이사회는 자원봉사활동을 주제로 토론한다. 2. 이사회는 그들의 의견을 들어야 할 특별한 요구가 있을 때 가끔 자원봉사에 대해 토론한다. 3. 이사회는 적어도 1년에 1회는 자원봉사활동에 대한 산출물, 지위, 자원봉사자 추천 등에 대해 검토한다. 4. 자원봉사활동의 모니터링과 자원봉사 프로그램 관리자의 지원을 위하여 이사 위원회를 개최한다. □ 어디에도 해당되지 않음	수준 □
E. 자원봉사자의 개인성과에 대한 검토는 정기적으로 진행한다. 1. 자원봉사자의 성과평가는 진행하지 않는다. 2. 개인자원봉사자의 성과평가는 문제가 발생할 때 통상적으로 비정기적으로 시행된다. 3. 대부분의 자원봉사자에 대해 정기평가 검토를 진행한다. 4. 대부분의 자원봉사사자에 대해 정기평가 검토가 진행되며, 동일한 업무할당의 지속, 진흥의 수용, 서로 다른 업무할당의 변화 혹은 자원봉사활동 중단에 대해서까지 공동으로 토론한다. 이러한 결정에 대해서는 각 자원봉사자의 개인기록에 작성하고 보관한다. □ 어디에도 해당되지 않음	수준 □
F. 개인의 성과검토는 자원봉사자로부터의 피드백을 위한 기회가 된다. 1. 자원봉사자는 자원봉사자와 관리자의 평가없이 관리자에 의해서만 평가된다. 2. 자원봉사자의 개인성과 검토에 대한 실행은 그들 자신의 활동과 관리자의 평가와 비교한다. 3. 자원봉사자는 개인성과 검토의 한 부분인 관리자에 의해 제공된 지원을 평가한다. 부가적으로 자원봉사활동에 대해 자원봉사자와 관리자의 평가도 시행한다. 4. 개인의 성과검토는 자원봉사자가 생각하는 기능의 개선과 보다 효과적일 수 있는 조직의 기대에 대한 자원봉사자로부터의 피드백 요구를 포함한다. □ 어디에도 해당되지 않음	수준 □
G. 자원봉사자는 기관 내 자원봉사업무에 대해 만족한다. 1. 우리는 자원봉사자가 기관 내 자원봉사업무에 대해 만족하는지 어떤지를 모른다. 2. 우리는 적어도 면접 시 최초로 협의된 활동기간보다 대부분의 자원봉사자들은 연장한다. 따라서 우리는 그들이 업무에 만족한다고 확신한다. 3. 우리는 많은 자원봉사자들이 처음 협의한 기간보다 더 길게 연장하므로 우리는 그들이 업무에 만족한다고 확신한다. 4. 우리는 그들의 만족수준을 공식적으로 자원봉사자에게 요구하며, 우리는 그들의 응답에 대해 적절하게 대응한다. □ 어디에도 해당되지 않음	수준 □

요소 11 : 평가	
H. 우리는 활동을 그만두는 자원봉사자로부터 배운다. 1. 우리는 활동을 그만두는 자원봉사자에게 이유를 확인하지 않는다. 2. 우리는 활동을 그만두는 자원봉사자에게 피드백을 적을 수 있도록 구성된 설문지를 작성하도록 요청한다. 3. 우리는 활동을 그만두는 자원봉사자에게 상담을 할 수 있도록 유도한다. 4. 우리는 활동을 그만둔 자원봉사자에게 그들이 작성한 피드백을 확인하고, 수개월 후 다시 접촉한다. ☐ 어디에도 해당되지 않음	수준 ☐
요소 11 총계 : 평가	☐

요소 12 : 자원봉사자 참여	
A. 우리는 자원봉사자의 의견수렴과 제안을 위한 명확하게 확립된 채널이 있다. 1. 우리는 자원봉사자의 참여를 위한 공식적 채널이 없다. 2. 우리는 무언가 문제에 대한 진술 혹은 가치 있다고 믿는 긍정적 인정이 필요할 때 지도감독자나 자원봉사 프로그램 관리자를 통해 자원봉사자의 이야기를 요구한다. 그러나 자원봉사자에게 제공하는 투입의 절차가 명확하지 않다. 3. 자원봉사자는 감독자나 자원봉사관리자를 통한 투입과 제안, 진술의 채널을 요구한다. 그리고 이러한 투입활동의 절차가 마련되어 있다. 4. 우리는 자원봉사자가 어떤 조언이나 제안이 있더라도 공식적으로 요청한다. 부가적으로 감독자나 자원봉사관리자를 통한 투입에 대한 자발적 조정절차가 마련되어 있다. ☐ 어디에도 해당되지 않음	수준 ☐
B. 자원봉사자는 자원봉사 프로그램 결정과정의 일부분이다. 1. 자원봉사 프로그램의 모든 결정은 직원이 한다. 2. 자원봉사 프로그램의 대부분의 결정은 직원에 의해서 이루어진다. 심지어 가능할 때 언제든지 자원봉사자 추천을 요청한다. 3. 우리는 자원봉사자 자문위원회가 구성되어 있으며, 자원봉사 프로그램 관리자는 자원봉사 프로그램을 위한 기획을 함께 구상한다. 4. 자원봉사자 자문위원회에 부가적으로 행정 자원봉사자는 자원봉사 프로그램 관리자의 리더십(합의된 결정) 역할을 할당한다. ☐ 어디에도 해당되지 않음	수준 ☐
C. 우리는 자원봉사자를 지역사회의 중요한 정보자원으로 생각한다. 1. 우리는 자원봉사자에게 절대로 새로 결성된 조직에의 활동투입을 요구하지 않는다. 2. 우리는 새로 결성된 조직의 활동투입을 허용하지만 반드시는 아니다. 3. 우리는 새롭게 결성된 조직의 재활동을 위한 핵심집단으로서 자원봉사자를 의식적으로 모집한다. 4. 우리는 자원봉사자에게 지역사회의 대표적인 기획팀으로서 지원해줄 것을 요청한다. ☐ 어디에도 해당되지 않음	수준 ☐

요소 11 : 평가	
D. 우리는 우리 기관 측의 공식적 교육자로서 자원봉사자의 능력을 활용한다. 1. 우리는 기관 측의 공식적 교육자로서 자원봉사자를 고려하지 않는다. 2. 우리는 자원봉사자에게 우리 기관을 이야기할 수 있는 지위를 인정한다. 그리고 우리 기관의 정보를 정확하게 알기를 원한다. 3. 우리는 자원봉사자가 기관의 팸플릿 혹은 다른 정보지를 통해 정확하게 표현해 준다는 것을 확신한다. 4. 우리는 정기적으로 기관의 활동과 향후 계획, 자원봉사자 요청 등의 자료를 수정해 두고, 자원봉사자들에게 그들의 가족 혹은 가까운 이웃들에 홍보해줄 것을 요청한다. □ 어디에도 해당되지 않음	수준 □
요소 12 총계 : 자원봉사자 투입	□

3. 자원봉사관리 평가 · 분석하기

1) 평가집계표 작성방법

평가집계표는 자원봉사관리 요소에 따라 평균점수를 집계(4점 만점)함으로써 각 요소에 따라 기관의 업무순위를 파악할 수 있다. 메모란에는 특별한 의견이 없거나, 부정적 견해 및 아이디어들을 메모해서 기관의 관계자들과 다시 논의할 필요가 있다.

만약 각 관리문항 중 '어디에도 해당되지 않음'이라고 응답한 문항이 있는 경우, 평균점수 산정에서는 해당 문항 수를 빼고 평균을 구하면 된다.

〈표 21-1〉 자원봉사관리 평가집계표

평균점수	메모(견해 및 코멘트)
요소 1 : 기획과 자원 총점 수 문항 수 평균점 ______ ÷ 13 = ______ '어디에도 해당되지 않음' 응답이 있는 경우 : (원문항 수 − 응답문항 수 = 변경문항 수) 총점 수 변경문항 수 평균점 ______ ÷ ______ = ______	
요소 2 : 직원 총점 수 문항 수 평균점 ______ ÷ 9 = ______	
요소 3 : 자원봉사 직무설계 총점 수 문항 수 평균점 ______ ÷ 7 = ______	
요소 4 : 모집 총점 수 문항 수 평균점 ______ ÷ 8 = ______	
요소 5 : 면접과 선발 총점 수 문항 수 평균점 ______ ÷ 6 = ______	
요소 6 : 오리엔테이션과 교육훈련 총점 수 문항 수 평균점 ______ ÷ 9 = ______	
요소 7 : 자원봉사자/ 직원 관계 총점 수 문항 수 평균점 ______ ÷ 5 = ______	
요소 8 : 지도감독 총점 수 문항 수 평균점 ______ ÷ 6 = ______	
요소 9 : 인정 총점 수 문항 수 평균점 ______ ÷ 5 = ______	

평균점수	메모(견해 및 코멘트)
요소 10 : 기록보관과 보고 총점 수 문항 수 평균점 ______ ÷ 5 = ______	
요소 11 : 평가 총점 수 문항 수 평균점 ______ ÷ 8 = ______	
요소 12 : 자원봉사자 투입 총점 수 문항 수 평균점 ______ ÷ 4 = ______	

2) 결과 그래프 작성하기

각 요소들에 대한 평균점수를 비교 그래프에 작성해 봄으로써 조직의 성취수준을 한눈에 파악할 수 있는 장점이 있으며, 각 요소들의 비교와 평균점수가 높은 수준의 요소와 점수가 낮은 요소를 손쉽게 파악할 수 있다. 이러한 절차를 통해 조직의 자원봉사관리수준과 단계를 평가하고, 문제가 무엇이며 해결과제를 위한 논의를 할 수 있는 근거가 된다.

[작성예시] 기획과 자원 평균점수 2.34일 경우

비교 그래프							
	평균점수						
요 소	1.0	1.5	2.0	2.5	3.0	3.5	4.0
1. 기획과 자원	■	■	■				

〈표 21-2〉 결과 그래프

비교 그래프							
평균점수							
요 소	1.0	1.5	2.0	2.5	3.0	3.5	4.0
1. 기획과 자원							
2. 직원							
3. 자원봉사 직무설계							
4. 모집							
5. 면접과 선발							
6. 오리엔테이션과 교육훈련							
7. 자원봉사자/ 직원 관계							
8. 지도감독							
9. 인정							
10. 기록보관과 보고							
11. 평가							
12. 자원봉사자 투입							

4. 관리활동 기획

1) 결과분석을 통한 관리활동 기획하기

자원봉사관리 분석(결과그래프 참고)을 통해 우리 기관에서 관리과정 중 효율적으로 진행되고 있는 주제와 효율적인 진행이 잘 안 되고 있는 주제를 확인할 수 있을 것이다. 각 부분에 대해서 기관의 자원봉사자, 직원, 최고책임자, 이사회 위원 등과 같이 다양한 사람들이 함께 관리방법에 대한 의견수렴을 하도록 한다.

활동기획을 위해서 "자원봉사관리 활동기획 워크시트"에 목적과 목표, 장애물, 활용가능한 자원, 활동단계, 그리고 누가 시행할 것인가?, 언제부터 시행할 것인가?에 대한 구체적인 내용을 작성하고, 각 주제별 우선순위를 결정한다. 이때 회의에 참석한 사람들의 공통적 합의도출이 매우 중요하다.

〈표 21-3〉 자원봉사관리 활동기획 워크시트

우선 순위	주 제	목적과 목표	장애물	자 원	활동단계	누가/ 언제
	구체적 검토					
	기획과 자원					
	직 원					
	자원봉사과업설계					
	모 집					
	면접과 배치					
	오리엔테이션과 훈련					
	자원봉사자/ 직원 관계					
	지도감독					
	인 정					
	기록보관과 보고					
	평 가					
	자원봉사자 투입					
	기 타					

함께 생각해 볼 과제

여러분들이 자원봉사관리자로서 혹은 사회복지사로서, 자원봉사자를 활용하고 있는 기관을 방문하여, 관리평가지표를 활용하여 관리 전반에 관한 평가를 한다고 가정해 보고 아래의 질문들에 대해 함께 생각해 봅시다.

1 자원봉사관리 평가에 앞서 가장 힘들다고 생각되어지는 점은 무엇인가 생각해 봅시다.

2 자원봉사관리 평가를 위해서 무엇을 준비해야 할까 함께 생각해 봅시다.

3 자원봉사관리 평가과정에서 유의해야 할 점은 무엇일까 함께 생각해 봅시다.

4 자원봉사관리 평가 후 피드백 과정은 어떻게 해야 할까 함께 생각해 봅시다.

APPENDIX

부 록

부록 1. 자원봉사활동기본법/ 시행령

부록 2. 전국자원봉사센터 현황 및 연락처

부록 3. 자원봉사 관련 국내외 사이트

부록 4. 한국형 자원봉사 관리평가지표

부록 1. 자원봉사활동기본법/ 시행령

* 자원봉사활동 기본법 기준

자원봉사활동기본법	자원봉사활동기본법 시행령
[법률 제12844호, 2014.11.19.개정]	[대통령령 제25751호, 2014.11.19.개정]
제1조(목적) 이 법은 자원봉사활동에 관한 기본적인 사항을 규정함으로써 자원봉사활동을 진흥하고 행복한 공동체 건설에 이바지함을 목적으로 한다.	제1조(목적) 이 영은 「자원봉사활동기본법」에서 위임된 사항과 그 시행에 필요한 사항을 규정함을 목적으로 한다.
제2조(기본방향) 자원봉사활동의 진흥을 위한 정책은 다음 사항을 기본 방향으로 하여야 한다. 1. 자원봉사활동은 국민의 협동적인 참여 능력을 높일 수 있는 방향으로 추진하여야 한다. 2. 자원봉사활동은 무보수성, 자발성, 공익성, 비영리성, 비정파성(非政派性), 비종파성(非宗派性)의 원칙 아래 수행될 수 있도록 하여야 한다. 3. 모든 국민은 나이, 성별, 장애, 지역, 학력 등 사회적 배경에 관계없이 누구든지 자원봉사활동에 참여할 수 있도록 하여야 한다. 4. 자원봉사활동의 진흥을 위한 정책은 민·관 협력의 기본정신을 바탕으로 하여 추진하여야 한다.	
제3조(정의) 이 법에서 사용하는 용어의 뜻은 다음과 같다. 1. "자원봉사활동"이란 개인 또는 단체가 지역사회·국가 및 인류사회를 위하여 대가없이 자발적으로 시간과 노력을 제공하는 행위를 말한다. 2. "자원봉사자"란 자원봉사활동을 하는 사람을 말한다. 3. "자원봉사단체"란 자원봉사활동을 주된 사업으로 하거나 이를 지원하기 위하여 설립된 비영리 법인 또는 단체를 말한다. 4. "자원봉사센터"란 자원봉사활동 개발·장려·연계·협력 등의 사업을 수행하기 위하여 법령과 조례 등에 따라 설치된 기관·법인·단체 등을 말한다.	
제4조(국가 및 지방자치단체의 책무) 국가와 지방자치단체는 자원봉사활동의 진흥에 관한 시책을 마련하여 국민의 자원봉사활동을 권장하고 지원하여야 한다.	
제5조(정치활동 등 금지의무) ① 제14조·제18조 및 제19조에 따라 지원을 받는 자원봉사단체 및 자원봉사센터는 그 명의 또는 그 대표의 명의로 특정 정당 또는 특정인의 선거운동을 하여서는 아니된다. ② 제1항에서 "선거운동"이란 「공직선거법」 제58조 제1항 따른 선거운동을 말한다.	

제6조(다른 법률과의 관계) 자원봉사활동의 진흥 등에 관하여는 다른 법률에 특별한 규정이 있는 경우를 제외하고는 이 법이 정하는 바에 따른다.	
제7조(자원봉사활동의 범위) 이 법의 적용을 받는 자원봉사활동의 범위는 다음 각 호와 같다. 1. 사회복지 및 보건 증진에 관한 활동 2. 지역사회개발·발전에 관한 활동 3. 환경보전 및 자연보호에 관한 활동 4. 사회적 취약계층의 권익증진 및 청소년의 육성보호에 관한 활동 5. 교육 및 상담에 관한 활동 6. 인권옹호 및 평화구현에 관한 활동 7. 범죄예방 및 선도에 관한 활동 8. 교통질서 및 기초질서계도에 관한 활동 9. 재난 관리 및 재해 구호에 관한 활동 10. 문화·관광·예술 및 체육진흥에 관한 활동 11. 부패방지 및 소비자보호에 관한 활동 12. 공명선거에 관한 활동 13. 국제협력 및 국외봉사활동 14. 공공행정분야 사무지원에 관한 활동 15. 그 밖에 공익사업의 수행 또는 주민복리의 증진에 필요한 활동	
제8조(자원봉사진흥위원회) ① 자원봉사활동에 관한 주요 정책을 심의하기 위하여 국무총리소속으로 관계중앙행정기관 및 민간전문가로 구성된 자원봉사진흥위원회를 둔다. ② 자원봉사진흥위원회는 다음 각 호의 사항을 심의한다. 1. 자원봉사활동의 진흥을 위한 정책방향의 설정 및 협력·조정 2. 자원봉사활동의 진흥을 위한 국가기본 계획과 연도별 시행계획에 관한 사항 3. 자원봉사활동의 진흥을 위한 제도개선에 관한 사항 4. 그 밖에 자원봉사활동의 진흥에 관하여 필요한 사항 ③ 제2항의 규정에 따른 심의사항을 미리 검토하고 관계기관 간의 협의사항을 정리하기 위하여 자원봉사진흥위원회에 실무위원회를 둘 수 있다. ④ 자원봉사진흥위원회 및 실무위원회의 구성·조직 및 운영에 관하여 필요한 사항은 대통령령으로 정한다.	제2조(자원봉사진흥위원회의 구성) ① 「자원봉사활동기본법」(이하 "법"이라 한다) 제8조 제1항의 규정에 의한 자원봉사진흥위원회(이하 "위원회"라 한다)는 위원장 1인과 부위원장 2인을 포함하여 30인 이내의 위원으로 구성하되, 위원은 다음 각 호의 자로 한다. 1. 당연직 위원 : 기획재정부장관·교육부장관·법무부장관·보건복지부장관·여성가족부장관 및 국무조정실장 2. 민간위원 : 자원봉사분야에 관한 학식과 경험이 풍부한 자 중에서 제13조의 규정에 의한 한국자원봉사협의회와 교육부장관·보건복지부장관 또는 여성가족부장관의 추천을 받아 국무총리가 위촉하는 자 ② 위원회의 위원장은 국무총리가 되고, 부위원장은 행정자치부장관과 민간위원 중에서 호선한 자 1인이 된다. ③ 제1항의 규정에 의한 위원 중 민간위원이 과반수가 되도록 하여야 한다.

④ 민간위원의 임기는 2년으로 한다.
⑤ 위원장은 위원회를 대표하며, 위원회의 업무를 통할한다.
⑥ 부위원장은 위원장을 보좌하며, 위원장이 부득이한 사유로 직무를 수행할 수 없는 경우 그 직무를 대행하되 행정자치부장관, 민간부위원장 순으로 한다.

제3조(위원회의 운영 등) ① 위원회의 회의는 위원장이 필요하다고 인정하는 때 또는 재적위원 4분의 1 이상의 회의소집 요청이 있는 때에 위원장이 이를 소집하며, 위원장이 회의를 소집하고자 하는 때에는 회의의 일시·장소 및 부의안건을 회의개최 5일 전까지 각 위원에게 서면으로 통지하여야 한다. 다만, 긴급을 요하는 경우에는 그러하지 아니하다.
② 위원회의 회의는 재적위원 과반수의 출석으로 개의하고, 출석위원 과반수의 찬성으로 의결한다.
③ 부의된 안건과 관련하여 필요한 경우 위원장이 지정하는 중앙행정기관의 장은 위원회에 출석하여 발언할 수 있다.
④ 위원회의 사무를 처리하기 위하여 위원회에 간사 1인을 두며, 간사는 자원봉사활동 업무를 담당하는 행정자치부 소속 공무원으로 한다.
⑤ 위원회는 자원봉사진흥 등에 관한 전문적인 사항을 조사·연구하게 하기 위하여 위원회에 5인 이내의 전문위원을 둘 수 있다.
⑥ 제5항의 규정에 의한 전문위원은 자원봉사에 관한 학식과 경험이 풍부한 자 중에서 행정자치부장관이 위촉한다. 이 경우 예산의 범위 안에서 연구비 및 여비를 지급할 수 있다.
⑦ 그 밖에 위원회의 구성·운영에 관하여 필요한 사항은 위원회의 의결을 거쳐 위원장이 정한다.

제4조(자원봉사진흥실무위원회의 구성 등)
① 법 제8조 제3항의 규정에 의한 자원봉사진흥실무위원회(이하 "실무위원회"라 한다)는 위원장 1인과 부위원장 2인을 포함하여 25인 이내의 실무위원으로 구성하되, 실무위원은 다음 각 호의 자로 한다.

1. 당연직 실무위원 : 기획재정부 · 교육부 · 법무부 · 보건복지부 · 여성가족부 · 경찰청 및 소방방재청의 자원봉사에 관한 업무를 담당하는 국장
2. 민간실무위원 : 자원봉사분야에 관한 학식과 경험이 풍부한 자 중에서 제13조의 규정에 의한 한국자원봉사협의회와 교육부장관 · 보건복지부장관 또는 여성가족부장관의 추천을 받아 행정자치부장관이 위촉하는 자

② 실무위원회의 위원장은 행정안전부 제2차관이 되고, 부위원장은 자원봉사활동 업무를 담당하는 행정안전부 소속 공무원과 민간실무위원 중에서 호선한 자 1인이 된다.

③ 제1항의 규정에 의한 실무위원 중 민간실무위원이 과반수가 되도록 하여야 한다.

④ 민간실무위원의 임기는 2년으로 한다.

⑤ 부의된 안건과 관련하여 필요한 경우 실무위원회의 위원장이 지정하는 중앙행정기관의 자원봉사 관련국장은 실무위원회에 출석하여 발언할 수 있다.

⑥ 실무위원회의 사무를 처리하기 위하여 실무위원회에 간사 1인을 두며, 간사는 자원봉사활동 업무를 담당하는 행정자치부 소속 공무원으로 한다.

⑦ 그 밖에 실무위원회의 구성 · 운영에 관하여 필요한 사항은 위원회의 의결을 거쳐 위원장이 정한다.

제9조(자원봉사활동의 진흥에 관한 국가기본계획의 수립 ① 행정자치부장관은 관계중앙행정기관의 장과 협의하여 자원봉사활동의 진흥을 위한 국가기본계획(이하 "기본 계획"이라 한다)을 5년마다 수립하여야 한다. ② 기본 계획에는 다음 각 호의 사항이 포함되어야 한다. 1. 자원봉사활동의 진흥에 관한 기본 방향 2. 자원봉사활동의 진흥에 관한 추진일정 3. 관계 중앙행정기관의 자원봉사활동에 관한 추진시책 4. 자원봉사활동의 진흥을 위하여 필요한 재원의 조달방법 5. 그 밖에 자원봉사활동의 진흥을 위하여 특히 필요하다고 인정되는 사항	제5조(자원봉사활동의 진흥에 관한 국가기본계획의 수립) ① 행정자치부장관은 법 제9조의 규정에 의한 자원봉사활동의 진흥에 관한 기본 계획(이하 "기본 계획"이라 한다)을 기본 계획 개시연도의 전년도에 수립하여야 한다. ② 행정자치부장관은 기본 계획을 수립할 때에는 관계중앙행정기관의 장과 협의하고 위원회의 심의를 거쳐야 한다.

제10조(연도별시행계획의 수립) 관계중앙행정기관의 장과 지방자치단체의 장은 기본 계획에 따라 연도별 시행계획을 수립·시행하여야 한다.	제6조(연도별시행계획의 수립·시행) ① 법 제10조의 규정에 의하여 시장·군수·구청장(자치구의 구청장을 말한다. 이하 같다)은 매년 12월 말까지 특별시장·광역시장·도지사(이하 "시·도지사"라 한다)에게 다음 연도의 소관 자원봉사활동진흥에 관한 시행계획을 제출하여야 한다. ② 관계 중앙행정기관의 장과 시·도지사는 매년 1월 말까지 당해연도의 소관 자원봉사활동 진흥에 관한 시행계획을 행정자치부장관에게 제출하여야 하며, 행정자치부장관은 이를 종합하여 위원회의 심의를 거쳐 확정한 후 이를 3월 말까지 중앙행정기관의 장 및 시·도지사에게 알려야 한다. ③ 시장·군수·구청장은 매년 1월 15일까지 시·도지사에게, 중앙행정기관의 장 및 시·도지사는 매년 1월 말까지 행정자치부장관에게 각각 전년도 시행계획의 이행결과를 제출하여야 한다. ④ 국무총리는 행정안전부장관으로 하여금 제3항의 규정에 의한 이행결과를 점검·평가하고 그 결과를 위원회에 제출하게 할 수 있으며, 행정자치부장관은 이행상황을 점검·평가하기 위하여 필요한 경우 전문 연구기관에 자문을 구하거나 조사·연구를 의뢰할 수 있다.
제11조(학교·직장 등의 자원봉사활동장려) ① 학교는 학생의 자원봉사활동을 권장하고 지도·관리하기 위하여 노력한다. ② 직장은 직장인의 자원봉사활동을 촉진하기 위하여 노력한다. ③ 학교·직장 등의 장은 학생 및 직장인 등의 자원봉사활동에 대하여 그 공헌을 인정하여 줄 수 있다.	제7조(관계기관 등에 대한 협조요청) 국가 및 지방자치단체는 제5조 및 제6조의 규정에 의한 기본계획 및 연도별 시행계획의 수립·시행을 위하여 필요한 때에는 공공기관·자원봉사단체 그 밖의 민간단체에 대하여 필요한 자료 또는 의견의 제출 등의 협조를 요청할 수 있다.
제12조(포상) 국가와 지방자치단체는 국가와 사회에 현저한 공로가 있는 자원봉사활동을 한 자원봉사자, 자원봉사단체, 자원봉사센터 등에 대하여 대통령령이 정하는 바에 따라 포상할 수 있다.	제8조(포상) 법 제12조의 규정에 의한 포상 대상자의 선정절차와 훈격은 「상훈법」의 규정에 따른다.

제13조(자원봉사자의 날 및 자원봉사주간) ① 국가는 국민의 자원봉사활동에 대한 참여를 촉진하고 자원봉사자의 사기를 높이기 위하여 매년 12월 5일을 자원봉사자의 날로 하고 자원봉사자의 날부터 1주일간을 자원봉사주간으로 설정한다. ② 자원봉사자의 날 및 자원봉사주간의 행사에 관하여 필요한 사항은 대통령령으로 정한다.	제9조(자원봉사자의 날 및 자원봉사주간행사) 법 제13조의 규정에 의한 자원봉사자의 날 및 자원봉사주간을 기념하기 위하여 국가와 지방자치단체 및 자원봉사단체 등은 다음 각 호의 행사를 실시할 수 있다. 1. 기념행사 2. 연구발표 및 국제교류행사 3. 유공자 및 유공단체에 대한 격려 4. 대중매체 등을 통한 홍보 5. 그 밖에 자원봉사 활성화에 대한 범국민적인 관심을 높이기 위한 행사
제14조(자원봉사자의 보호) ① 국가와 지방자치단체는 자원봉사활동이 안전한 환경 속에서 이루어질 수 있도록 노력하여야 한다. ② 자원봉사자에 대한 보험의 가입 등 보호의 종류와 내용에 관하여 필요한 사항은 대통령령으로 정한다.	제10조(자원봉사자에 대한 보험가입 등) ① 국가와 지방자치단체는 법 제14조 제1항의 규정에 의하여 자원봉사단체 및 자원봉사센터로 하여금 위험이 수반되는 자원봉사활동에 대한 안전교육 등 사전에 필요한 조치를 취하도록 할 수 있다. ② 법 제14조 제2항의 규정에 의한 자원봉사자에 대한 보호의 종류는 다음 각 호와 같다. 1. 자원봉사활동 중인 자원봉사자의 신체적 보호 2. 자원봉사활동 중에 발생한 자원봉사자의 경제적 손실보호 3. 자원봉사활동 중에 발생한 타인의 신체 또는 재물손괴에 대한 보호 ③ 국가 및 지방자치단체는 자원봉사센터 또는 「비영리민간단체 지원법」에 의하여 등록된 단체에 소속한 자원봉사자의 보호를 위하여 다음 각 호의 요건을 모두 갖춘 보험 또는 공제에 가입할 수 있다. 1. 자원봉사활동 중에 발생한 자원봉사자의 사망, 후유장애 및 의료·입원·수술비 등에 대한 보상을 할 수 있을 것 2. 자원봉사활동 중에 발생한 타인의 신체 또는 재물손괴에 대한 보상을 할 수 있을 것 ④ 지방자치단체는 제3항의 규정에 의한 보험의 가입절차 및 방법 등에 관하여는 조례로 정한다.

제15조(자원봉사활동의 관리) 자원봉사단체 및 자원봉사센터는 자원봉사자에 대한 교육훈련 및 안전대책 등이 체계적으로 관리될 수 있도록 노력하여야 한다.	제11조(교육훈련) 자원봉사단체 및 자원봉사센터는 법 제15조의 규정에 의하여 자원봉사자의 안전한 봉사활동을 위한 교육훈련을 관련교육시설에 위탁할 수 있다.
제16조(국・공유재산의 사용) 국가와 지방자치단체는 「국유재산법」 또는 「공유재산 및 물품 관리법」에도 불구하고 자원봉사활동의 진흥을 위하여 자원봉사단체 및 자원봉사센터가 대통령령이 정하는 특정한 사업을 수행하기 위하여 국유・공유 재산이 필요하다고 인정하면 이를 무상으로 대여하거나 사용하게 할 수 있다.	제12조(국・공유재산의 사용) ① 법 제16조의 규정에 의하여 국가 또는 지방자치단체가 국・공유재산을 무상으로 대여하거나 사용하게 할 수 있는 자원봉사단체 및 자원봉사센터의 사업은 다음 각 호와 같다. 1. 국제행사에 관한 사업 2. 재난복구 및 구호에 관한 사업 3. 그 밖에 국가 및 지방자치단체가 자원봉사활동의 진흥을 위하여 필요하다고 인정하는 사업. 이 경우 국・공유재산을 사무실 용도로 대여・사용하거나 1년 이상의 기간을 대여・사용하게 할 수 없다. ② 국・공유재산의 무상대여나 사용의 절차 및 방법 등에 관하여는 「국유재산법」 또는 「공유재산 및 물품관리법」의 규정에 따른다.
제17조(한국자원봉사협의회) ① 자원봉사단체는 전국단위의 자원봉사활동을 진흥・촉진하기 위한 다음 각 호의 활동을 하기 위하여 한국자원봉사협의회를 설립할 수 있다. 1. 회원단체 간의 협력 및 사업지원 2. 자원봉사활동의 진흥을 위한 대국민 홍보 및 국제교류 3. 자원봉사활동과 관련된 정책의 개발 및 조사・연구 4. 자원봉사활동과 관련된 정책의 건의 5. 자원봉사활동과 관련된 정보의 연계 및 지원 6. 그 밖에 자원봉사활동의 진흥과 관련하여 국가 및 지방자치단체로부터 위탁받은 사업 ② 한국자원봉사협의회는 법인으로 한다. ③ 한국자원봉사협의회는 정관을 작성하여 행정자치부장관의 인가를 받아 등기함으로써 설립된다. ④ 한국자원봉사협의회의 조직과 운영 등에 관하여 필요한 사항은 대통령령으로 정한다.	제13조(한국자원봉사협의회의 회원 등) ① 법 제17조의 규정에 의한 한국자원봉사협의회(이하 "협의회"라 한다)의 회원은 다음 각 호의 어느 하나에 해당하는 자로 한다. 1. 자원봉사를 주된 사업으로 하는 비영리법인 또는 단체의 대표자 2. 그 밖에 자원봉사활동의 진흥을 위하여 필요하다고 인정되어 협의회 이사회의 의결을 거친 자 ② 협의회의 임원으로 대표이사 1인을 포함한 20인 이상 50인 이하의 이사와 감사 2인을 둔다. ③ 임원은 정관이 정하는 바에 따라 총회에서 선출한다. ④ 임원의 임기는 2년으로 하되 연임할 수 있다. ⑤ 임원의 자격요건과 선출방법 및 협의회의 운영에 관하여 필요한 사항은 협의회의 정관으로 정한다. ⑥ 협의회에 관하여 이 영에 규정된 것을 제외하고는 「민법」 중 사단법인에 관한 규정을 준용한다.

제18조(자원봉사단체에 대한 지원) 국가 및 지방자치단체는 자원봉사단체의 활동에 필요한 행정적 지원을 할 수 있으며 「비영리민간단체지원법」에 따라 사업비를 지원할 수 있다.	
제19조(자원봉사센터의 설치 및 운영) ① 국가기관 및 지방자치단체는 자원봉사센터를 설치할 수 있다. 이 경우 자원봉사센터를 법인으로 하여 운영하거나 비영리법인에 위탁하여 운영하여야 한다. ② 제1항 후단에도 불구하고 자원봉사활동을 효율적으로 추진하기 위하여 필요하다고 인정할 경우에는 국가기관 및 지방자치단체가 운영할 수 있다. ③ 국가는 자원봉사센터의 설치·운영이 활성화될 수 있도록 적극 노력하여야 하며, 지방자치단체는 자원봉사센터의 운영에 필요한 경비를 지원할 수 있다. ④ 자원봉사센터 장의 자격요건과 자원봉사센터의 조직 및 운영 등에 관하여 필요한 사항은 대통령령으로 정한다.	제14조(자원봉사센터장의 자격요건 등) ① 법 제19조의 규정에 의한 자원봉사센터장의 자격요건은 다음과 같다. 1. 대학교의 자원봉사 관련학과에서 조교수 이상의 직에 3년 이상 재직한 자 2. 자원봉사단체·자원봉사센터 또는 사회복지기관·시설·학교·기업에서 자원봉사관리업무에 5년 이상 종사한 자 3. 5급 이상 퇴직공무원으로서 자원봉사업무 또는 사회복지업무에 3년 이상 종사한 자 4. 국가 및 지방자치단체에 등록된 자원봉사 관련 시민사회단체에서 임원으로 10년 이상 활동한 자 ② 자원봉사센터장은 공개경쟁의 방법에 의하여 선임한다. ③ 지방자치단체는 자원봉사센터 장의 선임방법 및 절차 등에 관하여는 조례로 정한다.
	제15조(자원봉사센터의 조직 및 운영 등) ① 자원봉사센터의 사무를 처리하게 하기 위하여 자원봉사센터에 사무국을 둔다. ② 자원봉사센터의 원활한 운영을 위한 정책결정기구로서 운영위원회를 둔다. 다만, 자원봉사센터를 법인으로 하여 운영하는 경우에는 이사회를 둔다. ③ 제2항의 규정에 의한 운영위원회는 20인 이하로 하되 자원봉사단체 대표를 과반수 이상으로 구성하고 대표는 민간인으로 한다. ④ 특별시·광역시·도 자원봉사센터는 지역 내 자원봉사 활성화를 위하여 다음 각 호의 사업을 수행한다. 1. 특별시·광역시·도 지역의 기관·단체들과의 상시협력체계 구축 2. 자원봉사 관리자 및 지도자의 교육훈련

	3. 자원봉사 프로그램의 개발 및 보급 4. 자원봉사 조사 및 연구 5. 자원봉사 정보자료실 운영 6. 시·군·자치구 자원봉사센터간의 정보 및 사업의 협력·조정·지원 7. 그 밖에 특별시·광역시·도 지역의 자원봉사 진흥에 기여할 수 있는 사업 ⑤ 시·군·자치구 자원봉사센터는 지역 내 자원봉사 활성화를 위하여 다음 각 호의 사업을 수행한다. 1. 시·군·자치구 지역의 기관·단체들과의 상시협력체계 구축 2. 자원봉사자의 모집 및 교육·홍보 3. 자원봉사 수요기관 및 단체에 자원봉사자 배치 4. 자원봉사 프로그램의 개발·보급 및 시범운영 5. 자원봉사 관련 정보의 수집 및 제공 6. 그 밖에 시·군·자치구 지역의 자원봉사 진흥에 기여할 수 있는 사업 ⑥ 지방자치단체는 자원봉사센터의 조직 및 운영 등에 관한 사항은 조례로 정한다.
제20조(벌칙) 자원봉사단체 및 자원봉사센터가 제5조에 따른 정치활동 등 금지의무를 위반한 경우에는 「공직선거법」 제255조 제1항 제11호에 따른 벌칙을 적용한다.	

출처 : 법제처 국가법령정보센터(2015.8.1). http://www.law.go.kr/

부록 2. 전국자원봉사센터 현황 및 연락처

– 자원봉사안내 대표번호(국번없이 1365) * 자료 : 한국자원봉사센터협회 홈페이지(www.kfvx.or.kr)

NO	지 역	센터명	주 소	TEL	FAX
중앙자원봉사센터 http://www.1365.go.kr/			서울시 종로구 신문로 1가 136 광화문오피시아 406호	02)713-0080	02)715-0887
1	서울 (26개)	서울시	서울시 중구 소파로 131 남산빌딩 302호	1670-1365	02)776-8481
2		종로구	서울시 종로구 삼봉로 43 종로구청 본관 5층	2148-2581~5	02)731-0795
3		중구	서울시 중구 퇴계로52길 12 (쌍림동 151-160)	02)2274-1365	02)2274-1371
4		용산구	서울 용산구 이태원동 34-87 용산구청 자원봉사센터 5층	02-2199-7088 02-718-1365	02)2199-8361
5		성동구	서울시 성동구 고산자로 270(행당동 7) 성동구청 9층	02)2286-5070	02)2286-5068
6		광진구	서울시 광진구 자양로 117(자양동) 광진구청 제1별관 2층	02-450-1664	02)450-1542
7		동대문구	서울시 동대문구 청량리동 203-1번지 홍릉문화복지센터 4층	02-2171-6208	02)3299-2615
8		중랑구	서울시 중랑구 봉화산길179 (신내동 662)	02)2094-1365	02)3299-2615
9		성북구	서울 성북구 보문로 168 성북구청 복지정책과 7층	02)2241-2360	02)2241-6527
10		강북구	서울시 강북구 번2동 619-33	02)901-6641	02)901-6649
11		도봉구	서울시 도봉구 마들로 656 도봉구청 11층	02)2091-2234	02)2289-1788
12		노원구	서울시 노원구 동일로 229(중계동) 노원구민회관 3층	02-2116-3679	02)2116-4609
13		은평구	서울시 은평구 은평로 195 은평구청 구의회건물 3층	02)351-7321~5	02)351-5852
14		서대문구	서울시 서대문구 연희로 248 서대문구청 5층 복지정챙과	02)330-1780	02)330-1604
15		마포구	서울시 마포구 월드컵로212(성산동)	02)3153-8345	02)3153-8348
16		양천구	서울시 양천구 신정로 1254번지 양천벤처타운 601호	02)2644-4750	02)2648-4750
17		강서구	서울시 강서구 공항대로 501(등촌 1동 649-10)	02)2600-5331	02)2600-5329
18		구로구	서울시 구로구 새말로 26 (구로동, 구로구자원봉사센터)	02)860-2532	02)860-2932

19	서울 (26개)	금천구	서울시 금천구 시흥동 시흥대로 73길 70 금천구청 7층	02)839-1365	02)2627-2457
20		영등포구	서울시 영등포구 국회대로 596(당산동 3가) 영등포구민회관 1층	02)2670-4152,6	02)2679-3597
21		동작구	서울시 동작구 만양로3길 14	02)824-0019	02)824-5674
22		관악구	서울시 관악구 관악로 145 관악구청 3층 복지정책과	02)879-5903	02)879-7825
23		서초구	서울시 서초구 강남대로 201번지 서초구민회관 2층	02)573-9252	02)573-9590
24		강남구	서울시 강남구 선릉로 668	02)3445-5152	02)3444-4266
25		송파구	서울시 송파구 삼전동 62-2	02)2202-1365	02)2202-1104
26		강동구	서울시 강동구 구천면로 395, 4층 (명일동, 명일동공영주차장 4층)	02)3425-5680	02)3425-7233
27	부산 (17개)	부산 광역시	부산시 부산진구 중앙대로 955 상수도사업본부 10층	051)864-1365	051)888-6907
28		중구	부산시 중구 중구로 71 가톨릭센터 8층	051)441-1365	051)464-4347
29		서구	부산시 서구 남부민로 38	051)242-1365	051)256-5874
30		동구	부산시 동구 고관로 63번길 1, 은정빌딩 201호	051-711-1365	051-711-4957
31		영도구	부산시 영도구 함지로 79번길 6 (동삼동, 국민체육센터)	051)418-1402	051)418-1404
32		진구	부산시 부산진구 전포대로 255번길 15 (전포동, 2층)	051)863-2494	051)863-2495
33		동래구	부산시 동래구 시실로 107번길 151	051)526-1430	051)526-1431
34		남구	부산시 남구 문현동 지게골로 52-15	051)636-1365	051)636-3818
35		북구	부산시 북구 낙동대로 1570번길 33 북구청 내(구포동)	051)309-4126	051)309-4529
36		해운대구	부산시 해운대구 센텀중앙로 170 해운대구문화복합센터 4층	051)747-2886~7	051)919-2884
37		사하구	부산시 사하구 하신중앙로 324 (하단1동 616-8) 보해이브빌2	051)294-1365 051)292-2550	051)204-1327
38		금정구	부산시 금정구 금강로 537 3층	051)512-2461	051)513-2515
39		강서구	부산시 강서구 대저63번길 31 (대저1동 1549-1)	051)971-4173	051)971-4174

40	부산 (17개)	연제구	부산시 연제구 안연로 7번가길 21	051)862-0529	051)862-0522
41		수영구	부산시 수영구 수영로 614 4층	051)752-8766	051)753-5484
42		사상구	부산시 사상구 백양대로 700번길 140 (괘법동)	051)999-6991	051)999-6993
43		기장군	부산시 기장군 기장읍 기장대로 560	051)722-2365	051)722-6365
44	대구 (9개)	대구 광역시	대구시 달서구 성당로 291(두류동 776-8)	053)803-6070~2	053)803-6079
45		중구	대구시 중구 달구벌대로 1960 휴먼시아아파트 1단지 103동 1층	053-254-6367	053)252-6367
46		동구	대구시 동구 효신로 34 팔공정보문화센터 1층	053)744-1365	053)744-1364
47		서구	대구시 서구 고성로21길 6(원대동 3가)	053)357-1365	053)359-0108
48		남구	대구시 남구 이천로51(봉덕동)	053)473-1199	053)476-7731
49		북구	대구시 북구 칠성남로 26길 27	053)665-2288	053)665-2289
50		수성구	대구시 수성구 노변공원로 49-1 (노변동 161-4)	053)794-0707	053)794-0706
51		달서구	대구시 달서구 진천로 9길 33(4층)	053)636-1365, 053)639-1364	053)639-1365
52		달성군	대구시 달성군 논공읍 달성군청로33	053)631-4092	053)631-4093
53	인천 (11개)	인천 광역시	인천시 남동구 간석동 용천로 208 (인천시사회복지회관410호)	032)863-1365	032)446-4104
54		중구	인천시 중구 신포로 46번길 31 인천중구보훈회관 6층	032)777-1365 760-6941-3	032)760-6944
55		동구	인천시 동구 염전로 40-70 주민행복센터 2층	032)772-1365	032)772-0058
56		남구	인천시 남구 소성로 189(학익동 239-2 2층)	032)880-4284,	032)880-4879
57		연수구	인천시 연수구 옥련동 한나루로143	032)833-1365	032)832-1366
58		남동구	인천시 남동구 소래로 645 1층	032)472-1365	032)471-1365
59		부평구	인천시 부평구 장제로 235 부평어울림센터 3층	032)509-7518 ~20	032)509-7695
60		계양구	인천시 계양구 계산4동 계산새로 88번지 (계양구청 2층 1079-1)	032)430-7723	032)552-4271
61		서구	인천시 서구 도요지로 202번길 6 (검암동 679-3)	032)568-1365	032)564-1365

62	인천 (11개)	강화군	인천시 강화군 강화읍 강화대로 394 군청별관 4층	032)934-8441	032)934-8442
63		옹진군	인천시 남구 매소홀로 120 옹진군청 1층	032-889-2072	032)899-2072
64	광주 (6개)	광주 광역시	광주시 서구 내방로 111 광주시청 4층 (치평동 1200)	062)613-5607	062)613-5585
65		동구	광주시 동구 서석동 동구청 별관 2층	062)228-1365	062)226-2321
66		서구	광주시 서구 월드컵4강로 68번길 18 (화정3동 636-5)	062)385-4311	062)385-4313
67		남구	광주시 남구 독립로 2, 4층	062)369-1365	062)369-1366
68		북구	광주시 북구 대천로 86 북구청소년수련관 별관 1층	062)269-1365	062)269-0285
69		광산구	광주시 광산구 하남대로 54번길 15 (하남동)	062)952-8586	062)960-7925
70	대전 (6개)	대전 광역시	대전시 서구 둔산로 100 대전시청 16층	042)270-2292	042)270-2299
71		동구	대전시 동구 동구청로 147(가오동) 동구청 3층	042)274-4418	042)286-7140
72		중구	대전시중구중앙로 100(대흥동) 중구청 제2별관 2층	042-252-5717	042)252-5719
73		서구	대전시 서구 둔산서로 100 서구청 6층	042)611-6156	042)611-8647
74		유성구	대전시 유성구 대학로 211 유성구청 별관 3층	042)822-1561	042)822-1564
75		대덕구	대전시 대덕구 대전로 1033번길 20 대덕구청 본관 3층	042)636-0642	042)636-0641
76	울산 (6개)	울산 광역시	울산시 중구 염포로85(남해동, 동천체육관)	052)286-0412	052)286-0472
77		중구	울산시 중구 중앙길 199(학산동) 중앙동 주민센터 내	052)290-3568	052)243-3559
78		남구	울산시 남구 중앙로 230번길 17	052)267-0676	052)268-6454
79		동구	울산시 동구 진성 8길 91(전하동)	052)252-1365	052)209-3973
80		북구	울산시 북구 산업로 1016 친환경급식지원센터 내 1층	052)282-1365	052)282-2863
81		울주군	울산시 남구 문수로 382	052)257-1365	052)229-8403
82	경기 (32개)	경기도	경기도 수원시 매산로 2가 40-13번지 KT&G 코스모빌딩 7층	031)256-1365	031)257-4352

83	경기 (32개)	수원시	경기도 수원시 장안구 영화로 71번길 2, (정자동68-18)	031)253-1365	031)252-9002
84		성남시	경기도 성남시 분당구 성남대로 762번길 2 (이매동 96-2번지) 성남시농업기술센터 2층	031)757-6226~8	031)757-6229
85		고양시	경기도 고양시 일산서구 중앙로 1601 (대화동) 고양종합운동장 내	031)906-1365	031)917-1366
86		부천시	경기도 부천시 원미구 부흥로 403 (심곡2동181) 부천시민학습원 2층	032)324-0166	032)324-0167
87		용인시	경기도 용인시 처인구 중부대로 1199 용인시청 지하 1층	031)335-7757, 324-4814	031)322-8633
88		안산시	경기도 안산시 단원구 화랑로 260 와스타디움 1층	031)411-1365	031)486-6122
89		안양시	경기도 안양시 동안구 시민대로 235 안양시청 민원실 3층	031)8045-2487	031)8045-2479
90		남양주시	경기도 남양주시 금곡동 산 754-5 마을공동회관 2층	031)595-1365	031)591-1671
91		의정부시	경기도 의정부시 경의로 118번길 49 3층	031)828-2108, 878-8944	031)829-2585
92		평택시	경기도 평택시 중앙로 275	031)8024-2670	031)618-5079
93		시흥시	경기도 시흥시 호현로 72 (시흥시 사회단체센터) 4층	031)312-7792	031)312-7793
94		화성시	경기도 화성시 향남읍 행정중앙 1로 30번지	031)8059-5682	031)8059-5683
95		광명시	경기도 광명시 철산로 56 철산 3동 주민센터 5층	02)2687-1365, 2687-1465	02)2680-2692
96		파주시	경기도 파주시 금정 8길 15-2	031)941-8212	031)941-8211
97		군포시	경기도 군포시 산본로 198(산본동 1146-9) 새마을회관 3층	031)394-1365, 390-0217	031)390-0226
98		광주시	경기도 광주시 중앙로 175번길 12	031)798-1365, 768-1365	031)760-2490
99		김포시	경기도 김포시 돌문로 15번길 20 (공설운동장 내 22호)	031)998-1365	031)985-3335
100		이천시	경기도 이천시 남천로 31번길	031)633-1365, 644-2668 635-1394	031)635-8008
101		구리시	경기도 구리시 건원대로 34번길 32-10 구리시 청소년수련관 2층	031)565-1365	031)564-1365

102	경기 (32개)	양주시	경기도 양주시 부흥로 1533 양주시청 의회동 양주시 자원봉사센터	031)843-1365 8082-4125	031)844-1366
103		안성시	경기도 안성시 장기로 107 시민회관 4층	031)674-1365 671-1366	031)677-6356
104		포천시	경기도 포천시 중앙로 170	031)538-3377, 031)538-2417~9	031)534-5553
105		오산시	경기도 오산시 운암로 7	031)372-1141	031)372-1142
106		하남시	경기도 하남시 대청로10 하남시청 본관 1층	031)790-6820, 6928	031)790-6819
107		의왕시	경기도 의왕시 사천2길 16 4층(왕곡동 597-8)	031)454-1365	031)429-1368
108		여주시	경기도 여주군 여주읍 영릉로 35-16 새마을회관 2층	031)885-1365, 881-1366	031)886-5158
109		동두천시	경기도 동두천시 중앙로 249 두드림희망센터 2층	031)862-1997	031)857-9963
110		양평군	경기도 양평읍 양근로 300 구보건소 3층	031)774-6800, 774-8720	031)774-7468
111		과천시	경기도 과천시 별양상가 1로 10 과천타워 3층	02)502(503)-22 38, 3677-2747	02)503-2234
112		가평군	경기도 가평군 가평읍 석봉로 181 가평군청 3층	031)580-4929 ~30	031)581-7222
113		연천군	경기도 연천군 전곡읍 전곡역로 68 읍민회관 1층	031)834-1365, 0484	031)834-2479
114	강원 (19개)	강원도	강원도 춘천시 중앙로 134번길 8	033)253-2500	033)253-2501
115		춘천시	강원도 춘천시 중앙로 42	033)257-0202	033)257-0203
116		원주시	강원도 원주시 갈머리 2길 31	033)732-4500	033)734-1365
117		강릉시	강원도 강릉시 동부시장길 5	033)648-6100	033)648-6008
118		동해시	강원도 동해시 전천로 273-10 3층	033)533-1365	070-824-1365
119		태백시	강원도 태백시 태붐로 21 태백시청 별관 3층	033)553-1365	033)550-2919
120		속초시	강원도 속초시 청초호반로 296 2층	033)639-2227	033)636-0265
121		삼척시	강원도 삼척시 원당로 2길 72-6 삼척시종합사회복지회관 6층	033)574-5441	033)573-5441

122	강원 (19개)	홍천군	강원도 홍천군 홍천읍 너브내길 123 홍천군 종합사회복지관 5층	033)433-1365 033)430-2078	033-433-2079
123		횡성군	강원도 횡성군 횡성읍 횡성로 371 횡성문화관 2층	033)345-1365	033)344-2885
124		영월군	강원도 영월군 단종로 16번길 18-5 여성회관 3층	033)372-2646	033)375-2332
125		평창군	강원도 평창군 평창읍 중앙로 67	033)334-1365	033)334-1366
126		정선군	강원도 정선군 정선읍 봉양7길 16 233-804	033)563-9904	033)563-9906
127		철원군	강원도 철원군 갈말읍 삼부연로 28번길 27(철원군청 제2별관)	033-456-1365	033-456-5062
128		화천군	강원도 화천군 화천읍 화천새싹길 40 화천군별관청사 1층	033)442-8114	033)442-8115
129		양구군	강원도 양구군 양구읍 비봉로 73번길 52	033)482-9596	033)482-9597
130		인제군	강원도 인제군 인제읍 비봉로 44번길 100	033)463-5400	033)463-7400
131		고성군	강원도 고성군 간성읍 쇠룡골길 17	033)680-3821	033)681-6084
132		양양군	강원도 양양군 양양읍 일출로 540	033)672-1926	033)670-2249
133	충북 (12개)	충청북도	충북 청주시 상당구 대성로 103 1층	043)225-1365 220-6824~5	043)250-1365
134		청주시	충북 청주시 상당구 중흥로 31길 11-9	043)298-1365	043)298-3365
135		충주시	충북 충주시 으뜸로 21(금릉동) 10층	043)850-7960 850-7958	043)850-7959
136		제천시	충북 제천시 의림대로 242(청전동 110)	043)648-1365	043)651-1365
137		보은군	충북 보은군 보은읍 삼산로 1길 28-12	043)544-3409	043)543-3409
138		옥천군	충북 옥천군 옥천읍 중앙로 126 다목적회관 3층	043)731-0627 732-0628	043)731-0625
139		영동군	충북 영동읍 계산로 2길 24	043)740-3385	043)740-3386
140		증평군	충북 증평군 증평읍 문화로 53	043)835-3975	043)836-1315
141		진천군	충북 진천군 진천읍 중앙북 1길 11-10(벽암리 570-1) 생거진천종합사회복지관 3층	043)533-8897	043)533-9828
142		괴산군	충북 괴산군 괴산읍 읍내로 6길 19-8	043)834-1365	043)834-1364
143		음성군	충북 음성군 음성읍 용광로 20번지	043)871-3578	043)872-1315
144		단양군	충북 단양군 단양읍 별곡 1로 27-6	043)423-8581	043)423-8582
145	충남 (17개)	충청남도	충남 홍성군 홍북면 충남대로 21	041-635-1365, 1366	041-635-1367

146	충남 (17개)	천안시	충남 천안시 서북구 번영로 208 (백석동 종합운동장 내)	041)567-8694, 521-2318	041)567-8696
147		공주시	충남 공주시 번영 1로 6 (공주시새마을회관 3층)	041-852-1365	041-854-1365
148		보령시	충남 보령시 대천동 168-2	041)933-1365 041)930-3954	041)933-4365
149		아산시	충남 아산시 시민로 329번길 101(용화동)	041)543-1365	041)543-1361
150		서산시	충남 서산시 서령로 136 여성회관 1층	041)660-2257 041)669-4671	041)667-7920
151		논산시	충남 논산시 중앙로 410번길(7-1) 화지산 신협 4층	041)736-1365 041)730-4365	041)733-3458
152		계룡시	충남 계룡시 금암동 160-72층	042)841-1365	042)841-0626
153		금산군	충남 금산군 금산읍 상리 49-16, 다목적회관 내	041)751-3382	041)751-3368
154		세종특별 자치시	세종특별자치시 조치원읍 교리 9-1번지 여성회관 1층	044)865-1365	041)863-0871
155		부여군	충남 부여군 부여읍 사비로 33 부여군청 지하 1층	041-835-1365 041-830-2798	041)835-1364
156		서천군	충남 서천군 서천읍 군사리 183-35	041)952-0941	041)952-6006
157		청양군	충남 청양군 청양읍 읍내리 칠갑산로 235	041)940-2255	041)940-2729
158		홍성군	충남 홍성군 홍성읍 법원로 12 2층	041)633-1365	041)633-1356
159		예산군	충남 예산군 예산읍 산성공원 2길 15	041)334-1365	041)331-1377
160		태안군	충남 태안군 태안읍 환동로 77	041)675-1365	041)675-1375
161		당진시	충남 당진시 수청동 1005번지 당진시종합복지타운 5층	041)360-3180~5	041)355-2520
162	전북 (15개)	전라북도	전북 완산구 선너머 3길 614층	063)227-1365	063)227-1364
163		전주시	전북 전주시 덕진구 전주천동로 455	063)273-1365	063)278-7490
164		군산시	전북 군산시 팔마로 64	063)451-1365	063)451-6365
165		익산시	전북 익산시 동서로 355(영등동)	063)837-1365	063)858-4759
166		정읍시	전북 정읍시 중앙로 73	063)538-1365	063)538-1363
167		남원시	전북 남원시 동림로 116	063)636-1365	063)626-9944
168		김제시	전북 김제시 화동길 105(요촌동 105-1) 2층	063)544-1365	063)544-1362

169	전북 (15개)	완주군	전북 완주군 봉동읍 봉동동서로 89	063)262-6634	063)262-6635
170		진안군	전북 진안군 진안읍 중앙로 66	063)433-1365	063)432-2377
171		무주군	전북 무주군 무주읍 주계로 7길 10 전북은행 3층 자원봉사센터	063)322-2620	063)322-3594
172		장수군	전북장수군장수읍 군청길 25 특산물지원센터 2층	063)351-5017	063)351-5016
173		임실군	전북 임실군 임실읍 호국로 1703 (이도리 277)	063)642-3650	063)644-4758
174		순창군	전북 순창군 순창읍 장류로 407-11 (실내체육관 내)	063)653-2660	063)653-2620
175		고창군	전북 고창군 고창읍 월곡 14길 19	063)562-1600	063)562-1600
176		부안군	전북 부안군 부안읍 당산로 91	063)580-4836	063)580-4565
177	전남 (23개)	전라남도	전남 무안군 삼향읍 오룡길 1 전남도청 행정동 14층 자원봉사센터	061)287-1365	061)286-4373
178		목포시	전남 목포시 번화로 79번길 18-1	061)270-8678 061)270-3352 목포시	061)270-8679
179		여수시	전남 여수시 시청로 1 사회복지과(학동)	061)659-3696	061)659-5820
180		순천시	전남 순천시 장명로 30(장천동)	061)749-3845 061)749-3698 (담당주사)	061)749-4641
181		나주시	전남 나주시 송월동 시청길 22번지 나주시청(사회복지과)	061)339-8485	061)339-2814
182		광양시	전남 광양시 중동 광양시청로 33번지	061)797-2780	061)797-2594
183		담양군	담양군 담양읍 완동길 10-5	061)382-1365 061)380-3304 최은정 주사	061)380-3585
184		곡성군	전남 곡성군 곡성읍 군청로 50 곡성군청 주민생활복지과	061)360-8326	061)360-8582
185		구례군	전남 구례군 구례읍 봉성로 1 구례군청 주민생활지원과	061)780-2448	061)780-2575
186		고흥군	전남 고흥군 고흥읍 신계학림길 41 고흥군청 주민복지과	061)830-6703 센터 061)830-6703	061)830-5575
187		보성군	전남 보성군 보성읍 송재로 165 보성군청 주민복지실	061)850-5661	061)850-5329

188	전남 (23개)	화순군	전남 화순군 화순읍 진각로 153	061)379-3299	061)379-3298
189		장흥군	전남 장흥군 장흥로 21(장흥군청 내)	061)860-0790	061)860-0582
190		강진군	전남 강진군 강진읍 탐진로 116	061)430-3167	061)430-3149
191		해남군	전남 해남군 해남읍 해리 372-1	061)530-5760	061)533-5398
192		영암군	전남 영암군 영암읍 군청로 1주민복지실	061)470-2126	061)470-2546
193		무안군	전남 무안군 무안읍 무안로 530 구보건소 2층	061)452-2350	061)452-2450
194		함평군	전남 함평군 함평읍 중앙로 200 함평군청 주민복지과 자원봉사담당	061)324-1365	061)320-3532
195		영광군	전남 영광군 영광읍 중앙로 3길 6-10	061)350-5326	061)350-5595
196		장성군	전남 장성군 장성읍 매화 7길	061)390-7565	061)390-7663
197		완도군	전남 완도군 완도읍 청해진 남로 51 완도군청 주민복지과	061)550-5311	061)550-5289
198		진도군	전남 진도군 진도읍 남동 1길 46번지 진도읍사무소 4층	061-544-7945	061)544-7946
199		신안군	전남 신안군 압해읍 천사로 1004 신안군청 주민생활지원실	061)240-8423	061)240-8986
200	경북 (24개)	경상북도	대구시 남구 중앙대로 38길 13-2	053)476-1365	053)473-1364
201		포항시	경북 포항시 북구 삼호로 46번길 14 (동빈 1가)	054)248-8742,3	054)248-8744
202		경주시	경북 경주시 금성로 345 경동노회 2층	054)771-1365	054)771-1334
203		김천시	경북 김천시 공단2길 30-22	054)436-1365	054)436-0178
204		안동시	경북 안동시 용상동 1617-15번지 2층	054)841-9897	054)841-1365
205		구미시	경북 구미시 백산로 211	054)458-9188	054)458-1365
206		영주시	경북 영주시 원당로 76	054)636-1815	054)638-1815
207		영천시	경북 영천시 영천고 2길 57(야사동)	054)336-1365	054)335-1365
208		상주시	경북 상주시 중앙로 146(2층)	054)533-4032, 3	054)533-4075
209		문경시	경북 문경시 시청 1길 16	054)555-2800	054)555-9800
210		경산시	경북 경산시 원효로 54 1층	053)812-3300	053)815-8800
211		군위군	경북 군위군 군위읍 동부리 649번지 2층	054)383-1366	054)380-6574
212		의성군	경북 의성군 의성읍 문소 1길 101	054)834-8900	054)834-8901

213	경북 (24개)	청송군	경북 청송군 청송읍 금월로 244-30 청소년수련관 1층	054)870-6759	054)870-6769
214		영양군	경북 영양군 영양읍 시장 3길 11번지	054)683-1365	054)683-1368
215		영덕군	경북 영덕군 강변길 324 영덕문화체육센터 여성회관 1층	054)734-1020	054)734-2674
216		청도군	경북 청도군 화양읍 청화로 49	054)373-2477	054)373-2478
217		고령군	경북 고령군 고령읍 왕릉로 55번지 고령군청 내 별관	054)956-1365	054)956-1366
218		성주군	경북 성주군 성주읍 성주순환로 4길 25 성주군민종합회관 내 자원봉사센터	054)931-1365	054)931-1364
219		칠곡군	경북 칠곡군 왜관읍 관문로 1길 32	054)971-3944	054)979-3946
220		예천군	경북 예천군 예천읍 상설시장 1길 13 신영그린빌 2층	054)655-0020	054)652-3727
221		봉화군	경북 봉화군 봉화읍 봉화로 1203 (군보건소 3층)	054)673-6965	054)673-6961
222		울진군	경북 울진군 울진읍 울진북로 496-11	054)789-5413	054)781-6410
223		울릉군	경북 울릉군 울릉읍 도동길 143번지	054)791-1069	054)790-6110
224	경남 (19개)	경상남도	경남 창원시 용호동 5-1번지(의창구 용지로 248) 경남발전연구원 202호	055)281-1365	055)281-1364
225		창원시	경남 창원시 성산구 마디미소로 68 (상남동 28-2) 새마을회관 3층	055)225-3850~5	055)225-3859
226		창원시 마산	경남 창원시 마산합포구 문화남 2길 47	055)225-3856	
227		창원시 진해	경남 창원시 진해구 중앙로 194 (충무동 27-15번지) 여성회관 1층	055)225-3858	055)541-0394
228		진주시	경남 진주시 동진로 155 진주시청 4층 사회복지과 내	055)749-8518, 8517	055)749-2870
229		통영시	경남 통영시 해미당 1길 33 통영시청 제2청사 1층	055)650-4190	055-650-4193
230		사천시	경남 사천시 동금 5길 15	055)831-2533	055-833-4067
231		김해시	경남 김해시 가야로 432	055)330-3325~8	055)330-3329
232		밀양시	경남 밀양시 삼문송림길 13	055)353-5193	055)353-5192
233		거제시	경남 거제시 고현로 2길 42번지	055)632-0400	055)637-1437
234		양산시	경남 양산시 옥곡 2길 20	055)385-8100	055)385-8103

235	경남 (19개)	의령군	경남 의령군 의령읍 의병로 8길 44 종합사회복지관 3층	055)570-2529	055)572-7945
236		함안군	경남 함안군 가야읍 함안대로 518 (상하수도사업소 2층)	055)580-2458	055)585-2459
237		창녕군	경남창녕군창녕읍 군청길 2(1-3번지)	055-530-1144	055-530-1150
238		고성군	경남 고성군 고성읍 동외로 156번길 36 종합사회복지관 2층	055)674-7295	055)673-8365
239		남해군	경남 남해군 남해읍 아산리 355번지	055)860-3883	055)860-3884
240		하동군	경남 하동군 하동읍 섬진강대로 2222 하동문화예술회관 내	055)884-8253	055)884-8252
241		산청군	경남 산청군 산청읍 산엔청로 1	055)970-7352	055)973-4341 (겸)
242		함양군	경남 함양군 함양읍 운림리 38-5	055)960-5757	055-962-1643
243		거창군	경남 거창군 거창읍 아림로 66 거창군종합사회복지관 2층	055)940-3904	055)940-3909
244		합천군	경남 합천군 합천읍 동서로 39 종합사회복지관 5층 자원봉사센터	055)930-3881	055-930-4517
245	제주 (3개)	제주특별 자치도	제주도 제주시 문연로 30(연동322-1) 도청 제2청사 제2별관 3층 303호	064)727-6390~3	064)727-6394
246		제주시	제주도 제주시 사라봉동길 15 제주시평생학습센터 2층	064)758-1727 064)728-3949	064)756-2510
247		서귀포시	서귀포시 월드컵로 33 제주월드컵경기장 2층	064)738-0716 064)738-0718	064)738-0718

부록 3. 자원봉사 관련 국내외 사이트

구 분	사이트명	주 소
국내	한국중앙자원봉사센터(나눔포털)	http://www.1365.org/
	한국자원봉사협의회	http://www.kcv.or.kr/
	한국자원봉사센터협회	http://www.kfvc.or.kr/
	사회복지봉사활동 인증센터	http://www.vms.or.kr/
	청소년활동 진흥센터(자원봉사)	http://dovol.youth.net
	한국자원봉사문화	http://volunteeringculture.or.kr/
	한국비영리학회	http://www.nporesearch.or.kr/
	한국자원봉사포럼	http://www.kvf.or.kr/
	대구자원봉사포럼	http://www.dvf.or.kr/
	부산자원봉사포럼	http://www.bvf.or.kr/
해외	세계자원봉사협회(International Association for Volunteer Effort : IAVE)	http://www.iave.org/
	자원봉사관리인증협회(Council for Certification in Volunteer Administration : CCVA)	http://www.cvacert.org/
	미국 촛불협회(Points of Light Institution)	http://www.pointsoflight.org
	핸즈온 네트워크(Hands On network)	http://www.handsonnetwork.org/
	영국 전국자원봉사관리협회 자원봉사직무개발(NCVO Workforce Development)	www.ncvo-vol.org.uk/advice-support/workforce-development
	에너자이저 전자저널(e-volunteerism)	https : //www.e-volunteerism.com/
	영국 자원봉사정보사이트	http://www.volunteering.org.uk/
	일본 자원봉사코디네이터협회(JVCA)	http://www.jvca2001.org/
	동경볼런티어, 시민활동센터	http://www.tvac.or.jp/page/tvac.html
	오사카 볼런티어협회	http://www.osakavol.org/
	일본 볼런티어학회	http://popo.or.jp/vgakkai/

부록 4. 한국형 자원봉사관리 평가지표

평가 지표	문항내용
기획 지원	1) 자원봉사활동 시 다른 기관과의 상호연계 체계가 준비되어 있다. 2) 자원봉사 업무의 질과 가치에 대한 안내자료가 준비되어 있다. 3) 지원자에 대한 후속조치 등 관리지침이 준비되어 있다. 4) 자원봉사자 선발기준이 준비되어 있다. 5) 자원봉사 업무 담당직원을 정기적으로 훈련시킨다. 6) 자원봉사자의 활동보고 지침이 준비되어 있다. 7) 외부 제공 자원봉사자 개인 정보의 수준에 대한 지침이 준비되어 있다.
모집 훈련	8) 표준화된 오리엔테이션을 제공하고 있다. 9) 오리엔테이션 대상별로 수준에 맞게 적용하고 있다. 10) 자원봉사자 훈련은 자원봉사자 각각의 지위(역할)에 맞도록 설계한다. 11) 자원봉사자 관리규정에 교육훈련의 내용이 포함되어 있다. 12) 교육훈련 설계과정에 자원봉사자를 참여시키고 있다. 13) 관리자에게 자원봉사 프로그램 개발 및 실행 과정 보고서를 요구한다. 14) 자원봉사자 모집계획을 설계하고 실행한다. 15) 자원봉사자의 참여를 늘리기 위하여 외부의 여러 자원을 동원시킨다. 16) 인종, 연령 등 다양성을 수용한다. 17) 자원봉사자 모집을 위한 다양한 방법들이 개발되어 있다. 18) 자원봉사자 모집을 위하여 타 집단과의 협력활동을 한다. 19) 다앙한 자원봉사자의 욕구에 맞는 직무설계서가 마련되어 있다.
인 정	20) 기관 내에 공식적인 자원봉사 인정과정이 있다. 21) 기관의 공식적 교육자로서 자원봉사자를 활용한다. 22) 자원봉사 프로그램을 위한 지원내용을 자원봉사자에게 공개한다. 23) 모든 연령대에 맞는 인정의 다양한 방법을 찾는다. 24) 활동 중단자의 원인을 파악하고 재접촉을 한다. 25) 다양한 인정방법 개발을 위해 다양한 의견을 수렴한다.
평 가	26) 자원봉사 프로그램들은 계획 당초의 목적과 목표를 달성한다. 27) 정기적으로 자원봉사 프로그램을 평가, 조정한다. 28) 자원봉사지원자의 대기, 거절 등의 사례를 분석한다. 29) 정기적으로 자원봉사자의 개인성과에 대해 평가한다. 30) 프로그램별 자원봉사관리 전담직원을 배치한다.
기 록	31) 프로그램 요구 예산을 기록 및 반영한다. 32) 자원봉사자의 구체적인 활동실적을 기록, 보관한다. 33) 자원봉사 프로그램 보고서를 활용한다. 34) 자원봉사자와 활동기록을 모두 보존한다.

출처 : 최유미(2012). “한국형 자원봉사관리 평가지표 개발연구”. 한국지역사회복지학, 제43권, pp. 115-135.

참고문헌

강대현(2006). 한국 시민사회와 시민교육. 한국학술정보(주).

강성도 · 오성욱 · 조성철(1998). 자원봉사의 이론과 실제. 서울 : 동남기획.

권현수(2007). "자원봉사관리자의 재교육과 직업적 역량과의 관계연구". 사회복지정책학 제31집, pp. 287-318.

_____(2009). "자원봉사관리자의 직업적 역량 척도의 타당성 연구". 직업능력개발원. 제12권 (2). pp. 71-96.

김경동(2007). 급변하는 시대의 시민사회와 자원봉사 - 철학과 과제. 서울 : 아르케.

김동배(2005). 시민사회와 자원봉사. 서울 : 학지사.

김영호(2006). 자원봉사의 이론과 실제. 서울 : 창지사.

김준기(2006). 한국 사회복지 네트워크의 구성과 효과성-지역종합사회복지관의 네트워크 구성과 조직 효과성을 중심으로. 서울 : 서울대학교출판부.

김태홍 · 김난주 · 권태희(2007). "한국 자원봉사활동의 결정요인과 경제적 가치평가". 한국인구학 제30권, 제3호, pp. 83-105.

대구광역시(2008). 대구시민 자원봉사 의식 및 참여실태 조사연구.

대구광역시종합자원봉사센터(2005). 지역사회 인적자원발굴 및 연계체계 구축방안모색-타임달러와 타임뱅크 이론을 중심으로(Edgar Cahn). 자원봉사전문가 초청세미나 자료집.

대구시자원봉사센터(2007). 자원봉사리더십아카데미 자료집. 대구광역시.

_____________(2007). 자원봉사자 기초교육교재. 대구광역시.

_____________(2008). 대구광역시 재난재해자원봉사지원 시스템 운영매뉴얼.

_____________(2009). 자원봉사리더십아카데미 자료집.

류기형 외(2009). 자원봉사론. 경기 : 양서원.

박정은 · 원영애(1994). 초기노인여성의 사회참여방안에 관한 연구. 한국여성개발원.

박태영 외 6인(2007). 자원봉사론. 경기 : 공동체.

_________(2008). 자원봉사론. 경기 : 공동체.

배기효 외(2009). 자원봉사론. 경기 : 공동체.

볼런티어21(2002). 볼런티어 운영메뉴얼. 행정자치부.

_______(2005). 2005 한국인의 자원봉사 · 기부현황 조사연구(1999~2005년 자원봉사 · 기부현황비교).

_______(2008). 한국인의 자원봉사활동 현황. 행정안전부.

부산광역시자원봉사센터(2004). 부산시민 자원봉사 의식조사.

사토요시유키 저. 송석원 역(2004). NPO와 시민사회, 결사론의 가능성. 서울 : 아르케.
안승화(2010). "자원봉사활동과 핵심가치에 대한 논의－자원봉사 핵심가치를 중심으로. 2010 대구자원봉사관리자 워크숍자료집. 대구시자원봉사센터.
양참삼(1997). "사회봉사의 철학과 기능". 한양대학교 사회봉사단. 대학의 사회봉사. 서울 : 한양대학교출판부.
오영균(2008). "인적자원개발 정책평가를 위한 프로그램논리모형의 적용". 한국정책학회 춘계학술대회. pp. 245-266.
윤혜승(1995). 볼런티어활동의 정신. 서울 : 학문사.
이강현 외(2008). "2008전국 자원봉사활동 실태조사연구, 1999～2008년 자원봉사현황 비고". 행전안전부. 볼런티어21.
이강현(1998a). 적재적소 배치를 위한 직무설명서(Ⅰ). 볼런티어21, 11 : 3-4.
______(1998b). 적재적소 배치를 위한 직무설명서(Ⅱ). 볼런티어21, 12 : 4-5.
______(1998c). 적재적소 배치를 위한 직무설명서(Ⅲ). 볼런티어21, 13 : 4-5.
______(2005). 비영리기관의 자원봉사관리 표준화 : 자원봉사관리사 자격과정 개발 연구.
이금룡(2004). 노인자원봉사 프로그램의 개발방향.
이만식 · 손신 · 신효진(2010). 21세기 자원봉사관리 － 이론과 실제. 서울 : 학지사.
이성록(2001). 자원봉사활동 관리조정론. 서울 : 학문사.
______(2003). 자원봉사 매니지먼트. 서울 : 지식과 경영.
______(2009). 자원봉사 매니지먼트. 서울 : 미디어 숲.
인천광역시부평구자원봉사센터(2007). 자원봉사의식 및 현황 조사연구.
일본전국사회복지협의회(1995). "볼런티어 · 어드바이스의 역할과 양성방안". 전국볼런티어활동진흥센터.
장인협 · 우국희(2001). 케어 · 케이스 매니지먼트. 서울 : 서울대학교출판부.
장인협 · 최성재(1992). 노인복지학. 서울 : 서울대학교출판부.
전진숙(2007). "사람이 아니라 문제를 보면 답이 보인다." 갈등해결 프로그램 강의자료.
정진석 · 조미정 · 채현탁(2009). "자원봉사활동의 적극성과 지속성에 영향을 미치는 인정보상 요인에 관한 연구". 한국지역사회복지학, 제28집, pp. 95-112.
주성수(2005). 자원봉사－이론, 제도, 정책. 서울 : 아르케.
조추용(2003). 노인의 여가활동과 사회참여에 관한 연구, 노인복지연구, 22, pp. 7-34.
최성재 · 남기민(2006). 사회복지행정론. 경기 : 나남출판.
최유미(2004). "주부자원봉사활동의 지속성과 중단성의 영향요인에 관한 질적 연구". 대구가톨릭대학교 대학원 석사학위논문.
______(2006a). "자원봉사 담당자의 자원봉사 기초교육과정에 대한 주관적 인식연구 : Q방법론의 적용". 한국사회복지행정학, 제8권, 3호(18), pp. 57-84.
______(2006b). "자원봉사관리를 위한 강좌기획". 자원봉사리더십아카데미 교육교재. 대구광

역시자원봉사센터.

______(2008). "자원봉사조직의 네트워크 특성이 조직효과성에 미치는 영향에 관한 연구. 대구가톨릭대학교 대학원 박사학위논문.

______(2009a). "자원봉사의 주관적 가치인식과 인정경험이 직무만족에 미치는 영향". 지역사회연구, 제17권, 4호.

______(2009b). "자원봉사활동 관리의 실제". 자원봉사시민대학 자료집. 부산광역시자원봉사센터.

______(2010a). "자원봉사 교육과 인정이 직무만족에 미치는 영향에 관한 연구". 한국지역사회복지학 제32집. pp. 151-183.

______(2010b). "자원봉사 시민의식에 관한 지역별 차이비교". 2010 자원봉사정책토론회 자료집. 광주시자원봉사센터. pp. 41-47.

______(2010c). "자원봉사 환경변화에 따른 활성화 방안 토론문-사회·경제적 가치를 중심으로". 2010 대구자원봉사관리자 워크숍자료집. 대구시자원봉사센터.

______(2012). 한국형 자원봉사관리 평가지표 개발연구. 한국지역사회복지학. 제43권, pp. 115-135.

최은숙(2005). "인정보상요인이 자원봉사행동의 지속도와 강도에 미치는 영향". 평택대학교 대학원 박사학위논문.

충남발전연구원(2007). 충청남도 자원봉사활동의 활성화 방안.

한국자원봉사협의회(2003). 2003 자원봉사교육과정 표준화 연구. 서울 : 한국자원봉사협의회.

한국직업능력개발원(2014). NCS 학습모듈「01 지역사회 분석」.

__________________(2014). NCS 학습모듈「06 지역사회 자원구축」.

행정안전부(2008). 자원봉사활동 관리 표준매뉴얼 개발. 행정안전부 연구보고서.

__________(2009a). 2008년 자원봉사센터 현황.

__________(2009b). 2008 전국자원봉사활동 실태조사.

__________(2010). "2010년도 자원봉사진흥 시행계획". 행정안전부 내부자료.

__________(2014).「2014 전국자원봉사활동 실태조사」.

__________(2014). 자원봉사 활성화를 위한「자원봉사센터 운영지침」.

행정자치부(2008). "제1차 자원봉사국가발전기본 계획". 행정자치부 내부자료.

__________(2011). "제2차 국가발전기본 계획". 행정자치부 내부자료.

__________(2014).「한국인의 자원봉사활동 실태조사 및 활성화 방안 연구」.

현외성 외(2004). 자원봉사론 강해. 서울 : 학지사.

황성철(2007). 사회복지 프로그램 개발과 평가. 경기 : 공동체.

황성철·정무성·정철희·최재성(2006). 사회복지행정론. 경기 : 학현사.

埼玉縣(2008). 2008 埼玉縣 ネットワーク事業 運營報告書. 東京都 埼玉縣
大阪ボランテイア協會(2003). NPOシリーズ 2.「NPOと 行政の協同 ガイド.
大阪ボランテイア協會編(1993). ボランテイア–參加する 福祉. 京都：書房
東京ボランテイアセン-タ-(2005). 自願奉仕管理者を たに '講座'參書ガイド. 株式會社 センワ.
西山志保(2007). ボランテイア活動の論理 – ボランタリズムとサブステンス. 東信堂.
田村正勝(2009). ボランティア論–共生の理念と實踐. ミネルヴァ書房.
中山淳雄(2007). "ボランティア社會の誕生—欺瞞を感じるからくり". 三重大學出版會
筒井 のり子. 2003. 自願奉仕管理者-理論と實踐. 大阪ボランテイア協會.

Cnaan, R. A., & Goldberg-Glen, R. S.(1991). Measuring motivation to volunteer in human services. *Journal of Applied Behavioral Science, 27*, 269-284.
Fisher, J. & Cole, K. 저. 유성호 역(1997). *Leadership and Management of Volunteer Programs.* 자원봉사 프로그램의 관리와 리더십. 서울：아시아미디어리서치.
Gidron, B.(1985). Predictors of retention and turnover among service volunteer workers. *Journal of Social Service Research, 8*(1), 1-16.
Hans Broun 저. 정재훈·김태훈 역(2006). 사회연대의 이론과 실천. EM커뮤니티.
HHHS(2005). Successful Strategies for Recruiting, Training, and Utilizing Volunteers. A Guide for Faith and Community based Service Providers. U.S. Department of Health and Human Services(DHHS).
IAVE(국제자원봉사협회)(2008). IAVE 컨퍼런스 보고서.
Ilsley, Paul. J., & John A. Niemi(1981). *Recruiting and Training Volunteers.* New York：McGraw-Hill Book Co.
Lauffer, A.(1978). *Social Planning at the Community Level.* Englewood Cliffs, NJ：Prentice-Hall.
Lichtenstein, R.(1984). Measuring th Job Satisfaction of Physician's in Organized Setting. *Medical Care, 22*(1).
MacLeod, F., Hogarth, S.(1999). *Leading Today's volunteers*(Second edition). International Self-Counsel Press Ltd.
McCurley, Steve & Lynch, Rick(1996). *Volunteer Management：Mobilizing all the Resources in the Community.* Downers Grove, Il., Heritage Arts Publishing,
McCurley. S., & Lynch, R.(1996). Volunteer Management. Energizer.
____________(1998). *Essential volunteer management*(2nd ed.). London：Directory of Social Change.
McLagan, P. A.(1989). Model for HRD Practice, *Training and Development Journal, 42.*
Michael, E. Sherr.(2008). *Social Work with volunteer.* Lyceum Books.

MsSweeney, P., & Alexander, D.(1996). *Managing volunteers effectively.* Brookfield, VT : Ashgate.

Naylor, Harriet H.(1975). *Volunteers Today.* New York : Association Press.

Schram. V. R.(1985). Motivation volunteers to participate. In L. F, Moore(Ed.), *Motivation volunteers : How the rewards of unpaid work can meet people's needs*(pp. 13-29). Vancouver B. C. : Vancouver Volunteer Centre.

Skidmore, R. A.(1990). *Social Work Asministration : Dynamic Management and Human Relationships* (2nd ed). Englewood Cliffs. NJ : Prentice-hall.

Steve McCurley & Rick Lynch(1996). *Volunteer Management.*

Stevens, E. S.(1991). Toward satisfaction and retention of senior volunteers. *Journal of Gerontological Social Work, 16*, 33-41.

Sue Vincyard(1996). *New Campetencies for Volunteer Administrators.* Heritage Arts Publishing.

Susan J. Ellis(2003). *Volunteer Management Audit.* Energize.

Susan. J. E., & Katherine. N. C.(2004). *The help! I don't have enough time Guide to Volunteer Management.* USA : Energize.

Susan. J. E.(2003). *Volunteer Management Audit.* USA : Energize.

Troth, M. A.(1999). "The Psychology Contract of Volunteer Workers and Its Consequences". The University Arizona, A Dissertation for the Degree of Doctor.

Wilson, Marlene(1976). *The effective Management of Volunteer Programs.* Colorado : Volunteer Management Associates.

[관련 사이트]

법제처 국가법령정보센터(2015. 7). http://www.law.go.kr/

나눔포털(1365자원봉사포털)(2015. 7). http://www.nanumkorea.go.kr

사회복지봉사활동 인증관리센터(2015. 7). http://www.vms.or.kr/

청소년자원봉사(2015. 7). http://dovol.youht.go.kr

일본 자원봉사코디네이터협회 홈페이지(2010. 10). http://www.jvca2001.org/

자원봉사관리인증협의회 홈페이지(2010. 10). http://www.cvacert.org/

국가직무능력표준(NCS)(2015. 7). http://www.ncs.go.kr

National Volunteer Skill Center in Australia(2010. 10). "Definitions and Principles of Volunteering". (www.volunteeringaustrailia.org).

Enterpreneurs Foundation 홈페이지(www.dfbayarea.org) "Volunteer Recognition".

찾아보기

저/자/약/력

■ **최유미**

대구대학교 사회복지학과 졸업
대구가톨릭대학교 사회복지학과 석사 및 박사
전 대구광역시자원봉사센터 사무국장. 전석복지재단 부장 역임
현 부산디지털대학교 사회복지학부 부교수
한국자원봉사학회 이사
전석복지재단 자문위원
대구자원봉사포럼 운영위원
부산자원봉사포럼 운영위원
대한노인회부산광역시지회 노인자원봉사센터 운영위원

[학술논문]

- 자원봉사네트워크 관리태도가 조직효과성에 미치는 영향연구－네트워크 거버넌스 이론을 중심으로(2009)
- 조직 간 네트워크의 특성, 관리태도와 조직효과성의 구조모형분석(2009)
- 자원봉사의 주관적 가치인식과 인정경험이 직무만족에 미치는 영향(2009)
- 자원봉사 교육과 인정이 직무만족에 미치는 영향에 관한 연구(2010)
- 자원봉사활동 지속과 중단요인 인식유형에 대한 Q방법론 연구 : 경북지역 자원봉사관리자를 대상으로(2010)
- 자원봉사 이론교육에 관한 자원봉사 교육강사의 주관적 인식연구 : Q방법론적 접근을 중심으로(2010)
- 자원봉사 가치인식이 참여태도에 미치는 영향 : 교육인정경험과 직무만족의 매개효과(2011)
- 한국형 자원봉사관리 평가지표 개발연구(2012)
- 노인자원봉사 관리 수준이 조직효과성에 미치는 영향 : 부산지역을 중심으로(2013)

자원봉사관리론 【제2판】

|저 자| 최유미

|1판 1쇄| 발행 2011년 2월 25일
|2판 1쇄| 발행 2015년 9월 1일
|2판 2쇄| 발행 2018년 8월 31일
|2판 3쇄| 발행 2020년 9월 10일

|발행인| 김동훈
|발행처| 공동체

|주소| 경기도 고양시 일산동구 호수로 358-39, 동문타워 I 905호(백석동)
|전화| 031)920-8305(대표)
|팩스| 031)920-8308
|e-mail| compub@naver.com
|출판등록| 2005년 10월 6일
|등록번호| 제396-2005-36호

|ISBN| 978-89-6352-808-3
정가 20,000원